Taobao Tmall

淘宝天猫
开店必备技能
速查速用手册

肖根良 编著

人 民 邮 电 出 版 社
北 京

图书在版编目（CIP）数据

淘宝天猫开店必备技能速查速用手册 / 肖根良编著
. -- 北京 : 人民邮电出版社, 2019.5
ISBN 978-7-115-50097-7

Ⅰ. ①淘… Ⅱ. ①肖… Ⅲ. ①电子商务－商业经营－中国－手册 Ⅳ. ①F724.6-62

中国版本图书馆CIP数据核字(2018)第257212号

内 容 提 要

本书系统、全面地介绍了在淘宝和天猫平台上开店、运营、售后、管理全链路过程中所涉及的问题及解决方案，旨在为新手卖家提供实用、有效的开店指导，使其能快速上手，少走弯路。

本书共 4 篇，第 1 篇为开店篇，主要介绍开店之前的准备工作，网店货源的寻找与甄选，网店的申请与开设，商品的上架、发布及交易，店铺运营数据的分析，千牛的使用方法等内容；第 2 篇为装修篇，主要介绍商品的拍摄，商品照片的后期处理与美化，网店及旺铺的装修等内容；第 3 篇为营销篇，主要介绍店铺内、淘宝平台以及各社交平台上的推广与营销的方法和技巧；第 4 篇为管理篇，主要介绍商品的包装和物流选择，售后与客服的工作技巧，专业客服团队的培养方法，网店的资金与账目的管理，网络及交易风险的防范等内容。

本书内容丰富，实用性强，特别适合想要学习网店开设、管理和经营方法的新手店主或电商创业者随时查阅，也适合想进一步掌握网店经营和管理的老手店主阅读。

◆ 编　　著　肖根良
　责任编辑　牟桂玲
　责任印制　马振武

◆ 人民邮电出版社出版发行　　北京市丰台区成寿寺路 11 号
　邮编　100164　　电子邮件　315@ptpress.com.cn
　网址　http://www.ptpress.com.cn
　大厂聚鑫印刷有限责任公司印刷

◆ 开本：700×1000　1/16
　印张：20.5
　字数：461 千字　　　　2019 年 5 月第 1 版
　印数：1- 2 500 册　　　2019 年 5 月河北第 1 次印刷

定价：49.80 元

读者服务热线：(010)81055410　印装质量热线：(010)81055316
反盗版热线：(010)81055315
广告经营许可证：京东工商广登字 20170147 号

前言 PREFACE

为什么要写这本书

互联网电子商务在我国经济乃至世界经济中变得越来越重要，而淘宝天猫网购又在我国电子商务中占据了半壁江山。网上开店已经成为个人创业、企业开拓的重要渠道。对消费者而言，网购也成了一种日常消费形式。由于市场与消费者理念的日渐成熟，以及网络支付与物流系统的日趋完善，越来越多的人涌向了淘宝平台开设网店，要在这个不见硝烟的战场中赚取属于自己的一份收益。

然而，网购市场真的那么好赚钱吗？答案是否定的。开网店并非只需付出体力就可以获得回报，而是要运用智慧，在积累丰富经验之后，才能站稳脚跟，慢慢走上经营正轨。在这个过程中，店主们难免会走一些弯路，犯一些错误，甚至会为此付出不菲的代价。

为了让新手在开店的过程少走弯路，少交“学费”，尽快实现盈利，我们调研了数十位皇冠网店店主，将他们多年的开店经验和实操技能记录并整理成文，编撰为本书，以飨读者。

本书没有冗长的理论与概念，而是偏重实际，将一线店主们的运营经验与实操技巧梳理为一个个知识点，供读者根据自身需要进行快速查阅，这极大地方便了读者，也为读者节约了大量时间。这些知识点按照开店经营的阶段进行分类，内容涵盖行业定位、进货技巧、开店管理、拍摄技巧、装修技巧、运营方法，以及后期的售后、物流、财务管理和网络安全等，相信能够给予店主们专业、实用的开店指导，新手店主可据本书进行系统学习，全面成长；有经验的店主也可温故知新，查漏补缺。

本书特色

本书作为一本淘宝天猫开店与经营的工具书，具有以下特点。

知识精练，查询方便

本书将内容提炼为一个个的知识点，采取字典的条目形式进行分类排列，方便读者根据条目快速查找到想要阅读的内容。相对于传统目录形式的书籍，此种方式可为读者节约大量的宝贵时间。

实操性强，理论较少

由于本书内容来源于一线店主，讲解的都是实实在在的“知识干货”，解决的都是实际的问题，因此，本书自然就呈现出偏重实操、理论较少的特点，这也符合本书作者力求为读者带来更多实用价值的编写宗旨。

分篇合理，讲解细致

本书依据开设网店的全过程，分开店、装修、营销、管理4篇进行内容讲解，手把手教会读者开设及运营自己的网店，真正做到一册在手开店不愁。

图解操作，易读易学

本书涉及操作的部分皆以详细、直观的图解方式进行展示，使读者可按图操作，轻松上手，举一反三。

技巧解答，贴心提示

为了更好地指导读者开店，本书还对内容作了进一步的解析，并将解析后的重点标记为“达人点睛”，不仅能加深读者对重点内容的理解和把握，还能开阔读者的思路，帮助读者建立多角度思维方式。

超值赠送，全方位提升

本书配套提供淘宝美工以及网店开店、装修、推广与管理的高清操作视频，还提供《可视化营销》《社交媒体营销技巧》《宝贝拍摄基础与技巧》等电子手册，以方便读者学习，从而全方位提升网店经营的技能。

本书配套资源文件均可在线下载，关注微信公众号“职场研究社”，回复“50097”，即可获得资源下载方式。

由于编者水平有限，书中疏漏之处在所难免，希望读者与同行能不吝赐教，我们的联系邮箱为muguiling@ptpress.com.cn。

编　者

目录 CONTENTS

开店篇

➢ 第4章　商品上架管理

➢ 第5章　优化商品标题、详情页及定价

➢ 第6章　商品出售过程中的操作

➢ 第7章　实时洞察运营数据

➢ 第10章 商品照片的后期处理与美化

➢ 第11章 网店装修必知必会

➢ 第12章 旺铺装修快速上手

营销篇

➢ 第13章 店铺促销活动

➢ 第14章 淘宝网店的推广营销技巧

➢ 第15章 利用其他社交平台推广营销

➢ 第16章 “双11”实战经验

管理篇

➢ 第17章 包装与物流

➢ 第18章 售后与客服

➢ 第19章 网店财务管理

➢ 第20章 注意网络安全

➢ 第21章 常见骗局的预防与事后处理

开店篇

第1章 开店前要做的事

本章导读

近几年，电商行业蒸蒸日上，各类网店如雨后春笋般涌现。很多人都兴致勃勃地尝试开一家网店，希望通过开店赚得人生的一桶金。不过，开网店真的那么简单吗？无论谁都适合开店吗？本章将详细介绍网上开店的前提条件，以及如何选择经营方式和做好软硬件准备。

技能1 网上开店的基本流程

虽然现在互联网上有多个网购平台，但在这些网购平台上开设网店所要进行的流程操作是大同小异的，主要包括店铺定位规划、提出开店申请、进货与登录商品、营销推广、交易与售后服务这5个方面，如表1-1所示。

表1-1

流程名称	具体内容
网店的定位与规划	首先要有适宜通过网络销售的商品，但并非所有适宜网上销售的商品都适合个人开店销售。这就需要在开店前做好网店的定位和规划；例如，可以利用地区价格差异来赚取利润，因为许多商品在不同的地区，价格会相差很多
开店的申请和装修	确定开店平台以后，就需要了解该平台的开店申请规则。例如，淘宝网上开店，就需要注册账号并通过实名认证。开店申请通过后，需对店铺进行个性化、特色化装修
进货与登录商品	从熟悉的渠道或平台进货，控制进货成本和保证商品品质是关键。备好货后，就可以将商品登录（上架）到网店，注意要把每件商品的名称、产地、性质、外观、数量、交易方式、交易时限等属性信息填写清楚，并搭配商品的展示图片
网店的营销和推广	酒香也怕巷子深，为了提升自己店铺的人气，在开店过程中适当地进行营销推广是非常必要的，而且要网上网下多种渠道一起推广。例如，通过购买“热门商品推荐”的广告位、与其他店铺和网站交换链接等方式，扩大自己店铺被买家关注的可能性。当然，如果有条件的话，最好的推广方式还是使用各平台提供的营销推广工具，如淘宝网的直通车、钻展等，或采取站外微博、微信推广等
交易与售后服务	买家在购买商品时会通过多种方式和店主沟通，这时就应充分做好交流工作，具体交易方式则可根据双方的约定办理。而售后服务则是体现自己店铺形象的无形资产，需要店主在建店初期即规划到位，力争为买家提供最好的售后服务

技能2 评价自己是否适合网上开店

网店是一个非常灵活的创业投资渠道，启动资金可多可少，店主可以全职，也可以兼职，规模做大后还可以雇人。不过，网店的适应面虽然广，但店主还是应该在开店前对自身的情况进行综合考量，看看自己是否具备开店的条件。

1. 自己的进货渠道是否稳定

货源是网店的根本，如果无法找到稳定的货源，即使其他方面条件再好，也无法正常开店。准备开网店之前，往往货源已经基本确定下来，这就需要进一步对供货商家进行分析考察，供货商的规模与能力在一定程度上决定了货源是否稳定。如果要长期经营其商品，那么供货商的发展与前景也是需要关注的。

所以，即使已经联系好了供货商，在开店之前，也要对供货商进行进一步了解。如果没有稳定的货源支持，只有延缓网店的开张时间，并继续寻找新的供货商。

达人点睛

货源不稳定的主要因素有缺货、供货不及时、货物质量参差不齐、售后服务跟不上等，这些因素对网店的经营有着至关重要的影响，店主一定要重点关注并及时解决这些因素引发的问题。

2. 是否有充足时间处理店务

虽然网店可以兼职经营，但店务的处理也要占用店主的时间和精力。例如，要与买家进行网上交流，这就需要店主有足够的时间来上网；寻找货源、进货、打包商品以及联系快递公司发货等，都需要投入时间和精力。

准店主们要对自己的情况进行理性评估。例如，办公室白领，多数具备了可以长时间上网的条件，而且可以利用休息日去进货，但发货就成了最大的问题。一是因为在上班时间不便于经常发货；二是快递服务人员的工作时间和白领们上班的时间大致相同，所以下班后发货也不太方便。

那么，是不是这类人群就不适合开设网店了呢？当然不是。是否有时间或方便发送快递只是一个方面，这类人群完全可以选择为其他网店代销商品，或者销售虚拟商品，这样就无需为发货的事费神了。

3. 快递物流是否便捷

快递物流是网店经营中非常重要的一个环节。如果店主发送快递不方便，势必会影响店铺的经营；如果选择了服务质量不高的快递公司，则会为买家带来不愉快的体验，间接影响网店的生意。

目前快递服务在一些大中城市市区是非常方便的，但对于一些小县城和边远地区而言，快递服务并不是那么发达，一般有以下两种情况。

- 快递无法到达。如果店主所在地不在各大快递公司的服务范围内，快递无法上门服务，那么开网店销售实物可能就比较麻烦。这样的店主可以考虑做代销或虚拟商品，也可以考虑和邮政EMS合作。邮政EMS的配送速度虽略逊于快递，但网点分布要比快递公司广，可以解决一些偏远地区店主发货的问题。
- 快递费用高昂。对于城市郊区等偏远地方，有些快递是可以加价上门服务的，但这也意味着买家需要支付更多的邮费。在充满竞争的购物网站中，如果自己的运费高于其他卖家，那么多半是无法留住买家的。除非商品利润非常高，卖家可以通过利润来抵销快递的费用。

店主最好在众多快递公司中，选择一两家服务信誉良好的来建立长期合作关系，这样不但以后发货及时方便，而且货物一旦发生损坏、丢失等情况，沟通解决起来也会轻松很多。

达人点睛

直销大师艾德梅尔（Ed Mayer）提出：成功=40%定位+40%产品和定价+20%营销。此法则同样适用于网上开店，营销推广只是一方面，网店自我定位及商品定位才是核心。

技能3 为什么有人做网店挣不到钱

在网店营销中，几家欢喜几家愁是很常见的。但有的卖家原本掌握一些运营技巧，网店销量也呈现不错的发展趋势，突然就被频频扣分，后来发展到被封店，现金流断裂，还欠下供货商不少的货款，这又是为什么呢?

一般发生这样的状况，卖家多半是犯了如下的错误。

● **账目混乱**。很多小卖家在发展初期，为节约成本，未聘请专业会计人员自己对收支账务也不经心，导致后期对账时发现账目不清，很多收支无相应记录，甚至存在多付供货商货款的情况。因此，卖家应自己做账，掌握基本的账目情况，包括货款、快递费、物料费、人工费、推广费用等支出及实际收入。

● **不规范的出入库流程**。订单少的情况下，卖家自己可以清点。但是随着订单量的增加，供货商主动送货，收发货物也就没有了规范，货物的多少也没有了准数。长此以往，使店铺出入库成本增加。

● **利润不清晰**。很多卖家没有详细的定价攻略，价格也经常变动，潜意识里认为只要定价高于成本价就是赚钱。也正因为如此，忽略了房租、水电、人工、直通车、钻展或淘宝客等成本。

● **高价进货**。很多卖家不会砍价，也不对比行业商品的成本价格。殊不知，成本价低1元或高1元，利润差别很大的。

● **不懂用人**。店铺发展程度并不是衡量人工数量多少的唯一标准。忙不过来时，首要考虑的不是马上增加员工，而是考虑当前员工的工作效率高低。最大化地提高员工的工作效率，才是解决问题的核心。

● **积压库存**。在参加“双11”等促销活动时，很多卖家因为选款不当或运营操作不当，可能出现积压库存的现象。一旦出现这一问题，首先要想的是如何将库存清零。在清库存时，应考虑如何将库存销售出去，而非利润。库存积压越久，成本越高。尤其是食用方面的商品，还存在着过期的风险。

● **违反规则**。无论是开淘宝店，还是开天猫店，都需要遵守一定的平台规则。例如，卖家若不按《淘宝规则》延迟发货会被扣分，在累积到一定分值时就会受到封店处理。

技能4 实体店、网店、手机网店有什么区别

网上店铺作为一种在互联网高速发展的时代背景下诞生的新型销售方式，和传统的销售方式有着许多的不同，也有许多传统销售方式无可比拟的优势，而随着移动网络的兴起，更加方便快捷的手机网店被越来越多的人接受，这3种店铺方式的异同主要表现在以下几个方面。

1. 开店投资

网上开店和开实体店相比，综合成本要低很多，而使用手机开网店的成本则更低。

从店面租金来说，现在大型的购物平台网站，如淘宝网等都提供免费的网店空间，在这些平台上开店只要申请就可以免费得到一个店铺位置。手机网店在现阶段也是免费开店的。

从开店成本来看，网店可以更加灵活地控制成本，因为网店卖家可以一边卖货一边进货，减少库存积压提高资金周转率；而手机网店大多数是代销，进货成本几乎为零。相比之下，实体店需要备现货，这就降低了资金周转率，加大了进货成本。

此外，网店和手机网店的日常经营主要依托网络，减少了税费、店铺租金、水电费、杂费、员工雇佣等各种开销。对于手头没有太多资金，却想尝试开店的朋友来说，这二者无疑是一个很好的选择。

开店初期，网店的很多项费用都比实体店的少，如店面费用、员工工资或库存费等；有些费用可以不投入，也可以暂缓投入，如装修费和广告费。在网店做大之后，有些项目的费用就可能和实体店的差不多了，如办公费用、员工工资、各种税费等。总的来说，网店的初期投入要比实体店少很多，对于没有多少经验，资金也不充裕的新人来说，开网店是一条不错的创业之路。

2. 营业时间、营业地点、店铺面积

实体店铺往往要受到营业时间、营业地点、店铺面积等因素的限制。例如，在某个时间段打烊可能会错过很多生意；店铺如果处于人流量小的地段，生意会不景气；遇上生意爆好时段，又有可能因为店面空间太小，展示不了太多商品或容纳不了太多顾客而使客源流失。

网店和手机店则完全不受这些条件的限制。买家可以在任意时间、任意地点浏览网店、下单购物，卖家只要在收到订单之后抽时间据单发货即可。在网店中，卖家可以尽情地将自己所有的宝贝摆放出来，不必考虑店铺空间的问题。

3. 经营方式的自由度

网店可以全职经营，也可以兼职经营，不一定非要专人看守，也不需要办理严格的注册登记手续，想要转换经营方向也非常方便。手机网店的经营方式则更加自由，店主只需带着能上网的手机，随时随地都可以处理店内业务，这也就是所谓的“碎片化”管理店铺。

4. 销售范围

实体店铺的客源基本上局限于店铺周边的人群，而网店则打破地域限制不同，不同城市、不同国家的网民，只要对商品感兴趣。都有可能成为商品的浏览者和购买者。而且卖家提供的商品越是物美价廉，特色鲜明，销售范围越是广泛。

手机网店的买家则既可以是千里之外素不相识的网民，也可以是附近一些有共同兴趣爱好的手机玩家。因为手机网店的营销对象多是由微信、QQ等熟人圈组成，因此同区域、同城的买家较多。

5. 资金流转速度

实体店铺要积存大量的现货，因此资金积压较大，流转速度较慢；而网店则可以边卖边进货，资金积压较小，流转速度较快；手机网店一般是“短、平、快”的代销店，发

货、结算都很快，很多是日结日清，店主不仅没有积压资金的忧虑，而且也几乎不用担心卖了商品收不到佣金。

技能5 个人店、企业店与天猫店，开哪种店合适自己

在淘宝平台上，可以开设个人店铺、企业店铺和天猫店铺。个人店、企业店和天猫店三者之间的区别如表1-2所示。

表1-2

比较项目	个人店	企业店	天猫店
店铺认证注册条件	公民有效身份证认证、支付宝认证	企业营业执照认证、身份证认证、对公银行卡认证	入驻企业要有100万元以上注册资金，受2年以上经营时间、品牌注册商标和纳税身份等条件限制
适用对象	个人商家	小企业商家	大品牌、大企业商家
开店成本	个人开店是免费的，只需缴纳少量的保证金	企业开店也是免费的，但申请认证时需要缴纳一定的手续费和少量的保证金	天猫商家需要向平台缴纳保证金和技术服务费、年费等费用，且金额比淘宝店高出很多
店铺评分体系	星级、钻级、皇冠级	星级、钻级、皇冠级	采用动态评分体系
消费者保障服务	商家可自行选择加入	商家可自行选择加入	所有保障天猫卖家都必须加入
店铺显示标	没有店铺显示标	拥有“企”字样的显示标	拥有天猫店特有标志
店铺名称	个人店名称中不得包含让用户混淆的词汇，如特许经营、特约经销、总经销、总代理、官方、代理、加盟、授权、直营、经销等词汇。另外，“旗舰”与“专卖”是天猫特有词，不得出现在除天猫以外的店铺名中	企业店铺的名称可以使用公司、企业、集团、官方、经销这5个词，但不得使用天猫特有词“旗舰”与“专卖”	天猫店铺名称必须注明店铺类型，包括旗舰店、专卖店、专营店

除此之外还有一些具体的区别，如网店后台、经营方式等，这里就不一一列举了。想开网店的读者可以根据自己的实际情况选择开设淘宝个人店、淘宝企业店或者天猫店。

技能6 不懂电脑配置，如何在京东购买适合开店的电脑和周边设备

对于要开设网店的人来说，一台质量好、性能稳定的电脑是必不可少的，但很多人可能都听说过，在电脑城购买电脑容易遇到奸商，以次充好，乱抬价格，使消费者多花很多冤枉钱。要避免这种情况的发生，大家第一时间想到的就是请熟悉电脑硬件行情的高手和自己一起去购买，这固然是个好方法，但也有不足之处，一个是熟悉电脑硬件行情的人不一定能够找到，另一个是要欠下一笔人情债，很不划算。

其实，不懂电脑的人，也可以在不找人帮忙的情况下买到质量过关、价格合适的电脑。方法很简单：到京东商城在线下单。

京东商城中出售的商品种类繁多，其中电脑类商品包括台式电脑主机（仅主机，不含显示器、键盘、鼠标等外设）、台式电脑整机、笔记本电脑、电脑配件以及电脑周边设

备。由于京东商城的电脑大部分是自营的，非自营的也经过严格审核，因此基本不会出现假冒伪劣商品，在价格上也基本和电脑城齐平，部分特价商品甚至比电脑城更便宜。

在京东出售的电脑有贵的，有便宜的，哪些价位的电脑适合开店呢？一般来说，只要选择CPU为Intel i3，内存4GB或8GB，显示器18英寸以上，硬盘容量1TB以上，就可以满足开店的要求了，还能够做一些办公工作、进行简单的图形图像处理，这类电脑价格一般在3000元左右，如戴尔的成就3470型号，联想的扬天M4000e（PLUS）型号等电脑，就比较符合要求。如果对性能还有更高的要求，可以考虑Intel i5的CPU以及16GB内存，当然价格也就更高了。

其实，不仅电脑，数码相机和打印机等设备也可以在京东商城中购买，质量和售后都会有较好的保障。

达人点睛

在购买电脑时，不要去网吧等公共场合的电脑上进行购买操作，这样很不安全，可以借用信得过的亲朋的电脑来购买。购买时可以采用货到付款的方法，这样就不会遗留银行卡等信息在电脑上，也可以在手机端购买。

技能7 如何选择开网店用的手机

手机淘宝已经成为淘宝店的一个较大的流量入口。对于网店店主而言，一部主流的智能手机不仅能够满足自己日常通信所需，还能让自己在外出时处理店务。另外还可以从手机上查看自己的移动版网店的装修效果和宝贝的详情页，以便及时调整。

开网店用的智能手机，其操作系统版本没有特别要求，建议使用当前热门的苹果系统（见图1–1）或者安卓系统（见图1–2），因为手机淘宝以及手机千牛（网店通信软件）对这两种系统支持最好。

图1–1

图1–2

现在千元级别的智能手机完全可以流畅地运行手机淘宝和手机千牛。不过，建议选择电池容量比较大、续航能力比较强的款型，这样可以使用较长时间，不至于在紧要关头缺电关机，影响生意。

手机屏幕最好略大一点，这有利于查看沟通信息和销售数据等。对于男士，手机屏幕可以考虑在4～5.5英寸；对于女士，手机屏幕则可以考虑在3.5～4.5英寸。

对于安卓系统的手机，手机的CPU至少要四核，八核最好；运行内存至少为2GB，3GB以上更好；存储内存至少16GB，这样才能保证运行流畅。

现在千元左右的八核智能机有不少，如华为的荣耀畅玩6C、酷派的cool1 dual以及小米的红米4X等，都是不错的选择。如果预算比较充足，则可以考虑购买苹果公司的iPhone 8或iPhone X手机，无论是质量、手感、续航，还是操控，都是上乘之选。

技能8 如何选择手机的无线上网套餐

使用智能手机，就是为了移动上网。但只有手机是不行的，还需要相应的手机卡配合才可以。那么，选用什么手机卡上网比较好呢？

现在的手机卡联网方式分为2G、3G和4G，2G上网用最普通的手机卡就可以实现，速度最高只有十几kbit/s；3G上网速度很快，如联通3G可达600kbit/s，与很多有线宽带不相上下；4G上网速度可达2.5kbit/s以上，是目前手机上网的首选。

最新款的iPhone手机都是支持4G上网的，如果店主原来使用的是2G或3G手机卡，可去通信营业厅换为支持4G的手机卡，一般可不用换号。千万不要想着省事，使用2G手机卡上网，那样不仅网费贵，而且速度慢得让人无法忍受，这样的速度是无法应付网店生意的。

如果打算购买安卓系统手机，则可以考虑双卡双待类型的，2G插槽可以插店主原来的手机卡（假如原来的手机卡无法升级为3G/4G卡），另一个4G卡插槽则插专门用于上网的3G/4G手机卡。购机前要问清楚手机是否支持4G上网。

手机卡上网流量有不同的套餐，可以到当地营业厅询问并选择合适的流量套餐。此外，淘宝上有不少能上网的3G/4G手机卡出售，其资费更加灵活，店主也可以考虑选购。

技能9 是否需要选购为商品拍照的相机

非代销型的网店都需要自己拍摄商品照片，因此数码相机就是必不可少的装备。

很多店主都纠结于是否购买高档相机。其实使用卡片机，甚至功能好一点的手机，配合光线、场景、构图，也能拍出漂亮的商品图片。当然，如果有购买单反相机的预算就更好了，毕竟好的相机可以更多地将商品的细节呈现出来。图1-3所示为价格平易近人、拍摄效果也不错的卡片相机，图1-4所示为效果很好但价格也不菲的单反相机。

图1–3

图1–4

> **达人点睛**
>
> 有的店主担心卡片相机的拍摄效果不够好，但预算又不足以购买昂贵的单反相机，那么可以考虑微单相机、单电相机，其拍摄效果都不错，而且价格也不太贵。有兴趣的店主可以去网上详细了解一下，然后选择一款符合自己需要和预算的相机。

技能10 是否要购置打印机

打印机主要用于打印快递单。在开店前期，订单较少，可能用不着打印机，但业务发展到一定程度时，就可以选择使用打印机打印发货单，相对于手写的发货单更为方便快捷，也显得更加正规和专业。图1–5所示为专门打印票据的针式平推式票据打印机（注意：必须是针式打印机，因为票据都是多层的，只有针式打印机的打印针才能在所有的层上都打出字迹，原理和复写纸差不多；而激光打印机或喷墨打印没有针，只能在第一层打出字迹，不能用于打印票据。），图1–6所示为打印的快递单。

图1–5

图1–6

技能11 注册自己的电子邮箱

邮箱是网络交易中的重要信息工具，在申请淘宝店铺时，需要邮箱验证。建议用户注册网易邮箱、QQ邮箱或TOM邮箱之类由比较稳定的大服务商提供的免费邮箱。下面以申请网易163免费邮箱为例介绍注册电子邮箱的方法，其具体的操作步骤如下。

Step 1 用IE浏览器访问网易163邮箱主页，单击“去注册”按钮，如图1–7所示。

图1–7

Step 2 ❶选择“注册字母邮箱”“注册手机号码邮箱”或“注册VIP邮箱”，这里选择“注册手机号码邮箱”，❷输入手机号、验证码等信息，❸勾选“同意‘用户须知’和‘隐私权相关政策’”复选框，❹单击“立即注册”按钮，即可创建163邮箱账号，如图1–8所示。

图1–8

技能12 网店常用软件大集合

有了硬件设施外，卖家还要掌握一些常用的软件操作技能。

（1）娴熟的上网技巧。如果要求一个没上过网的人开网店挣钱，是不太可能的。最起码要对网络熟悉，能查阅网络资料、图片，查看知识帖等。

（2）熟练使用网络聊天软件。刚起步的卖家可能要自己担任客服的工作，因此需熟练使用千牛、QQ等聊天软件。

（3）收发电子邮件。电子邮件是Internet应用最广泛的服务，它是一种通过网络与其他用户进行联系的简便、迅速、廉价的现代通信方式。它不但可以传送文本，还可以传递多媒体信息，如图像、声音等。在通常情况下，一个独立的网络中邮件在几秒钟之内就可以送达对方邮箱。同时，还可以得到大量免费的新闻、专题邮件，轻松地实现信息搜索。

（4）图像处理软件。网店中的客户主要是通过商品图片来判定商品的品质，所以精美的商品图片和宣传图片尤其重要。精美的图片往往会吸引客户的眼球，而质量差的图片将会使买家望而却步。通过数码相机拍摄的照片，可能会出现曝光不足、色彩失真等问题。因此卖家需熟练使用美图秀秀、Photoshop等软件对图片进行后期处理。

第2章 手把手教你寻找优质货源

本章导读

无论是实体店，还是网店，货源都是关键。相比实体店，网店的商品更为多样，如虚拟商品。也正因为它的多样性，货源渠道也就更广。如果没有熟悉、经济的货源渠道，那么就很难找到合适的货源，没有货源网店就难以开张。那么，该如何寻找到价廉物美的进货渠道呢？本章主要介绍网店主要的货源途径，以及寻找合适自己的货源的方法与经验。

技能1 选品，你会吗

新手开店很容易遇到棘手问题，例如，太注重流量，专选爆款，实则竞争更大。因此，选品是开网店的一大重心。选品，也就是选款。选出店铺能够在这个季节或者这段时间打造很好销量的。

因此，卖家首要考虑的不是流量，而是商品。用心选择商品，给店铺做好定位。对于选品，有以下几个建议。

- 自己喜欢、了解的商品。首先肯定是卖家自己喜欢的商品，才能全身心地投入时间、精力去经营；继而才有兴趣去了解这个商品的属性，才能推广给更多的人。
- 全面认识商品的优缺点。很多卖家在选品时，都奔着流量、销量去，只看到了该商品的热门程度，却忽略了热门商品的强大竞争力。故卖家在选品时，一定要全面地看待商品的优缺点，再看看自己和同行比较，又有什么优缺点。
- 开网店的平台喜不喜欢该商品。一些卖家会剑走偏锋，在淘宝平台售卖违法商品。由于其商品的特殊性，销量可能会不错，但随之而来的，是淘宝平台的惩罚和法律的制裁。相反，如果售卖淘宝平台喜欢的商品，它才会推荐。
- 放弃热门商品。对于刚起步的小卖家而言，可完全不考虑热门商品，竞争大，实力不足，很难脱颖而出。一些冷门商品不仅竞争小，搜索量也高。

部分新手卖家，在选品方面犹豫不决，最后把店铺发展为杂货铺，类目多，商品杂。针对这样鱼目混杂的店铺，网店平台是不会给予免费流量支持的，买家也不会买账。所以，店铺的定位十分重要。无论选择什么商品，都要做到“三专”，即专一、专注、专业。

达人点睛

很多卖家在选品时会纠结客单价。从表面上看，淘宝比价严重，应走低客单价商品；但纵观淘宝不难发现，客单价较高的商品销量也可位居榜首。由此可见，客单价的高低，不是选品的要点只要突出商品特点和优势，自然不缺买家。

技能2 如何选择商品类目

开网店，几家欢喜几家愁。有人开店几个月就上百万的销量，自然就有人几年还在创业阶段挣扎。抛开经营策略不说，选对类目也很重要。

如何才能选择有潜力的商品类目呢?

（1）找一个定位清晰的市场。主要分析受众群体的特征，如年龄、性别、职业状况、受教育程度、收入水平等。如果某商品的受众群体是孕妈，最为看中的是质量，那降价对她们而言不是最敏感的，在今后的营销策略中，不能利用价格战作为主要营销策略。

（2）看清平台小圈子。当宏观的市场大环境考察完毕之后，就要分析平台的小圈子了。例如，在淘宝中，近几年手机的更新换代比较热门，市场很大；同时，在淘宝上有各大手机品牌店，其质量和价格都无可挑剔，再开店卖杂牌手机就不具优势了。

（3）看清趋势很重要。很多类目具有一定的季节性，为了合理安排运营工作流程（合理上架、推广、甩单等），可借助阿里指数、生意参谋等工具来查看市场的趋势。

（4）自身现状也能影响类目。简单而言，可从启动资金、人脉、资源等方面去分析适合自己的类目。例如，自己正好是家具行业中的一把手，对家具市场了解且有货源。那么，相比其他行业，家具这个行业就更适合自己。

开店者成千上万，类目选择是一个很重要的因素。选对类目有利于整个流程的发展，而没有选好可能费尽苦心都是枉然。

技能3 实物商品、虚拟商品与代销商品如何选择

在淘宝上出售的商品总的来说分为以下两类。

- 实物商品，就是目前市场上能够看到，并且能够通过交易进行正常接触使用的商品。它的范围更广，基本覆盖了人们生活的方方面面。大到家具、电器，小到螺丝刀、缝衣针……衣食住行都囊括其中。
- 虚拟商品，一般是指没有实物的商品，比如网络游戏点卡（用于计算游戏时间的卡）、网游装备（网络游戏中得到的装备，如宝剑、盔甲等）、QQ号码、Q币（用于购买QQ服务的虚拟货币）、手机话费等。一般来说就是无邮费，无实物性质，通过数字或字符发送的商品。

除了以上两者之外，还有一种称为“代销商品”的方式，也就是网店店主作为代销商或分销商，用自己的店铺出售他人的商品，实物商品与虚拟商品均可，赚取一定的差价。代销商不用进货发货，接到单子后，将买家信息转发给上级，由上级来发货并实施售后。这种方式风险小，利润薄，适合本金不多的店主。

下面给出三者的对比，从表2-1中可以看到这3类商品的异同之处。

表2-1

比较项目	有无实体	进货渠道	物流方式	投入成本	耗费精力
实物商品	有	批发市场等	物流发送	大小皆可	多
虚拟商品	无	商品官方申请	网络发送	很小	少
代销商品	实物商品/虚拟商品皆有	网络供应商	供应商直接物流发送（不通过卖家）	很小	一般

需要说明的是“耗费精力”这一项仅仅是指商品进货、发货、售后等行为所耗费的精力，不包括宣传店铺所耗费的精力。

严格来说，虚拟商品也都是代销商品，店主从官方申请代销资格后（如Q币代销可以在腾讯网上进行申请），再在网店上进行销售，这是一种典型的代销行为。不过为了和实物商品进行区别，还是把虚拟商品单独划分为一类。

读者可以根据自身情况来选择销售商品的种类，特别可以参考“投入成本”和“耗费精力”两项。

达人点睛

不建议新店做虚拟转实物，原因在于：①淘宝对虚拟店没有扶持；②淘宝平台希望店家从一而终，虚拟转实物，会导致平台对该店铺的印象不佳。

技能4 抓住网店热销商品

严格来说，热销商品和冷门商品做好了都能赚钱，不过相对来说热销商品的循环比较快，客户群很大，相对来说要好做一些。目前，网上的热销商品主要有以下几类，如表2-2所示。

表2-2

类目名称	热销原因
服装类	在众多从事开店的个体户中，赚钱最快的当属服装店。五彩缤纷的时装在给人们生活带来美和享受的同时，也给店主带来了不菲的收入。中国网购品类市场份额报告显示服装是网上最畅销的商品
美容护肤品	女人天性爱漂亮，喜欢使用各种化妆品，因此，化妆品市场的前景非常开阔。越是富有的女性越是想要留住青春年华，越是舍得消费化妆品；对普通女性来说，化妆品也是天天要用的东西，所以会常常买。一般来说，女性一旦觉得某个店里的一款化妆品比较好用，会重复在该店购买。据了解，网上化妆品店“80%的利润来自于20%的老客户”，因此，在经营时应该努力去抓住每一个买家，让买家踏踏实实地做个回头客
箱包类商品	箱包类也是淘宝上非常热销的商品。每个女孩至少有两三个包包，如上课上班用的大包包、逛街的斜挎包包、约会的精致小包包等。箱包运输方便，不会过期，优势差不多和服装一样，而且箱包作为礼物的也很多，这也是其优势所在
数码家电产品	在网上购买数码家电及相关配件的人也越来越多。因为此类产品一般都具备一定的品牌因数，所以大家只要选好品牌后参考价格就可以选择是不是要购买。而不需要去考虑其他的生产日期和尺寸大小之类的问题。一般买家在网上购买此类产品时都很谨慎，比较以后才去购买，同样品牌的商品价格是很重要的因素
电脑整机及配件	很多人认为电脑价值不菲，邮寄也不方便，应该不适合网上销售。这样想就错了，事实上，电脑（包括台式电脑、笔记本电脑以及平板电脑）的销量一直都在各C2C平台上排在前列，其相关配件和外设的销量也非常可观
流行饰品	流行饰品的市场非常大，女性的饰物数量数不胜数。在女性自己购买的同时，男性也会购买来作为礼物，也有少许男性喜欢佩戴。打算做饰品网店的卖家，一定要紧跟时尚的步伐，不可脱离最新、最流行的字眼。只要商品款式够新颖，够时尚，买家一般只要看上就会念念不忘，最终掏钱购买

热销产品不仅客户很多，而且货源也能轻松找到，相对来说是一个比较好的选择。但

是电脑产品的进入门槛相对较高，需要具备一定的专业知识，如了解产品的功能特点、辨别产品的优劣，以及帮助买家排除一些小故障。

技能5 搜罗网店常用进货渠道

无论是网上开店，还是开实体店，成本始终是最重要的因素。其中，货源价格占成本的很大一部分。不管是通过何种渠道进货，低廉的价格是关键因素（保证质量的情况下）。找到了物美价廉的货源，网上商店就有了成功的基础。

1. 大型批发市场

批发市场产品多样，地域分布广泛，能够小额批发，更加适合以零售为主的小店。批发市场的商品价格一般比较便宜，这也是经营者选择最多的货源地。图2-1所示为深圳锦都服装批发城。

图2-1

从批发市场进货一般有以下特点。

- 进货时间、数量自由度很大。
- 品种繁多，数量充足，便于卖家挑选。
- 价格低，有利于薄利多销。

批发市场是最主要的进货渠道之一，和批发商建立起长久的供应关系，有助于网店的稳定运转。有的批发商货物进出量很大，对于一些少量进货的零售买家，态度上可能就有些冷淡。其实这是正常的，买家不要有过于敏感的想法，要主动和批发商搞好关系，多次来往以后，甚至可以和批发商达成先拿货再付款的协议，这样会省下不少周转资金，用于购买别的货物，这对扩大网店经营规模是非常有利的。

2. 厂家直接进货

一件商品从生产厂家到买家手中，要经过许多环节，其基本流程是：原料供应商→生产厂家→全国批发商→地方批发商→终端批发商→零售商→买家。经过如此多环节、多层次的流通组织和多次重复运输过程，自然就会产生额外的附加费用。这些费用都被分摊到每一件商品上，所以，对于一件出厂价格为30元的商品，买家往往需要花两三百元才能买得到。

如果可以直接从厂家进货，且有稳定的进货量，无疑可以拿到理想的价格。而且正规的厂家货源充足，信誉度高，如果长期合作的话，一般都能争取产品调换和退货还款的政策。但是一般能从厂家拿到的货源商品并不多，因为多数厂家不屑与小规模的卖家打交道，但有些网下不算热销的商品是可以从源头进货的。一般来说，厂家要求的起批量非常大。以外贸服装为例，厂家要求的批发量至少要在近百件或上千件，达不到要求是很难争取到合作的。

3. 外贸尾单

外贸尾单就是正式外贸订单的多余货品。众所周知，外商在国内工厂下订单时，一般工厂会按5%～10%的比例多生产一些，这样做是为了万一在实际生产过程中有次品，就可以拿多生产的数量来替补，这些多出来的货品就是常说的外贸尾单货了。这些外贸尾单货价格十分低廉，通常为市场价格的两三折，品质做工绝对保证，这是一个不错的进货渠道。

外贸尾单货有个优点就是性价比高，出口后都是几十美元或是更高的价格，但在国内却只卖几十上百人民币。但要注意的是尾单货的颜色和尺码有的不成比例，不像内销厂家的货品那样齐码齐色。

4. 国外打折商品

无论国内、国外在换季或节假日前夕都可能要开展打折销售活动。如果在国外有亲戚朋友，可以让他们趁这些时候买进一些打折商品，由自己放到国内网站上的网店来卖，即便这些商品有着较高的价格，仍然能够吸引大量国内喜欢国外品牌的买家，毕竟按折扣价拿到的这些商品在国内同类商品中还是会有一定的优势。因而，经营该类商品也会有较大的利润空间。不过，网店开起来之后，要保证能够从国外源源不断地供货，否则会给买家以货源不稳定的印象。

在国外，一些日用品牌都有所谓的“工厂店”，英文叫做“Outlet”，这些店铺是厂方直接开设的，省去了很多中间环节，因此价格上要比商场优惠不少，款式也更加丰富一些，在国外生活过的人，很多都知道工厂店，也很乐意去购买，特别是打折商品，价格上更是非常优惠。如果把这些打折商品批量购买运回国内销售，利润也是非常大的。图2-2所示为某全球知名时装品牌的工厂店。

图2-2

5. 库存商品与清仓商品

随着社会经济和物质生产高速发展，新技术、新产品层出不穷，更新速度加快，库存商品及闲置物资越来越多，而地区间、国际间的经济发展不平衡为库存积压商品的发展提供了广阔的市场，“旧货”“库存货”市场得以迅速发展。当前传统意义的“旧货”概念正在被打破，很多崭新的商品在市场的更新换代中积压下来，但仍具有完善的使用价值，

“旧货”成为多品种、多层次、数量巨大的各类库存商品及闲置物资的代名词，其交易额已占到各旧货市场交易额的60%以上。

有些品牌商品的库存积压很多，一些商家干脆把库存全部卖给专职网络销售卖家。不少品牌虽然在某一地域属于积压品，但网络覆盖面广的特性，完全可使其在其他地域成为畅销品。如果能经常淘到积压的品牌服饰、鞋等货物，拿到网上来销售，一定能获得丰厚的利润。这是因为品牌积压库存有其自身优势。

- 质量好，竞争力强。
- 需求量大，市场前景看好。
- 利用网络的地域性差异提高价格。

6. 代销商品

代销商品，也就是在自己的网店里展示其他商家的产品，但实际并不进货。当买家下单后，代销者扣下差价部分，剩余货款转给商家，商家即向买家发货。在整个过程中，代销者没有接触到货物实体，货物也不从代销者手里流转，而是直接从商家发送到买家。代销者实际上赚的就是一个广告宣传费用。

代销这种形式有以下特点。

- 几乎没有什么资金投入，适合新卖家和小卖家。
- 商品不经过代销者转手，因此代销者无需准备仓库、物流，也无需承担售后的责任，相对来说比较轻松。
- 代销者直接使用商家提供的商品照片和描述，因此省去了自己拍照写描述的麻烦，而且商家提供的照片与描述一般都比较精美精致，比起新手卖家的作品来，更能够吸引买家的目光。
- 代销者不能接触商品实物，对商品的细节和质量其实不是很了解，因此常常在买家询问细节时，只能含糊其辞，往往不能让买家满意。
- 代销的投入小，因此利润也很微薄，需要把量做大，才能有较好的收入。

缺乏流动资金的卖家，或者纯粹是“玩票”性质的卖家，可以考虑代销的方式。

达人点睛

代销商品很容易遇到同款，如何才能拉开商品之间的差距呢？主要通过修改主图、价格、标题、详情重点说明等方面。在主图方面，可从供货商给的详情页中找一个不同角度的图片加以修改做主图，尽量不在原有的主图上面做修改。

7. 搜寻本地特产和民族特色商品

民族工艺品其价值很高，由于其民族特色足以使它在琳琅满目的商品中鹤立鸡群。网络店主之所以愿意让这类产品来充实自己的店铺，因为它们不仅稀有、能吸引人的眼球，而且还拥有其他产品无法取代的特点。

- 具有很强的个性。
- 具有丰富的文化底蕴。
- 富含淳朴气息。

● 具有奇特的特点。

● 富有民族特色和地域特色。

如图2-3和图2-4所示的店铺的工艺品富有民族特色，销售状况就很好。

图2-3

图2-4

8. B2B电子商务批发网站

全国最大的批发市场主要集中在几个城市里，而且很多卖家没有条件千里迢迢地去这几个批发市场，即使去购买，加上差旅费，商品成本也很高。所以，阿里巴巴、生意宝等作为网络贸易批发的平台，充分显示了其优越性，为很多小地方的卖家提供了很大的选择空间。它们不仅查找信息方便，也专门为小卖家提供相应的服务，并且起批量很小。图2-5所示为阿里巴巴1688批发网站。

图2-5

网上批发是近几年开始兴起的新事物，发展还不成熟，但网络进货相比传统渠道进货的优势已经很明显，主要有以下几点。

● **成本优势**。可以省去来回批发市场的时间成本、交通成本、住宿费、物流费用等。

● **时间优势**。选购的紧迫性减少，亲自去批发市场选购由于时间所限，不可能长时间慢慢挑选，有些商品也许并未相中但迫于进货压力不得不赶快选购，网上进货则可以慢慢挑选。

● **批发数量限制优势**。一般的网上批发基本上都是10件起批，有的甚至是1件起批，这在一定程度上增大了选择余地。

● **其他优势**。网络进货不但能减少库存压力，还具有批发价格透明、款式更新快等优点。

9. 虚拟货源

游戏点卡、Q币以及各种充值卡，是虚拟商品的重要组成部分。这些商品都有各自的进货货源。游戏点卡可以找游戏官方联系代销，电话充值卡或在线充值代理可以找当地的移动、联通和电信营业厅协商，Q币、泡币、微币等虚拟货币也可以找各自的官方客服联系代销。

以上是淘宝官方定义的虚拟商品。从广义上来讲，没有实物的商品都可以算是虚拟商品。这样的商品在淘宝上还有很多，不少归为了生活服务类，比如网店装修、室内设计、同城电脑维修等。其实，具有各种技能的人也可以在淘宝上开店提供服务，赚取劳务费。另外各种电子资料也可以出售，如电子书、学习教程等，当然前提是不能侵犯他人版权。

技能6 网上进货，让货物送到家

在批发市场进货还是很辛苦的，不仅要冒着酷暑严寒，还有被偷被骗的可能。其实，利用好网上的B2B电子商务批发网站，就可以避免这些麻烦。下面就详细讲解一下如何从阿里巴巴批发网站中进货。

1. 主动寻找货源

主动寻找货源的操作方法很简单，也就是在1688首页的搜索栏里输入货源的名称，比如“望远镜”，就可以找到很多有关望远镜的货源信息，选择一个信用较高、销售量比较好，以及距离自己较近的卖家（可以节省运费），与他商谈细节，之后就可以下单进行采购了。

Step 1 打开浏览器，进入1688网站主页后，❶在搜索框内输入关键词“望远镜”，❷单击“搜索”按钮，如图2-6所示。

图2-6

Step 2 进入新页面，单击满意的货源，如图2-7所示。

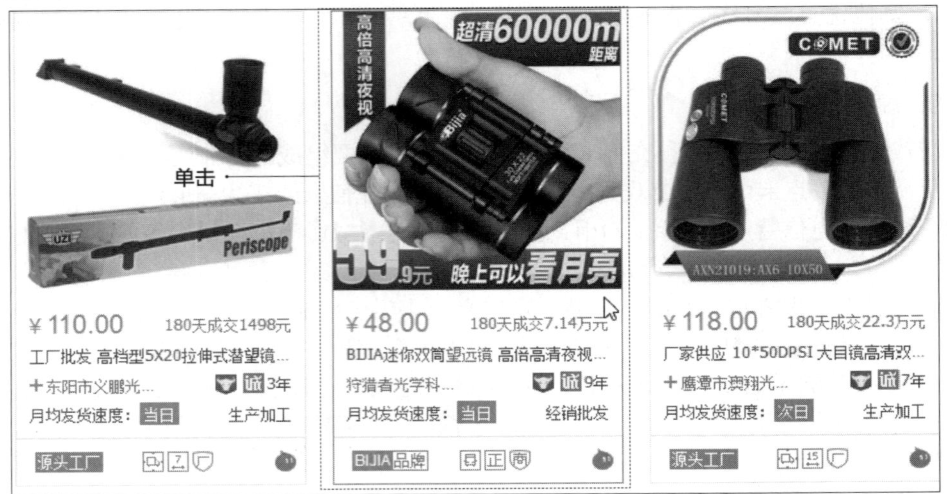

图2-7

Step 3 进入新页面，查看货源详细信息后，❶选择购买数量，❷单击“立即订购”按钮，如图2-8所示。

图2-8

达人点睛

下订单之前最好先和商家进行必要的沟通，询问一些关于商品的细节，如产地、包装、发货方式等，以做到心中有数。和商家沟通的方法很简单，直接单击页面上的“联系卖家”按钮，就会自动弹出阿里巴巴和淘宝都通用的聊天软件“阿里旺旺”的登录界面，用户登录之后，向商家申请成为好友，商家同意后，双方成为好友即可开始交谈。

关于阿里旺旺的下载、安装和使用方法，在后面章节里将会进行专门的讲解。

Step 4 进入新页面，❶输入地址和联系电话，❷单击“确认收货信息”按钮，如图

2-9所示。

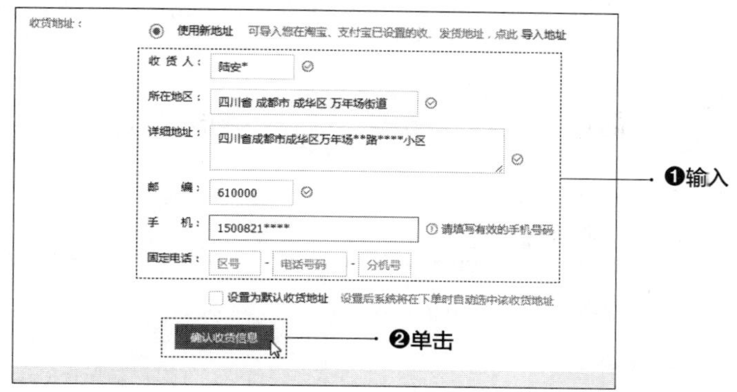

图2-9

Step 5 收货地址和联系信息会被保存起来，用户确认之后，单击“提交订单”按钮，如图2-10所示。

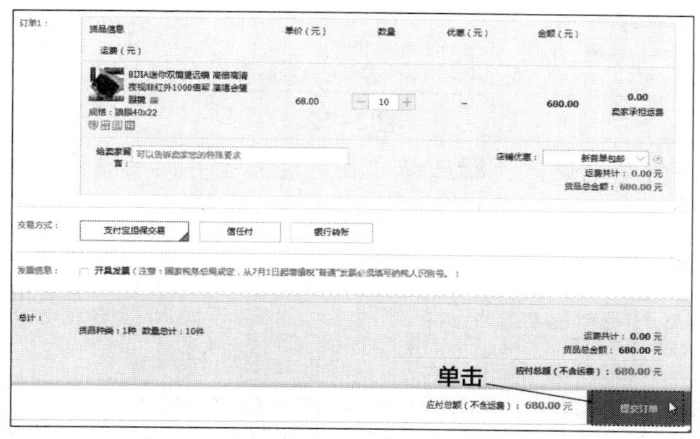

图2-10

Step 6 随后会跳转到支付宝网站，用户登录进去后，按照提示绑定银行卡，即可支付货款了（已经登录并且绑定了银行卡的用户，可以直接支付货款）。后面的章节中将讲解更多关于支付宝的使用方法，也包括支付宝绑定的内容。

2. 发布货源需求信息

买家也可以在1688网上发布需求信息，在信息中填写好商品名称、截止时间等信息后，发布到1688网站上，相关的供应商们看到信息后，会向买家进行报价，买家再选择其中价格适合（并非越低越好）、距离较近以及信誉较好的商家联系进货。

Step 1 打开浏览器，进入1688网站主页后，单击“发布询价单”超级链接，如图2-11所示。

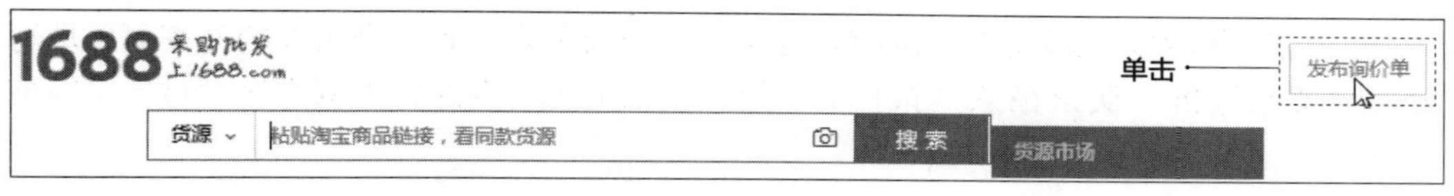

图2-11

Step 2 打开新页面，填写商品信息，如图2-12所示。

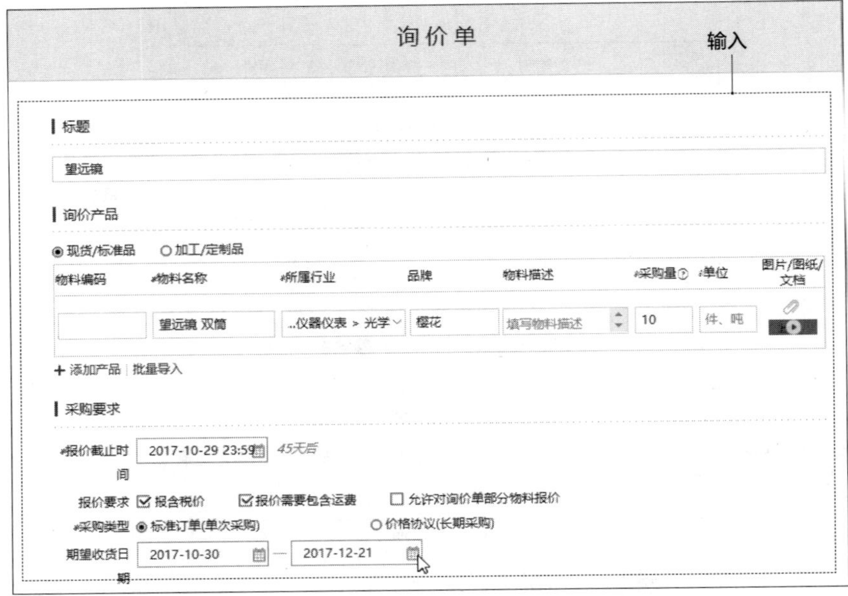

图2-12

Step 3 确认商品信息无误后，❶选择“我已经阅读并同意《询价单发布以及违规处理规则》”复选框，❷单击“确定发布”按钮，如图2-13所示。

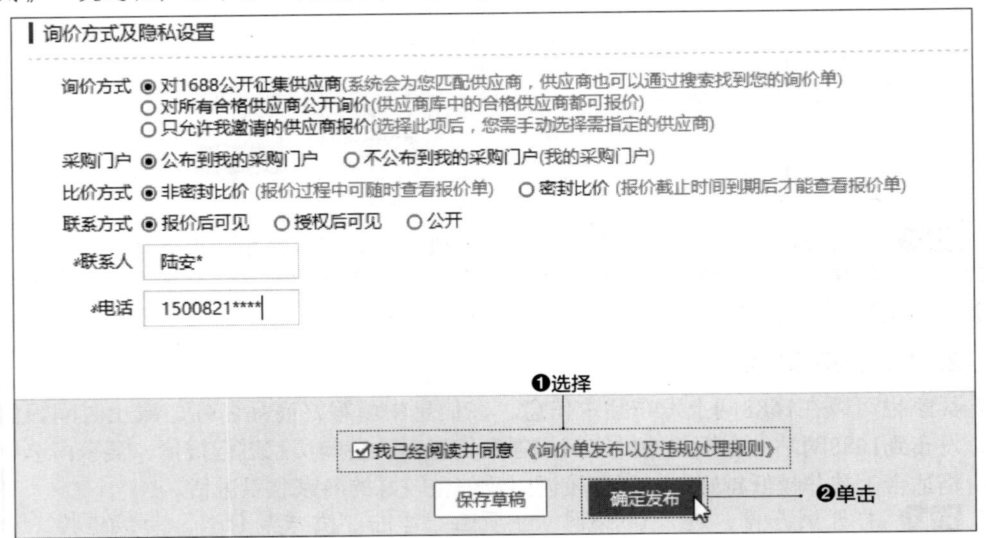

图2-13

发布后，相关商家就可以通过搜索看到自己的询价表，有符合条件的商家可以填写价格向买家报价，买家在众多报价商中选择合适的进行沟通，如双方均满意即可完成交易。

达人点睛

有的新用户在填写询价单时，希望把产品名称写得越详细越好，这个想法固然没有错，但要注意，产品名称的长度最长不能超过30个字，否则无法发布。

技能7 批发市场进货技巧

在批发市场拿货，不仅便于卖家现场选购众多的商品，确认商品的品质，而且也方便与批发商面对面讨价还价。但这种拿货方式也存在一些弊端，例如大多批发商不会第一次就给出最实惠的价格，而是根据经验和标准去衡量新客户，然后给出不同的价格。这对于刚刚创业的卖家来说，是十分不利的。因此，卖家应学会一些批发市场拿货的技巧。

（1）不着急问价。刚进入批发市场，不要立刻问价，应该先把批发市场逛一圈，大概了解有哪些店铺、哪些商品。

（2）钱货当面清点，避免遭受损失。人经常会在一些情况下算错账，给错钱。卖家在进货时，一方面要做到细心，把账算对的同时给对钱，避免发生金钱上的损失；另一方面，不要嫌麻烦，检查好货物的数量、尺寸、颜色等，避免拿错货带来的损失。

（3）拿捏好砍价的力度。批发市场主要针对批发客户，砍价的力度要适中。如果只顾着自己的利润，砍价太狠，则不容易找到合适的供应商。卖家批发货物应做到货比三家，找性价比高的货源，发掘优质的供应商，为以后的合作打基础，而不是以买到低价货为目的。

（4）注意已购货物的安全性。批发市场龙蛇混杂，什么样的人都有，隐藏着很多一般人无从察觉的陷阱。在批发市场，有些人专做偷拿别人货品，然后低价转卖的勾当。如果卖家带着已购的货物进店后长时间专注于挑选，而疏于看管，则极有可能被小偷偷盗。所以，卖家在批发时要时刻保持警惕，保管好自己的货物，最好结伴同行，安排专人负责看守货物。

（5）注意不要被批发商意见所左右。很多人在第一次拿货时，由于不了解市场和行情，往往会被别人的意见所左右。如供货商经常会对卖家提建议，某某产品销量好、利润大，新手卖家由于不了解行情，容易盲目听信。这样易造成货品混乱，不易搭配。所以去拿货之前，卖家应分析经营定向，即使到了批发市场也要坚定自己的立场，不要轻易改变进货种类。

（6）注意进货数量，避免压货。新手卖家由于对市场不够了解，也无法预算自己的销量，所以在拿货时宁少勿多。部分卖家在初次拿货时，由于比较茫然，会不由自主地拿很多货，最后造成压货的惨状。

（7）找机会抓住心仪的供货商。在去心仪的供货商处拿货时，应注意互留联系方式。一方面便于维系感情，促成长期合作；另一方面，在产品出问题或缺货时，也好通过电话或微信联系，省去来回跑路的麻烦。

技能8 网上进货注意陷阱

网络进货不比批发市场进货，因为网络毕竟存在着一定的虚拟性，所以选择商家时一定要谨慎，选择比较可靠的商家进行交易。在网络上批发进货时应注意如下事项。

1. 留意批发商提供的地址

通常，批发商都会有一个固定地址，卖家在进货前可以先在百度或其他搜索网站搜索一下地址，查看这个公司的其他信息，如公司的名称、法人代表、联系方式等。

2. 查看营业资格

在拿货前，可以要求供货商出示营业执照等证明。一些骗子网站也会用图片处理软件伪造一份营业执照，所以在查看营业执照时需要仔细辨认，也可以将其营业资格信息在当地工商部门的官网上查询、验证。

3. 注意批发商的电话号码

电话号码很容易变更，透过电话号码也可以发现很多问题。所以，在得到供应商的电话号码后，可以直接拨打批发商所在城市的114，查询号码归属。同时，还可以通过网上搜索电话号码的方式，查看电话对应的公司名称、公司地址等。

4. 查看供应商网址

要求供应商提供官方网站，仔细研究其网站中商品，再针对商品信息对供应商提问，在问答过程中深入了解商品。同时，这样做也可以试探供应商对自己商品的了解程度，如果对方回答流利且合理，说明这个供应商确实是了解商品的，是真实的供应商。

5. 注意汇款途径

网络进货存在汇款等问题，从汇款方式中也可以发现很多疑点。通常，公司进行网络批发时，提供的都是公司的账号，而非个人账号。保险起见，卖家可以和供应商协商，尽量采用货到付款或支付宝汇款等方式结算。

6. 是否支持上门看货

为了更清楚地了解商品，卖家在选购商品前，应尽量到供应商公司查看商品。如果是正规的供应商且其商品质量过关，供应商肯定也希望能达成更多的合作，支持上门看货。而有的骗子公司，想的都是骗一个是一个，由于担心露馅，绝大多数会拒绝上门看货。当然，部分公司由于代理人群多，会对上门看货提出要求，如要求必须一次性批发50件并预交定金之后才支持上门看货。所以在是否支持上门看货这一点上，卖家需擦亮眼睛，仔细辨别、分析。

7. 看网站的发货速度

供应商的发货速度决定了卖家的发货速度，部分供应商发货速度非常慢，易造成卖家这边的发货速度慢，导致顾客流失。所以，在下单之前，卖家应该和供应商沟通好发货事宜，尽量快速发货。在沟通中，还应协商好是否支持退换货等服务。

技能9 货源中心用起来

在淘宝卖家中心的后台，可看到“货源中心”分类，如图2-14所示。单击“更多”按钮，可以看到淘工厂、找货神器、阿里进货管理、品牌货源、批发进货、分销管理等货源渠道，卖家可针对经营类目选择合适的货源。

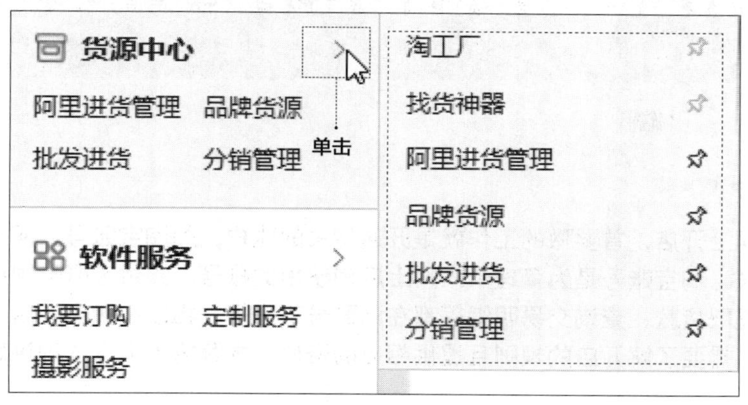

图2–14

淘工厂：链接淘宝卖家与工厂的平台，解决淘宝卖家找工厂难、试单难、翻单难、新款开发难的问题。淘工厂是阿里巴巴旗下1688事业部新上线的一个平台，其最大的特点在于生产上将更加符合淘宝卖家的需求，卖家可尝试小批量试单，快速翻单。工厂能提供的最低起订量、打样周期、生产周期、7天内可供面料等服务。

找货神器：帮助淘宝卖家查找淘宝和天猫商品的同款、相似款商品的货源。换言之，卖家可通过该功能，找到当前热卖商品的进货渠道。找货神器还有两个亮点功能：展示店铺商品的同款、相似款货源，为卖家找到更好的货源；提供淘宝两百多个类目下的热卖商品排行，并提供1688的同款货源。

分销管理：有分销和代销两个模式。卖家可通过该平台，找到货源并与供应商建立合作关系。

阿里进货管理：查看近3个月的订单信息，包括订单号、货品名称、成交时间等。

品牌货源和批发进货：二者都可以帮助卖家快速找到货源。

第3章　网店申请与开设

本章导读

在淘宝网上开店，首要做的工作就是开通相关的账户，如淘宝账号、网上银行账号以及支付宝账号。淘宝账号是为管理个人网上店铺使用的账号。支付宝账号则用于安全管理个人资金，提取货款、查询交易明细等都在此账号下进行。相比在淘宝开店，开天猫店稍微严格一些，需要了解开店的规则且提供相应的资质。本章将为大家详细讲解这几方面的内容。

技能1　申请淘宝账号需要的资料

要在淘宝开店，必须要先申请一个淘宝账号。那么申请淘宝账号需要哪些资料呢?

- **能正常使用，且没有申请过淘宝账号的手机号。**手机号将会和淘宝账号绑定起来，并用于接收验证码短信，是申请淘宝账号时必不可少的资料。
- **开通网银的银行卡。**一张开通网银的银行卡，用于绑定支付宝，方便收付款。
- **身份证信息。**在开通淘宝店时不仅需要身份证号码，还需要本人手持证件照相，并将相片上传到淘宝进行审核，确认人、证合一，才允许开店。

技能2　淘宝账号起名的学问

众所周知，淘宝账号的名字不可重复。于是经常有人发现，自己在注册淘宝账户名时，被提示“重名”，一连申请七八个，都是一样的情况，无法完成注册。这是因为淘宝用户太多，平常使用的账户名都被注册了，所以自己在起名时，要使用一定的“后缀”技巧，来避免重名。

一般来说，准备开店的卖家总是倾向以主营商品的拼音或英文单词来作为账户名的，比如“茶具（chaju）”“零食（lingshi）”“服装（fuzhuang）”等，毫无疑问这样的账户名已经被注册了，那么卖家可以在后面加上自己所在城市的缩写，中间加上一个注册年份或者自己的出生年份，这样重复的可能性就很低了，而且又好记，也容易被买家理解。

例如，在北京卖茶具，可以起名为“chaju2017bj”，在上海卖零食可以起名为“lingshi1989sh”，在广州卖手机可以起名为“phone2017gz”，这样的名称，是不是又好记，又不会重名呢?

有的读者可能要问，为什么不把数字放在最后，这样看上去可能要顺眼一些?其实把数字放中间是起一个间隔的作用，把主营产品和地名缩写分开，不然，二者连在一起就不容易辨别了。

技能3 支付宝一定要实名认证吗

注册为淘宝网会员时，用户可以选择自动创建支付宝账号。淘宝网将为用户创建一个以手机号为账户名的支付宝账号，这样经过一次申请，用户就同时具有了淘宝账号与支付宝账号。

普通淘宝买家不进行实名认证也不影响购买商品，但是一旦需要使用支付宝收取卖家的退款（这是常有的事），就必须通过实名认证。淘宝卖家，更是必须通过实名认证后，才能申请开店。因此实名认证很重要，是一定要完成的操作。

下面将介绍申请支付宝实名认证的方法，具体操作步骤如下。

Step 1 登录淘宝网以后，进入到“我的淘宝”页面，❶选择“账户设置”选项卡，❷在跳出的文本框里单击“支付宝绑定”超级链接，如图3-1所示。

Step 2 进入支付宝页面，单击账户名后面的人像按钮，如图3-2所示。

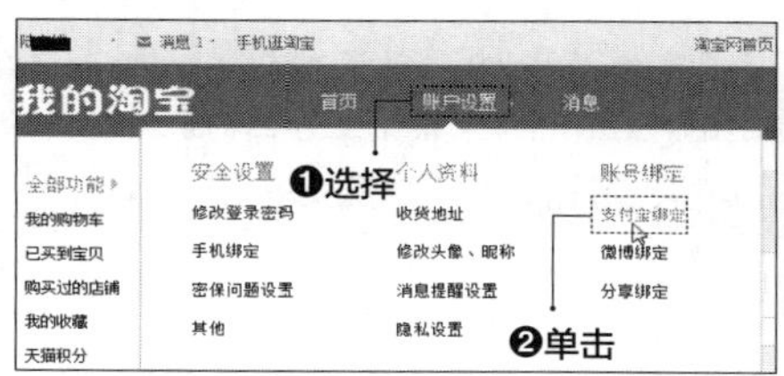

图3-1

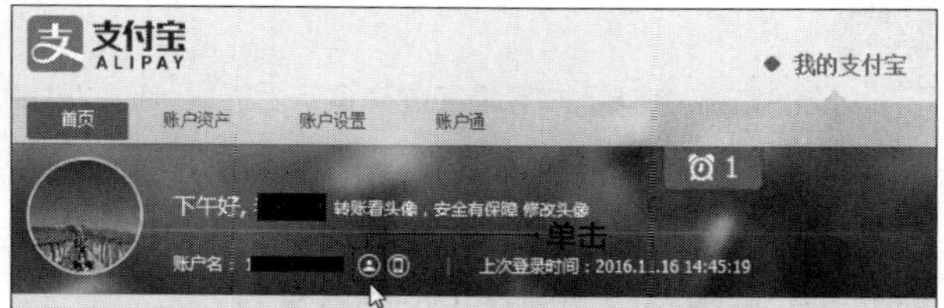

图3-2

Step 3 在注册淘宝账号的时候已经填写了银行卡信息，这里还需要完善身份信息，如图3-3所示，单击“点此完善”按钮。

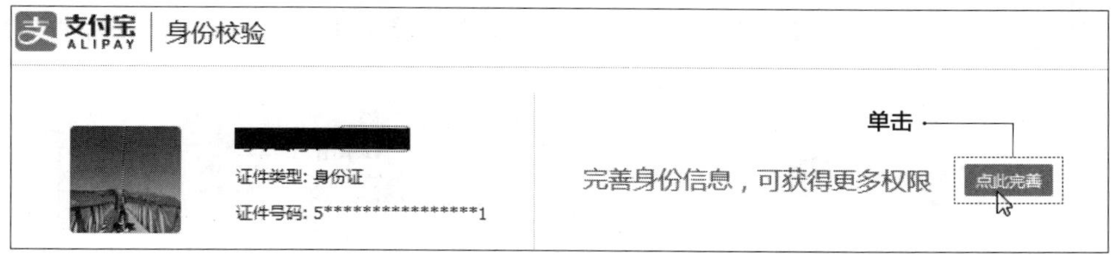

图3-3

Step 4 ❶上传身份证正反面扫描图片，❷单击“确定提交”按钮，如图3-4所示。

Step 5 跳出支付宝身份校验的信息，显示“证件审核中”，如图3-5所示。

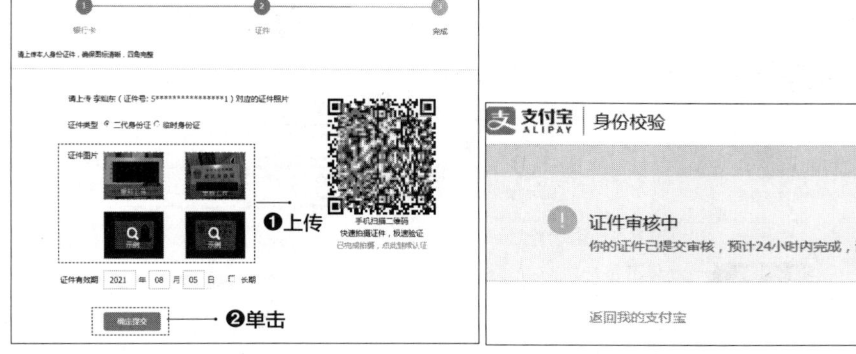

图 3-4

图 3-5

Step 6 用户已经通过实名认证，如图3-6所示。

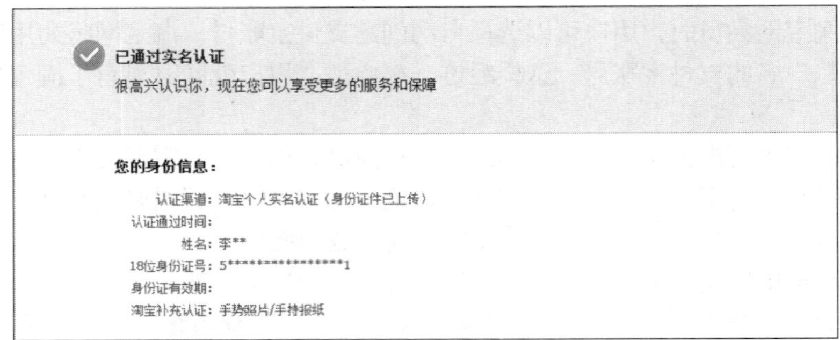

图3-6

> **达人点睛**
>
> 支付宝实名认证并不是在提交资料后的第一时间就能通过的，通常需要1~2个工作日。证件照片清晰度越高，通过认证的时间就越短。如果想尽快通过验证，可提前准备好完整、真实的资料。

技能4 在淘宝网申请开个人店（C店）

作为小成本、小规模的卖家，最适合的网店是淘宝的个人店，网上也称为“C店”。根据淘宝规定，凡申请新开个人网店，必须完善信息，并且应通过支付宝身份验证及淘宝开店验证。

Step 1 登录淘宝网，❶单击“卖家中心”选项卡，❷在弹出的文本框里单击“免费开店”按钮，如图3-7所示。

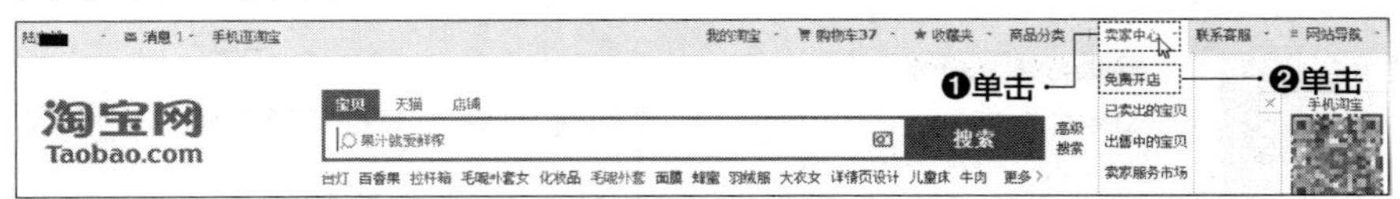

图3-7

Step 2 进入免费开店页面，淘宝店铺分为个人店铺和企业店铺，这里以个人店铺为例，单击“创建个人店铺”按钮，如图3-8所示。

Step 3 仔细阅读开店须知，单击“我已了解，继续开店”按钮，如图3-9所示。

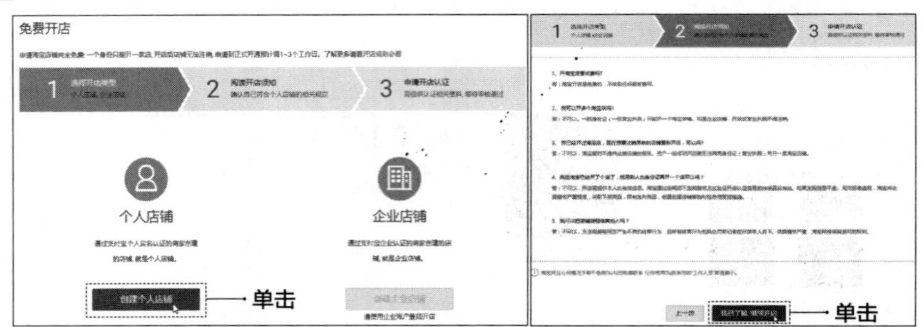

图3-8　　图3-9

Step 4 进入申请开店认证的页面，因为该账号已进行过支付宝实名认证，现在完成

“淘宝开店认证”即可，单击“立即认证”按钮，如图3-10所示。

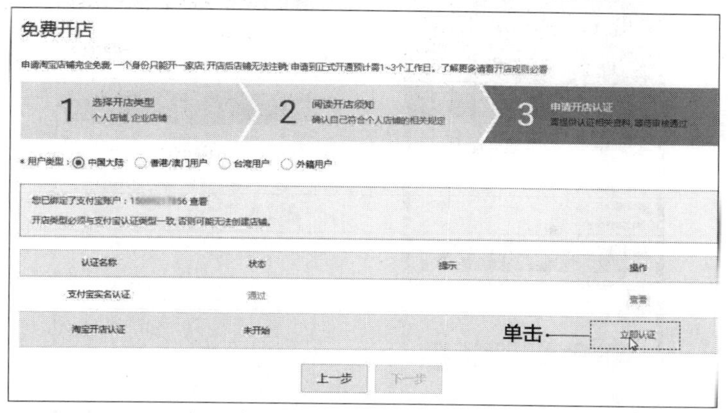

图3-10

Step 5 如图3-11所示，当前淘宝开店认证较为严格，需要在手机上安装“钱盾”进行扫描认证，继续完成验证手机号、填写联系地址、上传手势照和上传身份证照等内容。

图3-11

达人点睛

“钱盾”是国务院打击治理电信网络新型违法犯罪部际联席会议办公室与阿里巴巴集团联合开发的“反诈神器”，它覆盖了手机端、PC端、Pad端，是一个解决用户资金安全、防信息泄露的技术平台。

Step 6 打开手机端的“钱盾”App，点按右上方扫描二维码的图标，如图3-12所示。

Step 7 跳转到淘宝账户登录的页面，❶输入账号密码信息，❷点按“登录”按钮，如图3-13所示。

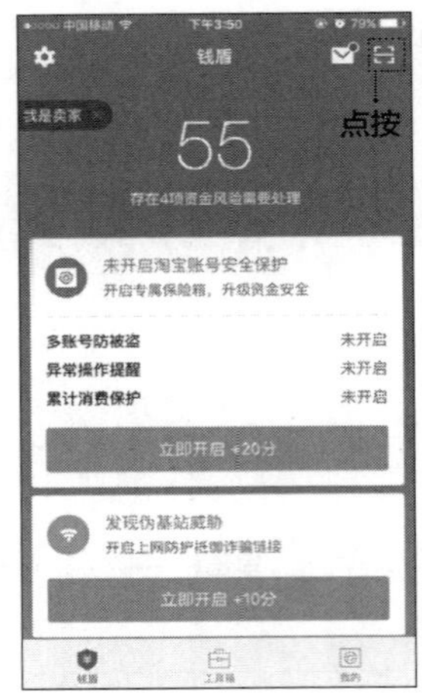

图3-12

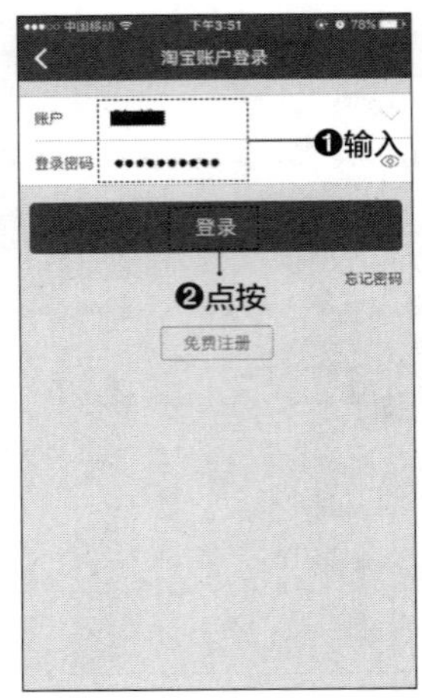

图3-13

Step 8 点按“开始验证”按钮，根据提示做动作，完成人脸验证，如图3-14所示。

Step 9 点按“立即拍摄”按钮，根据提示完成拍摄，获取身份证人像面的验证，如图3-15所示。

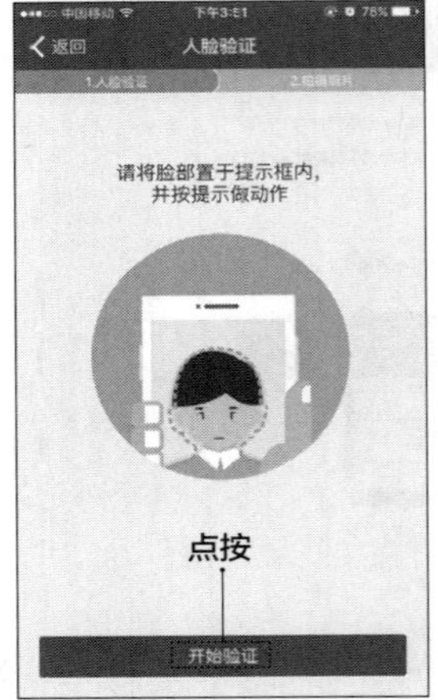

图3-14

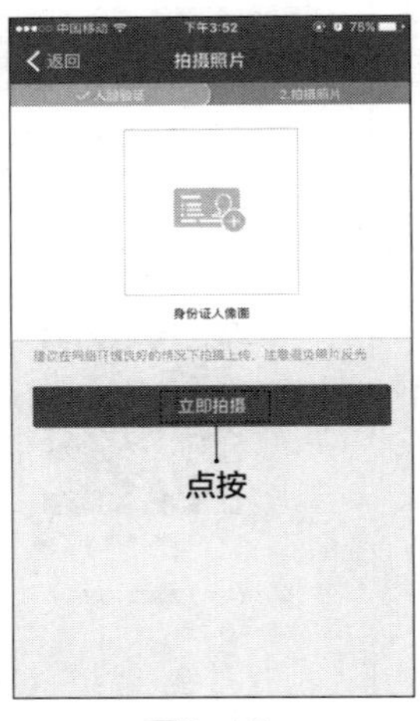

图3-15

Step 10 回到验证页面，提示信息正在验证中，如图3-16所示。

图3-16

Step 11 提示身份验证成功，如图3-17所示。

图3-17

达人点睛

在免费开店过程中，如果支付宝已通过实名认证的，仅仅是身份认证的话可在提交申请后的2个工作日内审核完毕。在完成支付宝实名认证和开店认证后才能进行下一步。

Step 12 回到申请开店认证的页面，完成“支付宝实名认证”及“淘宝开店认证”，单击“下一步”按钮，如图3-18所示。

Step 13 阅读四大协议条款并单击“同意”按钮，如图3-19所示。

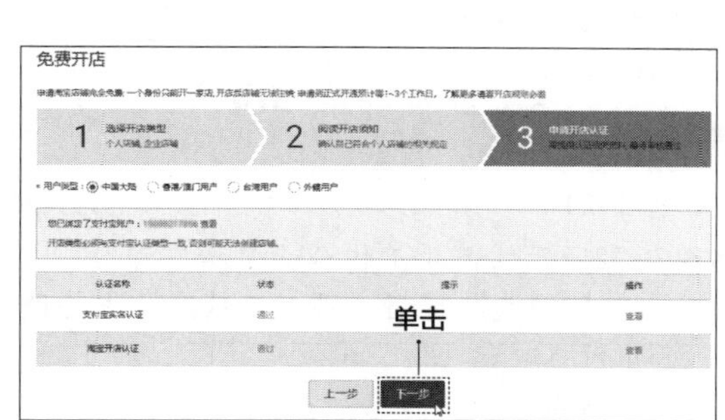

图3-18

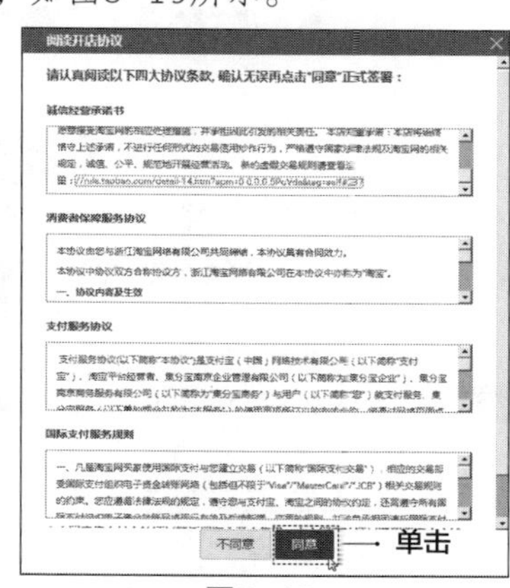

图3-19

Step 14 跳转页面，提示店铺已经创建成功，如图3-20所示。

图3-20

技能5 为什么申请开店时的照片无法通过审核

前面提到过，在开通淘宝店时不仅需要身份证号码，还需要本人手持证件照相，并将相片上传到淘宝进行审核，确认人、证合一，才允许开店。

不过，很多人会发现自己上传上去的照片最后竟然审核没通过，要求重新上传。这是为什么呢？其实，淘宝平台为了减轻审核工作量，使用了程序来过滤掉添加了美颜效果的照片，因为美颜照片与本人真实相貌往往相差过大，过滤掉美颜照片，既可以减轻人工审核工作量，又可以提高照片与本人的契合度。

因此，在为自己拍照时，首先要关闭相机或手机的美颜功能，这样才能提高审核通过的概率。

技能6 开店前勿忘完善店铺基本信息

通过淘宝平台审核之后，店铺创建成功，接下来就应完善信息，比如店名、店铺简介等，这样才能让买家看到店铺的完整信息，从而对店铺产生信任感。

Step 1 登录淘宝账号，❶单击“卖家中心”选项卡，❷在弹出的文本框里单击“免费开店”超级链接，如图3-21所示。

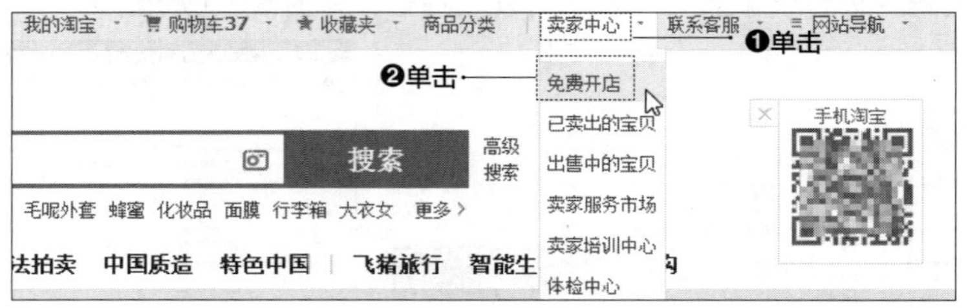

图3-21

Step 2 在跳转的页面中即可看到如图3-22所示的新手工作台，包括店铺名、支付宝账号、店铺简介等信息。单击“店铺名”后面的“修改”按钮，可对店铺名称做修改。

图3-22

Step 3 ❶输入店铺信息（带*符号的项目必须填写），❷单击“保存”按钮，如图3-23所示。

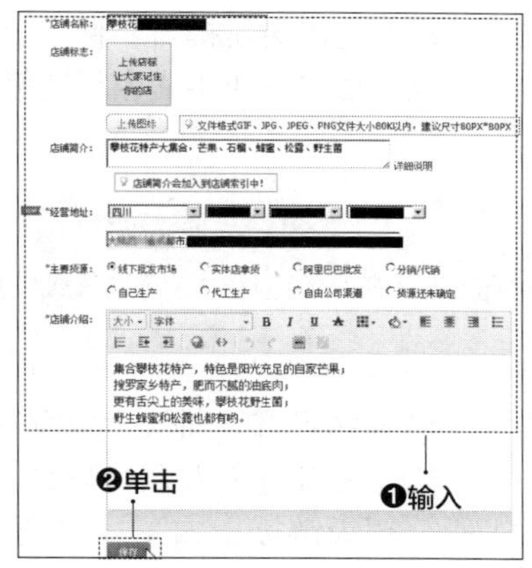

图3-23

Step 4 根据自身情况，将需要修改的信息逐一修改后，一个属于自己的淘宝店铺就创建成功了，如图3-24所示。

图3-24

技能7 如何申请淘宝企业店

目前开通淘宝企业店是免费的，唯一需要缴纳的就是保证金，该保证金在关闭店铺时可申请退回。如图3-25所示，除部分类目需缴纳5000～50000元不等的保证金外，其余类目均缴纳1000元的保证金即可。部分类目商品可参加“三选一”活动，即在订单险、保证金、账期保障之间任选一个。

类目	保证金金额
电动车/配件/交通工具>>电动车整车>>老年代步车	50000
电动车/配件/交通工具>>电动车整车>>电动四轮车	50000
大家电 >> 厨房大电	20000
大家电 >> 空调	20000
大家电 >> 平板电视	20000
手机	10000
平板电脑/MID	1000/50000
装修服务	30000
农业生产资料（农村淘宝专用）	10000
宠物/宠物食品及用品》狗狗	6000
宠物/宠物食品及用品》猫咪	6000
珠宝/钻石/翡翠/黄金>> 翡翠（新）、和田玉、天然琥珀（新）、彩色宝石/贵重宝石、黄金首饰（新）、铂金/PT（新）、K金首饰、天然珍珠（新）、专柜swarovski水晶（新）、其他天然玉石	5000
住宅家具	5000

图3-25

对于企业店铺而言，保证金计划的提出更是福音。保险公司对店铺的综合能力进行评估后，随机抽取少部分卖家加入体验。在这一年中卖家只需缴纳30元的费用即可，无需缴纳保证金。

达人点睛

企业店铺可通过个人店铺升级而来。在升级过程中，无论升级成功或失败，都需提交190元升级费用。

准备好法定代表人的身份证、营业执照和企业支付宝账号等资料，还需要注册一个淘宝企业账号。淘宝企业账号的申请入口与个人账号申请入口是一样的，在初始申请页面单击“切换成企业用户注册”超级链接，如图3-26所示，然后根据提示进行操作即可。

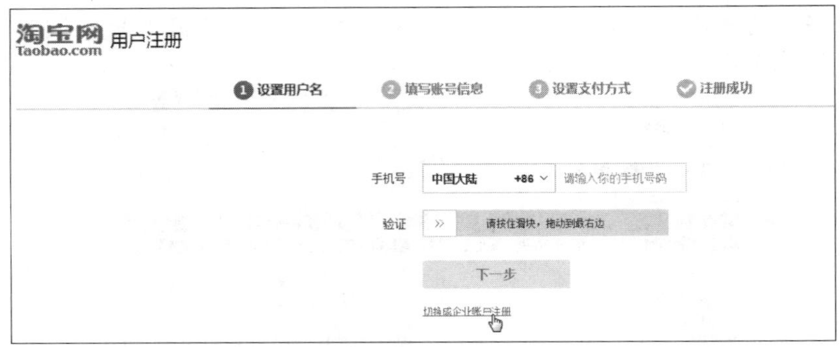

图3-26

登录企业账号后单击“免费开店”超级链接，在页面中单击“创建企业店铺”超级链接，如图3-27所示。继续完成身份认证和营业执照认证等步骤即可完成淘宝企业店铺的开通。

图3-27

技能8 如何申请淘宝天猫店

申请淘宝天猫店牵涉到较多的资质和资金的审核，所以比起个人店与企业店来，天猫店的申请过程也就相对要严谨得多，所花时间也就更长了。申请天猫店包括4个阶段：提交入驻资料、商家等待审核、完善店铺信息、店铺上线，如图3-28所示。

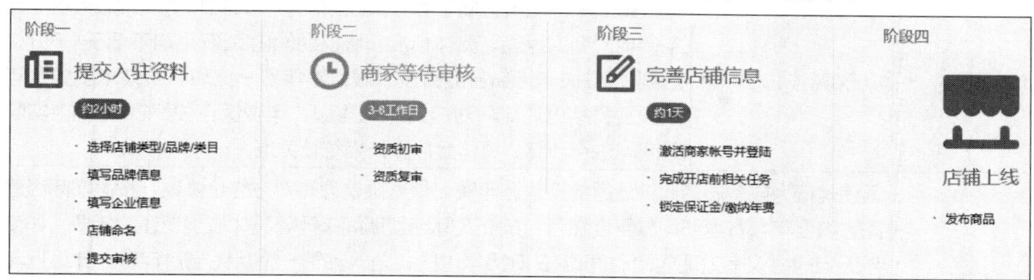

图3-28

在天猫开店的都是企业，所需的保证金当然也就比个人店和企业店多很多，这也是在天猫开店难度较大的原因。在天猫开店需要缴纳保证金、软件服务年费和软件服务费3种费用，根据开店经营的类目不同，缴纳的金额也有所差别。

其中，保证金根据店铺类型的不同收取的金额不同，具体店铺类型缴纳费用可参考表3-1。

表3-1

<table>
<tr><th>店铺类型名称</th><th colspan="2">所需缴纳保证金金额</th></tr>
<tr><td>品牌旗舰店</td><td colspan="2">带有TM商标的10万元，全部为R商标的5万元</td></tr>
<tr><td>专卖店</td><td colspan="2">带有TM商标的10万元，全部为R商标的5万元</td></tr>
<tr><td>专营店</td><td colspan="2">带有TM商标的15万元，全部为R商标的10万元</td></tr>
<tr><td rowspan="7">特殊类目</td><td>卖场型旗舰店</td><td>15万元</td></tr>
<tr><td>经营未在中国大陆申请注册商标的特殊商品的专营店</td><td>15万元</td></tr>
<tr><td>天猫经营大类“图书音像”</td><td>旗舰店、专卖店5万元，专营店10万元</td></tr>
<tr><td>天猫经营大类“服务大类”</td><td>1万元</td></tr>
<tr><td>天猫经营大类“保健品及医药”下的二级类目“OTC药品”以及一级类目“隐形眼镜/护理液”“精致中药材”“服务大类”下的一级类目“医疗及健康服务”</td><td>30万元</td></tr>
<tr><td>网游及QQ、话费通信及旅游经营大类</td><td>1万元</td></tr>
<tr><td>天猫经营大类“汽车及配件”下的一级类目“新车/二手车”</td><td>10万元</td></tr>
</table>

其中，软件服务年费也根据商品类目的不同而不同，表3-2是软件服务年费计算详细的说明，可供各大卖家参考。

表3-2

结算名称	详细说明	
软件服务年费	3万元或6万元	续签商家2016年度年费需在2015年12月26日前一次性缴纳，新签商家在申请入驻获得批准时一次性缴纳2016年度的年费
年费返还	50%或100%	为鼓励商家提高服务质量和壮大经营规模，天猫将对技术服务费年费有条件地向商家返还。具体标准：协议期间内DSR平均不低于4.6分，且达到《2016年天猫各类目技术服务费年费一览表》中技术服务费年费金额及各档返还比例对应的年销售额。年费返还按照2016年内实际经营期间进行计算，具体金额以天猫统计为准
年费结算	因违规行为或资质造假被清退的不返还年费。根据协议通知对方终止协议，按照实际经营期间，将全年年费返还均摊至自然月，按照实际经营期间来计算具体应当返还的年费。如商家与天猫的协议有效期起始时间均在2016年内的，则入驻第一个月免当月年费，计算返年费的年销售额从商家开店第一天开始累计；如商家与天猫的协议有效期跨自然年的，则非2016年的销售额不包含在年销售额内。年费的返还结算在协议终止后进行。“新车/二手车”类目，技术服务年费按照商户签署的《天猫服务协议》执行。非2016年的销售额是“交易成功”状态的时间点不在2016自然年度内的订单金额	
跨类目入驻	就高原则，年费按最高金额的类目缴纳，但实际结算按入驻到结算日期，成交额占比最大类目对应的标准返还。经营过程中增加的类目对应的年费与原有年费不一致，商家需补交差额部分	

准备好企业资质、资金和企业支付宝账号等资料，登录天猫招商首页，单击“立即入驻”按钮，如图3-29所示，提交相关资料开设天猫店铺。

天猫商家 | 商家入驻
首页 入驻指南 热招品牌 入驻要求 资费标准 服务大厅 了解天猫
丰富资源，稳健成长
拥有多元化的资源和一对一的诊断服务，让店铺健康成长
立即入驻 —— 单击

图3-29

技能9 企业支付宝有什么优势

想要入驻天猫或淘宝企业店铺，必须开通企业支付宝。相比个人支付宝，企业支付宝有着明显的优势。

- 2017年6月30日前签约的商户，企业支付宝费率统一为0.55%，支付宝清算秒到账。
- 在企业支付宝中，发生真实交易，支付宝次月将返还商家交易额的0.2%金额。
- 企业支付宝，从余额宝、零钱等提现至银行卡免手续费。
- 企业支付宝可参加有支付宝扫码付款，随机立减999元等活动。

申请企业支付宝的重点在于公司资质的提交，在验证邮箱和手机号后需要完成以下步骤以完成企业支付宝账号的申请。

Step 1 登录商家支付宝首页，单击“注册”超级链接，如图3-30所示。

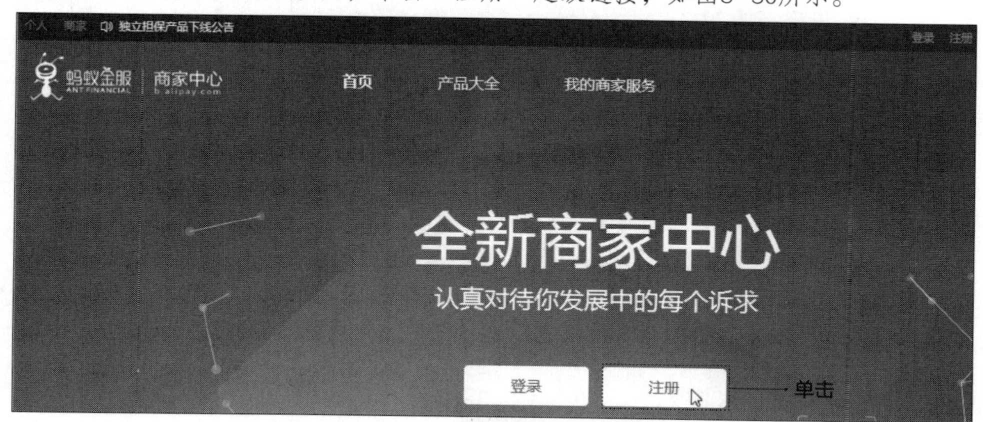

图3-30

Step 2 选择开通企业账户的支付宝，添加邮箱用于接收验证信息后，选择单位类型，如图3-31所示。

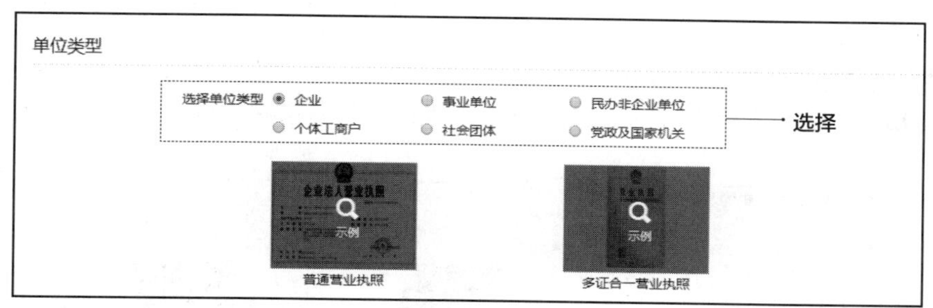

图3-31

Step 3 填写企业信息和法定代表人的信息，如图3-32所示。

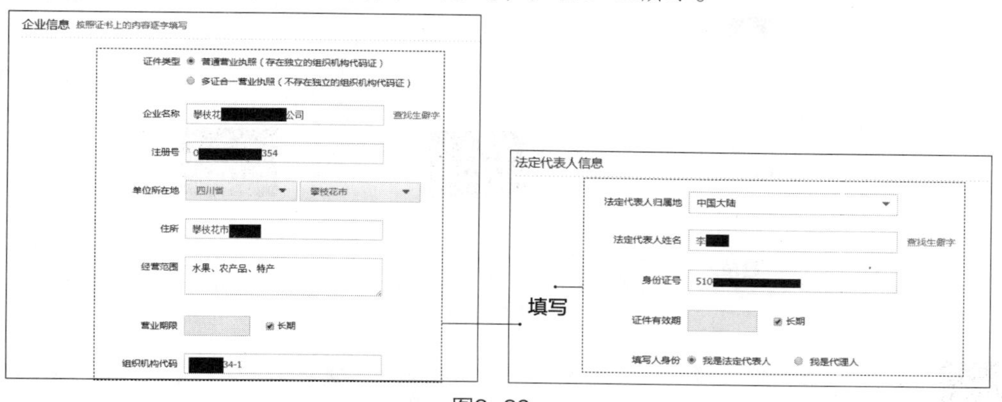

图3-32

Step 4 ❶完善实际控制人信息和联系方式填写，❷单击“下一步”按钮，如图3-33所示。

实际控制人

类型 ◉ 个人 ○ 企业

实际控制人归属地 中国大陆

实际控制人姓名 李■ 查找生僻字

身份证号 5104■

证件有效期 ☑ 长期

❶输入

联系方式

联系人手机号码 150■

下一步 ❷单击

图3-33

Step 5 如图3-34所示，❶上传企业法人营业执照及组织机构代码证和法定代表人的证件照片，❷单击“下一步”按钮，完成下一步的银行信息完善，即可成功注册企业支付宝账号。

图3-34

达人点睛

在申请企业支付宝账号前，可以提前准备好企业执照影印件、对公银行账户、法定代表人的身份证影印件等材料，加快申请效率。如果是代理人申请，还需准备代理人的身份证影印件和盖有公司公章或者财务专用章的企业委托书。

技能10 组建高效的企业店/天猫店运营团队

淘宝个人店往往是老板一个人"包打全场"，或者是夫妻店、家庭店。而企业店和天猫店的运营，则必须要一个高效的团队才能胜任。但是高效的团队并不是靠数量来取胜，而是通过相互配合来实现的。一个高效的运营团队包括以下几个部门。

- **运营部**：公司的一个综合职能部门，对公司经营管理的全过程进行计划执行和控制，主要负责整个团队管理、经营店铺、规划发展等。首先是数据分析，灵活使用生意参谋、淘宝排行榜、阿里指数等工具分析店铺的销售情况、转化率、跳失率等，找出运营方面的问题；另一方面是店铺的推广工作，应熟悉如何参加站外活动，做好站内外推广工作。其实数据分析和推广的工作可以是相互结合的，推广人员最好熟悉数据分析，才能对症下药，做好推广工作。
- **技术部**：主要负责网站维护、编辑产品、美工和文案编辑等。这是门技术活，可以花钱聘请专业美工，或在各大网站找外包的美工来解决网店装修、商品上新等问题。
- **客服部**：主要负责售前售后咨询和处理，配合市场部工作等。组建基础客服组，客服要求高，开店初期可以考虑请亲朋好友来做客服，1~2人轮班倒，活动期间再找兼职人员。随着店铺成熟起来，可扩建客服组，人数在6人以上，分出售前、售后、主管等职位。
- **物流部**：主要负责订单的处理，打包、发货，配合客服部工作等。对于新店，可以自己多花点时间打理，暂时不请人。随着店铺成熟，物流组人数增加到6人以上，分出打包、打单、采购、仓库主管等职位。

当然，随着店铺的发展，卖家也可以成立相应的管理组，负责员工考勤、排班、协调各部门的工作等。高效的运营团队不能离开任何一个部门的支持，不然难以保证工作的有序进行。时间充裕的时候，可以多多促进各部门之间的交流，相互学习。

技能11 为何要开通店铺二级域名

所谓域名，就是指平时网站的网址，如淘宝的网址"www.taobao.com"就是它的域名。淘宝店是在淘宝下的二级域名，在顶级域名下，将www替换成任何自己想要设置的字母即可。

为什么要开通二级域名呢？这是因为一个淘宝店默认的地址为"https：//shop111111111.taobao.com/"这样的格式，其中"shop"后面的数字是随机分配的，一般情况下根本记不住，不利于推广，因此淘宝平台允许卖家申请二级域名，便于买家记忆，也便于卖家推广。申请的二级域名相对来说比较好记，如"9××n.taobao.com"，比起默认的一长串数字来说是不是显得很方便呢？

目前只要订购了付费专业版旺铺或者付费智能版旺铺，就可以免费使用二级域名，开通店铺二级域名的方法如下。

Step 1 在基础设置栏下单击"域名设置"超级链接，如图3-35所示。

Step 2 ❶输入自定义的域名，❷单击"查询"按钮进行查询，如图3-35所示。

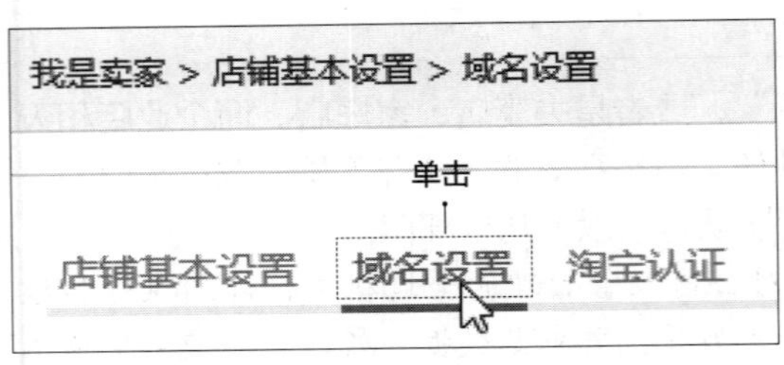

图3-35

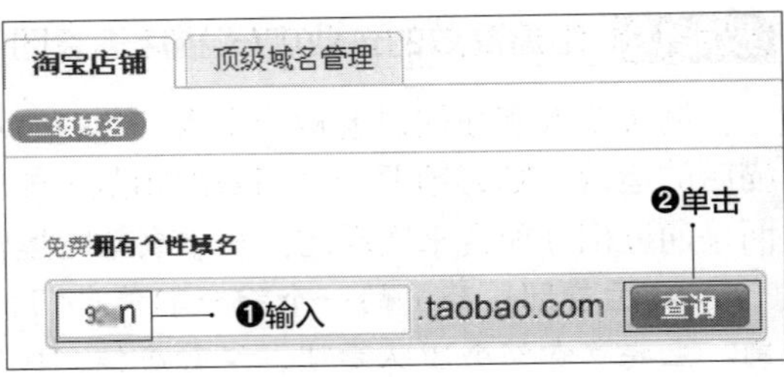

图3-36

Step 3 如果提示成功，则直接单击“申请绑定”按钮，如图3-37所示。

Step 4 阅读淘宝域名使用规则，❶选择“同意以上规则”复选框，❷单击“绑定”按钮，如图3-38所示。

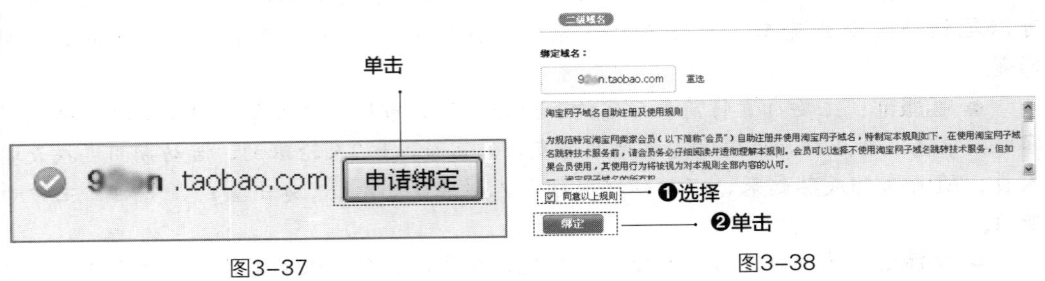

图3-37

图3-38

达人点睛

域名只能由字母和数字组成，不能包含字符、空格等。另外由于注册的人过多，重复的域名是不能通过的，大家在自定义设置的时候可以选择一些特别的域名。

Step 5 稍等片刻，提示绑定域名成功，以后卖家通过访问这个网址即可浏览店铺了。

技能12 为客服人员设置客服子账号

子账号业务是淘宝提供给卖家的一体化员工账号服务。淘宝卖家使用主账号创建员工子账号并授权后，子账号可以登录旺旺接待买家咨询，或登录卖家中心帮助管理店铺，并且主账号可对子账号的业务操作进行监控和管理。这样，在网店有专门的客服人员时，客服人员就能使用子账号来处理业务了。

Step 1 在“卖家中心”选项中的店铺管理栏目下，单击“子账号管理”链接，如图3-39所示。

Step 2 进入子账号管理页面，可以直接看到已经拥有的子账号和还可以创建子账号的数量，如图3-40所示。

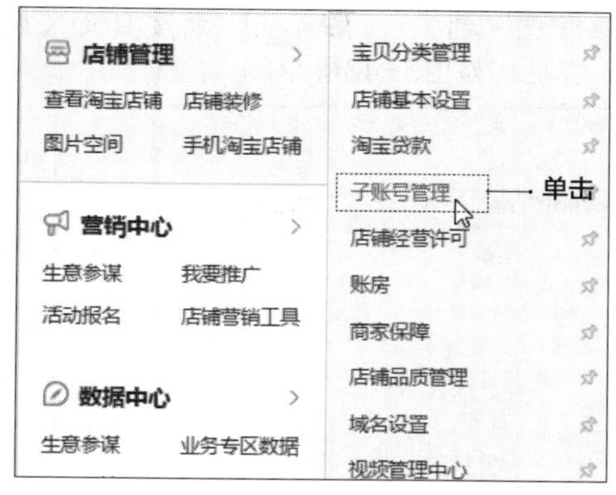

图3-39

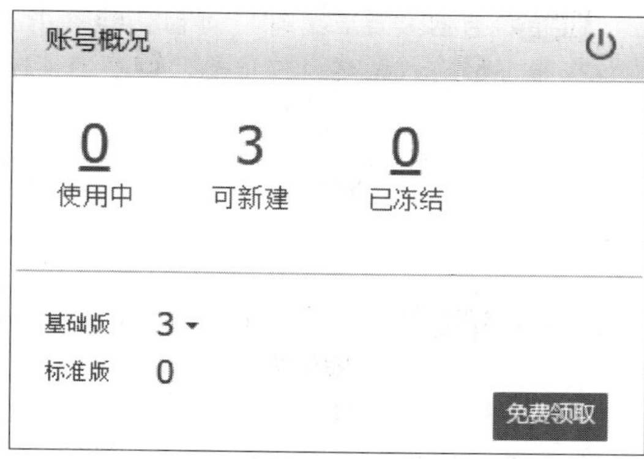

图3-40

Step 3 在子账号后台，❶单击“员工管理”选项，❷在“部门结构”选项下单击“新建”按钮新建子部门，❸单击“新建员工”按钮，如图3-41所示。

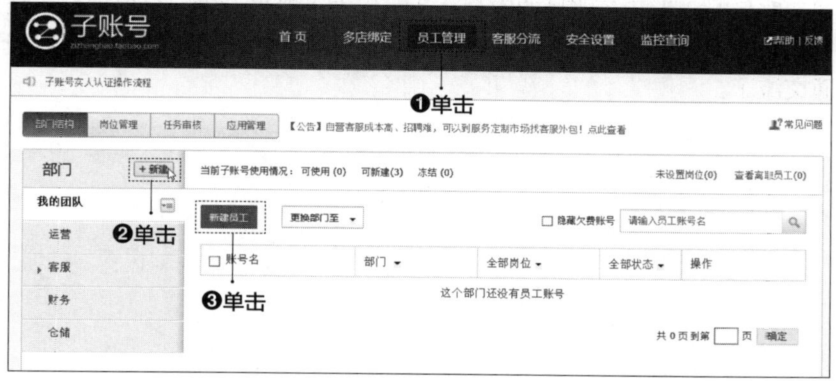

图3-41

Step 4 进入新页面，❶按提示输入员工和子账号信息， 输入完毕后，❷单击“确认新建”按钮，如图3-42所示。

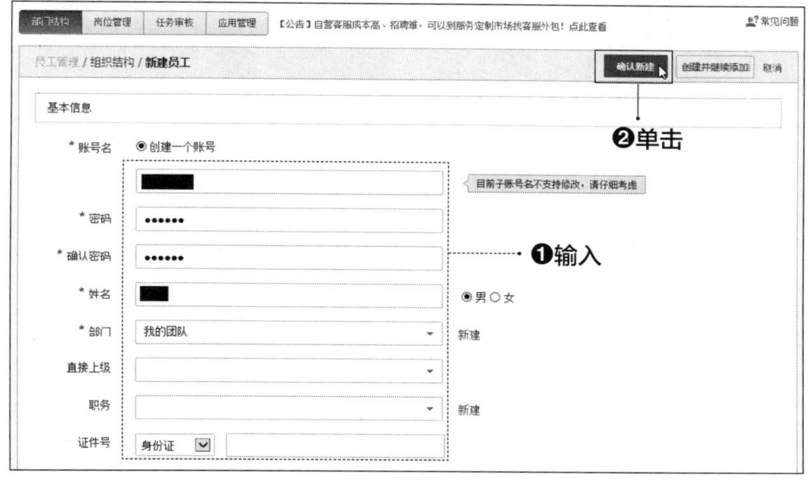

图3-42

Step 5 返回“员工管理”页面，❶单击“岗位管理”选项，❷单击“新建自定义岗位”按钮，❸输入新建岗位信息，❹单击“保存”按钮，如图3-43所示。

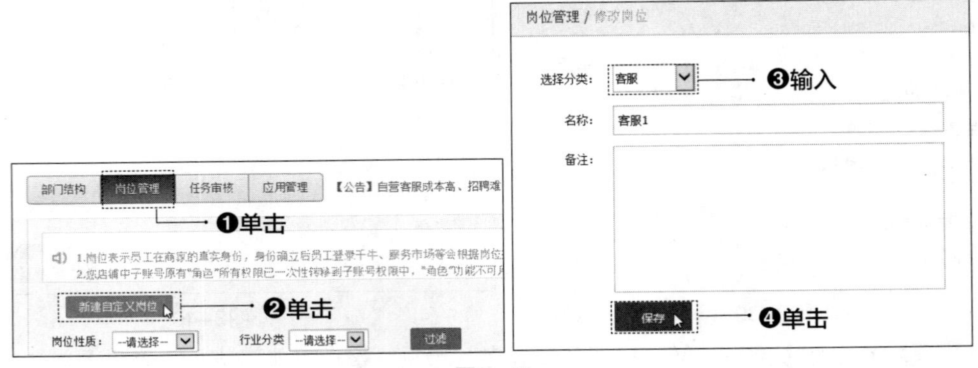

图3-43

在设置子账号时，为了子账号的安全，还可以为子账号设置安全保护。子账号设置完成以后员工就可以使用子账号登录卖家中心进行店铺管理的相应操作，也可以登录阿里旺旺进行沟通交流了。

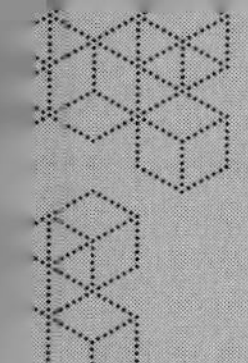

第4章 商品上架管理

本章导读

开通店铺后，接下来的工作就是发布自己的宝贝到网店中进行销售。在商品发布过程中，需要先准备商品的实物图片与资料，然后逐步发布商品，同时为了使自己的商品更加吸引买家，也应该掌握如何对商品命名的技巧，以及如何合理对商品定价等。

技能1 商品上架前要准备好哪些信息资料

发布商品时，会涉及很多因素，如销售方式、商品分类、商品规格、商品价格、商品图片与描述、运费以及商品附属信息等，在发布商品的过程中，必须同时了解各种商品发布知识，下面就介绍一些商品的发布过程以及相关的发布知识。

无论是网店代销，还是自己进货在网店中销售，开店之前首先需要准备10件以上商品的资料，用于在淘宝网发布商品。商品的资料包括：已经拍摄并处理过的商品实物图片、对应的商品描述内容、商品的规格信息等，详细来说有以下几个方面。

1. 商品类别

商品类别也就是商品的分类情况，用户在发布商品时可以在分类列表区域中选择自己所销售商品的详细分类，方式为从左到右，一般先选择商品大类，然后进一步选择小的分类、品牌等，如图4-1所示。

图4-1

要注意，绝大多数买家在淘宝网中选择商品时，都会通过商品类别来一步步进行浏览，因此广大卖家在设置商品类别时，必须要设置得细致、准确，这样被买家搜索到的概率就会大大增加，同时也在一定程度上增加了商品的销售概率。

相反，如果商品的类别没有设置准确，那么买家在浏览过程中，会很直接地将商品排斥到购买意向外。例如，将“男士西服”分类到“女装”中，且不说通不过淘宝审核，就算通过审核，浏览女装的买家也会完全忽略这件商品。

2. 商品属性

选择商品类别后，接下来要选择的是“填写商品信息”页面，在页面中首先需要对商品的基本信息进行设置，不同类别的商品，可供选择的属性是不同的。在商品类型中，需要选择商品是全新，还是二手。在接下来的选项中，根据自己的商品情况，正确选择关于商品的各个属性即可，如图4–2所示。

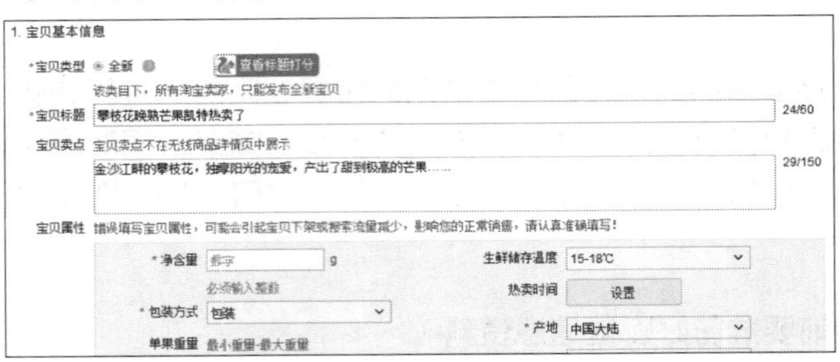

图4–2

这里所选择的各项属性，最终将以表格形式显示在商品销售页面的上方，买家也会在一定程度上根据卖家所提供的商品属性决定是否购买商品，因此，卖家必须对自己的商品全面了解后再设置商品属性，从而避免以后由于商品与描述不符而造成交易纠纷。

3. 商品信息

设置商品属性后，接下来输入商品的名称、价格、颜色、规格以及库存信息，在该区域中不同信息的设置方法如表4–1所示。

表4–1

信息名称	设置方法
商品名称	在“商品标题”一栏中输入商品名称，商品的命名也是有技巧的，要尽量赋予商品一个具备吸引力的名称
销售价格	在“一口价”栏中输入商品的销售价格，在定义价格时，最好能与其他卖家相同商品的价格进行对比与衡量，从而定出一个具备竞争力的商品价格
详细商品规格	对于不同的商品，下面显示的属性也不同。例如，服装类商品，将显示“颜色”与“尺码”两个选项，在其中可以选择商品的颜色与尺码，选择颜色后，还可以自定义颜色名称
特殊规格的定价	根据商品属性的不同，当前面选择后，下方会显示出所选的属性。例如，服装类显示“颜色”与“尺码”组合列表，前面我们已经定义了商品的价格，这里可以对特殊规格（如加大码等）的价格重新设定，如果没有特殊要求，则可以保持默认
商品库存	最后根据“颜色”与“尺码”组合列表设定不同颜色不同尺码商品的库存数量，库存数量表示着商品的可销售数量，对于卖家而言，就等于该商品可以进货的数量，如开始进货5件，但供货商能够长期提供货源，那么这里就可以多填写一点，避免在网店中由于库存数目不足而无法销售

商品信息在很大程度上影响着商品的销售，因此设置上述信息时，广大卖家应该力求做到细致、精确，从而能够将当前商品的详细信息提供给买家。

达人点睛

在商品信息区域中，“货号”与“商家编码”两项内容可以任意填写，只要能便于自己区分商品与商家来源即可。但如果是网店代销，那么货号最好与上级商家提供的货号一致，这样便于以后联系上级商家发货或询问是否有货等。

4. 商品描述

商品描述是发布商品过程中最重要的一个环节，将要销售商品的特色完全是在这里体现的，其中包括设置电脑端商品图片、商品长图、商品视频以及电脑端和无线端具体的商品描述等。

商品描述区域是让商品与买家面对面接触的地方，前面精心拍摄处理的各种商品图片，都会在这里进行展示，因此一定要引起足够的重视。

达人点睛

在做商品描述时，最好不要超出3种颜色；字体可以选择最适合阅读的宋体，并且只用一种大小的字号；标题可以用颜色来突出显示；如果描述比较琐碎，可以采用表格来规范；最重要的是商品描述一定要做到真实。

5. 物流信息

网上交易的商品，都是通过物流来进行的，因此需要根据自己商品的情况（主要取决于重量与体积）来设置相应的运费。为了提升买家购物体验，淘宝要求全网商品设置运费模板。使用运费模板为某类商品设置专门的运费模板，以后发布商品时只要选择此模板即可，无需再进行价格设置，如图4-3所示。

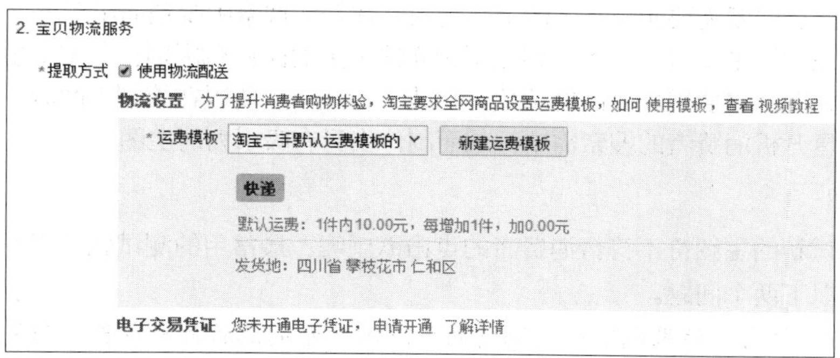

图4-3

物流运费的价格，可以在网上查询，或者到邮局、快递公司进行咨询，然后根据自己当地的价格来设置，也可以参考其他同类商品卖家的运费价格。毕竟“商品总价=销售价+运费”，所以在运费的精确度上，不必太过深究，只要保证了商品的利润，就算运费少一点也没有关系，这样反而还会吸引买家购买。

6. 售后保障信息和商品的其他信息

最后需要设置的是关于商品发布与销售的售后保障信息和其他信息。

- **售后服务：**当前商品在销售时，是否能提供发票和保修服务以及退换货承诺，需如实填写。
- **库存计数：**用于计数商品的库存数，包含“买家拍下减库存”和“买家付款减库存”两个选项可供卖家选择。
- **开始时间：**包含“立刻开始”“定时上架”“放入仓库”3个选项，“立刻开始”表示发布商品后马上上架销售；“定时上架”表示并不会立即上架销售，卖家可以在右侧设置商品发布后的自动上架时间；“放入仓库”表示商品发布后不上架销售，而是放入到仓库中，当需要上架时，卖家可进入到仓库中将商品上架。

- **橱窗推荐：**普通店铺拥有5个橱窗推荐位，将商品放到橱窗推荐位，买家可以更优先看到商品信息，可以将最合适的商品放到橱窗推荐位中。也可以先不设置，以后需要时再进入到“我的淘宝”中进行设置。

技能2 一张好的主图决定搜索量

买家面对搜索结果时，一般采用快速浏览的方法，此时吸引买家的因素主要是每个商品的主图。如果主图做得不够好，不能吸引买家的目光，就无法将搜索排名靠前的优势转换为商品的浏览量，优化搜索的工作就浪费了。因此，如何做出吸引人的商品主图，是需要深入研究的。

1. 策划

谈到主图，不少卖家都知道从构图、拍摄、后期处理等视觉的基本常识来思考。但主图还应思考基于搜索用户的策划。例如，某个卖服装的卖家，在做爆款分析时得知，大多数的成交词都是“连衣裙”，但他的主图却是运动外套，这就需要重新策划新主图了。

但是只参考爆款成交率的话，又会发现很多商品的卖点都类似，例如“显瘦”的关键词就有很多。这时就需要卖家在主图上下功夫，在众多搜索中脱颖而出了。

另外，在策划主图时，应考虑到主图和详情页里的图片有区别：主图主要是吸引点击率，详情页的图片主要展现商品的款式、功能、特点等。所以在策划主图时，还要透过生意参谋等工具分析消费者的搜索需求，从而制作出具有吸引力的主图。

2. 测图

如何测试新的主图符不符合消费者的点击欲望呢？最常用的测试就是直通车了，在测试时应注意以下两个问题。

- 参与量越大，结果越准确。测图的要点不是看测试的时间多长，而是有多少人参与进来。例如，同一问题，10个人的答案肯定没有100个人的答案准确。
- 轮播的直通车测图，效果更客观。

3. 监测

另外，美工也应根据主图和商品卖点，在详情页中将理论知识导向变成用户需求导向，引导购买。通过淘宝后台和生意参谋的数据，监测商品的点击率、转化率等，实时监测主图的优化效果。

技能3 如何避免错放商品类目

在淘宝中，错放类目属性指的是商品属性与发布商品所选择的类目不一致，或将商品错误放置在淘宝网推荐各类目下。

《淘宝规则》中注明属于错放类目和属性的行为包括但不限于以下情况。

- 商品属性与发布商品所放置的类目不一致。
- 商品属性与发布商品所设置的属性不一致。

● 在淘宝首页推荐各类目下出现的和该类目无关的商品。

错放类目和属性，无论是从字面上，还是实际理解起来，都比较简单，也是一些新手卖家常犯的错误。例如，在发布新商品时将裤子放到衣服的类目下，或是对冬季属性的服装命名夏季属性分标题等。无论卖家是故意错放类目、属性，来改变商品排名，还是无心犯错，都应及时下架错放的商品，重新上架。如何才能避免错放商品类目呢?

（1）通过卖家中心后台选择精准类目。这属于最简单最常见的方法，直接在宝贝发布页面，在“类目搜索框”进行商品关键词搜索，选择淘宝推荐的类目，从中选择出最精准的宝贝类目。

（2）借助阿里指数选择精准类目。通过阿里指数看，可搜索某个商品的精准类目及热门类目，不仅可以避免错放类目，还能帮助卖家发布热门类目，获得更多流量。

（3）在淘宝网的搜索选择精准类目。直接登录至淘宝网，在淘宝搜索框中搜索宝贝关键词，查看其中的“相关分类”，从而选取合适的精准类目。

（4）参考别人的发布类目。输入自己商品标题进行搜索，查找相似商品，达到一个参考作用。

寻找商品精准类目，不仅方便客户精准搜索，还能提升商品的排名。

技能4 3种常见方式发布商品

1. 以一口价方式发布商品

淘宝提供了“一口价”与“拍卖”两种销售方式，其中一口价是指提供固定的宝贝价格，买家可以以此价格立即购买宝贝。一口价适合普通的、价格容易估计的商品，比如服装、厨具、文具等，方便计价，过程也简单。拍卖则适合价格不好估计的商品，如古董、玉器、字画等，也适合大批量的普通商品进行批量拍卖，不过其过程较长较复杂。

当然，一口价的商品也不是说就不能讲价了。买家如果和卖家讲价，而卖家又愿意将价格下降一些来出售的话，可以临时修改商品的价格，让买家买下后再恢复原价。不过这样的方式不推荐常用，因为修改次数太多的话，会引起淘宝的注意，可能导致店铺被扣分、降级。最好的优惠方法是在买家按原价买下商品，但尚未付款时，修改买家的付款价格。

下面来看一口价发布宝贝的具体操作方式。

Step 1 进入淘宝网，单击“卖家中心”超级链接，如图4-4所示。

图4-4

Step 2 进入“卖家中心”后，单击“发布宝贝”超级链接，如图4-5所示。

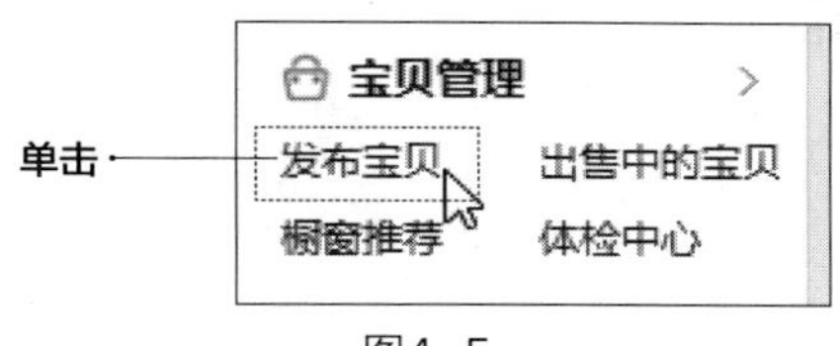

图4-5

Step 3 ❶在默认的“一口价”选项卡下为自己发布的宝贝选择正确的类别，❷单击“我已阅读以下规则，现在发布宝贝”按钮，如图4-6所示。

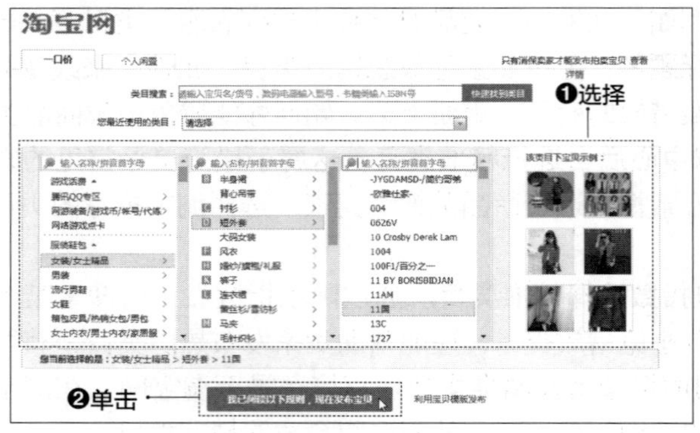

图4-6

Step 4 ❶选择宝贝类型为“全新”，❷设置宝贝的相关属性，如图4-7所示。

图4-7

> **达人点睛**
>
> 这里的宝贝类型一般选择“全新”，如果是销售的二手宝贝，则可以选择“二手”。对于闲置的宝贝，则可以到淘宝闲鱼网上进行销售。

Step 5 单击“上传新图片”按钮为宝贝上传宝贝图片，如图4-8所示。

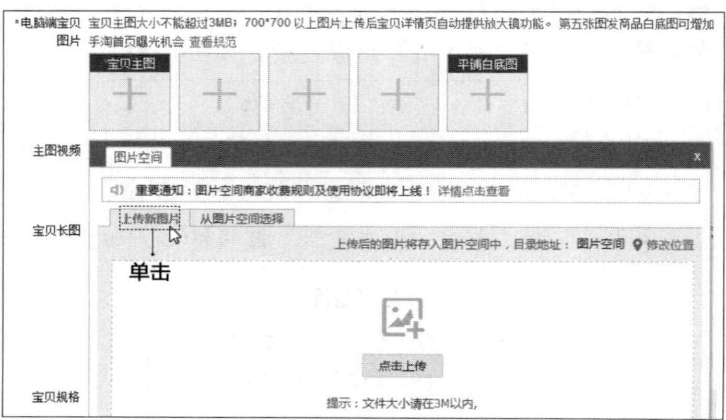

图4-8

达人点睛

如果自己销售的服装不是品牌，可以选择“其他”类型。如果是自己创建的品牌，可以在其他下方输入自己创立品牌的名称。

Step 6 ❶选择宝贝的图片，❷单击“打开”按钮，如图4-9所示。

Step 7 继续上传拍摄的其他宝贝图片，最好是正面、反面、细节等都上传齐全，如图4-10所示。

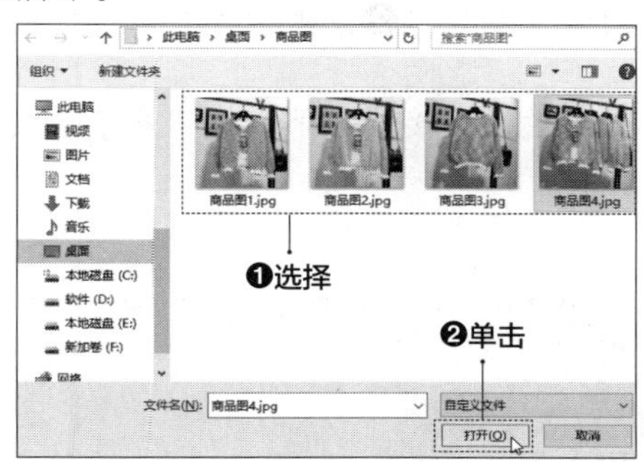

图4-9

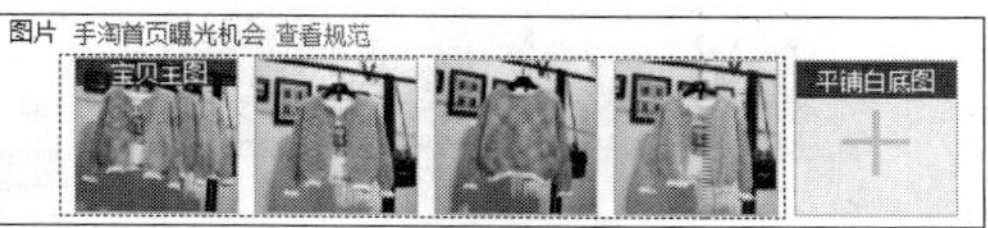

图4-10

达人点睛

淘宝还支持视频显示宝贝，但一般情况下不建议上传这种视频，因为目前国内的带宽还不算很高，上传视频的话会拖慢某些买家打开自己宝贝页面的速度，不仅会让用户体验下降，还可能让买家失去耐心关闭页面，从而失去一桩生意。

Step 8 设置宝贝的销售价格、颜色（可同时上传宝贝颜色图片）、尺码、数量等信息，如图4-11所示。

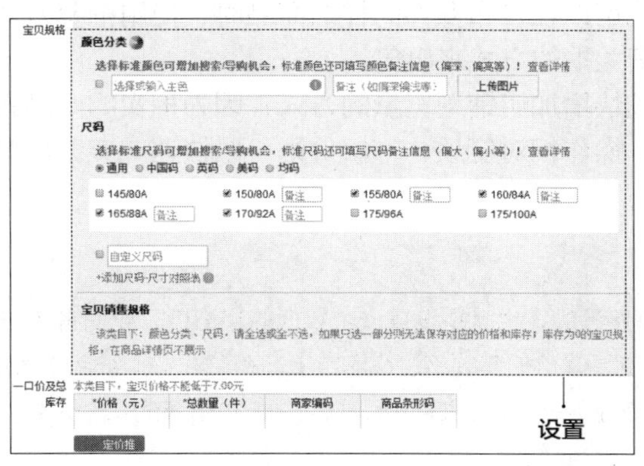

图4-11

Step 9 ❶输入宝贝的描述信息，❷单击“插入图片”按钮，如图4-12所示。

Step 10 弹出上传新图片的界面，选择上传新图片后单击“点击上传”按钮，如图4-13所示。

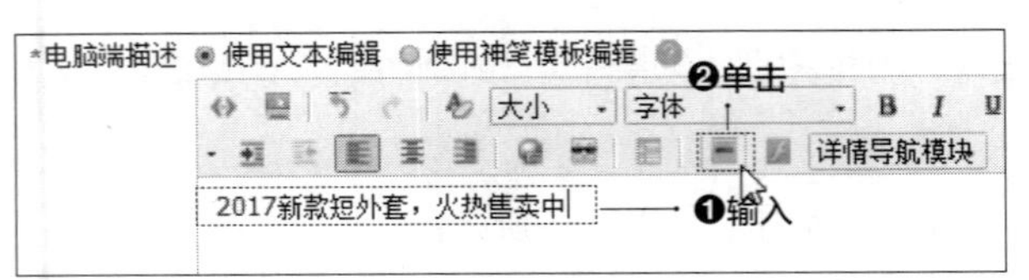

图4-12

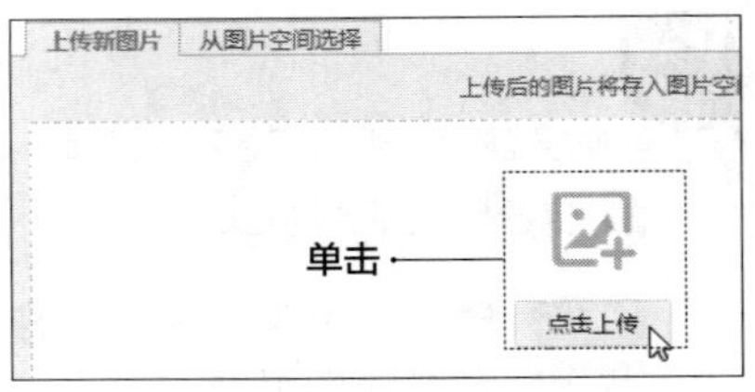

图4-13

Step 11 ❶在打开对话框中选择电脑中拍摄的宝贝图片，❷单击“打开”按钮，如图4-14所示。

Step 12 继续设置其他宝贝销售信息，确认无误后，直接单击下方的“发布”按钮，如图4-15所示。

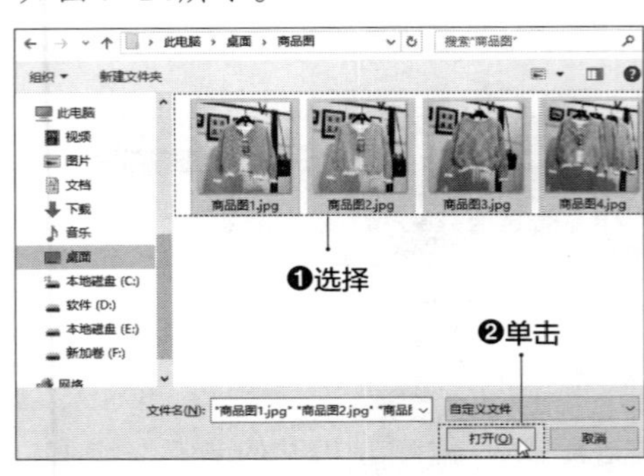

图4-14

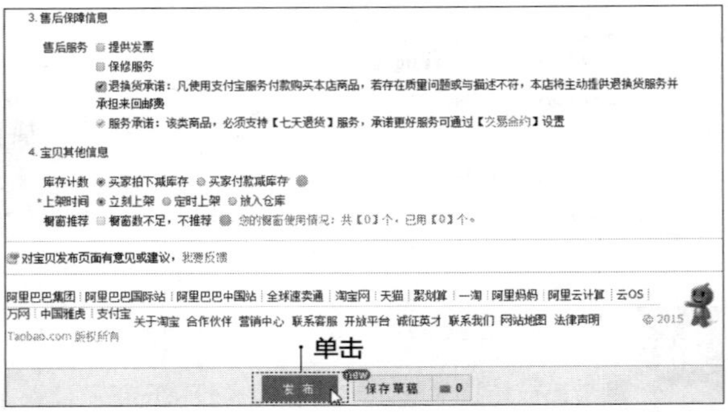

图4-15

Step 13 稍等片刻，提示宝贝发布成功，并自动放入在线仓库。

2. 以拍卖方式发布商品

卖家发布一些贵重的、不好估价的商品时，不妨采用拍卖的方式进行发布，由买家竞相出价，价高者得，也可以在发布多件同样的商品时，使用拍卖方式，比如20个同样型号的摄像头，就可以以荷兰拍的方式来出售。

拍卖是一种可以较快增加店铺浏览量的方式，因为拍卖的商品有很多人关注并尝试参与，只是拍卖的过程、操作相对麻烦；一口价则可以快速成交，但对店铺流量的提升没有拍卖那么快。

达人点睛

增价拍卖是大家最熟悉的，也就是设置一个较低的起拍价，竞拍者按照一定幅度加价，价高者得。荷兰式拍卖本来也就是降价拍卖，不过在淘宝上，荷兰式拍卖被用于数量大于1件的成批宝贝的拍卖，比如10只景德镇茶壶，采用荷兰拍的话，最终由出价最高的10个人分，但成交价是这10人中出价最低的那一档。

拍卖发布很简单，先设置一个起拍价，然后选择一种拍卖方式（增价拍卖或荷兰式拍卖）即可。

Step 1 进入淘宝网，单击“卖家中心”超级链接，如图4-16所示。

图4-16

Step 2 进入“卖家中心”后，单击“发布宝贝”超级链接，如图4-17所示。

Step 3 ❶单击“拍卖”选项卡，❷选择宝贝的类别，❸单击“我已阅读以下规则，现在发布宝贝”按钮，如图4-18所示。

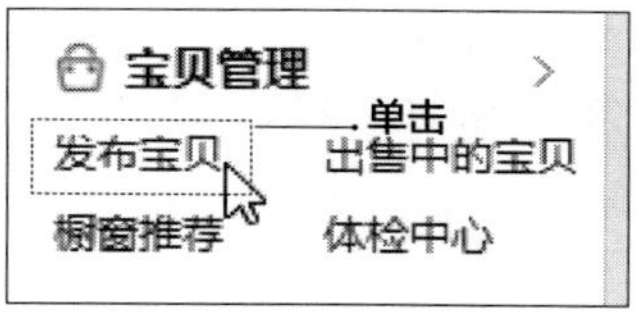

图4-17

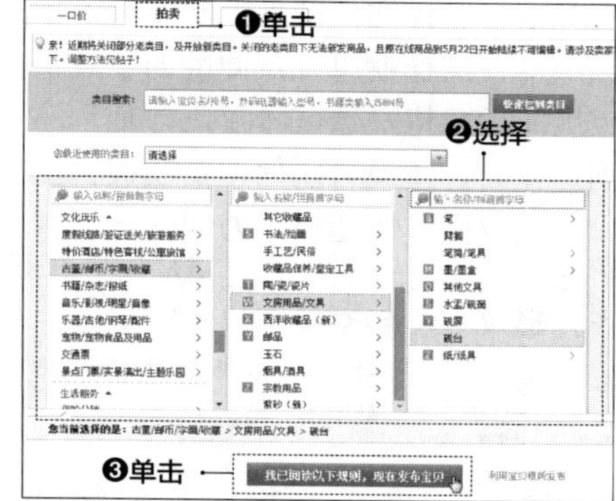

图4-18

Step 4 ❶选择拍卖类型，❷设置宝贝拍卖信息，如图4-19所示。

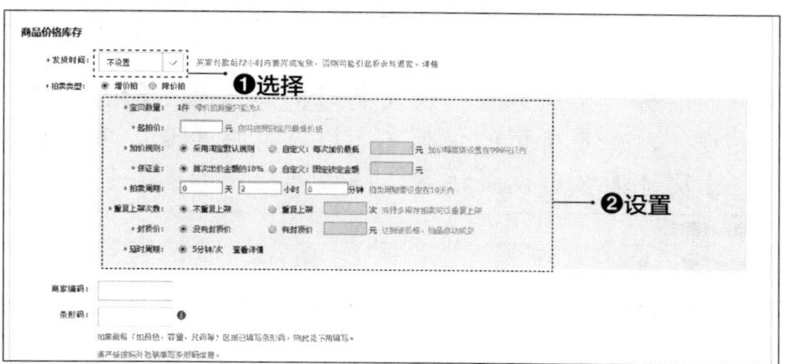

图4-19

Step 5 ❶继续设置宝贝信息，❷单击“发布”按钮，如图4-20所示。

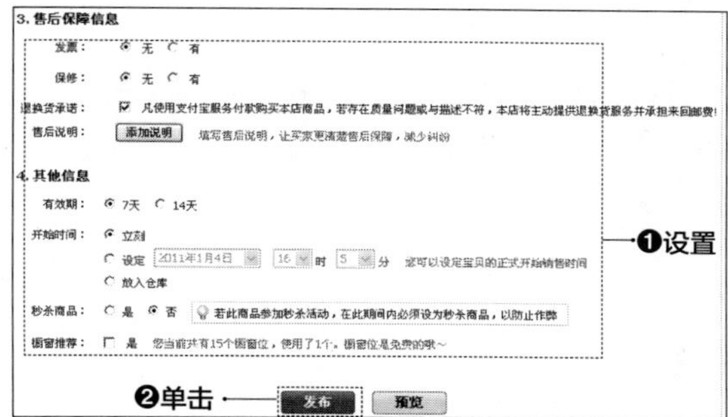

图4-20

达人点睛

有的新卖家发现自己的卖家中心里面没有“拍卖”的选项卡，其实这是淘宝做的限制，不允许没有加入“消保”的卖家发布拍卖宝贝。卖家加入“消保”之后，就可以解除这一限制了。

3. 用运费模板发布商品

如果为每件宝贝都设置一次运费，那样工作量将会非常大。实际上，很多宝贝都使用同一个运费标准，这样的情况下，卖家可以预先设置一个运费模板，然后在发布宝贝时，指定该模板即可，这样就可以方便地为一批宝贝设置同一个运费。当运费模板被修改后，这些关联宝贝的运费将一起被修改。

网店刚开张时，还没有任何运费模板，此时需要新建一个，然后在发布宝贝时选中该模板即可。下面以设置快递模板为例进行讲解。

Step 1 进入“卖家中心”后，❶单击“物流工具”超级链接，❷单击“运费模板设置”选项卡，❸单击“新增运费模板”按钮，如图4-21所示。

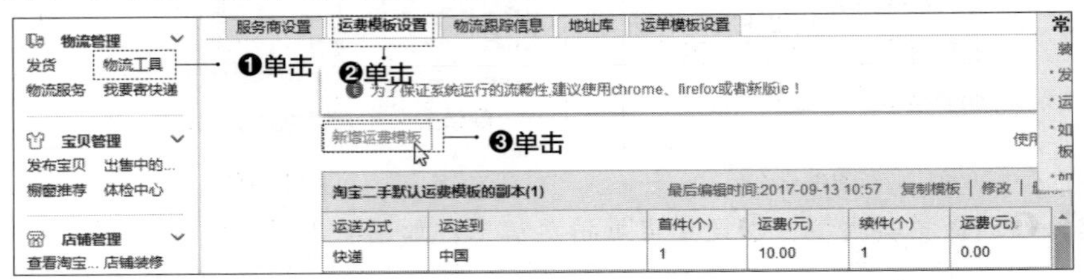

图4-21

Step 2 ❶设置模板名称、宝贝地址以及发货时间等信息，❷选择“自定义运费”（如果选择“卖家承担运费”，就是所谓的包邮了）以及“按重量”单选项，❸选择“快递”复选框，❹单击“为指定地区城市设置运费”超级链接，如图4-22所示。

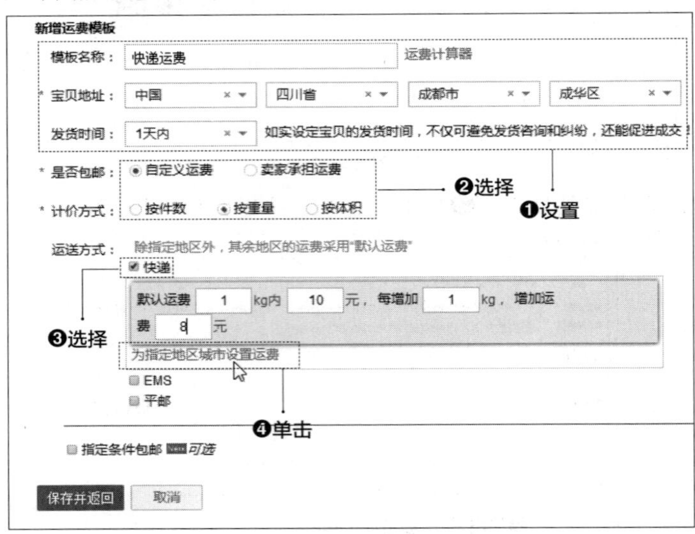

图4-22

Step 3 出现快递设置框，❶设置默认运费，包括首重、首费以及续重、续费，❷单击

“编辑”超级链接，如图4-23所示。

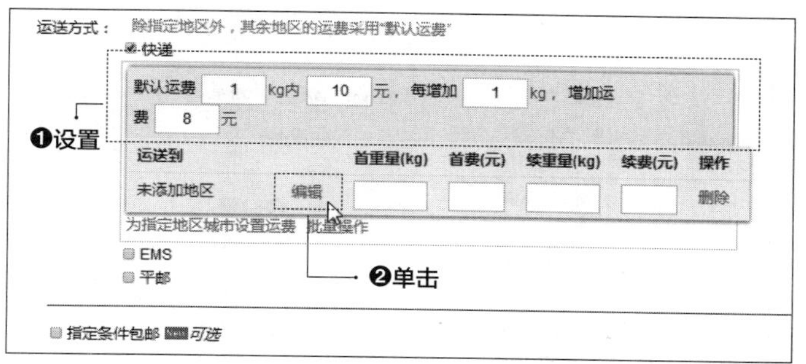

图4-23

达人点睛

默认运费是指除指定地区以外，其他地区的运费标准。下一步操作就是为指定地区另设运费标准，不使用默认运费标准，这样方便于对偏远地区加收额外的运费。比如西藏、新疆和内蒙古的运费较高，那么就把它们排除在指定地区之外，不使用默认的运费标准，而其余的地区则使用较低的运费标准。

首重费用是指最低的计费重量，一般快递公司首重是1千克，收费约12元，体积大、重量轻的按折算公式折算。续重则指超过首重部分，每千克计价多少钱（一般不足 1 千克也算 1 千克），收费约8元。

Step 4 出现地区设置框，❶选择使用较低运费的地区，❷单击“保存”按钮，如图4-24所示。

图4-24

Step 5 ❶设置指定地区的首重、首费、续重和续费，❷单击“保存并返回”按钮，如图4-25所示。

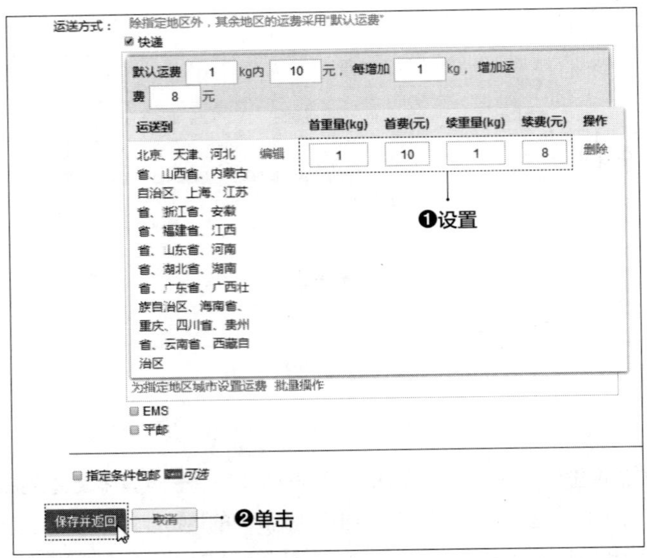

图4-25

Step 6 可以看到设置成功的运费模板，如图4-26所示。

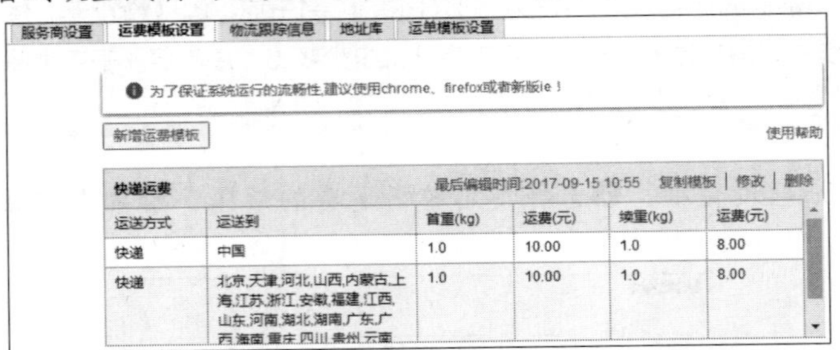

图4-26

Step 7 按照发布一口价商品的方法发布一个宝贝，❶设置宝贝的类型，❷单击“我已阅读以下规则，现在发布宝贝”按钮，如图4-27所示。

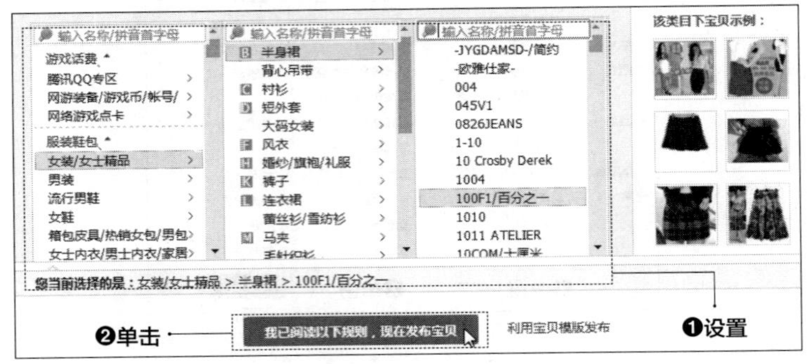

图4-27

Step 8 填写好宝贝信息后，在“运费模板”下拉菜单中选择刚才建立的运费模板，并继续完善其他信息，如图4-28所示。

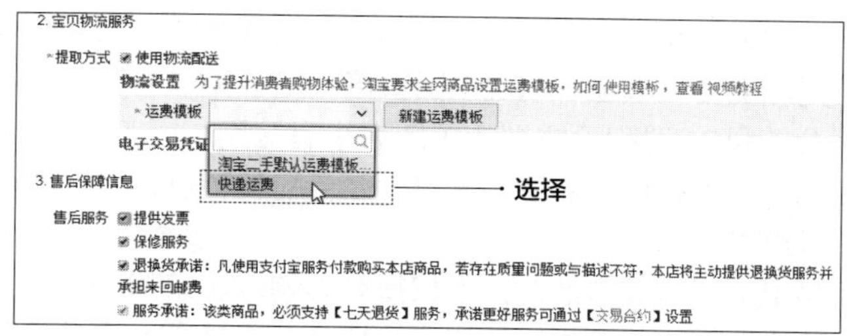

图4–28

Step 9 ❶确认运费信息，❷单击“发布”按钮即可把宝贝按照运费模板发布出去，如图4–29所示。

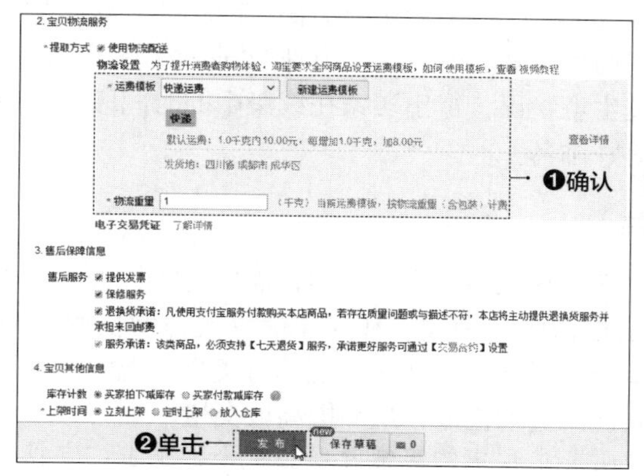

图4–29

技能5 发布无线端商品

发布无线端商品和“以一口价方式发布全新商品”类似，这里需要引起卖家注意的是不要忘记设置无线端的商品描述。无线端描述共有使用文本编辑、使用神笔模板编辑和导入电脑端描述3种模式，如图4–30所示。卖家可任意选取一种，对无线端商品进行描述。

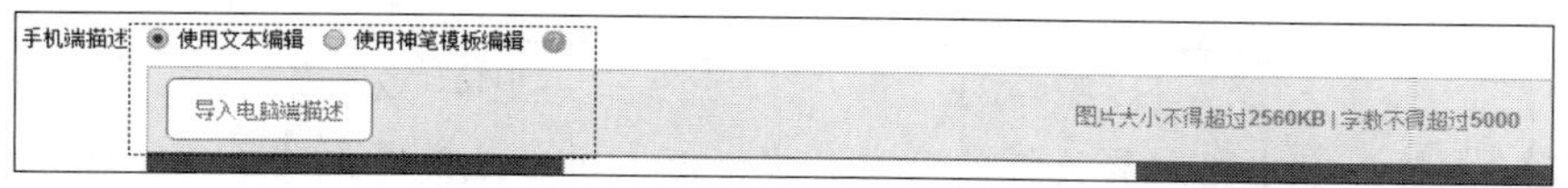

图4–30

在无线端，优惠券、店铺红包、微淘、满送、满减等活动是屡见不鲜的。为突显店铺的独特之处，可以设置一个秒杀专区。这个专区的作用在于活跃用户，专区的时间最好固定下来，比如每周一。卖家也不要舍不得让利，可以让利20%左右，让买家感受到真正的福利；固定的时间也让买家养成购物习惯，增大用户黏性。

达人点睛

由于无线端和PC端的显示不一，在进行无线端描述时，要注意商品图片的要求：图片宽度为480～620像素，图片高度小于或等于960像素，图片格式为JPG、GIF或PNG，容量小于1536KB，图片上的字数不超过5000。

在无线端，因为显示的大小不同，无线端出现商品数量比PC端少，竞争就更小，主图的重要性就显得更加重要，甚至可以说主图直接决定了买家是否会查看一件商品。

卖家首先要区分的是PC端和无线端的主图大小有区别，就不能贪图便利，直接将PC端的主图用于无线端中。卖家可针对商品卖点，结合粉丝特点，设计出符合无线端淘宝买家的主图来吸引更多点击。

在无线端，商品上下架时间依然对搜索权重有影响。卖家都想商品在人流量最多的时候上架，那样能在临近下架时得到更好的排名。那么，选择在人流量最多的时候上架商品就合理吗?

其实不然。大家都有相同的想法，即在人流量居多时上架。例如，根据生意参谋得知，中午的12：00－14：00，是无线端用户最集中的时间。如果卖家都选择在这个时间段上架商品，那卖家之间的竞争就变得激烈，更别说好排名了。

因此，卖家应通过生意参谋，得出买家在线集中的时间段，再避开上下架高峰期来上架商品，才有机会获得好排名。

技能6 设置商品分类

新开的淘宝店铺，卖家在上传完宝贝之后，需要对宝贝进行分类。合理的宝贝分类可以使店铺的商品类目更加清晰，使卖家和买家能够更方便快速地浏览与查找店铺中的宝贝。如果店铺发布的宝贝数目众多，那么合理的分类显得尤为重要。好的店铺分类，将会大大方便买家进行针对性浏览和查询，从而提高成交量。

Step 1 在“卖家中心”选项中的店铺管理栏目下，单击“宝贝分类管理”链接，如图4-31所示。

Step 2 进入新页面，单击“添加手工分类”按钮，如图4-32所示。

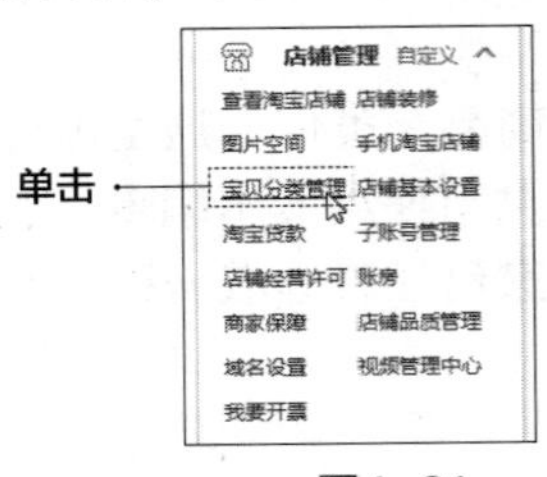

图4-31

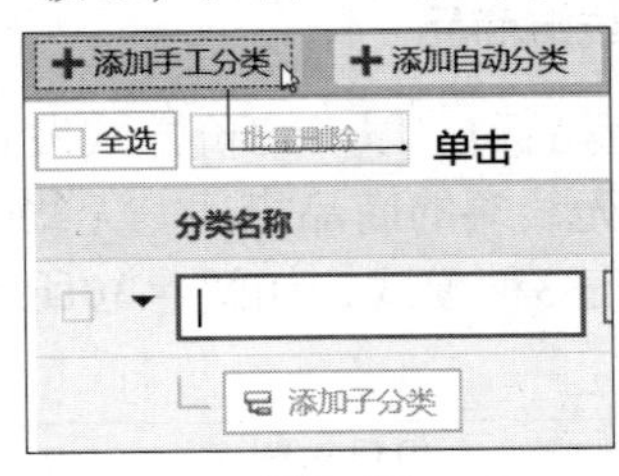

图4-32

Step 3 在输入框中输入要设置的分类名称，依次单击分类下面的子类，即可添加一个子类，如图4-33所示。

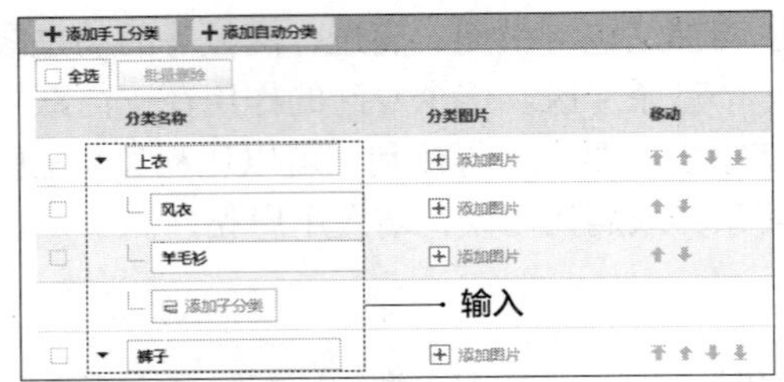

图4-33

Step 4 设置完成单击“保存更改”按钮，即可保存更改的分类设置，如图4-34所示。

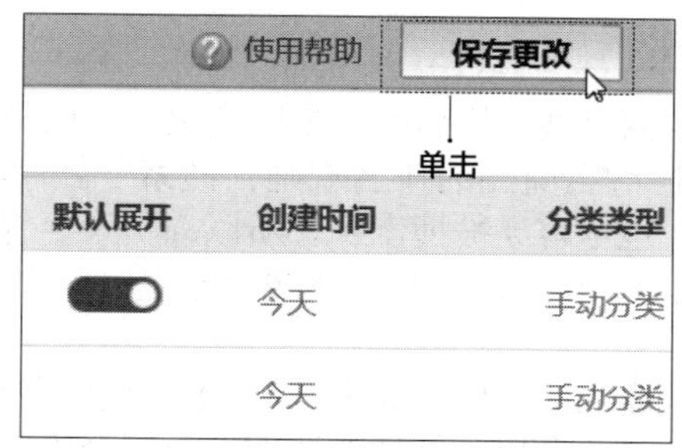

图4-34

达人点睛

淘宝店铺除了对宝贝进行手工分类外，还可以进行自动分类。在“宝贝分类管理”中单击“添加自动分类”，进入自动分类条件设置。自动分类是固定的分类方式，目前可以按照类目、属性、品牌、时间等要素划分，一般按类目归类，也可以自己选择。分好后一定要在类目名称前打钩，然后单击确定。分类成功后单击页面右上角的“保存更改”按钮即可。

技能7 将库存商品上架

一般来说，商品发布之后就立即上架了。但如果在发布商品时，选择将商品存放在仓库中，那么还需要将宝贝上架，才能呈现在买家的面前。将宝贝上架的方法很简单，其操作步骤如下。

Step 1 ❶首先单击“宝贝管理”下面的“仓库中的宝贝”超级链接，在右边的页面中出现宝贝列表，❷如果要将单个宝贝上架，只需单击该宝贝右侧的“上架”按钮即可，如图4-35所示。

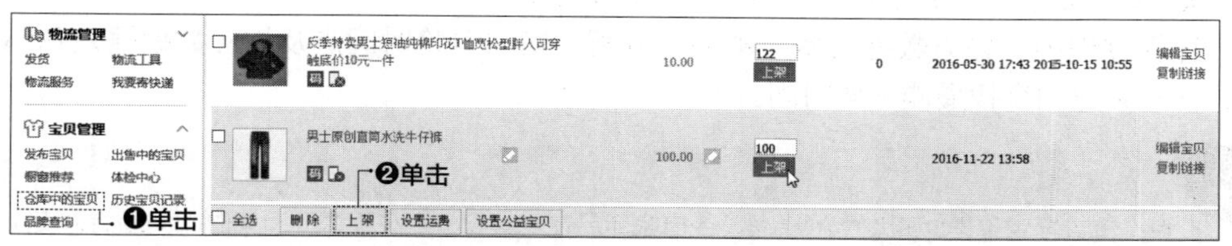

图4-35

Step 2 如果要同时上架多个宝贝，❶可选中相应宝贝的复选框，❷然后单击宝贝列表下面的“上架”按钮即可，如图4-36所示。

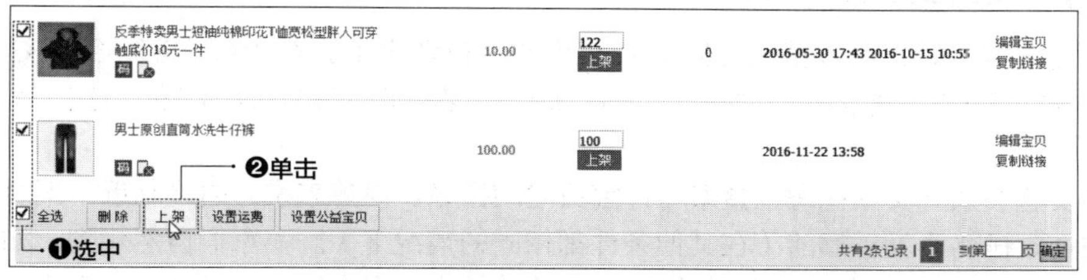

图4-36

技能8 设置合理的上架时间

商品上下架时间是决定商品搜索排名的重要因素之一。商品搜索排名的优化对于自然流量的获取至关重要。根据淘宝商品的排名规则，搜索一款商品时，商品离下架时间越近，搜索排名就会越靠前，也更容易被搜索到。所以，卖家要想让商品有一个好的搜索排名，获得更多买家的关注，吸引到更多的自然搜索流量，就必须考虑爆款商品的上下架时间。

根据淘宝的系统规定，商品的上架周期为7天，也就是说商品在某个时间上架，到7天后的同一时间就会下架，这是一个自动循环的周期，而这个周期内的起始时间和结束时间就是商品的上下架时间。只要知道了商品的上架时间，也就能知道商品的下架时间，因此准确地找到商品上架的最佳时间点，就能够有效地提高商品的搜索排名。

1. 分析买家购物最佳时间点

通过分析买家购物时间点，可以选择在流量大的时间段上架商品，获得较高的搜索权重。一般而言，淘宝一天中有3个流量高峰时段：9：00—11：00，15：00—17：00，20：00—22：00。但各个商品之间有差异，这3个高峰段并不适用于全部的商品。

卖家可通过生意参谋来查看同行业商品的上下架时间，从而得出一个目标用户购物的最佳时间点。

2. 分析竞争情况

卖家在得出商品类目流量高峰期后，可以分析不同时段的竞争情况，来决定商品的上架时间。卖家可以通过生意参谋来进行三层筛选，从而得到一个最佳上架时间。

- 第一层筛选，计算不同时间段高质商品的成交量，得出一个有利的时间段。
- 第二层筛选，分析不同时间段上架商品数量。
- 第三层筛选，分析单个竞争对手上架时间点。

计算过程中，如果数据较多，不利于分析，卖家可将时间点及相应数据输入到Excel中，便于筛选和查找最佳上架时间。

达人点睛

很多卖家会犯下架时间集中的错误，使自家商品在一起竞争。在强调了上架时间问题后，卖家应注意调整上架时间。如果商品下架时间还是集中的，应给予调整，错开相同类目商品的下架时间。

技能9 让商品在指定时间上架

在发布宝贝时，可以指定让宝贝在某个时间自动上架，在上架之前，宝贝是存放在仓库中的。读者可能要问，为什么要让宝贝在某个时间自动上架呢？这样做的原因何在？

其实这关系到买家在淘宝搜索一件宝贝时的排名。简单来说，越是临近下架时间的宝贝，在搜索排名中就越靠前（在其他条件都相同的情况下）。卖家们自然想到，如果将某个宝贝的下架时间控制在上网高峰期时段之后的一点，那么这个宝贝被买家看到的可能性就越大。上架时间就显得特别重要，因为从上架时间可以控制下架时间。

让宝贝在指定时间自动上架的操作很简单，在发布宝贝时选择相关的选项即可，具体如下。

在宝贝发布页面，❶选择“定时上架”选项，❷设置宝贝上架时间，❸设置其他信息后单击“发布”按钮即可，如图4-37所示。

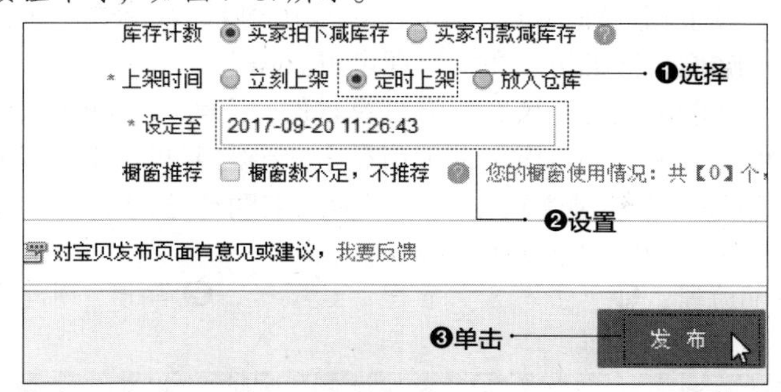

图4-37

技能10 修改或删除商品的信息

1. 修改商品信息

有时候需要修改出售中的宝贝的某些信息，比如颜色、数量或价格，则可以在“卖家中心”进行操作。

Step 1 单击“宝贝管理”下面的“出售中的宝贝”超级链接，在右边的页面中出现宝贝列表，单击要修改的宝贝右边的“编辑宝贝”超级链接，如图4-38所示。

图4-38

Step 2 随即会跳转到与发布宝贝时一样的页面，在此页面中卖家可以对宝贝信息进行修改，修改完成后单击“确定”按钮即可。

2. 删除不再出售的商品

对于已经不再出售的宝贝，可以将之从仓库中删除掉，其操作方法也很简单。

单击“宝贝管理”下面的“仓库中的宝贝”超级链接，在右边的页面中出现宝贝列表，❶选中要删除的宝贝前面的复选框，❷单击宝贝列表上面或下面的“删除”按钮即可，如图4-39所示。

图4-39

技能11 使用淘宝助理批量发布商品

店铺开张后，卖家需要发布的宝贝会越来越多，而且宝贝多了之后，还需要对宝贝进行各种管理。这时若登录到店铺中逐个发布、管理宝贝就比较麻烦。淘宝网为此提供了淘宝助理工具，方便卖家们直接批量发布、管理宝贝。

淘宝助理是一个功能强大的免费客户端工具软件，它可以帮助卖家批量编辑与上传商品信息，并提供方便的管理界面。淘宝助理可在未登录淘宝网时能直接编辑宝贝信息，快捷批量上传宝贝，也是一个店铺管理工具。目前淘宝助理分淘宝试用版、淘宝版和天猫版，任一版本都可在淘宝助理的官网中下载安装。

Step 1 登录淘宝助理，❶单击“宝贝管理”选项卡，❷单击“创建宝贝”按钮，如图4-40所示。

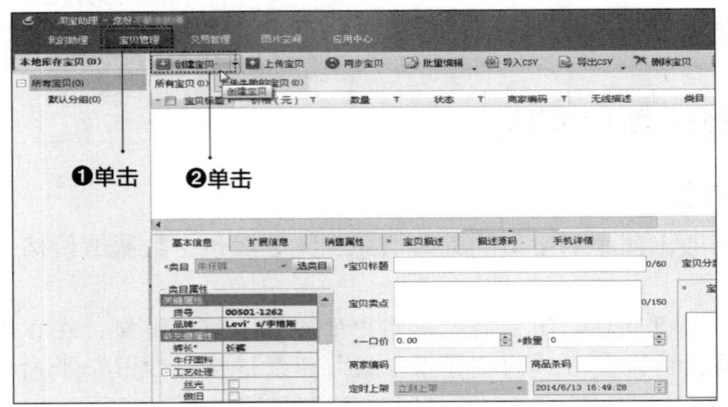

图4-40

Step 2 弹出新对话框，❶依次填写“基本信息”“扩展信息”“销售属性”“宝贝描述”等选项卡内的信息，❷单击“保存”按钮，如图4-41所示。

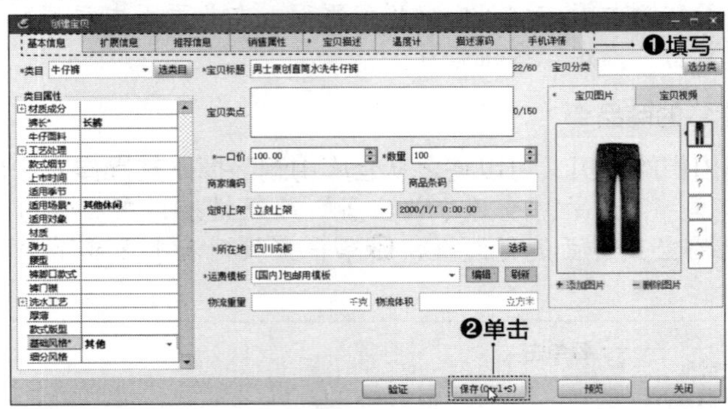

图4-41

> **达人点睛**
>
> 带有星号（*）的项目是必填项目，不填写无法上传；没带星号的项目可填可不填，但建议还是填上为好，可以让宝贝资料变得更加完善，更容易被买家接受。

Step 3 ❶单击“宝贝管理”选项卡下的“上传宝贝”按钮，❷弹出新对话框，确认宝贝信息后单击“上传”按钮即可，如图4-42所示。

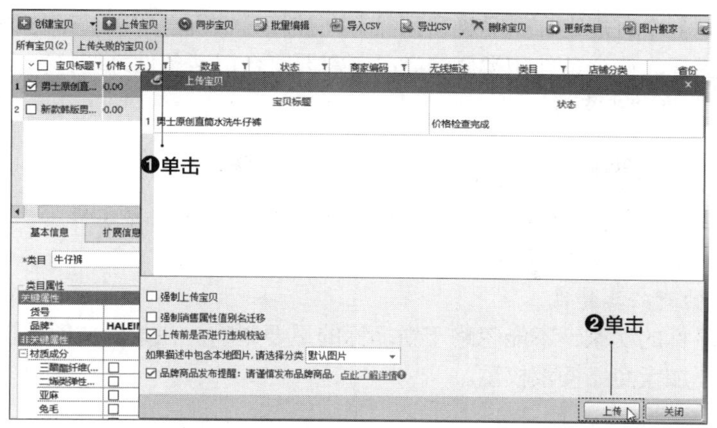

图4-42

卖家也可以在Step2中单击“保存”按钮，将宝贝信息保存在本地电脑上，待所有宝贝信息编辑完毕后再单击“宝贝管理”选项卡下的“上传宝贝”按钮，将本地资料上传。淘宝助理不会将之前已经上传过的宝贝资料再上传一次，而仅仅上传新添加的宝贝资料。

技能12 为商品添加新品标获得更多流量

淘宝中的新品，指的是在淘宝网发布的，对应款式距该店铺第一次上架时间在28天内的商品。“新品标”能有效提升商品的整体排名，有新品标的商品在同样操作情况下，搜索权重更高，转化也更迅速。

在淘宝搜索栏中输入“裙子秋”，在默认综合排序下展现的商品中，前两名都有新品标的标识如图4-43所示。

图4-43

达人点睛

以下是开放新品标类目：女装/女士精品、男装、箱包皮具/热销女包/男包、女鞋、女士内衣/男士内衣/家居服、流行男鞋、服饰配件/皮带/帽子/围巾、童装/婴儿装/亲子装、童鞋/婴儿鞋/亲子鞋、饰品/流行首饰/时尚饰品。

《淘宝规则》中有规定，新品类目商品存在被扣分情况严重的，即使符合新品标的规则也不能打新品标。符合条件和类目的商品还需要符合以下条件才能打新品标。

- 图片无严重“牛皮癣”。
- 非旧款重发。
- 非拍卖、二手、闲置商品。
- 商品标题中不包含“清仓”“反季”“换季”“二手”等字样。
- 商品第一次上架时间在28天以内。
- 有一定的新品喜爱度。

符合打新品标的卖家，不能忽略了新品标的重要影响。在条件成熟的情况下，可为商品加入新品标，加大商品搜索权重。

第5章　优化商品标题、详情页及定价

本章导读

商品的标题和搜索量息息相关，且一个好的定价让客户更容易接受。本章通过寻找高效关键词、筛选关键词和验证关键词等步骤精心设计商品关键词；通过认识商品标题的结构和组合方式等技巧，帮助卖家优化商品关键词，获得更多流量；再通过优化详情页，留住更多进入商品详情页页面的客户。另外，商品的定价学问很大，卖家应该抓住客户的购物心理，实现从根本上出发，为商品定一个热卖价格。

技能1　精心设计商品关键词

关键词是标题的砌砖石，只有找准了关键词，才能让商品排名靠前，从而被更多眼睛注意到。一个好的商品关键词的确定，能给商品带来更多抛头露脸的机会，就如一个团队的领导人一般重要。只有在正确的领导下，团队的发展才能蒸蒸日上；但是如果领导的想法都是错误的，那么队员再能干也是白搭。因此，各位卖家应该明白“磨刀不误砍柴工”的道理，为商品找到最好的关键词，带来更多的点击率和销量。

1. 寻找高效关键词

高效关键词是引流的重要基础。个别卖家可能凭借自己敏锐的洞察力能找到引流效果不错的关键词，但是，仅仅依靠自己来应对千变万化的市场显然是行不通的。这时候，就需要借助外力来跟上引流效果极佳的热门关键词的更新速度。

（1）淘宝下拉框的搜索建议

在淘宝中最常发现热门关键词的地方就是淘宝下拉框的搜索建议。即使是刚入门，或者有过网购经历的卖家也可以轻松使用淘宝搜索文本框，原因是淘宝系统能够根据不同时间段的搜索历史与热门推荐关键词相结合，组成联想词。

在淘宝主页的商品搜索栏中，输入“鲜花”，在下拉框中可以找到其他相关联的关键词，如“鲜花速递”“鲜花饼”等，如图5-1所示。

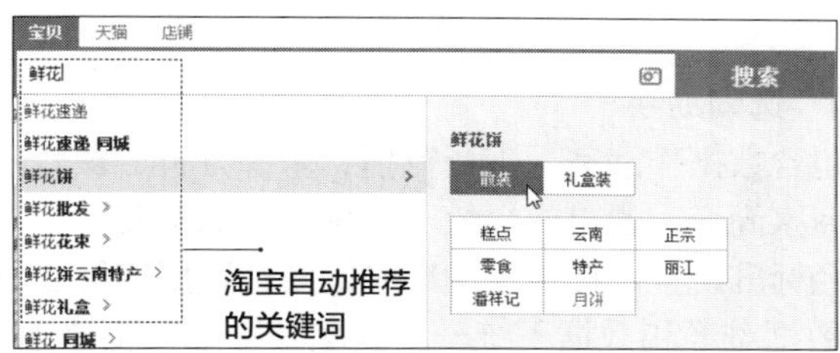

图5-1

> **达人点睛**
>
> 在搜索页面中，使用一个关键词进行搜索，淘宝会给出其他比较热门的相关搜索词。例如，“您是不是想找”板块。卖家也可参考其他同行的店铺，看一下他们的商品标题是怎么写的。这样有可能会得到更多的关键词作为预选。

（2）淘宝网排行榜

淘宝网排行榜指的是一款绿色淘宝辅助软件，是目前较权威的购物排行，所有数据均来自淘宝网官方。在淘宝下拉框中能发现由某个关键词展开的热搜关键词，但是不清楚该扩展词的关注实数和搜索度。因此，卖家可以借助淘宝排行榜更加直观地找到与自己商品词库相关的关键词。

淘宝网排行榜的优点在于：分类齐全，数据细化，从而具有很高的参考价值。在淘宝排行榜中首先可以注意“今日关注上升榜”，如图5-2所示。卖家可以通过分析“今日排行榜”关注上升最快的关键词。

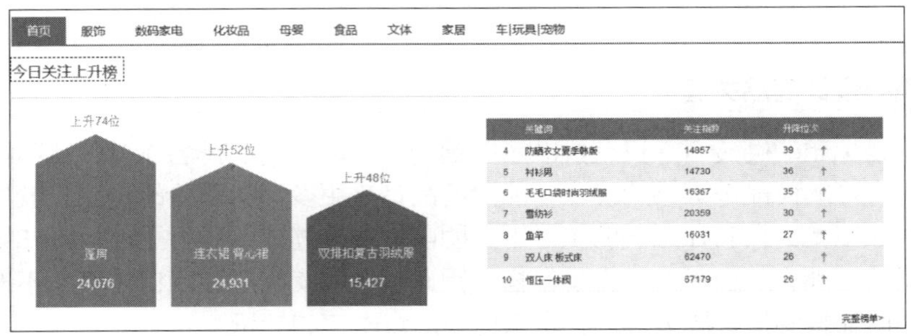

图5-2

（3）淘宝官方TOP20万词表

TOP20万词表由淘宝官方推出，可在查排名的官方网站在“功能导航”中单击“20万热词”进行下载。TOP20万词表中包含淘宝平台搜索量最大的20万关键词，如图5-3所示，分为电脑（PC）端、移动（App）端和潜力词表。卖家可通过下载定期更新的词表，查看和商品相关的关键词。

更新日期	电脑端TOP20万词表	APP端TOP20万词表	潜力词表
2017年09月18日	下载	下载	下载
2017年09月13日	下载	下载	下载
2017年09月05日	下载	下载	下载
2017年08月29日	下载	下载	下载

图5-3

（4）生意参谋的“选词助手”

生意参谋是一个包含数据作战室、市场行情、来源分析、装修分析、竞争情报等数据的平台。生意参谋对商家而言，也是一个统一数据产品的重要平台。其优点在于：商家通过生意参谋可看到口径标准统一、计算全面准确的店铺数据和行业数据，解决了过去的看数据难、用数据难、数据难懂和数据不统一等问题。因此，相比生意参谋，能发现上述3种寻找关键词的方法都有一个数据信息少的特点。

卖家可通过上述4种方法找到高效关键词，建立与商品相关的关键词库，用于组建标题。

2. 筛选关键词

如果使用关键词词库里庞大的数据库来组合商品标题不仅费时费力，还有可能不小心用了不利于排名的关键词带来适得其反的效果。因此，在建立了关键词词库后就需要筛选分析关键词，留下精准、有用的关键词，剔除意义不大的关键词。

（1）去掉重复关键词

在平时做选择题的时候，经常有人指点我们如果不能一眼看出正确答案，不如换个思维，找到类似或者重复的答案且排除，以此缩小正确答案的范围。这个方法在筛选关键词中同样适用，可采用去掉重复关键词的方法，得到不存在重复现象的关键词词库。

（2）抓住品牌词

有的买家会在购物时认准某品牌关键词进行搜索，通常这样的买家都是某个品牌的粉丝，会选择长期回头购买。这就是淘宝关键词中的品牌词，其特点是短小易记，它对SEO也有着重要的意义。因此，卖家可通过对词库中的品牌词进行提取和筛选。

（3）杜绝违规词

通常，在淘宝下拉框、淘宝排行榜、TOP20万词库和生意参谋等地找到的关键词都是相对较正规的。但在信息时代，个别卖家也会找到其他寻找关键词的途径．如论坛、贴吧或某些网页，因此，不能确定找到的关键词就一定不存在违规的现象。卖家要注意关键词的雷区，杜绝违规词。例如，和商品无关的淘宝热词和商品无关的功效详解。如果卖家的商品是零食，选取的关键词不能含“保暖”“显瘦”“耐用”等关键词。

在建立和商品相吻合的关键词库的前提下，就可以根据关键词来组合标题优化SEO了。

3. 验证关键词

在完成了预选的关键词的收集后，要做的就是从中找到最好、最合适的那几个关键词。那么怎样选择关键词呢?

第一步，判断关键词的竞争性，把想要的几个关键词分别输入到淘宝首页的商品搜索中，看看搜索结果得到相关商品数量，获得结果越多，竞争就越大，该关键词使用价值就越小。

第二步，关键词的搜索量分析。没人搜索的关键词是没有任何使用价值的。下面以“水杯”和“杯子”两个关键词为例来分析，如何选择出合适的关键词。

想要进行关键词的搜索量分析，可通过百度指数来查询该词的搜索趋势、近期内的用户关注度。关注指数越高，证明该词在近期用户的关注度越高，也从另一个方面表明使用该词进行搜索的用户数量比较大。

达人点睛

百度指数是以百度网页搜索和百度新闻搜索为基础的免费海量数据分析服务，用以反映不同关键词在过去一段时间里的“用户关注度”和“媒体关注度”。

进入百度搜索指数主页网址，如图5-4所示。

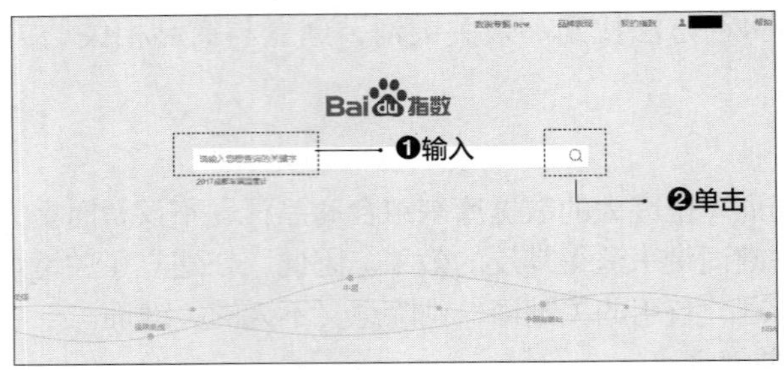

图5-4

在搜索框中输入关键词，单击“搜索”按钮，可看到各类关于此关键词的分析指数。图5-5中的“用户关注度”是百度科学分析并计算出各个关键词在百度网页搜索中搜索频次的加权和，并以曲线图的形式展现，如图5-5所示。

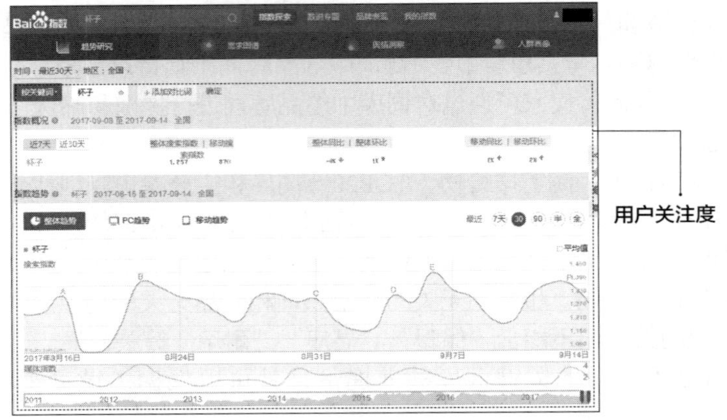

图5-5

如果要比较两个关键词的数据，可以使用逗号隔开这两个关键词来搜索结果。首先输入“杯子，水杯”，然后单击“搜索”按钮🔍，如图5-6所示，或单击“添加对比词”按钮，输入对比词后单击“确定”按钮。

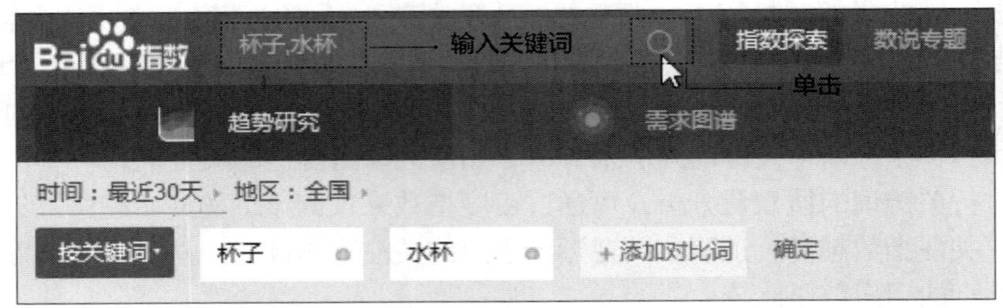

图5-6

页面的下方将显示用户关注度趋势图，如图5-7所示，在同一时间段里，蓝色线的“杯子”搜索次数平均值是每天1237次，绿色线的“水杯”搜索次数平均值是每天1240次，“水杯”搜索量高于“杯子”。

通过比较发现选择关键词“水杯”好于“杯子”。根据上述方法依次分析各个关键词，通过总体规划取舍后，再侧重选择合适的关键词，达到较好的搜索效果。

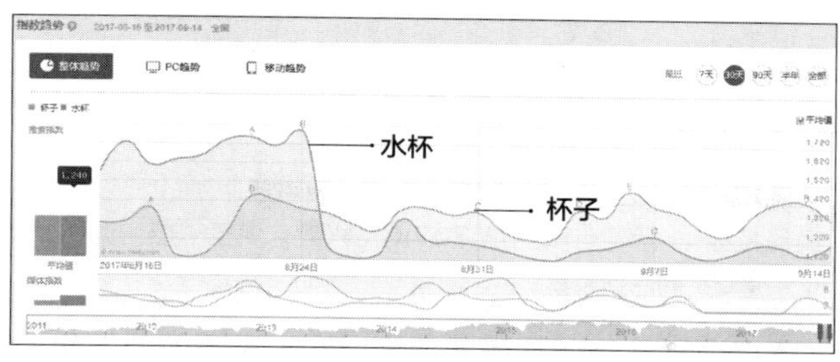

图5-7

技能2 淘宝商品标题的结构

为了尽可能多地增加被搜索中的概率，一个合理的商品标题非常重要。那么，如何判断其是否合理呢？有以下3个极简规则。

（1）能吸引买家眼球。

（2）能让买家一目了然地知道商品的特性。

（3）有利于关键字搜索。

要满足上述规则，通过合理的标题名称提高搜索命中率，考验的是卖家对组成标题名称的关键词进行巧妙组合的能力。如何组合呢？图5-8所示为搜索“短靴”销量靠前的商品标题名称。

图5-8

这些标题名称的关键词组合方式很多，但万变不离其宗，不管怎么组合，一个标题名称的结构是相对稳定的，即一个完整的标题应该由以下3部分组成：商品名称、感官词、优化词。各部分的具体作用及其示例如表5-1所示。

表5-1

<table>
<tr><th>序号</th><th>组成部分</th><th>营销作用</th><th>设计要领</th></tr>
<tr><td>1</td><td>商品名称</td><td>让买家一眼就能够明白这是什么东西</td><td>准确描述商品是什么，让买家“望文生义”</td></tr>
<tr><td>2</td><td>感官词</td><td>增大买家浏览这个商品的兴趣</td><td>简洁有力地突出卖点，击中买家痛点</td></tr>
<tr><td>3</td><td>优化词</td><td>提高商品被搜索到的概率</td><td>使用高频关键词的组合，让买家更容易找到本商品</td></tr>
<tr><td colspan="4">【应用范例1】
标题名称：【热销万件】2018春季新款男装正品修身外套
结构分析：“外套”是商品名称；“热销万件”这个词会让客户产生对产品的信赖感，属于“感官词”；“男装”“正品”“修身”这3个词是优化词，能够让买家更容易找到商品</td></tr>
</table>

续表

序号	组成部分	营销作用	设计要领
【应用范例2】 标题名称：冬装外套2018新款韩版宽松中长款加厚棉衣冬季棉服 结构分析："外套"是商品名称；"新款"易引起客户浏览兴趣，属于"感官词"；"韩版""宽松""加厚""棉服"等是优化词，能加大商品搜索量			

在商品标题中，感官词和优化词是增加搜索量和点击量的重要组成部分，但也不是非要出现的，唯独商品名称必须要正确出现在标题中。

当然，商品标题也不是随便什么文字都可以填的，必须严格遵守淘宝的规则，不然很容易遭到处罚。例如，商品标题需要和商品本身一致，不能干扰搜索。商品标题中出现的所有文字描述都要客观真实，不得在商品标题中使用虚假的宣传信息。

技能3 常见的商品标题的组合方式

商品标题的组合方式很多，这里列举一些常见的，具体内容如表5-2所示。

表5-2

组合方式	举例
品牌、型号+商品名称	TG-UV2 泉盛对讲机
促销、特性、形容词+商品名称	"双11"大减价 纯牛皮 高帮男靴
地域特点+品牌+商品名称	攀枝花高温差培育 ××牌 桑葚干
店铺名称+品牌、型号+商品名称	潮东店 小丸子出品 手工松露巧克力
品牌、型号+促销、特性、形容词+商品名称	酷派手机高清屏 八核CPU 运行速度逆天 改变者S1
店铺名称+地域特点+商品名称	刘姥姥小店 重庆特产 新鲜青花椒
品牌+促销、特性、形容词+商品名称	××酒 买二赠一 酱香型 700毫升水晶瓶礼品装
信用级别、好评率+店铺名称+促销、特性、形容词+商品名称	双皇冠 好评过万 飞跃数码 光棍节大促"双11"疯抢 2万毫安超大容量 ××移动电源

纵观上述组合方式发现：无论组合如何变化，商品名称是标题必不可少的一部分。通常，首先会使用商品名称关键字进行搜索，再在这个基础引申其他关键字。至于选择什么来组合最好，要靠自己去分析目标消费群体的搜索习惯来最终确定。

技能4 如何在商品标题中突出卖点吸引买家

在网店经营中，如何能够吸引买家点击商品是一个比较重要的问题，这和商品标题的编写密切相关。如果标题比较吸引人，那么被点击的次数就会较多，被浏览的次数也就较多，被购买的可能性也就增大了。

商品标题编写时最重要的就是要把商品最核心的卖点用精练的语言表达出来。卖家可以列出四五个卖点，然后选择最重要的3个卖点，融入到商品标题中。下面是在商品标题中突出卖点的一些技巧。

● **标题应清晰准确：**商品标题应该准确而且清晰，让买家能够第一时间内轻松读懂。例如，"外贸 大码 纯棉男装T恤"就是一个很好的标题，特点和卖点都清晰，而"高级工艺 原浆 超低价 云天酒"就是一个失败的标题，除了"超低价"以外，"高级工艺"和"原浆"都很难给访客留下什么印象，高级工艺高在何处，原浆又是什么，看了也不了解，当然也就谈不上被吸引了。

● **充分利用字节**：淘宝规定商品的标题不能超过60个字节，也就是30个汉字。卖家在取名时，应考虑到组合理想，如包含的关键字越多，商品被搜索到的概率就越大。

● **充分体现价格**：价格是买家关注的重点内容，是最直接刺激买家购买的因素。所以，卖家在为商品命名时，可以充分体现价格优势，如“特价”“清仓”“包邮”“买一送一”等关键字词可以在标题中注明。

● **进货渠道**：如果商品是厂家直供或从国外直接购进的，有一定的优势，卖家在为商品取名时，可直接在标题中加以注明，如“原厂直销”“海外渠道”或“美国直邮”。

● **售后服务**：为解决买家对商品质量的存疑，卖家可以直接在标题中突出售后服务的关键字，如“七天无条件换货”“全国联保”等。

● **店铺高信誉度**：为了提高买家与卖家的交易信心，卖家可以在标题中加入信誉度高的关键字词，如“皇冠级店铺”“金冠级卖家”等。

● **成交记录**：特别是在打造爆款的商品，如果在标题中注明“月销上千”“明星推荐”等文字，可以对买家起引导作用。这些能调动人情绪的词语和从众心理，会在一定程度上影响买家的购买意向。

● **适当使用特殊符号**：为了突显标题的独特，可以在商品标题中插入少量的特殊符号。如“★2018年首发★”“◇热卖中◇”等。但是，这些符号不能滥用，过多使用反而会易影响标题的阅读性。

● **适当分割**：标题要注意分割，使其阅读性更强。如“2018秋装新款女士小西服韩版修身长袖休闲气质短款小西装女外套潮”，这么多字没有一个标点符号，完全不分割，虽然有利于增加被搜索到的概率，但是会影响买家的阅读。所以应使用空格符号或半角分割标题，如“2018秋装新款 女士 小西服 韩版 休闲气质 短款小西装 女 外套 潮”。

技能5 让商品名称一字两用增加搜索效果

在商品的名称中，多个关键词是连在一起的，这就让有些字可以进行“复用”，也就是说如果“ab”是一个词，“bc”是另外一个词，则可以把它们安排在一起“abc”，这样就用3个字安排了两个词，而这两个词原本需要4个字，在寸字寸金的商品标题中，使用这样的技巧可以多安排下2~3个关键词，这样就让商品标题增加了竞争力。

举例来说，“梅凯 德玉正品牌修身女裤加厚夹棉裤 冬季保暖羽绒裤2017女装137”这个标题中，有“梅凯”“德玉”“正品”“品牌”“修身”“女裤”“加厚”“夹棉”“棉裤”“冬季保暖”“羽绒裤”“2017”“女装”137，一共14个关键词，其中有商家名关键词一个，品牌关键词一个，属性关键词7个，品名关键词2个，类目关键词2个。细心的卖家可能发现了，30个关键词的位置却放了32个关键字，这就是“正品牌”“夹棉裤”这两个关键词复用的好处了。因为“正品牌”既可以被“正品”关键词搜到，也可以被“品牌”关键词搜到，“夹棉裤”也如此。

类似的关键词还有很多，如“男裤子”“加大码”“秋冬季”“新品牌”等，相信本书的读者还可以发明更多适合自己商品的复用关键词。

技能6 如何分割标题又不影响搜索效果

大家都知道如果商品标题不分割的话，会严重影响访客的阅读感，耐心不好的访客可能直接就跳过这种“一气呵成”的商品不看，这样就失去了潜在的客户。因此，标题分割是必要的。

淘宝规定商品标题不能超过60个字节，也就是30个汉字（一个汉字占两个字节，一个英文字符占一个字节），因此有的卖家喜欢用英文逗号来分割标题（英文逗号也归属于英文字符），这样就比使用中文逗号要节省，因为两个英文逗号才等于一个中文逗号。

不过，经测试，使用英文逗号的话，搜索引擎会将逗号前后分割开来，视为完全不相连的两个词，这样的情况下，会减少标题被搜索到的可能性。

例如，“珠海家园，火星湖电影票5.5折，双钻信誉”这样的标题，如果搜索“家园火星湖”就不能被搜索到。

这样的情况下，应该使用其他被搜索引擎忽略的英文符号，比如“/”和“\”，这样既方便分割，又不会影响搜索效果。例如，“珠海家园/火星湖电影票5.5折/双钻信誉”，既分割了关键词，便于阅读，又不影响效果。

技能7 商品详情页要怎样做才显得专业

商品详情页是描述一件商品功能、卖点的页面，是让买家详细了解商品，并促进购买的页面，可以说是网店中非常重要的一个组成部分。那么，把商品详情页做好做专业，就能极大提高商品的销量。

1. 做一个精美的商品描述模板

首先最好有一个精美的商品描述模板，商品描述模板可以自己设计，也可以在淘宝上购买，还可以从网上下载一些免费的商品描述模板。精美的模板除了让买家知道掌柜在用心经营店铺外，还可以对商品起到衬托作用，促进商品的销售。图5-9所示为精美的商品描述模板。

2. 拍摄好商品照片

在发布商品描述前还要拍摄处理好商品照片。图片的好坏直接关系到交易的成败，一张好的商品图片能向买家传递很多东西，起码应该能反映出商品的类别、款式、颜色、材质等基本信息。在这个基础上，要求图片要拍得清晰、主题突出以及颜色还原准确，具备这些要素后，可以在上面添加货号、美化装饰品、店铺防盗水印等。图5-10所示为处理好的商品照片。

图5-9

图5-10

3. 吸引人的开头，快速激发客户的兴趣

商品描述的开头的作用是吸引买家的注意力，立刻唤起买家的兴趣，让买家不由自主地就想看下去。

不管写什么样的产品描述，必须首先了解客户的各类需求，了解他们的想法，找到吸引客户的东西，琢磨怎样把自己的商品和客户的兴趣点联系在一起。

例如，孕妇在选择服饰上，追求的就是舒适、安全。图5-11所示的孕妇裤，在详情页开头用“一条穿到生”表明该裤子的质量好，再用图文结合的方式，告诉买家该裤子的设计好，站着、坐着、走着，都轻松，高腰托腹设计，包腹效果好，保护胎位。这个开头就满足用户的需求，自然能吸引买家点击购买。

4. 突出卖点，给买家一个购买的理由

找到并附加一些产品的卖点，加以放大，挖掘并突出卖点。因为，很多产品细节与卖点是需要挖掘的，每个卖点都是增加说服力的砝码。如图5-12所示，一个野生罗汉果，从种植基地的土壤、环境到水资源，无一不透露出生态、健康，这是产品的卖点，因此可以在文案上增加“生态、健康”等关键词。

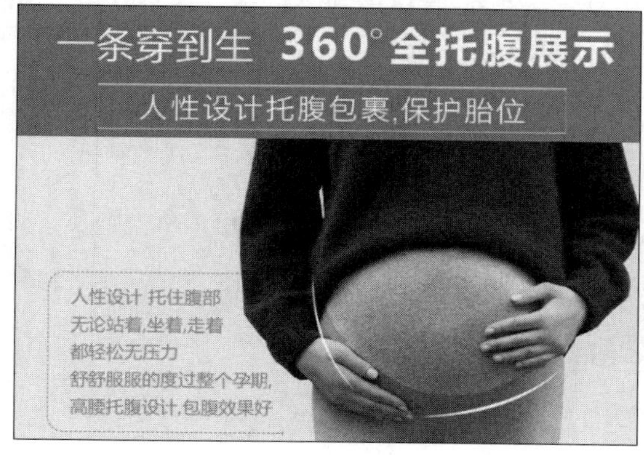

图5-11

图5-12

5. 通过建立信任，打消客户疑虑

利用买家的好评，并附加在描述里，增加说服力。第三方的评价会让买家觉得可信度更高，让买家说好，其他的买家才会相信。如图5-13所示，把信用评价添加在商品描述中，效果就比较好。

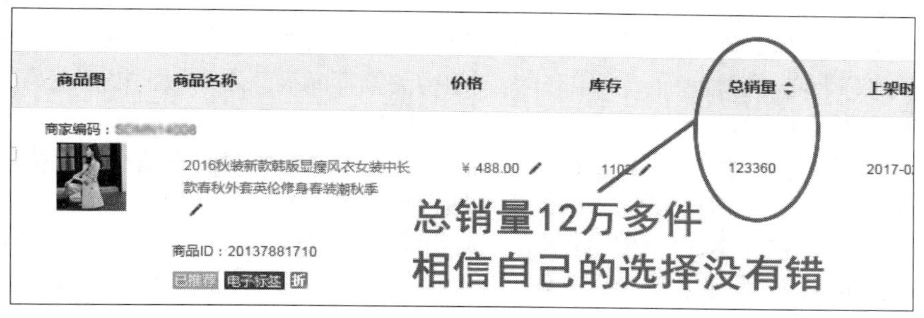

图5-13

技能8 吸引买家的商品描述是怎样撰写出来的

在详情页面中，商品描述是真正展示商品的部分，买家主要也是通过商品描述了解商品的。许多卖家写的商品描述非常简单，往往只有几十个字。掌柜不是没有时间、也不是因为懒惰不想写，只是觉得无话可写。这些掌柜不知道从哪里收集资料，而资料往往就在日常生活中，只是被忽略了。商品描述信息要做到简洁明了，节约买家阅读的时间。

在写商品描述时注意如下几个方面。

（1）首先要向供货商索要详细的商品信息。商品图片不能反映的信息包括材料、产地、售后服务、生产厂家、商品的性能等。相对于同类产品有优势和特色的信息一定要详细地描述出来，这本身也是产品的卖点。

（2）产品的基本属性描述，如品牌、包装、规格、型号、重量、尺寸大小、产地等。这些都描述出来，会让买家更觉得店主在用心经营，在为买家着想，从情感上，抓住买家的心，商品描述应对买家攻心为主，看完商品描述后，让买家与商品描述中的图片和文字产生共鸣。图5–14所示产品的基本属性描述就是一个较好的范例。

（3）为了直观性，商品描述一般用文字+图像+表格形式来描述，这样买家看起来会更加直观，增加了购买的可能性，如图5–15所示。

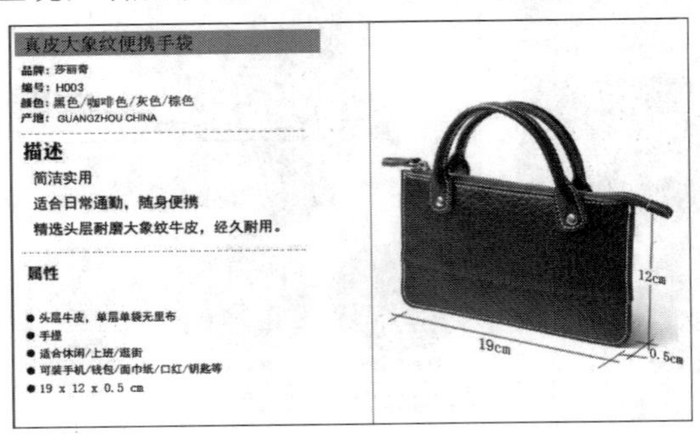

图5–14

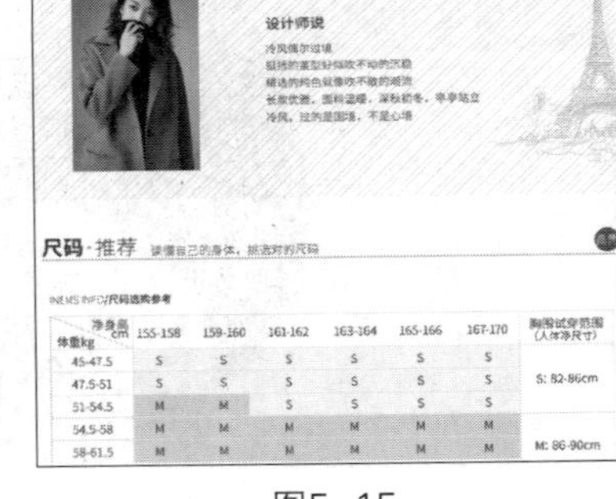

净身高cm / 体重kg	155-158	159-160	161-162	163-164	165-166	167-170	胸围试穿范围（人体净尺寸）
45-47.5	S	S	S	S	S	S	
47.5-51	S	S	S	S	S	S	S: 82-86cm
51-54.5	M	M	S	S	S	S	
54.5-58	M	M	M	M	M	M	
58-61.5	M	M	M	M	M	M	M: 86-90cm

图5–15

（4）参考同行网店。可以去皇冠店转转，看看别人的商品描述是怎么写的。特别要重视同行中做得好的网店。

（5）在商品描述中也可以添加相关推荐商品，如本店热销商品、特价商品等，即使买家对当前所浏览的商品不满意，在看到商家销售的其他商品后，也许就会产生购买的欲望。另外即使已经决定购买现在所浏览的商品，在浏览其他搭配商品的同时，也会产生再购买另外商品的打算。让买家更多地接触店铺的商品，增加商品的宣传力度。如图5–16所示，下半部分为商品详情，而上半部分为其他相关推荐商品。之所以把推荐商品放在商品详情上面，是因为这样可以强迫访客浏览推荐的商品。

（6）留意生活，挖掘与商品相关的生活故事。这个严格来说不属于商品描述信息的范畴，但是一个与商品相关的感人的故事更加容易打动买家。

（7）在商品描述中注意售后服务和规避纠纷。如图5–17所示，商品描述里添加了售后服务和退换货的一些注意事项，既取消了买家的担忧，也为了以后发生纠纷时能做到有理有据。

酷迪欧式经典宠物棉窝
品牌：酷迪
型号：KDW-057

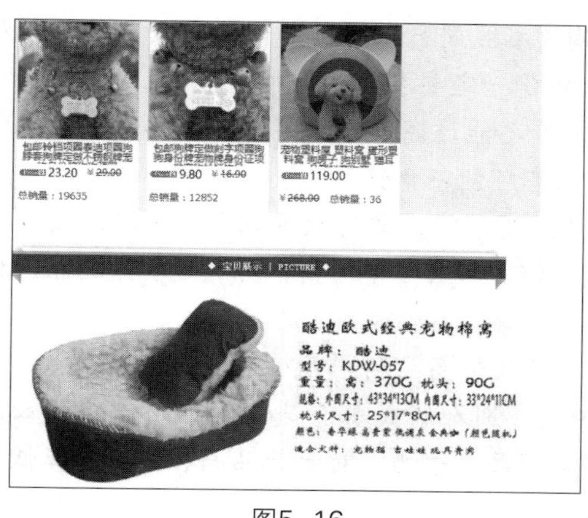

图5–16

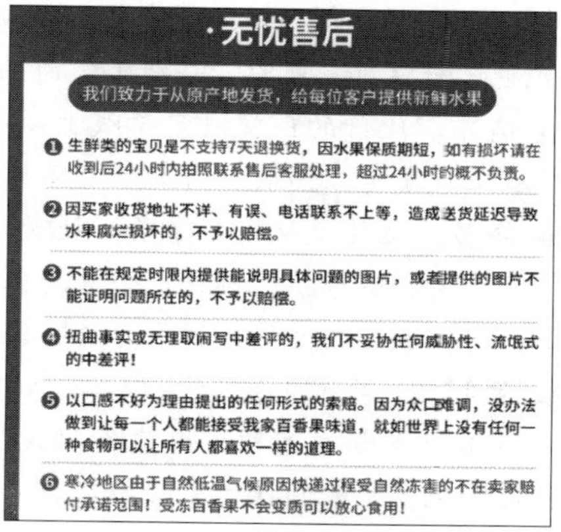

·无忧售后
我们致力于从原产地发货，给每位客户提供新鲜水果
❶ 生鲜类的宝贝是不支持7天退换货，因水果保质期短，如有损坏请在收到后24小时内拍照联系售后客服处理，超过24小时的概不负责。
❷ 因买家收货地址不详、有误、电话联系不上等，造成送货延迟导致水果腐烂损坏的，不予以赔偿。
❸ 不能在规定时限内提供能说明具体问题的图片，或者提供的图片不能证明问题所在的，不予以赔偿。
❹ 扭曲事实或无理取闹写中差评的，我们不妥协任何威胁性、流氓式的中差评！
❺ 以口感不好为理由提出的任何形式的索赔。因为众口难调，没办法做到让每一个人都能接受我家百香果味道，就如世界上没有任何一种食物可以让所有人都喜欢一样的道理。
❻ 寒冷地区由于自然低温气候原因快递过程受自然冻害的不在卖家赔付承诺范围！受冻百香果不会变质可以放心食用！

图5–17

（8）展示相关证书证明。如果是功能性商品，需要展示能够证明自己技术实力的资料。提供能够证明不是虚假广告的文件，或者如实展示人们所关心的商品制作过程，都是提供可信度的方法。如果电视、报纸等新闻媒体的相关报道，收集这些资料展示给买家是一种很好的方法。图5–18所示页面中展示了专业机构颁发的质量监测报告，买家看见此报告就知道该店出售的商品是符合相关质量标准的，从而放心购买。

具有实力的证明:

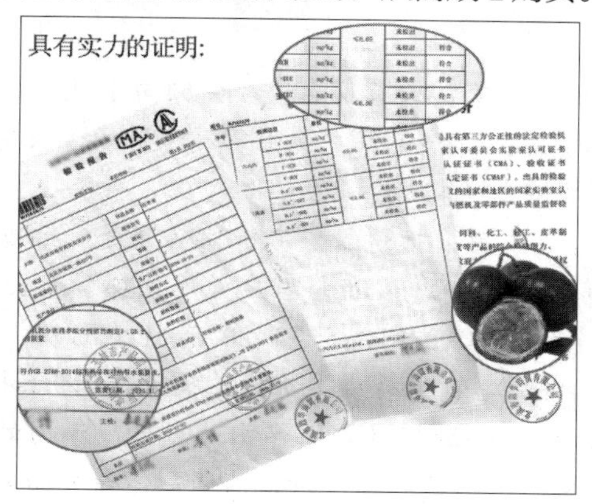

图5–18

达人点睛

据说白居易每作一首诗，都要给不识字的老太太念念。老太太能听懂的，就要；听不大懂的，就改；改后也听不懂的，就不要了。卖家在撰写商品描述时，通俗易懂也十分重要。最好把顾客当成“老太太”，用直观的内容去表达，让痛点直击人心。

技能9 商品定价的六大要点

商品定价的学问很深，主要从售卖平台、定价、利润、策略等方面出发。

● **比价**。相比线下实体店，淘宝是一个比价严重的平台。所以传统的定价策略在淘宝中不实用。例如，秋季的女士短袜，线下店铺一般4~6元一双，消费者也能接受；但在

网店中，同质化的商品都陈列在一起，就必须参照同行来定价。网店中女士短袜价格在1.8~3元也比较常见。所以，在线上卖商品，定价一定要参考竞争对手。

● **成本**。比价的前提决定了线上商品定价不能过高。因此，就要严格控制成本，尽量直接从工厂拿货。如果多出来一个环节，很有可能不赚钱。

● **爆款**。无论是从工厂拿货，还是从中间商拿货，拿的数量越多，价格越便宜。所以，很有必要打造爆款。例如，小米的饥饿营销，省去了中间商，再通过打造爆款，使得成本低、定价低，成为最具竞争力的爆款。

● **毛利润**。毛利润=定价-成本。如何才能获得高毛利润呢？对于非标品而言，可降低商品成本。例如，某款商品定价都是100元，别人的成本价是60元，而你的成本是50元，就可以把多出来的10元拿去打广告，提高商品竞争力。对于标品而言，则可降低产品定价，通过产品的超强的性价比获得高利润。

达人点睛

标品：有明确的规格、型号。例如，卖苹果手机的，只有iPhone7、iPhone8、iPhoneX等型号，每个型号底下又有8GB、16GB、32GB等不同的子型号。

非标品：没有明确的型号的区分。例如，某卖家在网店中售卖腊肉、香肠，没有明确的分类，也没有明确的型号。

● **定位**。因为比价明显的缘故，很多消费者会倾向于低价格的商品。但并非做低价就更易成功，特别是高端货源。价格定位主要由货源和消费者决定，低成本货源想做高定价不实际，高端货源也不适宜打价格战。

● **策略**。除了优化商品主图、标题等，定价策略也是一个重点。例如，某商品成本价2元，定价为3.5元，满10个包邮。大部分客户考虑到邮费都会选择买10个，算算利润（这里邮费以5元为例）：3.5×10−2×10−5=35−20−5=10（元）。

● 如果采取买满赠的方式，在同样成本价的前提下，定价6元，买6送3，还包邮。来算算利润：6×6−2×9−5=36−18−5=13（元）。由此可见，不同的定价策略，可获得不同的利润。具体如何定价，卖家可从货源成本价、消费群体等方面来制定。

技能10 商品定价的5个诀窍

商品价格是决定买家是否购买的重要因素。一些成功的卖家，都善于用定价吸引买家。定价方法直接影响买家的消费意向，不同的定价方法对买家产生的心理影响是不同的。一般来说，网店常使用以下5种定价方法。

1. 批量购买引导

批量购买引导定价法，是根据买家购买量的差异来制定不同的价格，随着买家购买量的增加，单位商品的价格在不断地降低。例如，某个清仓商品，数量不多，可以用五六折来吸引用户购买。消费者都想用最低的折扣买到商品，八九折对买家来说吸引力一般；七折时能引起买家的纠结；五六折对买家会产生很大的吸引力，买家会迫切买走商品。

2. 成本加成定价法

成本加成定价法又叫毛利率定价法、加额法或标高定价法。成本加成定价法有着计算方便的优点。在市场环境许多因素趋于稳定的前提下，运用成本加成定价法能保证卖家获取正常的利润，而且同类商品成本和加成率较为接近，定价相差较小，相互间的竞争也比较正常。所以，成本加成定价法易给买家带来合理、公平的感觉，从而更容易被接受。

3. 习惯定价法

习惯定价法指的是市场上形成习惯来定价的方法。例如，很多在市场上销售时间已长的商品，已经形成了一种定价的习惯。这类商品如果定价偏高，很难被接受；定价如果太低，买家又容易对商品质量产生怀疑。如香皂肥皂等日用品，购买频率高，形成了一种习惯的价格。这类商品应遵从习惯定价，随意调整价格，都不易被买家所接受。当然，如果遇到原材料涨价，不得不提价时，卖家应在详情页里说清楚具体原因。

4. “特价品”定价法

为吸引更多消费者，卖家可降低商品成本，用特价的方式来吸引眼球，从而带动其他商品的销量，来增加营业额。采用这种方式来定价的商品也很有讲究，选择适用大多数家庭的日用品，价格低于市场价。

5. 安全定价

安全定价指的是商品定价适中。这种定价方式很稳妥，能减少市场风险，让买家有能力购买的同时，也便于卖家销售。站在卖家角度，这种定价方式，能让资金快速流动的同时，也获取相应的利润。

总之，商品定价是一门很深的学问。卖家只有经过多种尝试，才能找到最合适自己的定价方式，从而获得更多的销量和更多的利润。

技能11 实用的高价定位法与低价定位法

同一件商品，可能定出很高的价格，也可能定出平易近人的价格。高价未必就不好卖，低价也未必就能赚大钱，这中间其实有很多技巧。

1. 高价定位法

高价定位法，是针对一些买家攀高心理而实施的。采用高价策略，将商品的价格定得很高，以便在短期内获取尽可能多的利润。同时，高价格又满足了买家求新、求异和求品位的心理。

（1）从买家角度进行的高价定位

许多买家所追求的是自己独占某些奢侈品，所以有时高价也是需求增加的重要原因之一，而削价则会导致需求的下降，因为削价意味着有社会声誉的物品的贬值。当店铺的目标买家是那些社会阶层比较高的人士时，商店必须高价定位商品。

（2）标志商品高品质而进行的高价定位

在商品价格与需求的关系中，存在一种质价效应，即买家通常把高价看作是优质商品和优质服务的标志，因而在商品价格较高的情况下，也能刺激和提高需求的效应。在许多情况下，许多买家往往以“一分价钱，一分货”“好货不便宜，便宜无好货”的观念去判断商品的质量，因此，高价能给人们产生高级商品、优质商品的印象。

（3）标志服务高水平而进行的高价定位

如同商品高价位能显示商品高品质一样，高价位同样能显示服务的高水平。对于以高价定位的商店，除了要时刻注意买家对商品的反应，不断提高商品质量，增加商品功能，创造更新的款式外，还要搞好服务工作，增强买家对商品使用的安全感和依赖感。高价位所标志的高水平服务，也能满足一些人的需求。

在采取高价策略时应十分慎重，只有具有独特功能、独占市场、仿制困难需求弹性小的商品，才能在较长的时间内保持高价，否则价格太高会失去买家。

2. 低价位定价法

现在许多商家都在采用每日低价的法则，此类法则总强调把价格定得低于正常价格，但高于其竞争对手大打折扣后的价格。最成功的零售商沃尔玛就是使用的这一低价策略。

低价法则在通常情况下是具有竞争力的。但是并非“价格低廉”就一定好销售。这是因为过于低廉的价格会造成对商品质量和性能的“不信任感”和“不安全感”。买家会认为，“那么便宜的商品，恐怕很难达到想象的质量水平，性能也未必好”。要卓有成效地运用这一策略，商店必须具备以下条件。

（1）进货成本低，业务经营费用低，低费用才能支撑低价格。

（2）存货周转速度快，所以商品都能被卖掉。经常降价尽管利润受损，但可以尽快把商品销售出去。

（3）买家对商品的性能和质量很熟悉，价格便宜会使卖家大量购买。例如，日常生活用品、食品等。

（4）能够向买家充分说明价格便宜的理由。

（5）商店必须在买家心目中享有较高的信誉，不会有经营假冒伪劣商品之嫌。

技能12 巧用数字定价

商品定价必须懂“数字”，不会计算的人不会富。万事都要做到心中有数，才能知道事情的重要程度，才能有效衡量盈亏。

1. 非整数法

这种把商品零售价格定成带有零头结尾的做法被销售专家们称之为“非整数价格法”。很多实践证明，“非整数价格法”确实能够激发出买家良好的心理呼应，获得明显的经营效果。例如，一件本来值10元的商品，定价9.8元，肯定更能激发买家的购买欲望。

把商品零售价格定成带有零头结尾的非整数的做法，能激发买家的购买欲望。非整数价格虽与整数价格相近，但它给予买家的心理信息是不一样的。

一家网上服装店进了一批货，以每件100元的价格销售，可购买者并不踊跃。无奈商店只好决定降价，但考虑到进货成本，只降了2元钱，价格变成98元。想不到就是这2元钱之差，买者络绎不绝，货物很快销售一空。

2. 整数法

美国的一位汽车制造商曾公开宣称，要为世界上的富人制造一种大型高级豪华轿车，价格定为100万美元的整数价。为什么？因为高档豪华的购买者，一般都有显示其身份、地位、富有、大度的心理欲求，整数价格正迎合了这种心理。

对于高档商品、耐用商品等宜采用整数定价策略，给买家一种“一分钱一分货”的感觉，以树立品牌形象。

3. 定价时用小单位

定价时采用小单位，会让买家感觉商品的价格比较便宜，如茶叶每公斤200元定成5元/两。也可以用较小单位商品的价格进行比较，如“使用这种电冰箱每天只耗半度电，才0.26元钱”，而不是“使用这种电冰箱每月只耗15度电，才7.8元钱”。

4. 选易为买家接受的数字定价

据调查发现，商品定价时所用数字的频率，依次是5、8、0、3、6、9、2、4、7、1。这不是偶然的，究其根源是买家消费心理的作用。带有弧形线条的数字，如5、8等比不带弧线的数字有刺激感，易为买家接受；而不带有弧形线条的数字，如1、7、4等比较而言就不大受欢迎。

在价格的数字应用上，应结合中国人的习惯。很多中国人喜欢8这个数字，并认为它会给自己带来发财的好运；因中国有六六大顺的说法，6也比较受欢迎，所以最好多使用这类数字。4因为与“死”同音，被人忌讳；250则有骂人之嫌疑，最好减一两元以避开此类数字。

第6章 商品出售过程中的操作

本章导读

很多卖家在商品上架后才恍然大悟，发现价格定低了，主图不美观……售卖中的商品可以修改吗？本章主要针对卖家在商品售卖中可能会遇到的问题，给出合理修改商品价格、图片的建议，以及整个商品出售的流程。让卖家在遇到问题时能保持镇定，积极解决问题。

技能1 实用发货技巧学起来

卖家一定不能马虎。在发货前，必须要确认买家已经付款。如果买家购买了自己的商品，应耐心地等待买家付款，直到买家付款以后自己的商品才算卖了出去。

进入“我的淘宝”，❶在“交易管理”一栏里单击“已卖出的宝贝”超级链接，可以看到“买家已付款”字样，如图6-1所示，❷即可确认买家付款。

图6-1

技能2 优惠买家必修课——改价格

有的卖家喜欢讨价还价，有时卖家也会适当地让步，在买家拍下商品后，再根据商量好的优惠来修改价格，让利几元十几元不等给买家。卖家需要掌握修改订单交易价格的方法，可按如下步骤进行。

Step 1 在“交易管理”选项下，单击“已卖出的宝贝”选项，如图6-2所示。

Step 2 显示所有的出售商品信息，单击选择要修改价格的商品，在商品标题最后方，单击“修改价格”超级链接，如图6-3所示。

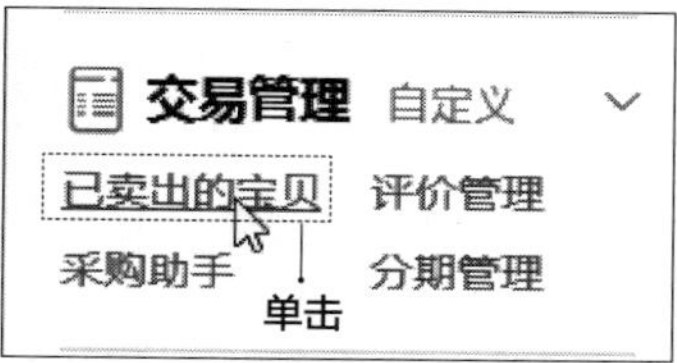

图6-2

图6-3

Step 3 进入修改页面，❶修改价格，❷单击“确定”按钮，如图6-4所示。

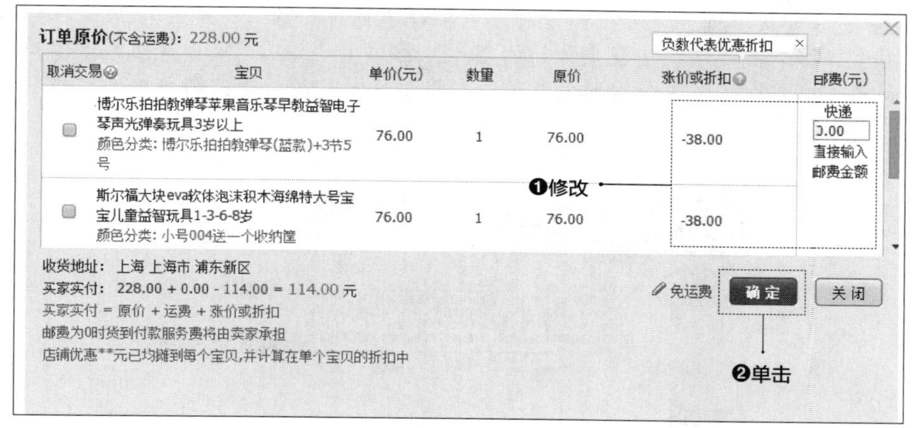

图6-4

之后通知买家刷新付款页面，对方就可以看到新的价格了。

达人点睛

有的情况下，当一个买家同时购买包邮品和非包邮品时，非包邮品的运费是要减去的。这样就需要卖家手工减去订单中非包邮品的运费，因此修改订单价格是卖家必备的技能。

技能3 如何修改出售中的宝贝图片

几乎所有的卖家都有这样的疑问：修改宝贝图片会降权吗？特别是一些在上传商品时，没注意细节传错了图片的情况，想修改图片又怕降权。如何才能修改商品图片而不被降权呢？

商品图片中最重要的是主图，它往往决定了点击率。频繁修改主图，会被淘宝系统默认为换宝贝，带来降权处理。因此，对主图尽量不做修改处理。

但是针对分销商而言，千篇一律的数据包确实很难使人满意。可通过修改商品图片，来使商品更具特色。

Step 1 ❶在“宝贝管理”选项下，单击“出售中的宝贝”选项；显示所有的出售商品信息，单击选择要修改价格的商品，在商品标题最后方，❷单击“编辑宝贝”超级链接，如图6-5所示。

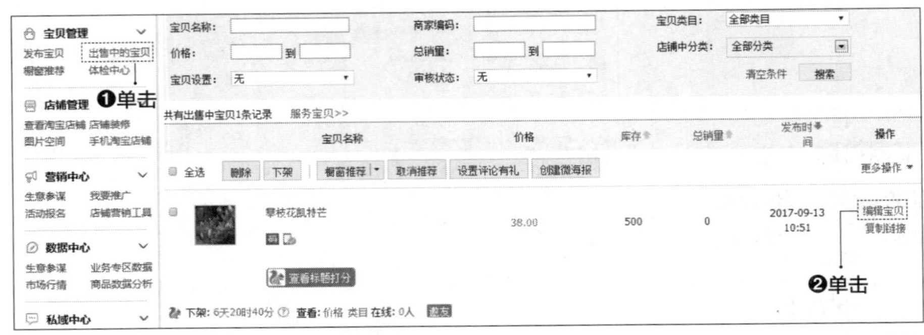

图6–5

Step 2 进入修改页面，可看到和发布宝贝一样的页面，❶卖家可单击“×”按钮删除原来的图片，❷单击“＋”按钮上传新的图片，❸单击“＜　＞”按钮是将图片向前向后移，最前面的图片将以主图的形式展现，在修改好宝贝图片后，❹单击“发布”按钮，即可完成修改图片，如图6–6所示。

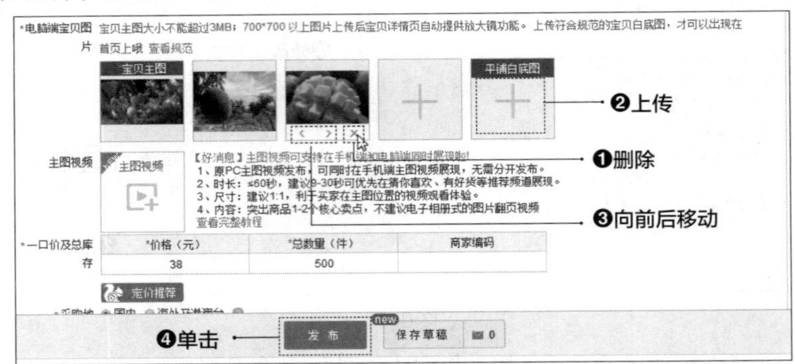

图6–6

再返回商品信息页面，就可以看到新的宝贝图片了。

技能4 录入订单信息便于发货

当确认买家已付款之后，卖家就需要根据订单来发货了。发货后要及时录入发货订单的信息，以便完成整个交易流程。卖家确认发货后，买家才能跟踪订单派送信息，因此及时录入订单信息是很必要的。

Step 1 单击“交易管理”下的“已卖出的宝贝”选项，如图6–7所示。

Step 2 在右边的列表中，单击“发货”按钮，如图6–8所示。

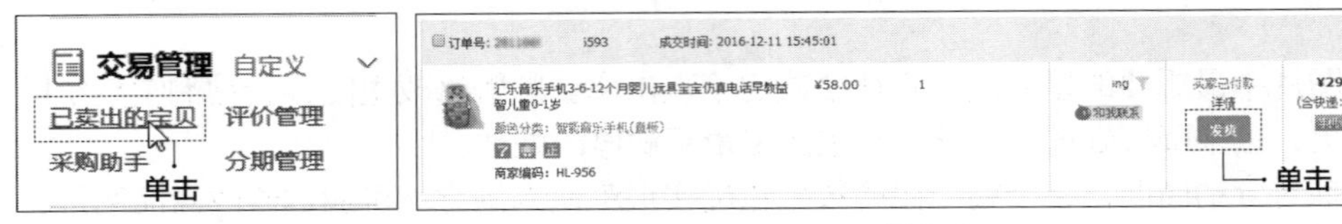

图6–7　　图6–8

Step 3 ❶确认“第一步”中的收货信息和“第二步”中的发货/退货信息，❷在页面下方的“第三步”区域中选择采用的物流方式，如这里选择“自己联系物流”，❸在文本框中填写发送的货运单号以及选择对应物流公司，❹单击“发货”按钮，如图6–9所示。

图6-9

Step 4 当卖家发货并在淘宝网中完成发货流程后，买家可以在自己的“已买到的商品”页面下，查看每件商品的快递情况，包括委托的快递公司、运单号码以及运动情况等，买家可以根据这些情况大致估算到收货的时间。

技能5 及时回应买家的评价

当买家收到货并对商品比较满意时，通常会主动登录到淘宝网确认收货并对卖家进行评价，卖家需要对买家的评价做出合理的回应。比如买家称赞商品质量好或者客服态度不错，卖家也应该相应地称赞买家；假如买家在评价中有所抱怨，卖家就应在评价中进行解释，或者道歉，以消除不良影响。

Step 1 单击“交易管理”下的“已卖出的宝贝”选项，如图6-10所示。

Step 2 进入“已卖出宝贝”页面，可以看到已经成功的交易列表右侧显示为“对方已评”，单击下方的“评价”链接，如图6-11所示。

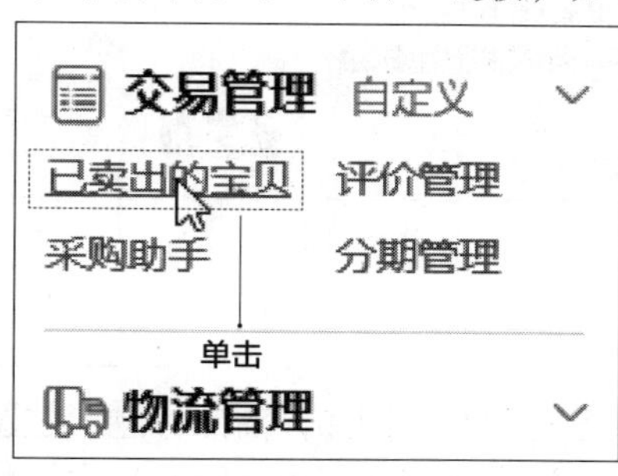

图6-10

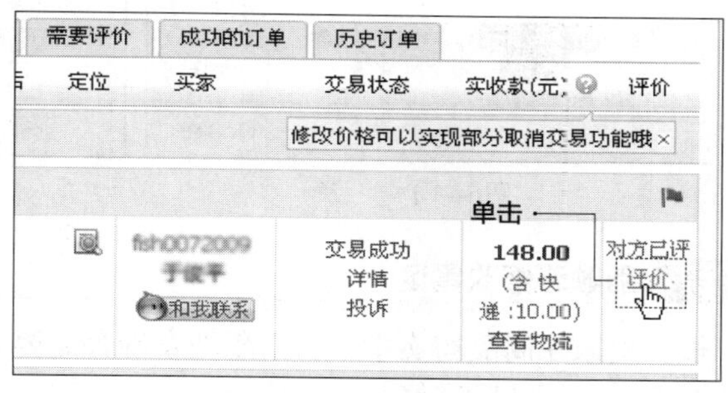

图6-11

Step 3 ❶在打开的页面中，选择“好评”项（如非必要，尽量不要选择“中评”或“差评”），❷在下方的文本框中输入评价内容，❸单击“提交评论”按钮，如图6-12所示。

Step 4 在打开的页面中告知用户评价成功，并提示双方评价30分钟后才能相互看到评价内容，如图6-13所示。

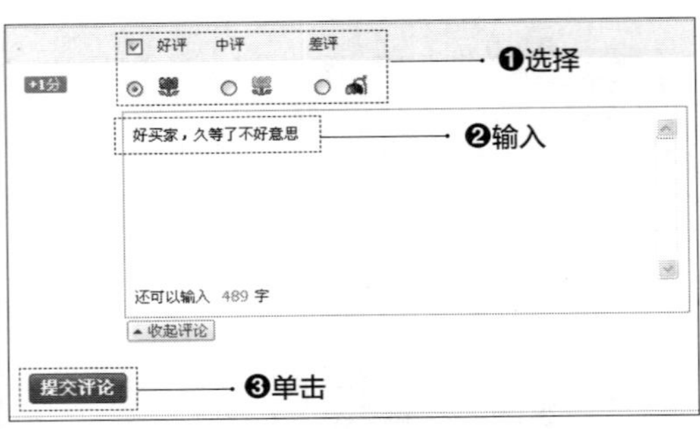

图6–12

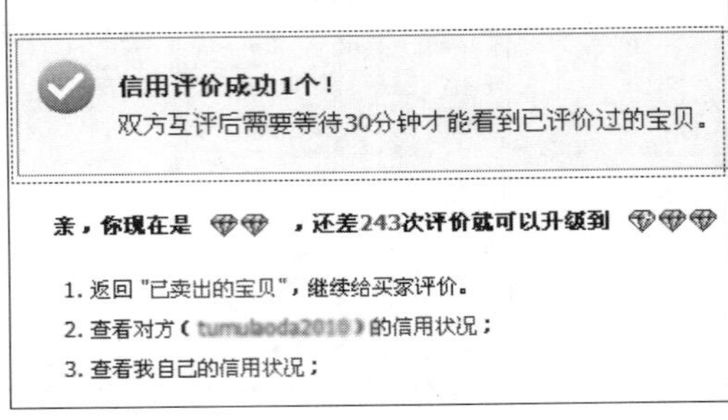

图6–13

达人点睛

买家在收货后，一直没有确认收货与评价，这时可以通过旺旺先联系买家并引导买家确认收货与评价。如果买家对商品无异议，但出于各种原因无法及时评价的话，那么淘宝在15天之内会自动将货款支付给卖家，同时自动给予卖家好评。

技能6 关闭无效交易

有的买家下单之后，因为种种原因又不想买了，通常会联系卖家，希望关闭这笔交易。这是网店经营过程中难免要遇到的情况，对于这样的情况，应以平常心对待，对于这笔交易，将之关闭即可。

Step 1 进入订单列表，单击需要关闭的交易商品后的"关闭交易"超级链接，如图6–14所示。

Step 2 ❶选择关闭理由，❷单击"确定"按钮即可，如图6–15所示。

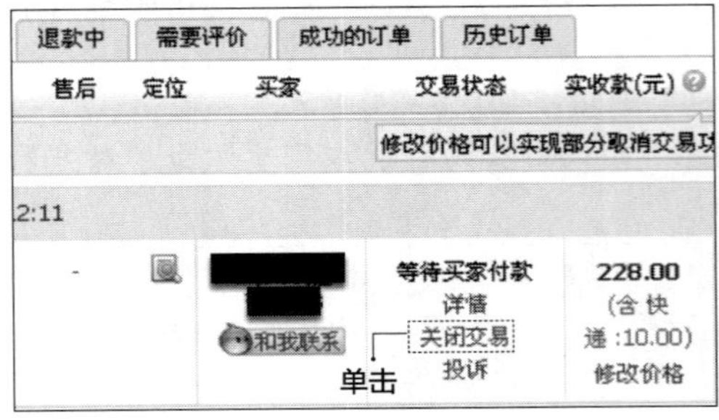

图6–14

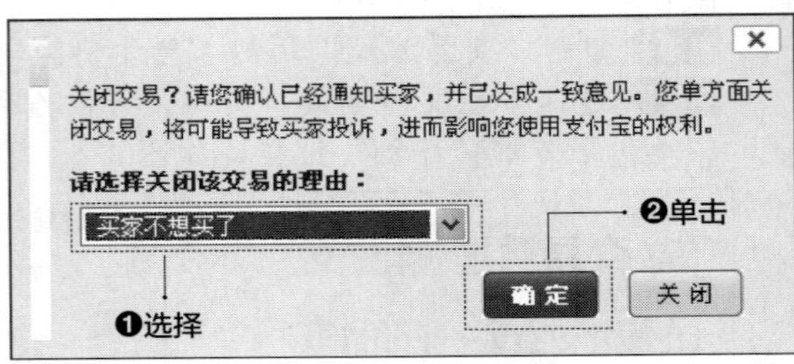

图6–15

技能7 别触碰修改雷区

很多卖家在商品售卖中，会不断地发现有需要改进的地方。例如，商品标题、主图、详情页等。殊不知频繁修改商品信息，会让淘宝系统认为卖家在换宝贝，轻则失去爆款，重则关门大吉。

因此卖家一定要了解淘宝规则，避免进入修改误区，避免处罚。这里先认识换商品的定义：通过编辑商品类目、品牌、型号等关键属性使其成为另一款商品的商品要素变更。换商品主要有以下3种类型，如表6–1所示。

表6-1

类型名称	举例说明
将商品A修改为完全不同品类的商品B	商家王丽经营着一家食物特产店。由于近期某电视剧火热，女主角的服装和配饰都上了淘宝热搜。王丽也想将店内商品和女主角加上联系。经过一番思考，王丽将店内某款零食名称和主图都替换为剧中女主佩戴过的某款手链。该案例中王丽将商品零食修改为完全不同类品的商品手链就属于换商品行为，应该受到相应的处罚
将商品A修改为完全不同品牌的商品B	商家张强在网上经营着一家手机店铺，以售卖华为系列手机为主。2017年9月，张强发现随着iPhone8的问世，其搜索量和销量都特别大。不懂淘宝规则的张强也想在店内出售iPhone8，为了图便利，直接将原来的华为P9商品替换为了iPhone8。该案例中张强将华为P9修改为不同品牌的iPhone8属于换商品的行为。正确发布iPhone8的方式应该是用单独的新链接进行发布
手机类目商品，将商品A修改为完全不同型号的商品B，或将翻新机换成全新机	某商家在淘宝上以经营魅族手机为主。随着2015年魅族mx5的问世，其销量一直不错。但在2016年魅族mx6问世后，魅族mx6的搜索量明显超过了魅族mx5。该商家直接将原有的魅族mx5信息更换为魅族mx6。这就属于换商品的行为。正确的做法是在魅族mx6上市后，以单独的新链接将其进行发布

以上3个案例给卖家敲响了警钟。偶尔对商品有小改动，是可以接受的；但如果频繁修改商品，甚至明目张胆地换宝贝，会给自己带来不必要的麻烦。

在淘宝规则中，商家一旦发生换宝贝违规行为，宝贝会被删除；根据换商品情节的严重性进行区分，情节严重的，还有可能为商家带来下架宝贝、延长交易账期、限制发布商品和关闭店铺等处罚。

由此可见，淘宝对换商品给予的处罚较为严重。卖家在修改商品信息时，尤其需要小心，也不要为了一时的搜索权重，故意违法淘宝规则。

第7章 实时洞察运营数据

本章导读

网店运营离不开数据，但是依靠店铺自身提供的数据非常有限。无论是掌握市场行情走向，还是分析店内商品信息，都需要借助各种渠道和工具来收集信息。卖家应将阿里指数、生意参谋等工具合理利用起来，掌握市场行情、店铺商品、经营状况。

技能1 四大关键指标分析

1. 转化率分析

卖家想要牟利，需以出售商品作为前提。在网店中，卖出商品才能有成交量，想要有成交量就必须要有转化率。淘宝转化率指的是到达卖家店铺且构成购买行为的人数和达到店铺的人数的比率。其计算方法是：构成购买行为的人数/所有达到店铺的人数×100%=转化率。

2. 点击率分析

“展现量×点击率=流量”这个公式对淘宝卖家来说一定不陌生，它直观地体现了点击率对一个店铺的重要性。点击率是宝贝展现后的被点击比率，通过点击率可看出推广的商品是否吸引人。点击率的高低也说明商品对买家的吸引力大小，因而点击率越低说明商品对于买家的吸引力越低。

3. 人群分析

人群分析是指对商品的受众进行分析，能更好地把商品做成买家最想要的样子，从而增加商品销量。人群分析可以从性别、年龄和地区等方面来展开。

人群分析需要借助百度指数。百度指数能够告诉卖家：某个关键词在百度的搜索规模有多大，在某段时间内的涨跌、新闻舆论变化，以及关注这些词的网民画像。它是当前互联网最重要的统计分析平台之一，是很多企业营销决策的重要依据。因此，卖家可以利用百度指数了解市场行情和关键词人群分析。

通过百度指数的数据解读，可以直观地对比两个商品中，哪一个更符合大众胃口，以便卖家选择最适宜的关键词引流。例如，卖家店铺是做鞋子的，现在想对“大衣”和“毛呢大衣”两个关键词进行选择，找出更利于商品出售的关键词。

4. 展示倍数分析

展现指数指的是商品在买家眼前展现概率的大小，计算方式为：展现指数=搜索指数/商品数量。卖家也可以通过阿里指数，快速计算出展示倍数。

技能2 透过阿里指数看行业走势

很多卖家以阿里巴巴批发网站作为进货渠道。而阿里指数又以阿里巴巴数据为后台支持的数据统计平台。因此，卖家可以通过阿里指数进行行业走势分析，主要通过数据趋势的数据概况、热门行业等查看某个行业的走势情况。

以“小西装”为例，查看数据信息。❶选择商品类目，❷单击“行业大盘”按钮，❸勾选查看的数据，如图7-1所示，就能在阿里指数行业大盘中，查看小西装这个类目下的淘宝采购指数、1688采购指数和1688供应指数的趋势图。

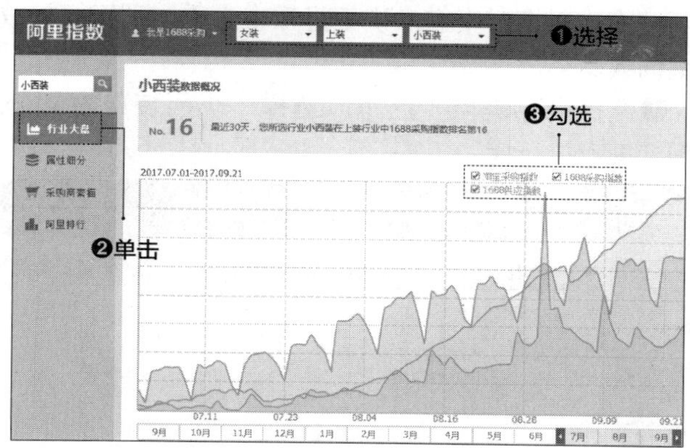

图7-1

● 淘宝采购指数，是根据淘宝集市和天猫集市里所在行业的成交量计算而成的一个综合数值，该指数越高表示在淘宝市场的采购量越多。

● 1688采购指数是根据在1688市场里所在行业的搜索频繁程度计算而成的一个综合数值，该指数越高表示在1688市场的采购量越多。

● 1688供应指数是根据在1688市场里所在行业已上网供应产品数计算而成的一个综合数值，该指数越高表示在1688市场的供应产品越多。

下拉行业大盘页面，能看到如图7-2所示的热门行业页面，下方伴有数据解读。卖家可查看与连衣裙行业相关的热门行业信息，判断市场动向。

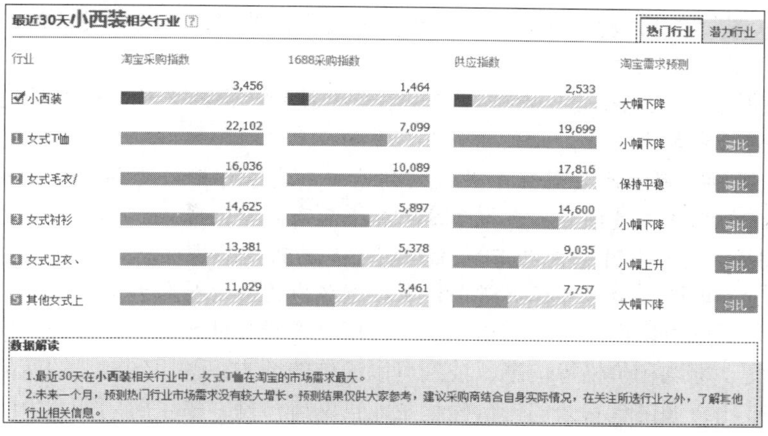

最近30天小西装相关行业 热门行业 潜力行业

行业	淘宝采购指数	1688采购指数	供应指数	淘宝需求预测	
小西装	3,456	1,464	2,533	大幅下降	
1 女式T恤	22,102	7,099	19,699	小幅下降	对比
2 女式毛衣/	16,036	10,089	17,816	保持平稳	对比
3 女式衬衫	14,625	5,897	14,600	小幅下降	对比
4 女式卫衣、	13,381	5,378	9,035	小幅上升	对比
5 其他女式上	11,029	3,461	7,757	大幅下降	对比

数据解读

1.最近30天在小西装相关行业中，女式T恤在淘宝的市场需求最大。

2.未来一个月，预测热门行业市场需求没有较大增长。预测结果仅供大家参考，建议采购商结合自身实际情况，在关注所选行业之外，了解其他行业相关信息。

图7-2

达人点睛

卖家还可以切换“热门行业”选项后面的“潜力行业”，来查看连衣裙行业相关的潜力行业信息，帮助卖家找到行业中有潜力的商品信息。

技能3 透过阿里指数看实时排行榜

阿里排行是阿里指数中的一个重点。其包括搜索排行榜、产品排行榜、公司排行榜和企业官网排行榜。而搜索排行榜对卖家来说更是重中之重，利用好其数据信息，可以找到具有较大优势的关键词或商品。

如图7–3所示，❶选择商品类目（这里以选择“小西装”为例），❷单击“阿里排行”按钮，默认出现“搜索排行榜”。

图7–3

在阿里排行的搜索排行榜包括上升榜、热搜榜、转化率榜和新词榜。4个数据的排行榜都对卖家有着或多或少的作用。

- **上升榜，**可以让卖家找到搜索趋势上升较快的关键词。这些关键词在一定程度上代表了市场的需求变化。
- **热搜榜，**不仅能让卖家看到近期买家集中搜索的商品名称，还能看到全站商品的数量，衡量同行竞争力大小。
- **转化率榜，**是发现高转化率关键词的地方。卖家可根据商品的情况来考虑加入和商品相关的高转化率关键词，加大搜索权重和提高商品转化率。
- **新词榜，**可从榜中看到近期搜索指数较高的新词。这些新词的特点是搜索指数高而商品数量少。因此，卖家可根据新词榜来打造潜力关键词和潜力商品。

卖家还可以通过切换阿里排行榜中的排行榜来查看其他数据；通过分析销量高或引流大的商品主图、标题和价格等信息，找到可以模仿的地方，运用到自己的商品中来，提高搜索权重的技巧；通过查看公司排行榜和企业官网排行榜，来了解同行竞争中热销商品的成交量和流量等信息。

技能4 阿里指数（beta版），洞察区域行业等多维度数据

阿里指数（beta版）是阿里巴巴出品的基于大数据研究的社会化数据展示平台，该平台面向媒体、机构和社会大众提供地域和行业角度指数化的数据分析、数字新闻说明、社会热点专题发现等服务，可以作为市场及行业研究的参考、社会热点的了解依据。

如图7–4所示，打开阿里指数的社会化大数据分析平台首页，能看到“区域指数”和“行业指数”两个选项卡。

图7–4

● **区域指数，**通过解读交易发展、贸易往来、商品概况和人群画像来了解一个地方的交易概况。从中可以分析出某个地区与其他地区之间贸易往来的热度和热门交易类目，从而找到人群关注度高的类目、关键词，探索交易人群的特征。

● **行业指数，**主要从行业角度解读交易发展、贸易往来、商品概况和人群画像来了解一个行业的现状。从中可以分析出某个行业的发展态势、热门商品以及这个行业中卖家及买家的群体情况。

技能5 生意参谋的打开方式

生意参谋是一款付费工具，打开生意参谋的操作方法共有3种。

第一种方法是在浏览器中打开，打开生意参谋，❶输入淘宝账号和密码在相应的位置，❷单击“登录”按钮，如图7–5所示。

图7–5

第二种方法是直接在淘宝卖家中心打开，具体操作如下。

Step 1 登录淘宝账号后，单击“卖家中心”选项，如图7–6所示。

Step 2 找到数据中心，单击“生意参谋”选项即可，如图7–7所示。

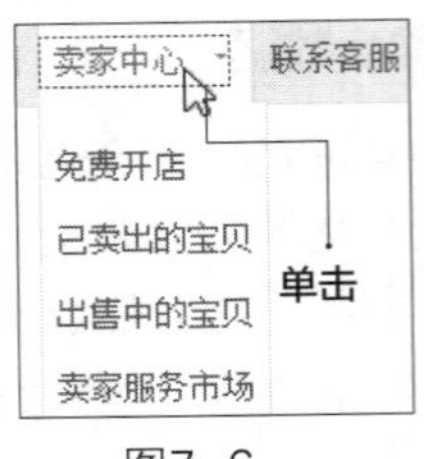

图7-6

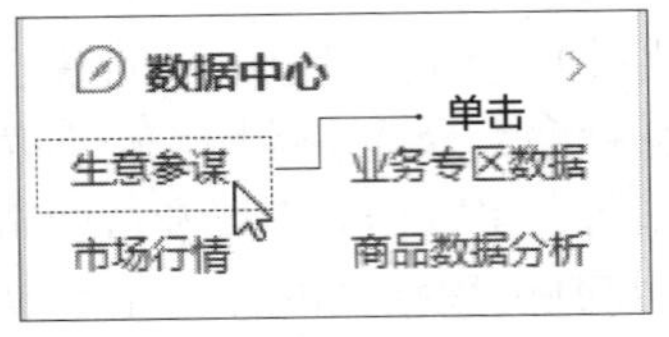

图7-7

生意参谋的首页为满足不同卖家关注的数据重心，可进行个性化设置。卖家可在实时概况、运营视窗、整体看板、流量看板、推广看板、退款看板、财务看板、竞争情报、行业排行中任意选择展现。

第三种方法是在千牛中打开。登录电脑版的千牛软件，生意参谋会在首页中出现，如图7-8所示，实现卖家监测实时动态的同时，回复在线客户的疑问。

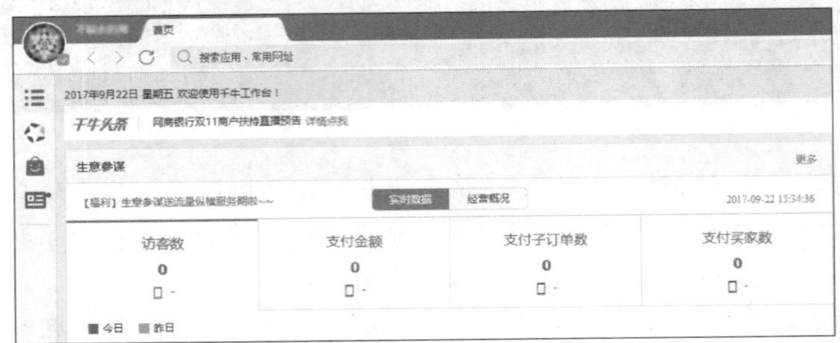

图7-8

技能6 实时直播，洞悉实时数据

卖家可以根据生意参谋实时直播提供的数据，掌握变化多端的市场行情，修改和调整商品信息，帮助卖家抢占生意先机。

如图7-9所示，实时直播功能主要由实时分析、数据作战室和实时工具构成。其中实时分析属于最常用的板块，又包括实时概况、实时来源、实时榜单、实时访客和实时催付宝5部分。

图7-9

1. 实时概况

实时概况，一共分为实时总结和实时趋势、行业排行3部分。

通过实时总览能看到店铺中前一天的访客数、浏览量、支付金额、支付子订单数和支付买家数等详细内容，便于卖家第一时间掌握店铺最新动态。

实时趋势主要以图表的形式，展现店铺中支付金额、访客数、支付买家数和支付子订单数。实时趋势让卖家更直观地看到各时段下店铺趋势。

行业排行需在订购市场行情的前提下使用，主要展现所属行业中排名较强的行业以及自己的排名情况。

2. 实时来源

卖家通过实时来源可对店铺实时访客的来源和地域分布一目了然。如图7-10所示，通过实时来源，可查看店铺两种来源方式的访客所占比例和实际访客数，便于卖家对店铺流量来源现状做分析，及时调整引流方法。

图7-10

在实时来源中，还能看到买家来源地域分布图，如图7-11所示。根据此板块，能看到店铺实时访客的地域分布、访客数和支付买家数，便于卖家了解店铺实时访客数排行TOP10或支付买家数排行TOP10。通过该版块，能分析商品哪些城市更有市场，便于卖家投放直通车或优化其他引流策略。

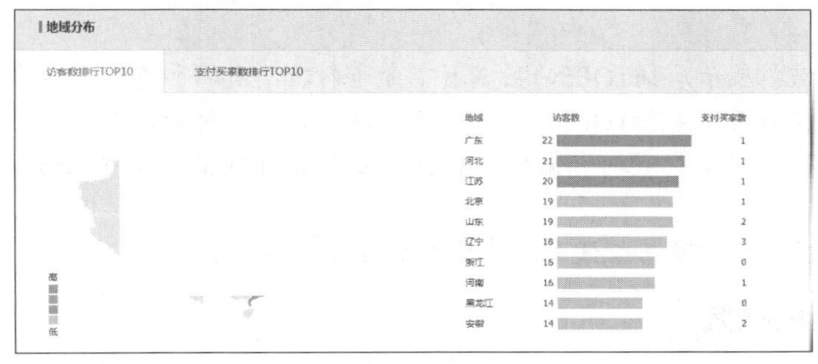

图7-11

3. 实时榜单

实时榜单，主要提供店铺商品TOP50榜单。这个榜单主要根据访客数、支付金额两种排序展现前50商品列表，显示了排名商品的浏览量、访客数、支付金额、支付买家数和支付转化率等数据，便于卖家分析该商品的销售形式，以做调整。

4. 实时访客

实时访客，可以使卖家了解进店的访客信息。实时访客会以列表的形式展现店铺访问的客户信息。单击某访客能看到访客地区、进店时间、最近访问时间和访问的页面等内容。

5. 实时催付宝

实时催付宝，通过数据挖掘的技术来帮助店家锁定精准的顾客，对确认下单但没有付款的顾客，实现实时催付。根据该功能，可将潜力买家筛选出来，再通过旺旺联系该买家，促成交易。

技能7 备战“双11”，数据作战室

身经百战的卖家，对“双11”阿里酷炫的直播大屏还有印象吗？随着生意参谋的发展，卖家也可拥有自己的专属大屏，实现用数据“赢”战“双11”。

数据作战室其功能之强大，不仅适用于“双11”，还适用于大促狂欢、品牌宣传、日常运营等。数据作战室主要包括了几大功能：作战大屏、商品监控、竞店监控、活动分析、活动对比、行业分析、活动配置和大屏装修。

由于数据作战室的功能涵盖了多方面，且作为付费工具，故这里主要说说作战大屏的功能，其余功能卖家可根据自己的实际情况考虑订购使用。

作战大屏主要用于活动期间的数据监控，其展示内容较多，包括今日实时支付金额、实时支付件数、实时访客和交易行径等内容。

作战大屏主要包括如下重要组件。

- **行业排名：**帮助卖家快速了解行业动态，了解主营类目下支付金额排行TOP10的是哪些店铺，其中自身店铺排名也会展示出来（支持TOP500）。
- **买家画像：**可清楚了解买家特征，包括买家职业、年龄段占比等，这些数据都支持轮播展示。
- **店铺商品榜：**从支付金额和流量引入2个模块，主要展示目前排行TOP5商品榜，支持轮播展示。
- **买家地域：**展示店铺TOP6的买家省市分布内容，省级和市级分别轮播展示。
- **热销类目：**展示主营TOP3一级类目下二级类目的支付金额占比。
- **竞店排行：**竞店配置内容需要掌柜提前在数据作战室网页中做好配置，否则无内容展示。
- **分店排行：**针对多店版使用，单店版无该组件。

技能8 六大重心数据

流量分析、商品分析、交易分析、服务质量、物流分析、营销推广六大数据是生意参

谋中不可忽略的重心数据。

1. 流量分析

流量分析又包括流量概况、流量地图、访客分析和装修分析4方面。

流量概况是店铺整体流量情况的概貌，能够帮助卖家分析了解店铺流量整体概况、流量来源和去向、访客时段地域等，让卖家一手掌握流量数据信息，及时调整修改引流策略。

流量地图旨在帮助卖家看清店铺流量入店来源、入店后在店内的流转路径、流量从店铺出去后的去向。流量地图包括流量来源、店内路径、流量去向3个方面，下面详解3个板块的作用。

- **流量来源的作用，**主要是验证引流策略的有效性和通过各种渠道引流的转化优劣性。还能在其中发现潜在的高转化流量渠道，指导卖家调整引流策略。还可通过查看同行流量来源，帮助卖家发现行业中企业流量的来源，经过效仿和学习扩展自己的来源渠道。
- **店内路径，**能让卖家看到访客在进入店铺后，在不同店铺页面之间的流转关系。该板块的作用在于帮助卖家看清店内单页面流量，知道活动页面的冷热度，从而调整活动力度。
- **流量去向，**能让卖家从出口页面来解决无转化、跳失过高的问题。该板块的作用在于方便卖家了解访客的去向，从而找到访客离开店铺的原因，进行调整。

访客分析则展现了访客的时段分布、访客对比、地域分布、特征分布和行为分布，让卖家对访客有个全面的认识，找准访客的特征后，对症下药，找到合适自己的营销策略。

装修对网店也有着重要作用。通过装修分析，能让卖家清晰地看到装修前后的效果对比，从而有利于优化装修。

2. 商品分析

经营分析，分析了商品概况、商品效果、异常商品和分类分析4个方面的数据。商品概况中提供的信息，主要在流量相关、质量访问和转化效果3个方面。

- **流量相关，**包含查看数据当天的商品访客数、商品浏览量和被访问商品数，且在数据显示下方，能看到今日数据和前日的数据对比。让卖家清楚当日流量涨幅情况，进而调整引流策略。
- **访问质量，**可以看到访客平均停留时长和详情页跳出率，查看当日访问质量和前日的对比数据。
- **转化效果，**可以查看当日加购件数、支付件数、异常商品数和商品收藏次数。同样，也可以通过当日数据和前日数据的对比查看涨幅情况。

卖家还可以在商品概况中看到商品销售趋势和商品排行概览，从而找到店铺中较为受欢迎的单品，考虑进一步的优化和推广。

商品效果分析，它显示了商品访客数、商品浏览量和下单件数等指标。卖家可以通过此项功能，随心所欲地掌握店铺中每一款商品的流量和转化率等信息，帮助卖家优化商品。

通过生意参谋可看到异常商品，主要包括流量下跌、支付转化率低、高跳出率、支付下跌、零支付或低库存的商品。卖家通过查看异常商品信息，能知道眼前最需要优化的商品，从而解决这些异常商品。

3. 交易分析

交易分析，主要包括交易概况、交易构成、交易明细和财务概况数据，让卖家掌握店铺交易从整体到各个细分的数据，及时发现店铺经营中出现的交易问题，并且提供资金回流行动点。

交易概况，主要提供交易总览和交易趋势两个方面的数据。其中包括了访客数、下单买家数、下单金额、支付买家数、支付金额及客单价等数据。从该板块的功能中，能看到上述数据处于上升，还是下降，显示相关的下单转化率和下单支付转化率，便于卖家优化店铺的交易数据。

通过交易趋势板块，可以看到店铺中近几天的交易金额，及与同行交易金额形成对比，让卖家直观地看到自己与同行之间的差距。

交易构成则由终端构成、类目构成、价格带构成、资金回流构成几部分数据组成。下面详细分解各数据的作用。

- **终端构成，**显示了店铺中PC端和无线端的支付金额、支付金额占比、支付商品数等交易构成情况。
- **类目构成，**从商品类目角度出发，用饼图的方式将店铺类目交易情况进行分析，饼图将占比前7名的二级类目，剩余的类目数据则归属在其他项；单击二级类目下的饼图，该类目下的子类目交易数据将又得到一个展现。
- **价格带构成，**主要分析店铺中商品的价格段构成，显示哪个价格段更受买家喜欢，及显示其相应的转化率。
- **资金回流构成，**以统计已签收未确认收货的订单，其根据距离自动确认收货的时间长短来划分。卖家可根据提供的实际情况，联系买家催单确认收货，让更多的资金回笼。

财务概况，该板块的功能是生意参谋的一大亮点。它展现了财务健康度、营业利润、收支构成、资产负债、资产负债详情、现金流量及现金流量详情。经过分析财务概况，卖家能看到明细的财务信息。其中资产负债对店铺的经营有着方向性的把控；现金流量的流入流出，让卖家更直观地找到可改善的地方。

4. 服务质量

在电商经营过程中，或多或少会产生售后、纠纷、退款、退货、评价等问题。买家给予的好评对商品和店铺起着重要的作用。服务质量的好坏由物流、客服等因素来决定。经营分析中的服务质量工具，能将店铺经营中出现的服务问题给予展现。服务质量，会根据服务给予明确的数据指标，便于提升店铺服务质量。服务质量包括维权概况、维权分析、评价概况、评价分析和单个服务分析。

维权概况，包括维权总览、维权趋势和近30天的TOP退款商品。维权概况便于提示卖家售后维权的状况。维权趋势则可以查看近30天或单天的指标，便于卖家查看各个服务质量，进而进行改善。

TOP退款商品中，可看到单品退款的笔数、金额和退款原因及其退款笔数占比。其方便卖家查看买家退款的原因，分析得出是详情页出问题，导致买家认为描述不符需要退款；或是客服在交流过程中表述不清导致买家误拍，还是物流原因导致商品损坏等。其让卖家知道店铺商品退货的大体原因后，便于调整改善。

维权分析，主要展现退款原因和退款商品，让卖家更直观地对近30天内退款原因和退款商品进行分析，从而优化退款率较大的商品。

从评价概况中能查看评价总览、评价趋势和近30天的TOP负面评价商品。

- **评价总览，**能让卖家看到店铺的整体评分处于上升状态，还是下降状态。
- **评价趋势，**对描述相符评分、卖家服务评分和卖家物流服务评分给予图表的展现形式，让卖家看到整体趋势变化。
- **TOP负面评价商品，**卖家通过查看该数据，能查看到负面评价商品的关键词，从而知道这个差评是如何来的，便于对症下药，优化商品。

评价分析包括了评价趋势、评价内容分析和商品评价分析等内容，方便卖家查看店铺商品的评价分析。

单品服务分析，让卖家通过数据更加直观地看到比较受买家喜欢的商品、颜色、规格、属性等，便于卖家进一步地了解买家的喜好。

5. 物流分析

物流分析对卖家来说十分重要，优化物流方面信息，才能为商品获取更多的好评。物流概况的内容包括物流总览、物流趋势、物流服务质量评价、物流异常、TOP收货省份分布和TOP收货物流公司分布。

卖家物流数据的分析，能知道店铺商品物流得分的高低，及获得低分的原因；查看异常物流信息并及时解决其中的问题；还可以查看排名靠前的物流公司及揽件速度，便于卖家查找到性价比高的物流公司等。

6. 营销推广

生意参谋中的营销推广，主要包括营销工具和营销效果，能帮助卖家更加有效地进行商品、店铺推广。

技能9 中小卖家应关注的重心数据

生意参谋里的数据太多，且包含了不少付费工具。对于中小卖家而言，哪些数据是必须关注的呢?

1. 实时直播

实时直播基于店铺当下的销售情况分析，便于卖家及时采取运营策略。应重点关注目前PC端和无线端的访客、销售额情况，顺便与前几天做对比，查看数据是否出现异常。若有异常，应关注流量来源，核实流量异常的渠道明细，及时采取应对策略。

针对打造爆款、挑选关键词和主题的卖家而言，则更需要关注实时数据。只有关注每天的搜索变化，才能从中得出优化的结果。

2. 经营分析

经营分析中的四大重心：流量分析、商品分析、交易分析和装修分析。

- **流量分析，**主要关注流量地图，可以把PC和无线端每天的流量来源下载后透视。

可观察到各个渠道每天的流量变化情况。

● **商品分析，** 主要关注商品效果和异常商品，通过单品中的流量、销售额、转化率等数据判断商品是否出现异常情况，并做及时优化。若出现异常情况，单击商品温度计和单品分析进入，进一步分析异常的原因。

● **交易分析，** 可通过趋势分析，判断某段时间的增长情况。交易构成主要告诉卖家无线端销售占比情况，以及类目和价格带的销售情况。

● **装修分析，** 装修分析的点击率或点击量分析，是店铺装修（PC端和无线端）优化的依据。

通过关注实时直播和经营分析，可基本了解店铺的运营状况。

3. 自助取数

自助取数能让卖家轻松导出不同类型、时间段的数据。在自助取数的页面中，卖家可对商品或店铺的周期、日期和指标等进行选择。单击“加入我的报表”按钮，再单击需要取数的指标，就能在今后快速进行指定指标查询数据。

取数维度很多，可细化到收藏、App渠道来源、回访客、DSR等各种各样的数据。卖家应根据自身需求，设置不同的报表。再通过报表数据，对客户进行更为合理的管理，对各岗位员工进行合理的考核，制定不同季节的选款、销售目标等。

技能10 上数据学院学知识

生意参谋的功能多种多样，且处于持续更新中，故一些淘宝新手卖家在运营中有较多疑问。如图7–12所示，数据学院提供生意参谋的产品功能介绍，以及给出一些运营建议，能帮助卖家解决运营中的疑难问题，同时为卖家们指出快速引流、提高转化率等的技巧。

图7–12

除此之外，卖家也可在数据学院中通过观看直播、帖子等内容，增长网店运营方面的知识。

技能11 规划七天螺旋

从兼顾卖家的利益出发，淘宝会给予一些扶持和流量。在这期间，如果商品转化率不错，那么淘宝会在下一个周期给予更多的扶持和流量，形成良性循环。但是在给予扶持流量后，卖家只得到流量而没有转化率，那么淘宝就会认为这个商品不行，不会继续扶持该商品了。

如何才能抓住扶持流量，增加销量呢？这就需要七天螺旋了。

淘宝分析商品的关键词、流量、转化率，来判断是否给予商品排名靠前的机会。而七天螺旋增长原理就是为新宝贝无条件加权。能得到淘宝的支持，商品的排名、流量和销量都会更好。

例如，某个商品在上架后的第一天成功成交1笔，第二天成功成交2笔，第三天成功成交4笔……以此类推，商品在第七天的一个周期内会保持持续增长的状态。从这七天该商品的销量来看，呈现一个螺旋增长的趋势，这就是七天螺旋。

达人点睛

很多卖家对七天螺旋有个共同的误区，认为七天螺旋就是刷单。随着淘宝对刷单的打击更为严厉，很多卖家认为七天螺旋不再有效。其实这都是错误的观点，七天螺旋目的是让淘宝看到商品销量的增长，继而对商品进行更大的扶持。但是让商品销量增长的方法不是刷单，而是优化商品的其他方面，做到真正的增长。

既然七天螺旋有利于增长商品销量，规划一个商品的七天螺旋就显得十分必要了。七天螺旋的核心要素主要包括：环比增长、同比增长和七天累积销量。

- **环比增长：**在一个周期内，商品今日销量和昨日销量相比，增长了多少。
- **同比增长：**商品在一个七天周期内的第n天和上一个七天周期内的第n天，相比增长了多少。
- **七天累积销量：**这一个七天周期内所有销量总和与上一个七天周期内销量总和相比，增长了多少。

淘宝对卖家的考查，主要从以上3方面出发。淘宝现在越来越重视增长的概念，无论是销量增长，还是流量增长，只要比同行增长明显。那么，淘宝就愿意给予展现的机会和流量的扶持。有了展现和流量的支持，更加有利于淘宝SEO优化，也更容易增加商品销量。

另外需要注意的是螺旋的销量增长指的是销售笔数的增长，而非商品的销售量。例如，某店铺在同一天内，卖给同一人1000件相同的商品，那么，该商品的销售笔数为1，而非1000。

卖家在实行螺旋计划之前，要根据店铺和商品的实际情况制定相应的销量计划。再由该计划得到商品的环比、同比和累积销量。这样卖家能初步分析螺旋数据是否处在正常范围内。因此，七天螺旋的操作离不开环比、同比和累积销量的计算。

技能12 90%的卖家都想不到的运营报表

运营报表显示某个店铺近期来的各种数据，让人一目了然。很多运营人员在应聘时都喜欢夸夸其谈，招聘人员只需要两个问题就知道他有没有那个能力。会做报表吗？数据在哪里采集呢？

很多卖家认为数据在后台都有，看看就行，无需记录。就是这个误区，让很多卖家看不清现状。数据从哪来？常见的数据来源于生意参谋，进入生意参谋，单击“取数”超级链接，❶选择需提取的数据等内容，❷单击“加入我的报表”按钮，如图7-13所示。

图7-13

根据提示，完善报表名称等内容，即可获得新报表。为进一步观察店铺运营效果，卖家可将该报表下载到Excel中，如图7-14所示。

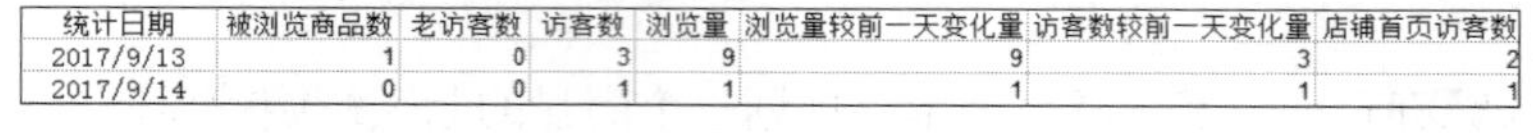

统计日期	被浏览商品数	老访客数	访客数	浏览量	浏览量较前一天变化量	访客数较前一天变化量	店铺首页访客数
2017/9/13	1	0	3	9	9	3	2
2017/9/14	0	0	1	1	1	1	1

图7-14

当然，生意参谋可提供的数据维度很多，卖家可根据店铺自身情况来选择数据。不一定要选择全部数据，但最基础的访客量、客单价、跳失率等数据是必需的。

- **访客量**。是店铺流量监控的重点，从访客数可直观地看出访客在近期内的增减情况。如减少情况严重，需要去究其原因，并妥善解决。
- **客单价**。客单价的高低能反应店铺商品单价区间以及默认消费者的消费区间，便于修订更受欢迎的价格，也可用来做店铺优惠券以及其他满赠、满减活动的参考数值。
- **跳失率**。平稳的跳失率可以接受，但是突然跳失率猛增，卖家就要去发现问题，解决问题。例如，参考生意参谋给的“PC端跳失率”“跳失率”“无线端跳失率”等数据维度，找到影响跳失率的原因。

细致的卖家可将运营报表做到详细，做到日对比、周对比、月对比，及时发现运营问题，并快速解决。

达人点睛

在制作运营表格时，应做到四可：可操作、可呈现、可启发及可监督。其含义在于：做的数据表格要可灵活操作，便于数据的修改；表格的结果要以图或表的形式呈现，且其内容要能引发运营者的思考，得到一定的启发；最后，还需要特定的人员对整个过程进行监督，缩小错误的范围。

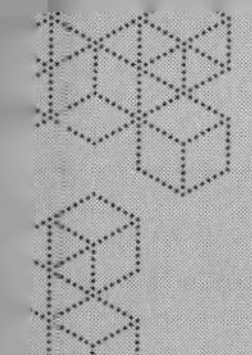

第8章　千牛使用指南

本章导读

千牛是淘宝网为卖家设计的网店管理与沟通平台，在进行交易时，卖家需要熟练运用淘宝网的交流工具千牛与买家沟通。千牛也提供了店铺运营数据大盘，供给卖家参考日常运营。本章重点掌握在千牛软件中设置个人信息和店铺信息的方法，掌握在千牛软件中查找、添加联系人的方法，掌握在千牛软件中加入群、建立群的方法。

技能1　登录千牛并设置个人信息

千牛软件安装完成后，会在桌面生成一个软件图标，双击该图标即可打开千牛，之后就可以登录进去，并进行必要的设置，这样才能让自己的资料完整起来，让买家更了解自己。

Step 1 在桌面上双击千牛启动程序图标，如图8-1所示。

Step 2 打开软件登录界面，❶输入用户名和密码，❷选择“登录旺旺”复选框，❸单击“登录”按钮，如图8-2所示。

图8-1

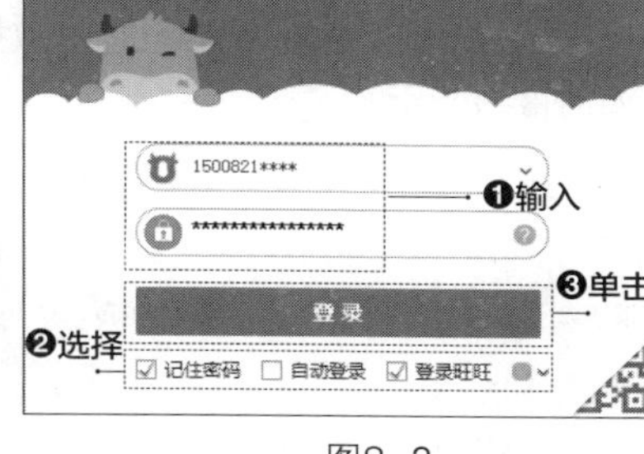

图8-2

Step 3 单击千牛软件右上方的“设置”按钮≡下的“系统设置”选项，如图8-3所示。

Step 4 ❶单击“个性设置”下的“个性签名”选项，❷单击“新增”按钮，❸输入个性签名，❹单击“保存”按钮，如图8-4所示。

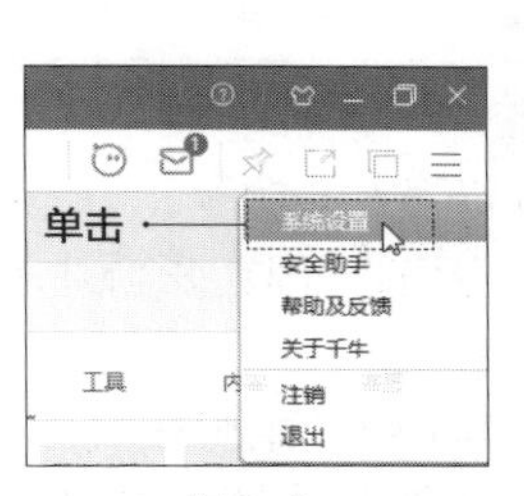

图8-3

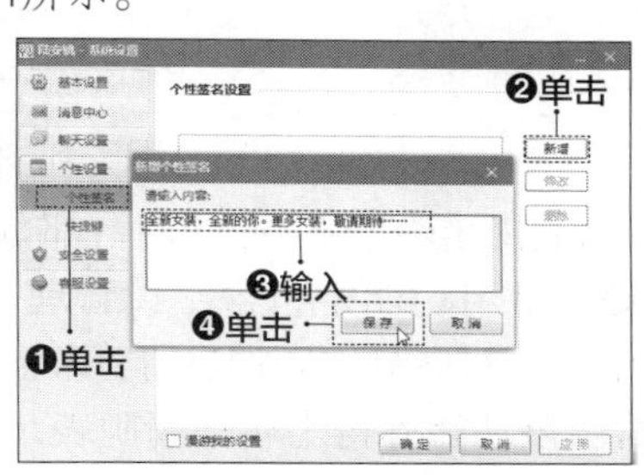

图8-4

Step 5 反复单击“新增”按钮，添加几个个性签名之后，❶选择个性签名，❷单击“确定”按钮退出，如图8-5所示。

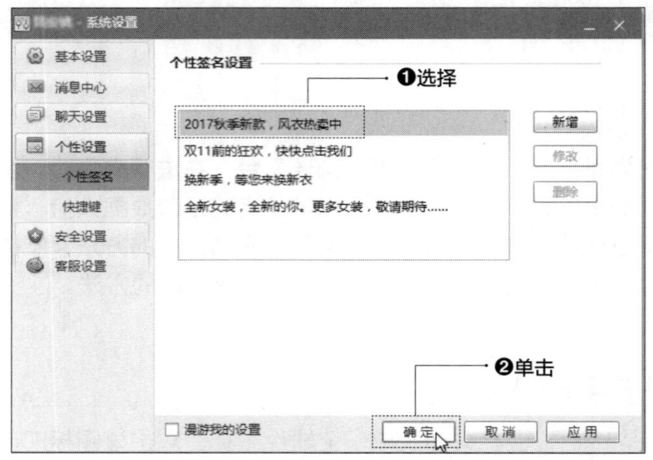

图8-5

在“系统设置”对话框下，可以就文件传输、聊天记录的保存、消息提醒的方式等多个运行选项做具体的设置，这都需要根据实际的使用情况来调整。这样才能让千牛真正地成为有助于自己的工具。

技能2 用千牛看店铺运营数据

登录千牛后，在首页中，可以查看店铺的运营数据，包括访客数、支付金额、支付子订单数、转化率等，如图8-6所示。

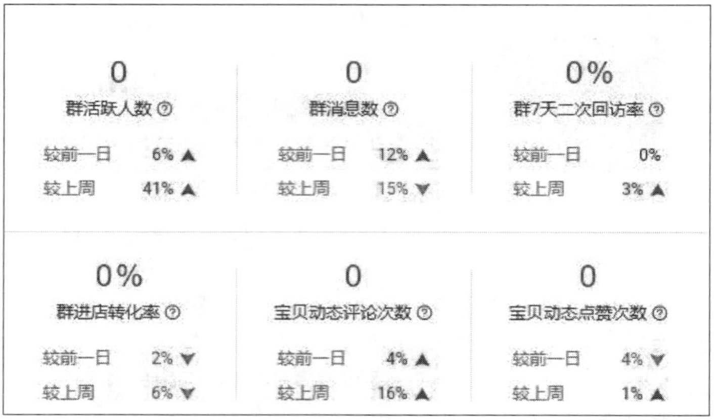

群活跃人数	群消息数	群7天二次回访率
0	0	0%
较前一日 6% ▲	较前一日 12% ▲	较前一日 0%
较上周 41% ▲	较上周 15% ▼	较上周 3% ▲

群进店转化率	宝贝动态评论次数	宝贝动态点赞次数
0%	0	0
较前一日 2% ▼	较前一日 4% ▲	较前一日 4% ▼
较上周 6% ▼	较上周 16% ▲	较上周 1% ▲

图8-6

其实，千牛的后台和淘宝卖家中心的后台都有着强大的功能。

（1）常用功能。常用功能中包含宝贝管理、店铺管理、货源中心、营销中心等类目，卖家通过千牛依然可对商品、店铺进行管理。

（2）客户运营。该功能称得上店铺晴雨表，卖家或客服可在页面中看到客户的详细数据，包括跳失率、转化率、老客活跃率及商品详情的对比等，如图8-7所示。通过该板块的内容，卖家可快速店铺运营过程中发现的问题，及时解决。

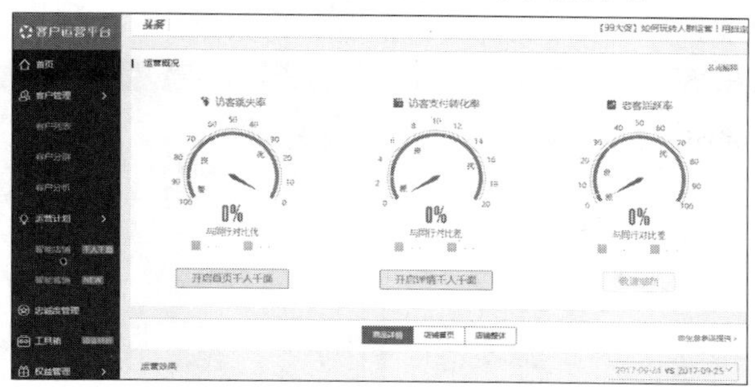

图8-7

（3）**服务市场**。在千牛首页中，单击“服务”可直接进入服务市场，快速开通服务工具。

（4）**千牛头条**。每日更新运营技巧、淘宝大事件等内容，可供卖家阅读，查找更多技巧干货。

技能3 给店铺一个个性名片

千牛中的个人资料也是自己网店的重要宣传阵地，比如可以将签名信息改为自己的网店地址，将个人头像修改为网店店标等。

Step 1 在千牛主面板，单击个人头像，如图8-8所示。

Step 2 弹出个人资料编辑对话框，❶设置备注信息等个人资料，❷单击“修改头像”按钮，如图8-9所示。

图8-8

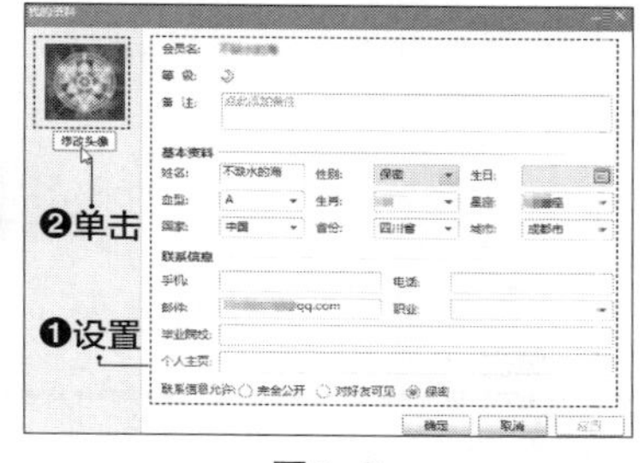

图8-9

Step 3 弹出修改头像对话框，单击“选择文件”按钮，如图8-10所示。

Step 4 ❶选择要上传的图片，❷单击“打开”按钮，如图8-11所示。

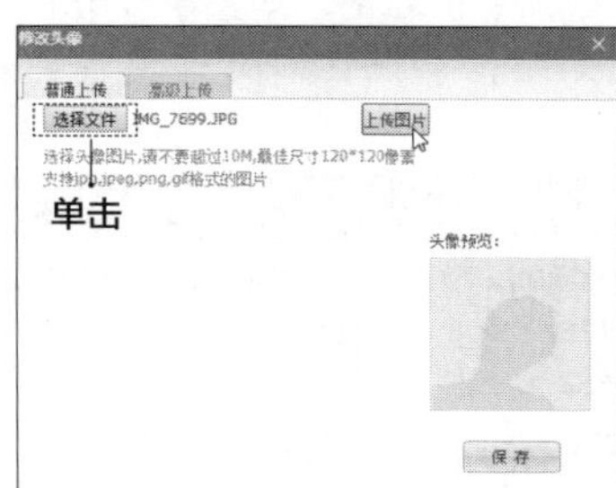

图8-10

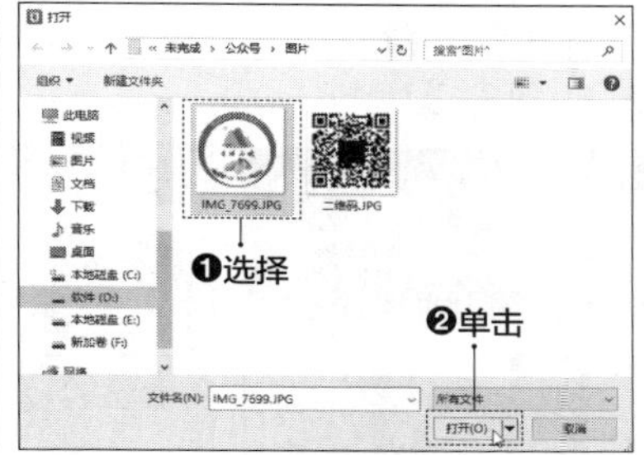

图8-11

Step 5 返回头像修改对话框，单击“上传图片”按钮，如图8-12所示。

Step 6 预览上传的图片，如果满意，单击“保存”按钮将之保存下来（否则可以重新单击“选择文件”按钮，再次上传图片），如图8-13所示。

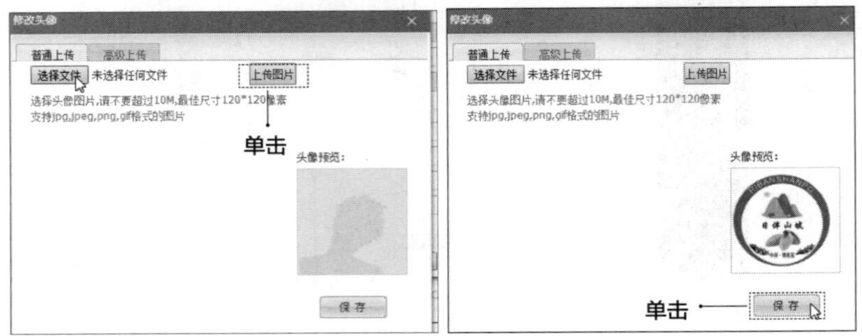

图8-12　　图8-13

返回千牛主界面，即可看到个人头像已经修改完成了。

技能4 如何查找并添加联系人

如果有买家或者同行留下了阿里旺旺账号（也就是淘宝账号），希望自己与他们联系，那么就可以在千牛上查找、添加该账号为好友，并发起谈话。

Step 1 登录千牛，单击千牛主界面上部的“接待中心”按钮，如图8-14所示；弹出一个对话框，❶在查找文本框中输入对方的旺旺账户名，❷如果对方不在自己的好友列表中，则可单击“在网络中查找”按钮，如图8-15所示。

图8-14　　图8-15

Step 2 查找到对方的旺旺账号后，单击右侧的加号按钮+，如图8-16所示。

Step 3 弹出对话框，❶在文本框中输入自我介绍，以便让对方知道自己是谁，❷单击“确定”按钮，如图8-17所示。

图8-16

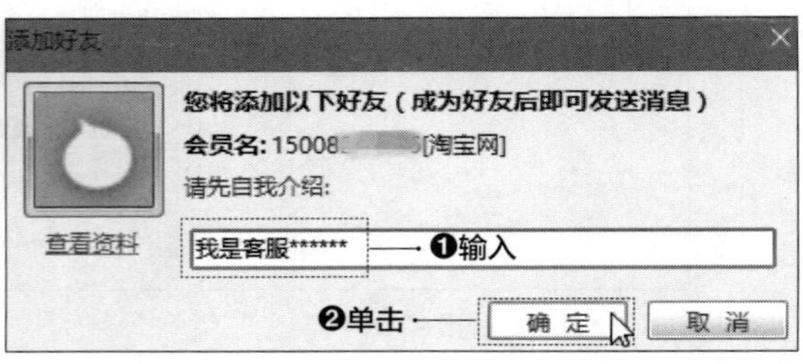

图8-17

Step 4 对方同意成为好友后，就会出现在卖家千牛的好友列表中，单击该好友的名字，即可弹出聊天对话框，如图8-18所示。

Step 5 在弹出的对话框中，❶输入要说的话，❷单击“发送”按钮，即可将消息发送给对方，如图8-19所示。

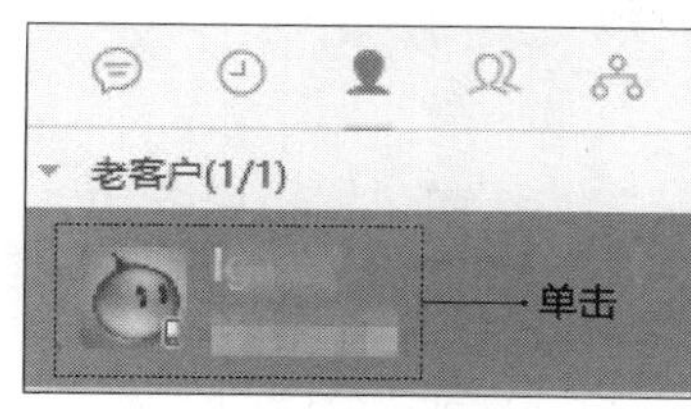

图8-18

图8-19

以上是卖家主动寻找对方进行交流的情况。有时候，买家也会自己找上门来，询问卖家关于宝贝的一些问题。当买家发来信息时，电脑桌面右下角会浮起一个小对话框，提醒有新消息发来了，另外还会自动弹出一个不停闪烁的聊天对话框，省去卖家手动打开聊天对话框的麻烦，如图8-20所示。

图8-20

达人点睛

有的千牛用户可能会发现自己的千牛在收到新消息时没有浮动窗口出现，却有提示音，其实这是设置不一样导致的。要具体设置新消息的提醒方式，可以单击千牛软件右上方的“设置”按钮☰下的“系统设置”选项，在弹出的设置对话框中，选择“聊天设置”下的“消息提醒”选项，在该页面可以定制适合自己需要的提醒方式。

技能5 多多加入聊天群交流生意经

有很多买家和卖家都喜欢加入旺旺聊天群，互相交流购物心得或生意经。卖家也可以加入他人创建的旺旺群，多听听群里高手们的经营经验，有助于提高自身经营水平。

Step 1 登录千牛进入接待中心，❶在接待中心对话框的查找文本框中输入旺旺群的号码，❷如果还没有加入该群，则可单击“在网络中查找”按钮，如图8-21所示。

Step 2 查找到对方的旺旺账号后，单击右侧的加号按钮+，如图8-22所示。

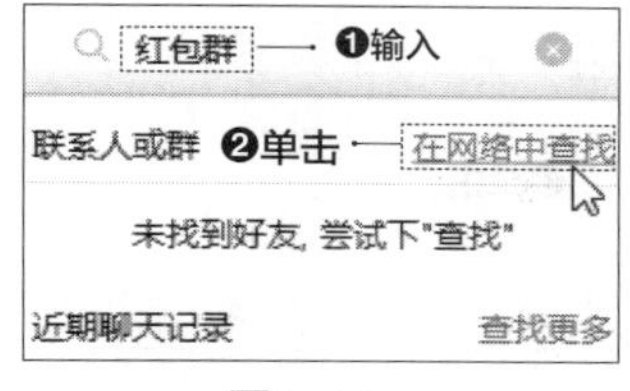

图8-21

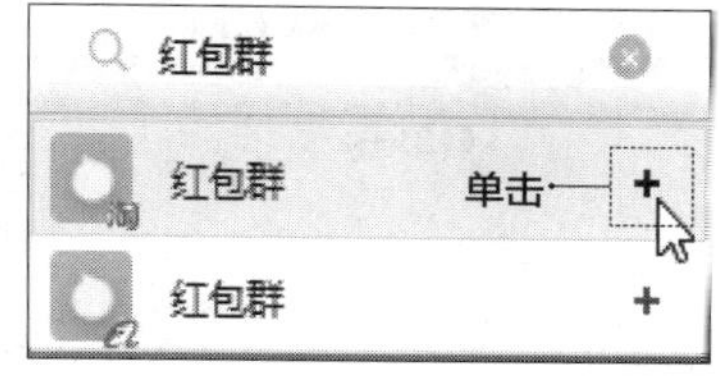

图8-22

Step 3 添加成功后，❶在千牛接待中心界面单击“群”选项卡，❷在“我加入的群”下双击群名称，弹出群聊天窗口，在该窗口右下方可见群成员列表，❸输入要说的话，❹单击“发送”按钮即可发送出去，让群内所有成员都看到，如图8-23所示。

图8-23

> **达人点睛**
>
> 要加群，必须先知道群号码，可以到百度上面搜索诸如“旺旺 掌柜 交流群”之类的关键字，即可找到不少群；也可以在淘宝论坛里留意一些群的宣传，选择合适的加入。

技能6 避免在不知情的情况下被加入聊天群

有的卖家在安装了千牛软件后，过了一段时间发现自己加入了一些群，而自己完全不记得何时加入的。其实，这是因为在千牛软件设置中，设置了允许任何人不经过自己的同意就可以把自己加入群的选项，只需把这个设置改掉，即可避免在不知情的情况下被别人拉进群了。

按照前面介绍的方法，单击千牛软件右上方的“设置”按钮≡下的“系统设置”选项，在弹出的设置对话框中，❶单击“安全设置”下的“验证设置”选项卡，❷在“群验证”下拉菜单中，选择“把我加入群，需要我验证”选项，❸单击“确定”按钮即可，如图8-24所示。

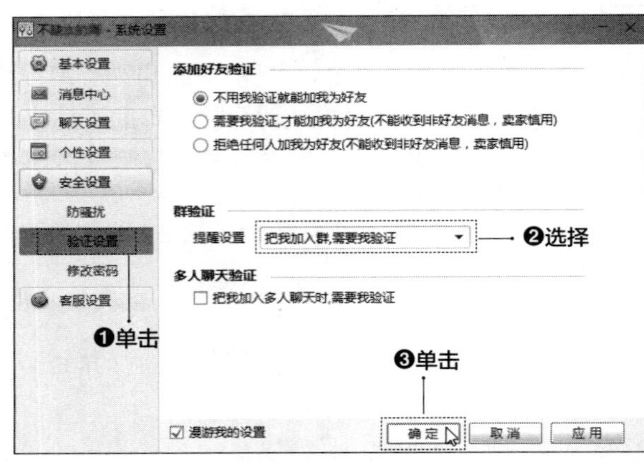

图8-24

技能7 做一个活泼可爱的表情帝

阿里旺旺拥有丰富多样的旺旺表情，在和买家沟通的过程中，如果加入一些表情进行沟通，可以营造轻松温馨的气氛，或者强化卖家要表达的意思，让交流更加深入和有效。

Step 1 ❶在聊天窗口中，输入聊天信息；❷单击“选择表情”图标，如图8-25所示。

Step 2 在打开的表情列表中，选择一个表情图像，在右下侧会显示缩略图，如图8-26所示。

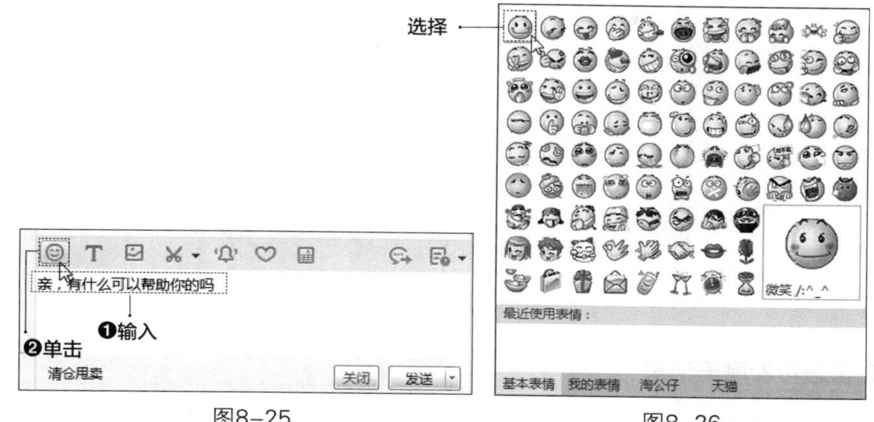

图8-25　　图8-26

Step 3 输入完成并插入表情图像成功，单击“发送”按钮即可，如图8-27所示。

图8-27

达人点睛

和买家沟通聊天的时候，可以多插入一些表情，这样可以拉近与买家之间的距离，让对方倍感亲切。对于不同类型的买家，要采用不同类型的表情。例如，对于女性买家，可以发送玫瑰、心等温馨表情；对于活泼型的买家，可以发一些搞怪搞笑的表情等。

技能8 消息发错了怎么办

别说客服是专业聊天的，即使在日常生活中，也有不少因为消息误发带来的尴尬。例如，客服在公司群里交流着内部信息时，刚好收到客户的问题，误将要提交到群里的信息发给了客户，既泄露了公司信息，也给客户造成了不好的印象。

新版本的千牛完全解决了消息误发这一棘手问题。单击消息后面的 ··· 按钮，弹出

“复制”或“撤回”的提示，单击“撤回”按钮，即可撤回2分钟内发送的消息。如图8–28所示。

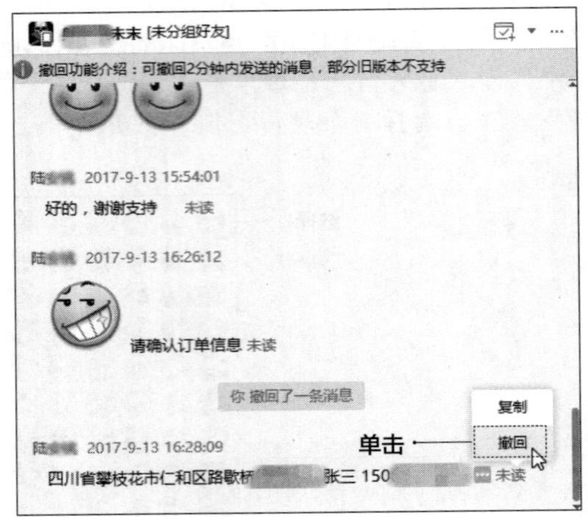

图8–28

技能9 快速查看聊天记录

当一个买家联系自己时，有必要先迅速查看一下关于他/她的聊天记录，做到心中有数，应对有据。

当聊天窗口打开时，可以看到几条过去的聊天记录，如果觉得还不够，可以单击“查看消息记录”按钮，在聊天窗口右侧即可显示出存放在本地的聊天记录，如图8–29所示。

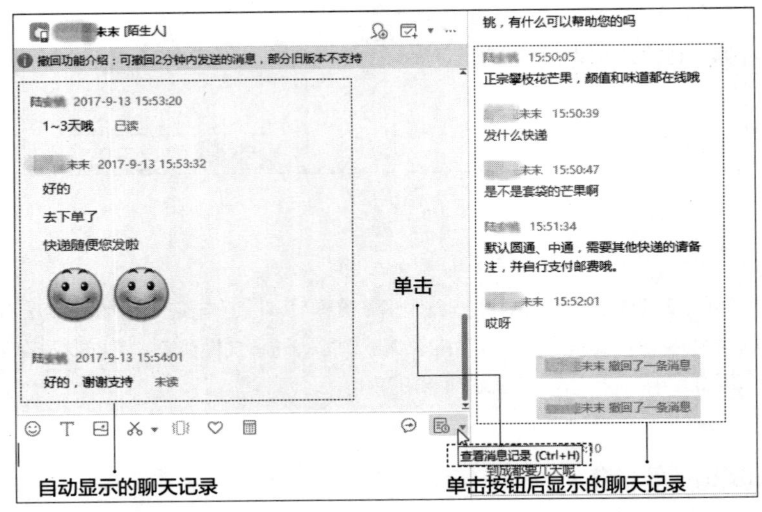

图8–29

如果想查看一个没有在交谈状态的好友的聊天记录，❶可使用鼠标右键单击该好友，❷在弹出的菜单中，将鼠标指针悬停在“查看消息记录”菜单，❸在弹出的子菜单里选择“本地消息记录”选项，如图8–30所示。

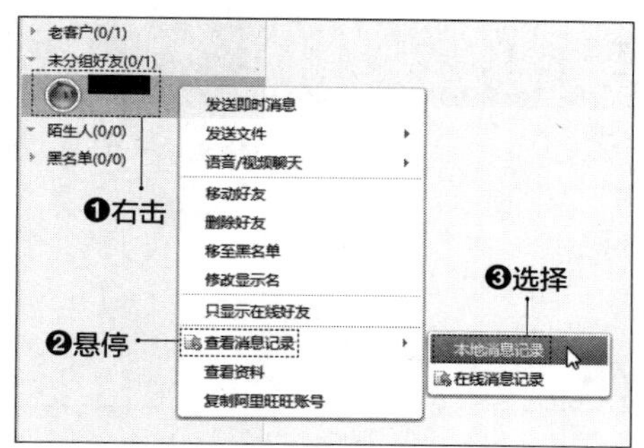

图8-30

弹出消息管理器，在里面可以查看所有的聊天记录，如图8-31所示。

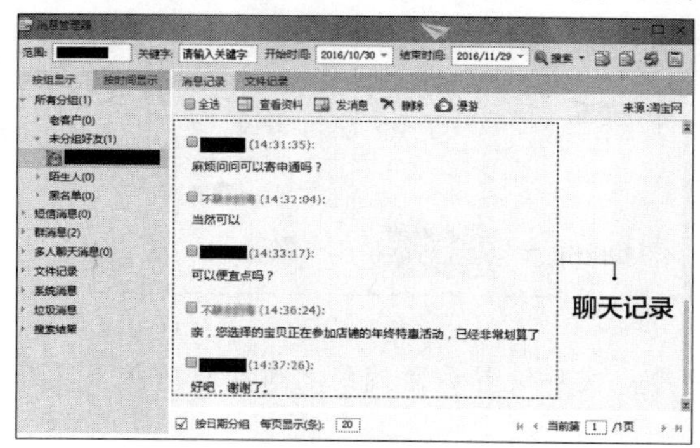

图8-31

技能10 手动导出聊天记录

虽然千牛在接待中心的“消息管理器”中可看到漫游记录，但是也有可能遇到聊天记录不同步的情况。针对新手卖家而言，找不到消息记录就没法知道自己之前和客户交流的内容，十分头疼。

其实，就算在消息记录不同步，漫游记录存在故障的情况下，卖家也可通过手动导出聊天记录的方式来找到聊天记录。

Step 1 单击“接待页面”中的“消息管理器”按钮，如图8-32所示。

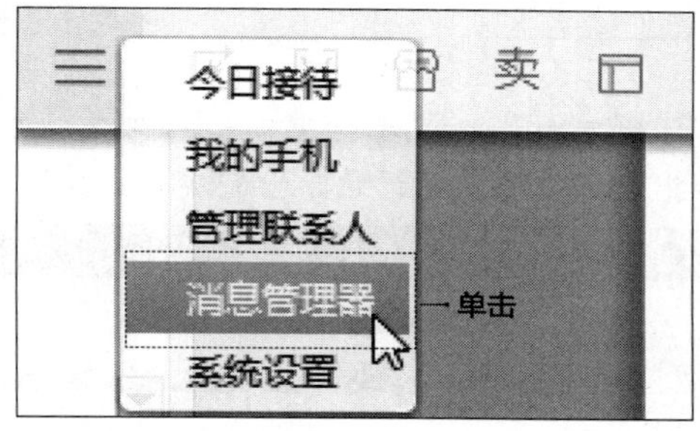

图8-32

Step 2 在弹出的消息管理页面中，❶单击“工具”按钮，❷单击下方弹出的“导出”按钮，如图8-33所示。

图8-33

Step 3 ❶选择导出的消息类型和时间范围，❷单击“确定”按钮，如图8-34所示。

图8-34

Step 4 ❶在弹出的导出文件设置界面找到之前导出的阿里旺旺聊天信息记录文件，❷单击“保存”按钮，如图8-35所示。

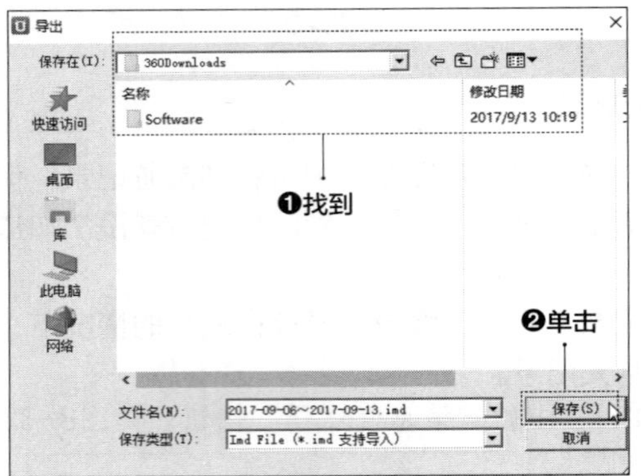

图8-35

Step 5 消息记录导出功能开启，导入操作界面中会显示“正在导出”，当进度走到100%，并提示已经完成导出时，说明消息记录导出完成了，如图8-36所示。

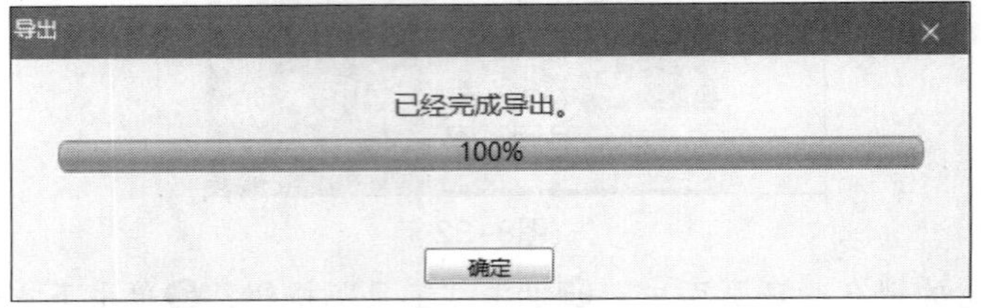

图8-36

技能11 创建自己的旺旺交流群

旺旺群可以帮助一些爱好相同，或者有某些共同目的的朋友聚在一起交流。通过这一功能，可以将自己的老买家都聚集起来，以便及时发布自己店铺的新动态以及打折促销信息等。

Step 1 ❶单击切换到“群”选项，❷双击“立即双击启用群（1）”，如图8-37所示。

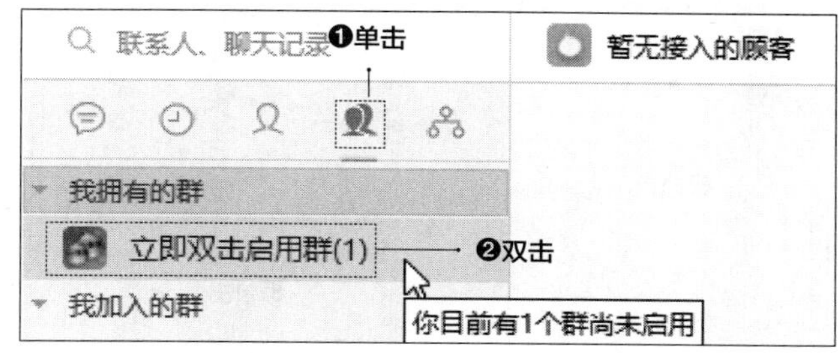

图8-37

Step 2 ❶输入群名称/分类/群相关介绍等信息，❷设置其他人进群的验证方式，❸单击“提交”按钮，如图8-38所示。

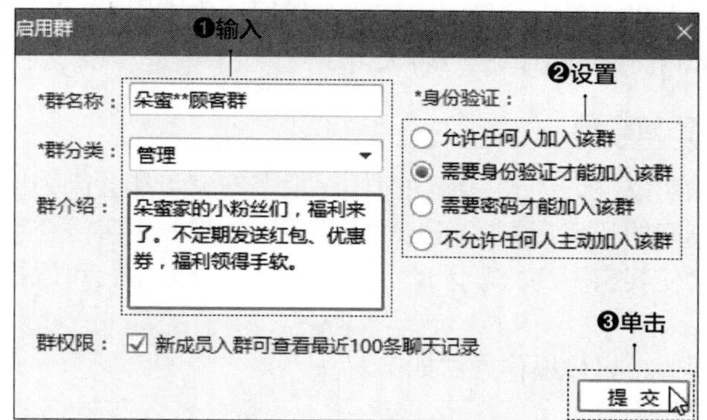

图8-38

Step 3 提示启用群成功，单击“立即邀请成员加入”按钮，如图8-39所示。

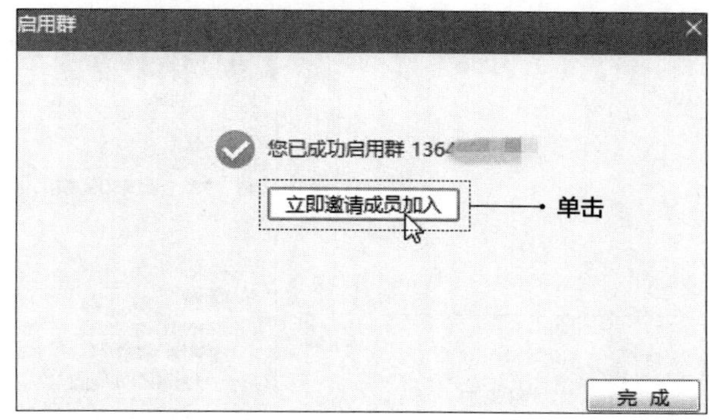

图8-39

Step 4 ❶在左侧选择要邀请的好友，❷单击“添加”按钮，❸单击“确定”按钮，如图8-40所示。

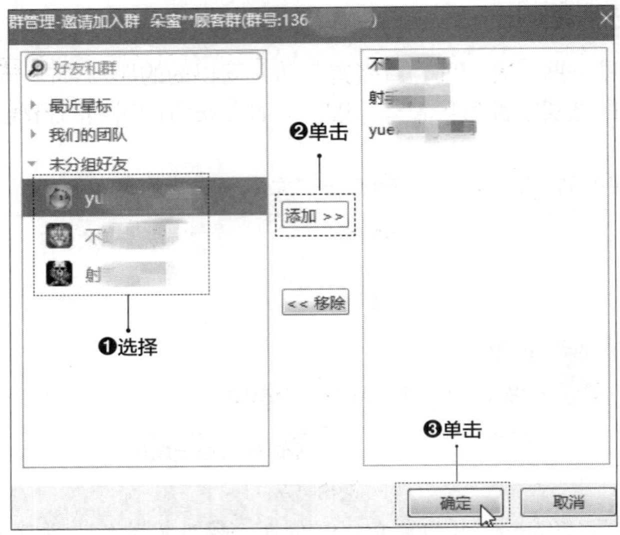

图8-40

提示邀请请求已发出，单击“确定”按钮，返回千牛主界面，在“群”选项卡中单击或双击新建的群，即可打开群窗口进行聊天。

技能12 设置快捷回复短语

利用千牛软件和买家进行沟通交流的时候，很多卖家可能会因为询问的访客太多，忙碌地回复不过来。不同的买家反复提问类似的问题，如果一个字一个字地敲打键盘很浪费时间，回复也许还会使买家不高兴。因此，为了提高工作效率，可以在千牛软件上设置快捷回复短语。

设置快捷回复短语，具体操作方法如下。

Step 1 登录千牛工作台，进入“接待中心”，打开聊天对话框。❶单击对话框中的“快捷短语”按钮，❷单击右下方“新建”按钮，如图8-41所示。

Step 2 弹出“新增快捷短语对话框”，❶设置快捷短语，❷设置完成后单击“保存”即可，如图8-42所示。

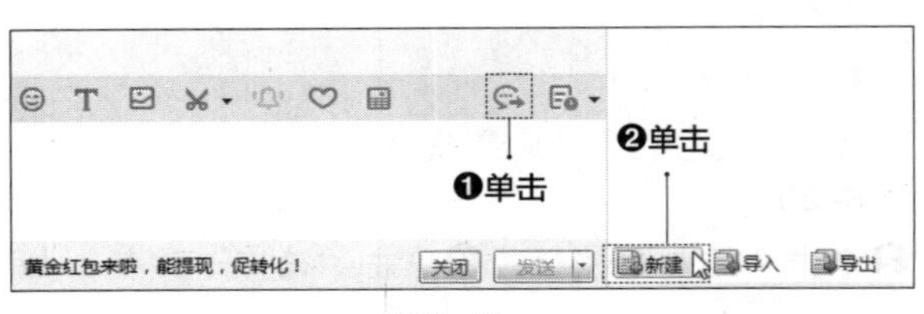

图8-41

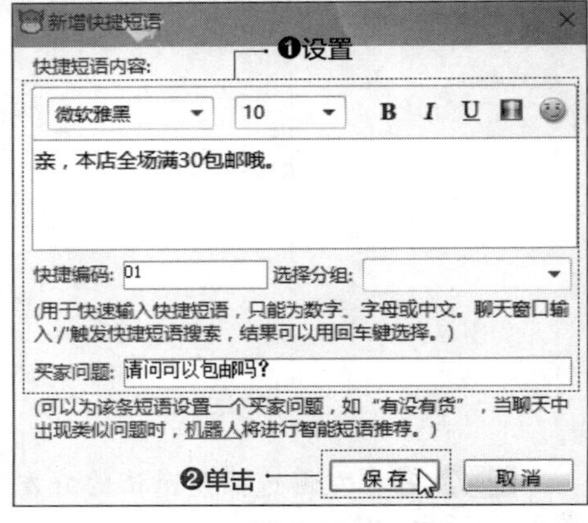

图8-42

技能13 设置交易消息自动提醒

千牛工作台没有设置交易消息提醒，会给卖家带很多麻烦，使卖家不能及时处理交易订单。那么如何在千牛软件上设置交易消息提醒呢？具体操作方法如下。

Step 1 登录千牛工作台，在页面单击“消息中心”按钮✉，如图8-43所示。

Step 2 进入“消息中心”页面，单击页面右上方“消息订阅”按钮，如图8-44所示。

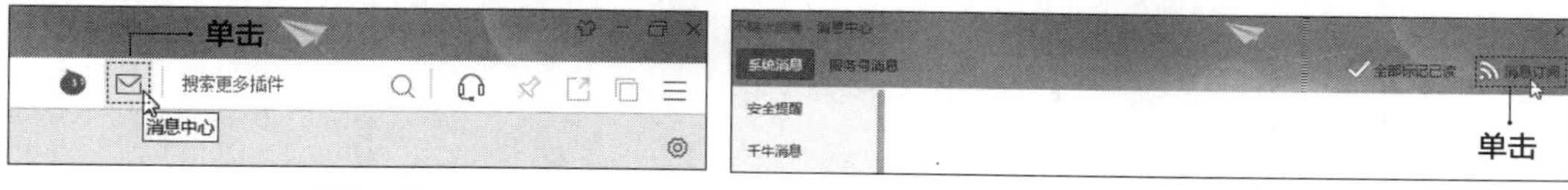

图8-43　图8-44

Step 3 弹出“订阅设置”对话框，❶单击“交易消息”选项，❷选择需要提醒的交易消息和提醒方式，❸单击“确定”按钮，如图8-45所示。

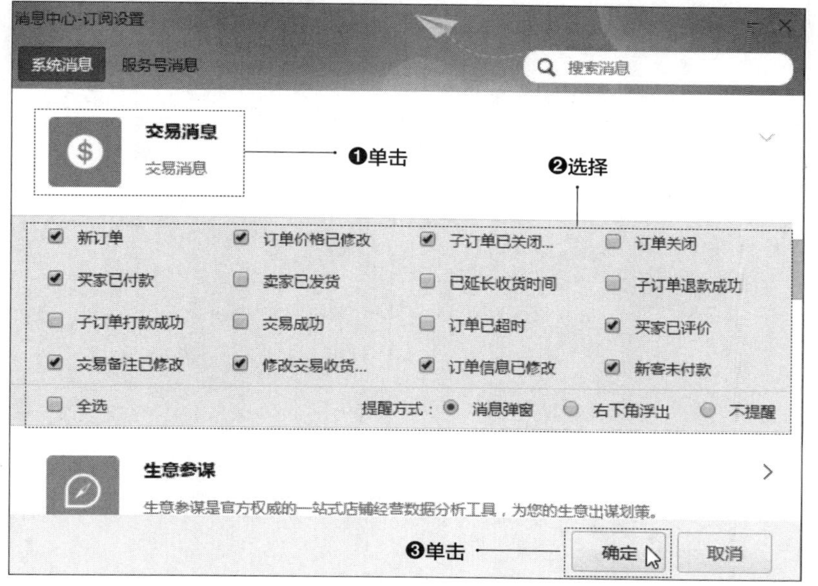

图8-45

技能14 在只能看网页的网络情况下使用千牛

有的兼职卖家在公司的电脑里安装了千牛软件，上班之余顺便处理一下网店的事情。但很多公司为了提高员工工作效率，封闭了网络端口，公司内部的电脑只能打开网页，除此之外什么网络软件都无法使用，包括QQ、阿里旺旺、千牛、迅雷、PPTV等。

这样的情况下，要使用千牛软件也并不是没有办法。千牛软件有个功能，即通过HTTP方式登录，也就是使用与网页同样的协议连接服务器，只要能看网页，就能连上千牛。

按照前面介绍的方法，单击千牛软件右上方的“设置”按钮≡下的“系统设置”选项，在弹出的设置对话框中，❶单击“基本设置”下的“网络”选项卡，❷设置代理信息，❸单击“确定”按钮即可，如图8-46所示。

系统设置
基本设置
常规
网络
云计划
消息中
❶单击
聊天设置
个性设置
安全设置
客服设置
代理设置
启用代理
代理选择:
http代理
代理服务器
服务器:
端口:
用户名:
密码:
域:
其它设置
身份:
淘宝卖家
❷设置
❸单击
漫游我的设置
确 定
取 消
应 用

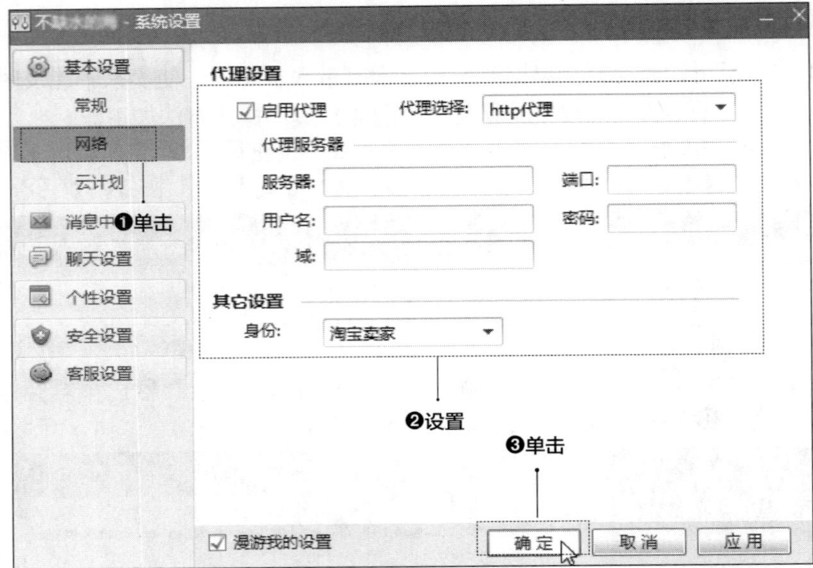

图8-46

装修篇

第9章 网店商品拍摄技法

本章导读

拍摄网店商品的照片，不仅是为了展示商品特点和细节，让买家在理性上充分了解商品本身，还应该营造出一种美的氛围，从感性上打动买家。为了实现这两点，本章从拍摄技巧出发（相机拍摄及手机拍摄），帮助卖家解决拍摄疑难杂症。

技能1 淘宝天猫对主图的基本要求

很大一部分卖家都有一个共同的误区：把宝贝产品转化的重心放在描述页上面。从消费者的角度去理解，会发现其在购物时首先关注的并非详情页，而是商品主图。所以，主图的好坏直接决定了点击率。

如图9-1所示，淘宝的主图共分为3部分：电脑端宝贝图片、主图视频和宝贝长图。

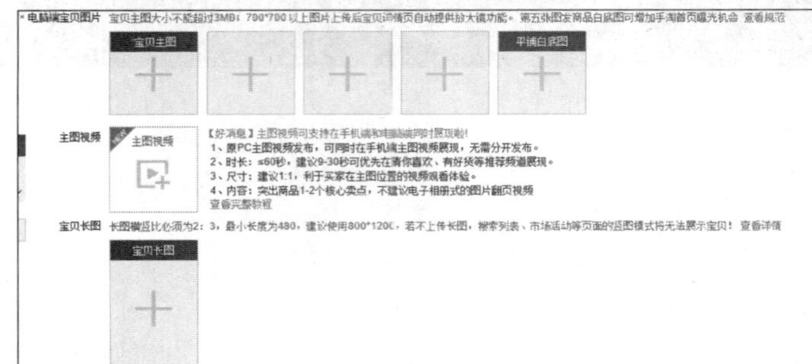

图9-1

1. 5张常规主图

在淘宝天猫中，一般有5张常规主图，如图9-2所示。

图9-2

● 第一张，是淘宝PC端搜索展现的图片。这张图片主要从商品卖点出发，一般为正面图。

● 第二张，是天猫PC端搜索展现的图片。这张图片通常也是从卖点出发，为正面图或背面图。

● 第三张，可以是侧面图或细节图，可重点突出与其他商品的不同点。

● 第四张，一般为细节图，可重点突出促销点。

● 第五张，最可能是手机端搜索展现的图片。因此，该图十分重要，一般为白底宝贝图。

达人点睛

白底宝贝图，方便展示宝贝的个性特点。买家根据入口图（白底图）单击进入，可能增加添加收藏加购的几率。其既能精准打好商品标签，又能精准区分人群，进而增加流量。

通常，前5张主图图片大小不超过3MB，格式可为GIF、PNG、JPG、JPEG，且需要上传“正方形图片”。另外，还应注意以下细节。

● 5张商品主图尽量色系统一。

● 图片不要有边框，不将多张图拼在一起，做到一张图片只反映一方面内容。

● 杜绝“牛皮癣”，不要有太多的宣传。

● 注重细节的拍摄，细节往往最能打动人心。

2. 主图视频

淘宝主图视频的开通，让视图展示商品的方法更能吸引顾客，如图9–3所示。主图视频是很多淘宝卖家推广淘宝店铺的一个很好的方法。视频在吸引顾客的同时也对淘宝店铺起到宣传作用。

图9–3

目前，主图视频已面向所有商家开放，部分视频限权类目的商家除外（如成人、虚拟等）。主图视频要求如下。

● **时长：**60秒以内，建议9~30秒可优先在“猜你喜欢”“有好货”等推荐频道展现。

- **尺寸：** 1∶1，有利于买家在主图位置观看体验视频。
- **清晰度：** 画质高清。清晰度≥720像素；分辨率≥720像素，码率在2~3Mbit/s之间。
- **内容：** 突出商品1~2个核心卖点，不建议电子相册式的图片翻页视频，观看体验效果差。
- **不允许出现：** 站外二维码、站外Logo、站外App下载、站外交易引导等内容。

达人点睛

以前在无线端发布过9秒主图视频，现在重新发布一个60秒的视频，会将之前的9秒主图视频替换掉。PC端的主图视频和无线手机端的主图视频，是同一个视频，已经互通。

3. 第六张主图

自2015年5月21日起，在无线搜索结果页，发布了长图的商品会优先展示长图，如图9-4和图9-5所示。

图9-4

图9-5

达人点睛

因为PC端和手机端的展现不同，针对服饰类目的长方形特性，长图给买家的体验更好。长图的问世，解决了原有正方形主图存在的空间浪费、展示不全等问题，所以无线搜索端接入长图展示。

个别类目推行长图片（在不改变现有主图的情况下，新增第六张图——长图上传入口）。长图片有两个优点：可以更好地展示服饰类商品全身、搭配的效果；在手机淘宝搜索，将默认优先展示长图商品。

第六张主图尺寸要求：长图，比例恒定（宽∶高=2∶3），且最小尺寸为480~720像素，建议尺寸为800~1200像素。

长图的拍摄要求如下。

模特图：单人模特图（情侣装除外）要求模特居中、展示正脸、尽量全身展示，“裤装、半身裙”从腰到脚或者从头到脚，“上装、连衣裙”从头到脚或者从头到膝盖，“套装”从头到脚。

非模特图：如拍摄风格为非模特图，商品图要求平铺非折叠。

图片质量方面，要求图片为实拍图片，无“牛皮癣”，不拼图，不得出现水印，不得包含促销、夸大描述等文字说明。

技能2 手机端主图的设计要点

对于手机淘宝的商品详情页面而言，五张主图非常重要，因为这五张主图直接决定了买家是关掉页面，还是往下看，甚至很多买家看完五张主图就直接下单，而不再看详情。所以在五张主图上下功夫，进行优化，可以极大地提高手机端转化率。

手机主图的作用可以归纳为：吸引、传达、点击和记忆。想要图片有吸引力，前提是有吸引点；但由于空间有限，所以内容不能过于复杂。视觉吸引力有强弱之分，通常人 > 动物 > 植物 > 景物建筑。因此，卖家要把商品特点和较强的元素相结合，提高商品的点击率。

在做手机端主图时还需要注意尺寸。图片尺寸过大，可能导致买家在用手机浏览时看不完整主图，文案也有所缺失，信息也就不能表达了。图片展现的最大尺度是220像素×200像素，在设计时800像素×800像素有放大镜功能，但展现在买家眼前时，最大尺寸只有220像素。

在做主图前应有以下步骤。

- 分清目前的展示位。手机端的主图要求和PC端有所不同，在选图时要注意尺寸。
- 分析商品的卖点，重点展示。
- 分析买家的需求和消费。
- 分析同行竞争对手的主图，包括定价、关键词等信息。
- 做出差异化设计。既要学习竞争对手，也要做出区别，让商品有亮点。

另外，一个店铺应该有一个自己的风格。在主图设计方面，要做到内部统，尽量保持在一样的风格上面；在图标方面也尽量保持一致性。

达人点睛

商品的第一张主图会被放在淘宝的主图服务器里，一旦有改动，系统会自动识别。所以卖家如果需要替换主图，正确的做法应该是将新图上传到第5张，再替换到第1张，原来的主图不能立马删除。另外，同时替换主图、修改价格和详情，可能会引起淘宝官方的重视，认为该商品有换宝贝的嫌疑。

技能3 精心构图，让商品照片看上去更专业

商品照片的构图是指商品主体（单个或多个）在照片中的位置，以及商品主体与背景所造成的视觉效果。精心做好构图，能够让买家觉得照片专业，在不知不觉间认可商品的品质与卖家的努力，从而增加买家购买商品的可能性。

那么，如何能够在短时间学会商品照片的构图呢？其实有几种经典的构图法，只要掌握了就可以迅速拍出构图不错的照片来，吸引更多买家的眼光。

1. 要让商品在画面中的位置显眼而不突兀，可用黄金分割法拍摄

黄金分割法就是把一条直线段分成两部分，其中较长的一部分占全部线段的61.8%。这是由古希腊人发现的一种比例，这种比例也称黄金律。他们认为这种比例最能体现和谐与美感。事实上也确实如此，将黄金分割法应用到摄影中，能够拍摄出具有奇妙美感的照片来。

在摄影构图中，常使用简单的方法来实现黄金分割：在画面上横、竖各画两条与边平行、等分的直线，将画面分成9个相等的方块，直线和横线相交的4个点，称为黄金分割点，如图9–6所示。

在拍照时，将主体安排在黄金分割点附近，即可达到突出主体，又具有美感的效果，如图9–7所示，照片中的面包就安排在黄金分割点上，既显眼，又和谐。

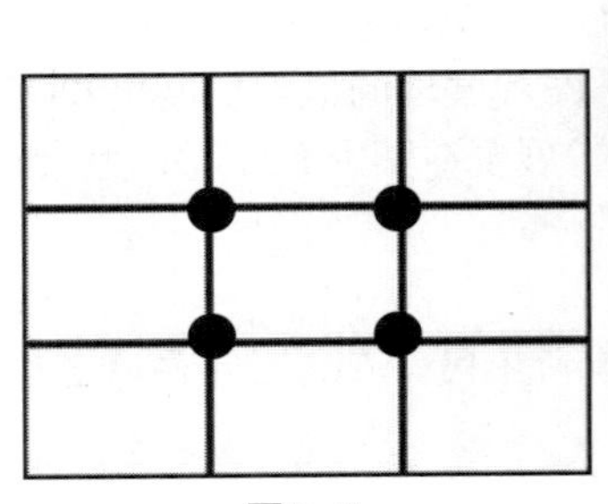

图9–6

图9–7

达人点睛

其实上面讲解的方法并非精确的黄金分割构图，而是一种“井字形”构图，这种构图的效果与黄金分割构图是很接近的，但又要比黄金分割构图简便易用，因此在实践中常用于替代黄金分割构图。

2. 拍摄长条形物体或人物，可用三分构图法

三分构图是黄金分割法的另一种应用方法。当要突出的主体比较长时（如人体、地平线等），将主体安排在图片的三分之一处，则整个画面显得生动、和谐，主体突出。三分法构图的四种形式如图9–8所示。

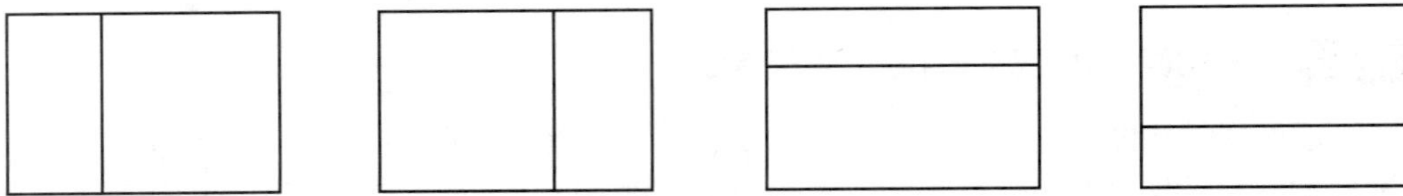

图9–8

在服装拍摄中，经常要用到模特，人体呈长条形，因此常常被放在画面的三分之一处进行突出，如图9–9所示。当要拍摄的商品占主体画面较多时，可以考虑将其一部分安排在画面三分之一处，也能达到比较好的效果，如图9–10所示，图中的茶叶盒一边颜色较深，将之安排在三分之一处，整个画面显得具有美感。

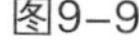

图9–9

图9–10

3．突出长条形物体的立体效果，可采用对角线构图法

对角线构图法是指将主体安排在画面的对角线上，可以使拍出的画面得到很好的纵深效果与立体效果，画面中的斜向线条还可以吸引观众的视线，让画面看起来更有活力，达到突出主体的效果，如图9–11所示。

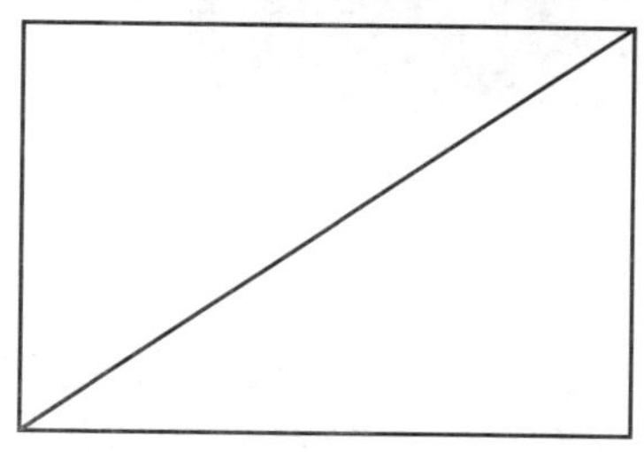

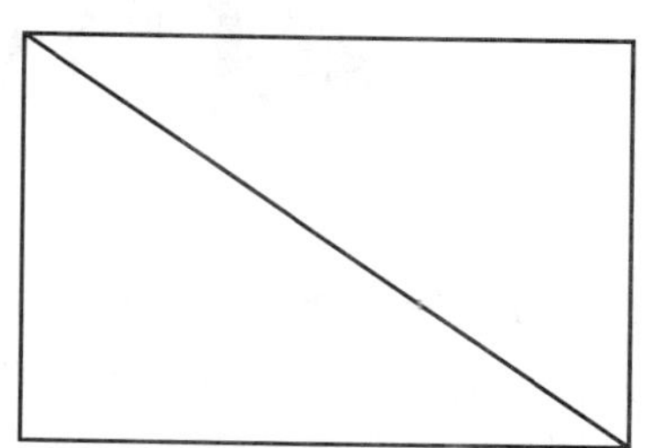

图9–11

在拍摄长条形主体时，可将之斜向摆放，形成对角线构图，如图9–12所示。

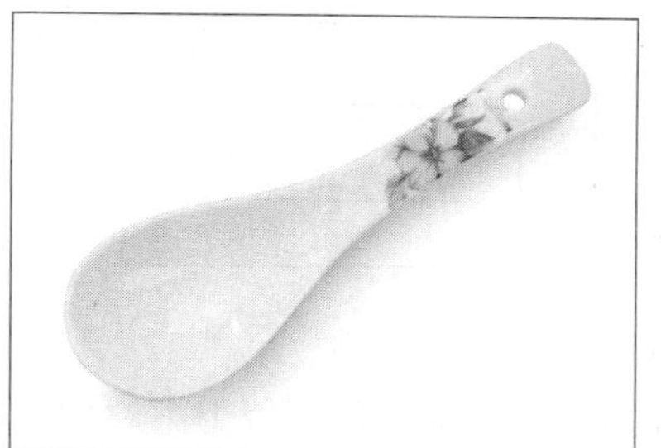

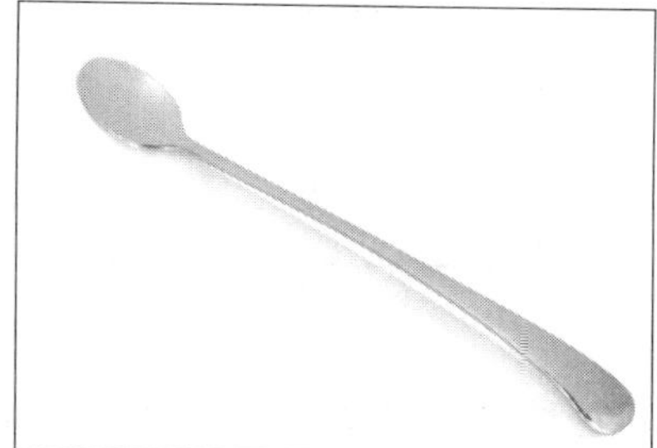

图9–12

4. 利用汇聚线构图法拍出纵深感，让观众印象深刻

汇聚线构图就是指在画面中出现一些线条元素，向画面相同的方向汇聚延伸，最终汇聚到画面中的某一位置，利用这种线条的汇聚现象来进行购物拍摄的方式，就是汇聚线构图。通常出现在画面中的线条数量在两条以上，才可以产生这种汇聚效果，这些线条能引导观赏者的视线沿纵向的方向由远到近地汇聚延伸，给观赏者带来强烈的空间感与纵深感，如图9-13所示。

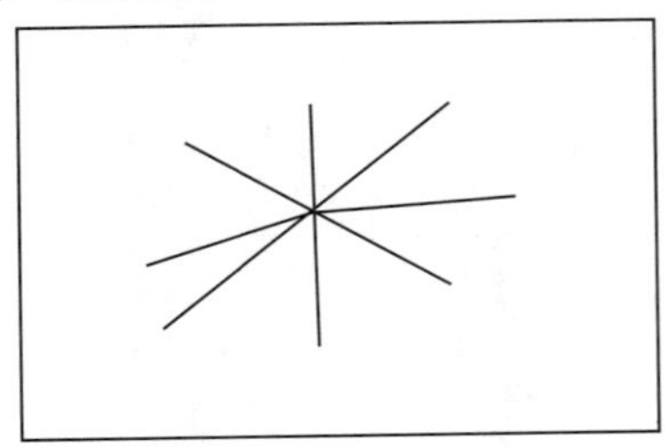
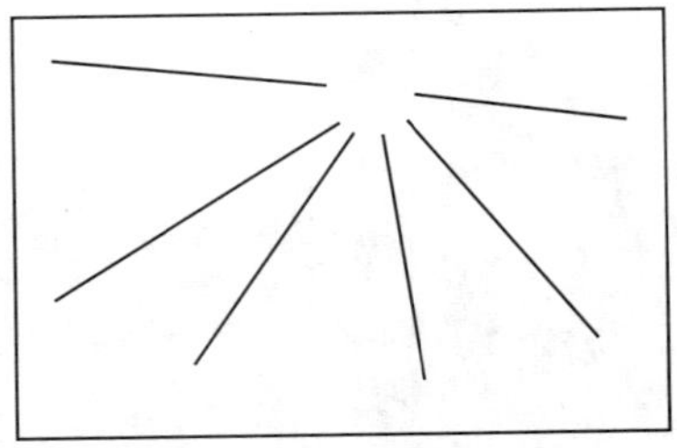

图9-13

汇聚的线条越多越集中，透视的纵深感就越强烈，这也会使普通的二维平面照片呈现出三维立体空间的效果，因此用这种构图方式拍摄的画面也极具吸引力和艺术魅力。在网店商品拍摄中，也可以使用这种构图法，如图9-14所示。

图9-14

5. 营造整体平衡感，可用对称式构图法拍摄

对称式构图法是指利用主体所拥有的对称关系来构建画面的拍摄方法。对称的事物往往会给观众带来稳定、正式、均衡的感觉，所以利用这种对称关系进行构图可达到上述效果，如图9-15所示。

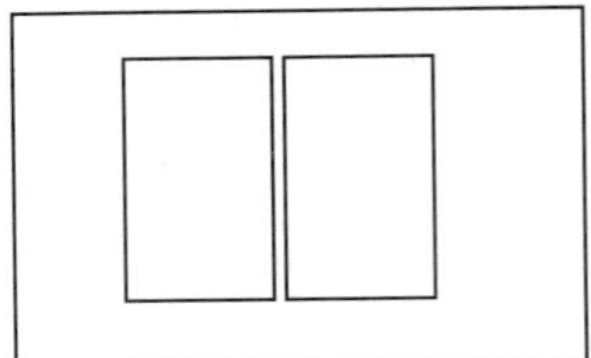
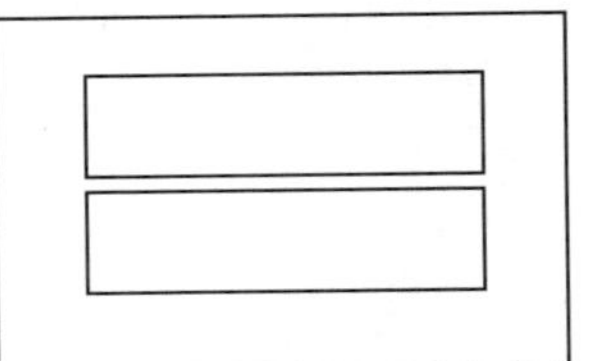

图9-15

在拍摄这种对称照片时，既可将主体摆放为左右对称，也可以上下对称，如图9-16所示。

图9–16

6. 九宫格构图法

九宫格构图法指的是：把画面看作一个有边框的面积，把左、右、上、下四个边都分成三等分，用直线把这些对应的点连起来构成一个井字，由此把画面面积分成相等的9个方格。前面部分提及的居中对称构图法和斜线构图法都比较基础，对于较为文艺的商品或卖家想追求更多艺术感的可以采用九宫格构图法。

淘宝中常见的九宫格构图法是在小饰品和艺术摆设中使用。如图9–17所示，艺术摆件并没有采用居中对称构图法。但是整张图片也不失平衡感和美感，其原因在于这里采用了九宫格构图法。从右图可以看到整张图的分割线和分割点，主图位于右边的分割线处，且商品主体也都偏向主图右边的分割点，整张主图左侧三分之一处是没有主体的。

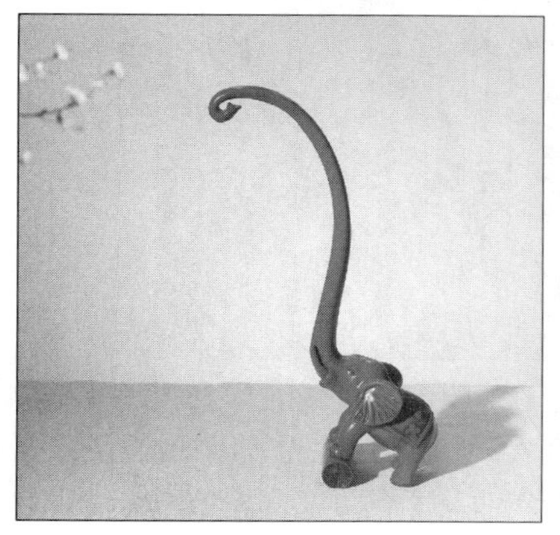

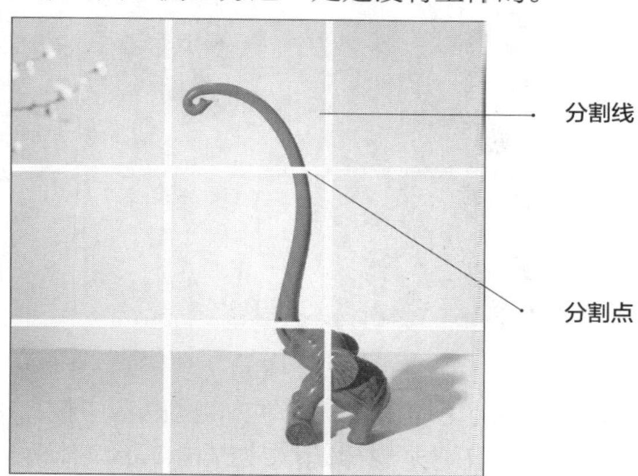

图9–17

现在许多手机已经自带九宫格构图。进入相机，打开菜单设置，打开在所有模式中的网格线。在该相机取景器或显示屏上，就会自动显示九宫格图，有利于摄影者辅助构图。

由于九宫格构图法可增强画面灵动感，同时能避免画面乏味，很多淘宝卖家已经使用该种方法构图，使原本普通的商品更具艺术感和感染力。一般的手机已自带九宫格拍照模式。如图9–18所示，打开华为P10手机的拍照模式，选择参考线中的“九宫格”模式，拍照的页面中就出现九宫格的参考线了。

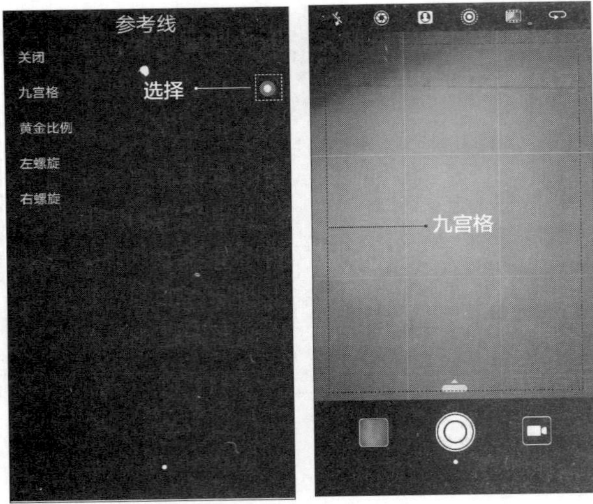

图9–18

7．花样构图法

有一种美称之为“凌乱美”，在构图中也有这样一种不按常规思维的构图方式，主要针对商品自身需要营造别具一格氛围的构图，该构图方式也就是花样构图法。

同样是袜子，图9–19所示为采用花样构图法，多方位展示袜子的颜色、样式等特征；图9–20所示为略带呆板的构图方式，就活力方面远不如花样构图法。

图9–19

图9–20

淘宝中使用花样构图法的地方也很多。例如，花盆形状各异，在没有办法进行整齐排列的情况下采取毫无规律的摆放方式，不仅体现商品样式的多样性，也体现商品的生动感，使之更多的商品信息呈现在消费者眼里。

除了商品形状不允许整齐摆放外，还有部分商品即使棱角分明，也采用花样构图法。例如，巧克力本可采取整齐排列的方式，但是卖家为增强立体感，采用花样构图法，刻意摆放成无规律可循的感觉。优点在于能避免常规摆放食物带来的单调，甚至能给消费者营造出看上去很美味的视觉效果，增强食欲，促进购买。

8．错落构图法

对于某些需要展现出丰富层次感、朦胧感的商品，显然前几种构图方式不能满足，因此，还有一种构图法适用于淘宝主图设计——错落构图法。

将商品根据远景和近景的区分，明显体现出层次感，是最典型的错落式构图法。如图9–21所示，鸡蛋和鸡同框，让鸡蛋"活"了起来。根据远小近大的原理，越远的地方越模糊。该商品的主题是"散养鸡蛋"，从图片中可看到母鸡在长满绿草的环境中生长，与"绿色""生态""散养"等字眼相呼应。

图9–21

另外，错落式构图法也被广泛用于水果的构图中，例如，通过远景近景相结合，既传递着水果近照的特征，也传递水果新鲜等特征。卖家可根据商品的特点，尝试不同的构图法，并从中找到效果最好的构图法。

达人点睛

其实常用的构图方法还有一些，如框架式构图、开放式构图等，由于网店商品的拍摄一般用不上，所以这里就不进行讲解了。当然，最简单的构图，即将主体放在画面中心的构图方式，人人都会，这里也就不多加解释了。

技能4 什么样的颜色搭配看着更舒服

颜色搭配和选择是商品拍摄中的常见问题，颜色搭配不好，给买家的感觉就不协调，觉得"丑"，从而降低商品的说服力。此外，不同性质的商品搭配什么颜色，也能体现产品的定位和风格，比如科技类商品多用冷色搭配，母婴类商品多用暖色搭配。

色彩搭配是一门专门的课程，作为网店卖家而言，恐怕没有太多时间来从头学习，因此这里不讲三原色等基础知识，直接将几个简单的选择背景颜色的方式介绍给大家，让大家能够拿来就用。

1. 利用纯白纯黑色背景突出商品主体

纯白和纯黑是最容易掌握的背景色调，在很多商品照片上都可以见到。纯白和纯黑背景对于大多数商品色彩来说都能起到凸显主体的作用。图9–22所示的寿司照片采用了纯白背景，图9–23所示的餐具照片采用了纯黑背景，均能较好地突出商品主体。

图9–22

图9–23

2. 邻近色彩做背景，兼顾变化与和谐

邻近色彩搭配容易使画面产生和谐感，色彩之间的差异又会让整个画面显得不那么呆板。在实际的应用中，一般通过变化背景色的纯度或明度值来增加画面的颜色变化，如图9–24所示，车厘子的红与背景的红是两种邻近的颜色，放到一起显得既有变化，又和谐。

图9–24

3. 对比色强烈的视觉冲击感

选择与商品色调相差较大的颜色做背景，形成强烈的对比，给买家造成视觉上的冲击，才能吸引购买者的眼球，如图9–25所示。

图9–25

技能5 选好拍摄角度，充分展示商品特色与细节

在商品拍摄中，取景角度通常分为正面、侧面、背面、顶部、底部等几个角度，而在

对任意一面进行拍摄时，也可以分为平拍、仰拍和俯拍3种角度。

（1）正面取景是指从商品的正面拍摄。这种方式简单直接，让买家一目了然，如图9–26所示。侧面取景是指从商品的侧面拍摄。这种方式可以较好地展现商品的轮廓线条，如图9–27所示。背面取景同样很重要，从背面拍摄可以更全方位地展现商品细节。顶部取景是指从高处来拍摄，可以在一张照片中很好地展现出商品的整体面貌，如图9–28所示。底部取景则较少被运用，因为大部分商品的底部没有太多值得展示的东西，如有的话，则应进行底部取景，如图9–29所示。

图9–26

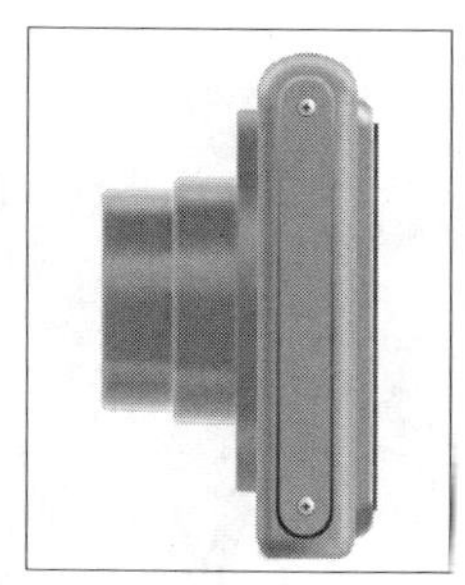

图9–27

图9–28

图9–29

（2）在对任意一面进行拍摄时，可以分为平拍、仰拍和俯拍3种角度。其中平拍是最常见的，主要原因在于平角度拍摄可以真实还原商品的大小比例关系，不易产生变形，因此为了让消费者看到的照片尽量与买到的实物感觉一致，多数时候会采用平拍。仰角度拍摄的作用主要是可以让被摄主体显得高大瘦长，通常在拍摄服装的时候被运用，如图9–30所示。而俯角度对于商品拍摄来说更多的作用是展现出平角度所没有的一种立体感，如图9–31所示。

图9–30

图9–31

技能6 采用模特实拍，让商品更具“生命力”

商品图片不仅要吸引人、清晰漂亮，还要向买家传达丰富的商品信息，如商品的大小、感觉等这些看不准、摸不着的信息。如果是想用心地经营一个属于自己的品牌店的话，采用模特实拍图片是必不可少的。建议经营服装、包包、饰品等商品的卖家用真人做模特拍摄图片，给买家传达更多的信息。

相比平铺的衣服照片，使用真人模特的照片更能体现衣服的试穿效果。而且模特的姿势也要各式各样，这样才能显示出服装的版型和试穿效果，如图9-32所示。

图9-32

使用真人模特拍出来的商品图片，不仅能让买家更多地了解商品，还能美化店铺，吸引买家的眼球，店铺浏览量也会随之提高。

使用真人模特拍摄商品图片，应该注意以下几点。

- 使用真人做模特，最好在商品描述中标明模特的身高或商品的大小，让买家对于商品的了解更加透明。
- 尽量不要在逆光状态下直接面对模特，拍摄者或模特也可以尽量采取斜45度的拍摄角度。
- 使用真人模特拍摄图片，选择合适的背景也很重要。地点最好选择户外，自然光拍摄出来的效果更好。
- 要协调拍摄对象之间的关系，不能喧宾夺主。重点体现商品的特点，但是也要注意商品和模特之间的协调。
- 模特姿势要多些，同时动作要自然，不要太僵硬。

技能7 使用“光线语言”来诠释商品特性

光线从不同角度照射到拍摄主体上时，会产生不同的效果。充分利用光线的射入角度，可以对商品进行不同的诠释。用好光线这种语言，可以让商品照片变得更加有吸引力。

1. 要展示商品正面细节，可用顺光拍摄

顾名思义，“顺光”是指光线照射的方向与拍摄的方向一致，光线顺着拍摄方向照射。通常情况下，顺光的光源位于拍摄者的后方，或是与拍摄者并排。当商品处于顺光照

射的时候，商品的正面布满了光线，因此色彩、细节都可以得到充分的展示，而由光线产生的阴影则出现在商品背面，不会在画面中明显呈现，如图9–33所示。

图9–33

顺光是拍摄商品时常用光线的一种，通常拍摄者布光的时候都会考虑采用一个光源来构成顺光，再搭配其他光源。顺光的主要缺点是光线太过于平顺，这会导致商品缺少明暗对比，并且立体感也难以通过阴影来展现。

2. 营造商品的立体感，可用侧光配合顺光进行拍摄

光线从侧面照射到商品上，叫做侧光，侧光可以营造一种很强的立体感，对材质的表现也较好。在拍摄商品时，侧光一般不作为主要照明光使用，通常是配合顺光，从两个方向上对商品进行照明，侧光的亮度一般要小于顺光，如图9–34所示。

图9–34

3. 勾勒商品轮廓，需用逆光进行拍摄

如果光源放置在拍摄主体的后方，就形成了逆光。光线来自于商品的后面，所以商品的轮廓线条会被光线勾勒出来，产生一条“亮边”，如图9–35所示。这条轮廓线条是明亮的，因此需要搭配深色的背景才能有明显的画面效果，而采用浅色背景的时候，逆光勾勒的轮廓的效果就很弱了。

图9-35

另外由于逆光的时候，商品的阴影全部在正面，所以如果只使用一个光源的话，将无法呈现出商品的正面细节，只能得到一张剪影照片。因此通常还会使用一个顺光光源，这样一前一后的两个光源既可以展现出足够的商品细节，也可以产生漂亮的轮廓线条。

4．展现小型商品细节，用顶光拍摄最方便

顶光就是从拍摄主体顶部向下照射的光。顶光不是一种非常理想的光线，例如，正午时分的阳光会形成顶光，这时通常不宜外出拍摄服装。不过对于一些小商品来说，由于商品远小于灯光的体积，各种光位作用到它们身上的效果不是太明显，这时直接采用顶光，反而简便易行，如图9-36所示。

图9-36

达人点睛

顶光的主要缺点是会在商品的下方产生浓重的阴影，如果商品表面凹凸起伏的话，也可能会产生各种不太美观的阴影，所以最好是使用光质柔和的光源作为顶光，让阴影轮廓模糊一点，这样更加美观。

技能8 巧用双光源拍摄，解决商品吸光的问题

表面不光滑的材质，拍摄时会吸光，如绒毛玩具、毛巾等。吸光很严重的材质，在拍摄时容易出现细节损失的问题，拍出来表面感觉很模糊，这也是淘宝卖家经常遇到的问题之一。要快速解决这个问题，最方便的方法是利用双光源来体现质感。

第一种布光，两个光源分别放在左右，这是一般初学者最常用的方式，如图9-37所示。第二种布光，一个光源保持不动，把另一个光源向后移动，让它成为侧逆光，如图9-38所示。

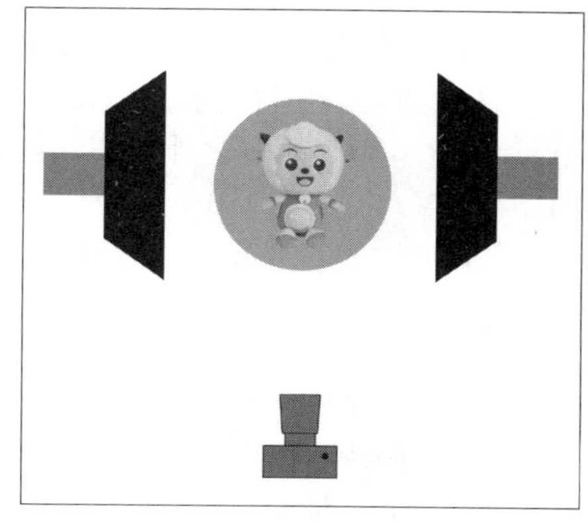

图9-37

图9-38

两种方式拍出来的照片如图9-39和图9-40所示。可以看到第一种布光方式下，玩具表面虽然看上去很柔和，但是细节不太清楚；第二种方式下，可以看到玩具表面的质感。

图9-39

图9-40

技能9 3种方法让反光材质拍摄时不再反光

不锈钢、玻璃等光滑材质的表面，在拍摄时很容易出现反光的问题，反光部位的细节得不到呈现，还会影响照片整体的观感（除非是有意利用反光来增加一些特殊效果）。

那么，如何拍摄才能让反光材质不再反光呢？下面给出几个简单的方法。

● **柔光箱**。将拍摄主体放进柔光箱进行拍摄，即可降低反光。没有柔光箱也可用牛油纸或硫酸纸柔光布等材料挡在光源前，将光源柔化，这样拍出来的照片，反光会少

很多。

● **偏振镜**。使用偏振镜也可减弱或消除反光，把偏振镜套在镜头前慢慢旋转，直到从取景器里看到反光减弱或消失为止。

● **喷雾剂或软皂**。拍摄时，把喷雾剂喷在亮处，亮斑即可消除。或把无碱的软皂稀释后，薄薄地涂在亮斑上，也可以得到消除光斑的效果。要注意被摄物表面不要留下皂沫的痕迹。

技能10 两次拍摄后合成，搞定带显示屏的商品

在拍摄带显示屏的商品时，如笔记本电脑，大家常常会遇上一个问题，那就是如果使用正常曝光，可以得到正常的商品照片，然而显示屏上的内容往往因为曝光时间不足，显得黑暗模糊，如果将曝光时间拉长，显示屏虽然清晰了，但显示屏之外的部分会曝光过度。这个矛盾在带液晶屏的商品上显得尤为突出。

那么有没有什么简便的方法可以轻松搞定这个问题呢？其实很简单，既然曝光时间只能将就一边，那就分两次拍摄，再进行合成即可。

首先将商品和相机都固定好，然后通过多次曝光时间不同的拍摄，从中选出显示屏内容清晰正常的照片A，以及显示屏之外的部分影像清晰正常的照片B，之后使用Photoshop之类的软件将A照片中显示屏部分“抠”下来，转移到B照片中相应的部分进行合成。这样就能得到一张完美的图片，商品本身清晰，显示屏的内容也清晰。

技能11 在室外拍摄服装需要注意什么

在专业的摄影棚中拍摄的服装效果的确要比在日光下拍摄好，但绝大部分网店店主可能都不具备这个条件，因此，在室外进行真人模特拍摄就成了很多店主的首选。在室外拍摄时，要避免中午拍摄，此时阳光直射，将在头顶和脸上形成不均匀的光斑，影响效果。最佳的拍摄时间段是上午9点～11点，下午3点～5点。在冬季，如果阳光不是很强烈，也可以在中午进行拍摄。

在室外拍摄时，大型的反光板是必备器材，可以在侧面和侧后方为模特补光，在一定程度上消除服装上的阴影，增加服装的细节。其次，还需要为模特准备一个简易的更衣室，让模特可以在短时间内方便地更换多套衣服进行拍摄，如图9–41所示。

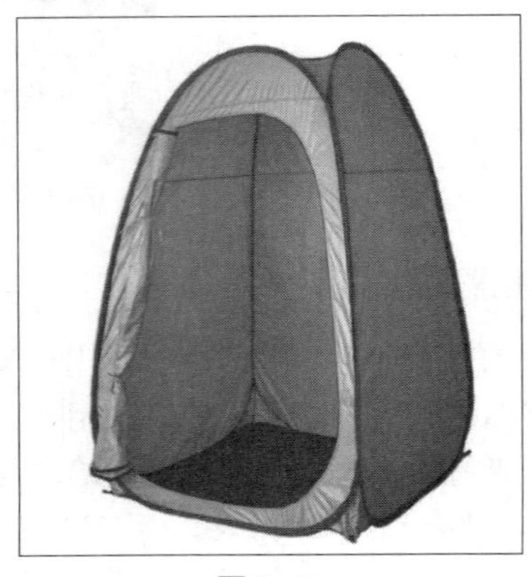

图9–41

技能12 借助道具让模特显得更加自然

拍摄时为模特准备一些小道具，一方面可以让画面整体感觉更丰富，另一方面也可以解决模特手部摆放的问题，帮助模特快速进入拍摄状态。例如，可以让模特手里拿着提包、手机、阳伞等道具，如图9-42所示。

图9-42

达人点睛

需要注意的是模特手里的道具不要太抢眼，避免成为整个画面的焦点，不然就会让买家的注意力从服装转移到道具上。

技能13 用强光拍摄宝石饰品获取通透感

不少宝石都有半透明的特性，充分利用强光进行拍摄，可以将这种通透感加强，呈现出一种高贵、梦幻般的感觉，让买家心动不已，如图9-43所示。

图9-43

但同时也可以看到强光拍摄的缺点：表面有高光反射。要减少高光反射点，可以减少光源，比如原来有4个光源，可以减少到2个，但光源的强度也要相应调高，这样即可保证在总光量变化不大的情况下，减少反光点。

技能14 善用对照物，让买家能直观把握商品的大小

有很多商品，只看照片并不能确实了解其大小，因此很多买家评价商品“比想象中的大”或“没有照片上看起来那么小”等。有的卖家就直接在商品描述中添加上商品尺寸，

比如“钱包体积：100mm（宽）×40mm（高）×15mm（厚）”，或者“拉杆箱体积：48cm（高）×23cm（厚）×34cm（宽）”，其实，这样的描述还是没法让买家知道箱包具体大小的，很多买家并不愿意用皮尺来虚拟出商品尺寸，因为太麻烦。

因此，在给出商品的精确尺寸之外，最好再给出带有参照物的照片，参照物最好是一些日常生活中随处可见的物品，如桌子、手机、打火机、硬币等，当然也可以用人体或手来做参照物，如图9-44所示，这样才能让买家直观地感受到商品的大小。

图9-44

技能15 让背景模糊而产品清晰，可用小景深拍摄法

对于饰品等贵重商品，买家在充分了解之前，一般都不会轻易下单。那么，怎样才能让买家对饰品有全面的了解呢？显然，不仅要全方位多角度展示饰品，还要对饰品的细节进行特写，再配上文字说明，如图9-45所示，如此才能将更多的信息展示给买家。

在对饰品的细节进行拍摄时，不妨多使用小景深拍摄法，将饰品的背景模糊掉，凸显出饰品的细节来，如图9-46所示。

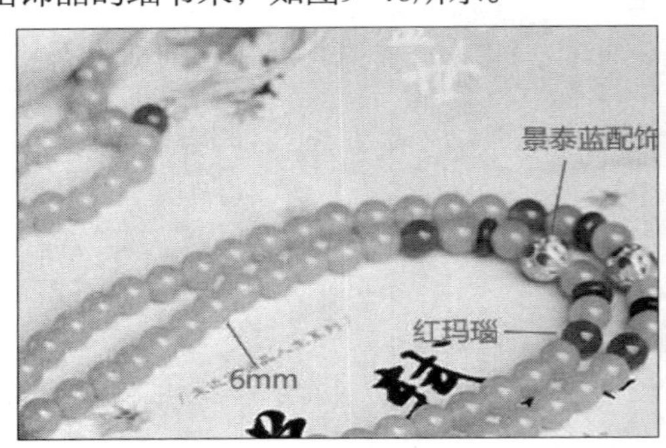

图9-45

图9-46

达人点睛

小景深照片可以模糊背景，突出拍摄主体。将相机光圈调大，快门速度调快，再进行拍摄，就可得到小景深照片。光圈越大，进光量越多，此时快门就需要越小。至于具体哪一档光圈配哪一档快门才能让曝光正常，照片不过亮，也不太暗，这需要店主在实践中不断摸索。

技能16 掌握技巧，手机也能拍出大片

开淘宝店，离不开好的图片。很多淘宝卖家，都是业余做淘宝的，可能没有良好的设备和相关人员。但是现在手机功能也很强大，只要掌握一定的技巧，拍出的照片也是非常吸引人的。

在拍照前，应该有内在思想，例如，拍给谁看？想展示什么？在确定内在思想后，可进行拍摄。拍摄技巧如下。

（1）突出产品特色

商品图片一般需要展示什么就重点拍摄什么。以芒果为例，芒果的新鲜度、诱人的色泽和食欲等特点都是需要展示的。在拍摄时，着重展现芒果的特点。

（2）从全景图到细节图

如何才能展现商品的真实感？采取全景到细节的拍摄方式，让商品得以全方位的展现。例如，在拍摄芒果图时，先拍摄芒果的生长环境，让消费者看到蓝天白云下挂在树枝上的芒果，直接呈现“新鲜”“生态”；再拍芒果近图，细微到芒果的果皮色泽，实现全景看全貌，细节看细节。

（3）注意图片的虚实

图片的虚实，又称为景深。在拍摄过程中，单个商品难免会显单调。背景的加入，能使图片更具灵魂。但是搭配背景，又会出现另一个问题：有的背景较多，就会喧宾夺主。采用虚实的拍照方式，就能突出主商品。一般的手机有“大光圈”模式，可以完成虚实的拍摄。

（4）一个合适的背景

即使采用了虚实，有的背景和主商品依旧不搭。如何搭配一个比较和谐的背景呢？这其实又要回归商品本身了。重点思考商品想展现的特点。以高档口红为例，如何突出口红的高档之处？高端大气的包装可以是其中一点，在选取背景时，完全可将口红的包装作为背景。

（5）光线

光线对图片的影响因素比较大，前期拍照时没注意，后期修改就比较耗费精力。用手机拍摄照片，有摄影棚倒是好解决，没有摄影棚，最合适的方法是运用自然光。相比阴天，晴天的光线更适宜；相比下午、晚上，上午的光线比较亮。

（6）对光、对焦和调色

对光，先试试光线是否暗；对焦，一般手机相机点屏幕一下就有个矩形框出来，点哪里，对焦的矩形框就在那里；调色，手机拍照时是可以调色的，不同的颜色会有不同的效果。

（7）适当的修图

小卖家不会PS不要紧，应用较为常见的美图秀秀也可对图片进行调整。可利用美图秀秀实现井字格裁切，调整亮度和色彩，抠图做白底图片，加边框等功能。

除此之外，拍照时手不能抖动，否则图片容易模糊。在选品方面，尽量选好的商品来拍摄。把握好上述几点基本知识，差不多就能拍出一张效果不错的产品图片了。

技能17 手机拍摄实操技巧

1. 如何进行正确测光与对焦

当使用手机拍摄商品时，手机根据预先设定的程序，对画面进行对焦与测光。此时手机屏幕上会显示一个对焦框，如图9-47所示。如果手机错误地将对焦框对准了拍摄主体之外的场景，那么焦距与曝光量都会产生错误，此时用户要用手指点按拍摄主体，让对焦框框住主体后，再进行拍摄，才能得到正确的焦距与曝光量。

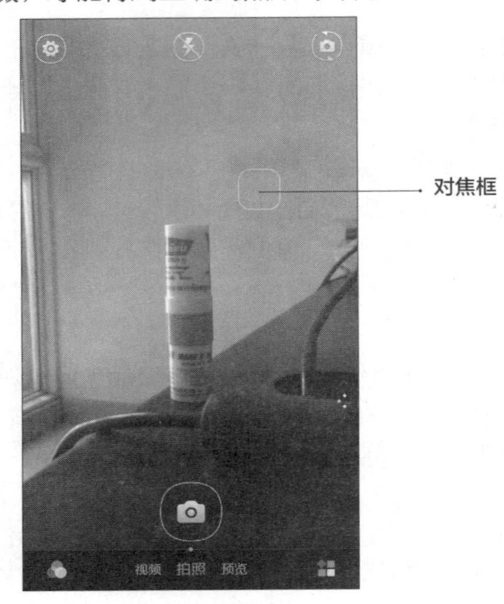

图9-47

2. 如何利用手机进行逆光拍摄

有些时候光源是无法控制的，例如，在进行外景拍摄的时候，背景光线可能会比较强烈。如果按照背景光线的强度来拍，模特拍出来会比较黑，无法展示服装细节；如果按照模特身上的光线强度来拍，天空以及远处的背景会曝光过度，显得太亮，整张图片失去美感。在这种时候，可以利用手机的HDR功能，拍出模特与天空曝光量都正常的照片来。

HDR是高动态范围（High-Dynamic Range）的英文简称。一般在光线明暗度相差较大的环境下拍摄时，如果照顾高光区域的曝光，就容易丢失暗部细节，而照顾了暗部细节，高光部分就会曝光过度，整个画面的高光和暗部细节不能同时得到保留。因此可以使用不同的曝光量，拍摄多张照片，然后经过处理，保留各自曝光合适的部分，合成一张亮部、暗部细节都能清晰呈现的照片。

如何打开手机的HDR功能进行拍照呢？这里以酷派手机的系统为例进行讲解。

Step 1 打开手机摄像头之后，❶点按屏幕右下角的功能按钮，❷在弹出的选项中点按“HDR（逆光拍照）”按钮，如图9-48所示。

Step 2 在屏幕右下角显示出“HDR（逆光拍照）”按钮后，点按拍照按钮，如图9-49所示。

图9-48

图9-49

3. 手机滤镜创造特殊效果

使用智能手机拍照时，可以利用内置的滤镜来创造特殊的视觉效果。比如在拍摄一些较有气氛的商品图片时，可以使用黑白滤镜，营造出一种静谧、怀旧的氛围，如图9-50所示。

图9-50

如何打开手机的滤镜功能进行拍照呢？这里仍然以酷派手机的系统为例进行讲解。

Step 1 打开手机摄像头之后，点按屏幕左下角的滤镜按钮，如图9-51所示。

Step 2 ❶在弹出的选项中点按需要的滤镜，❷点按拍照按钮，如图9-52所示。

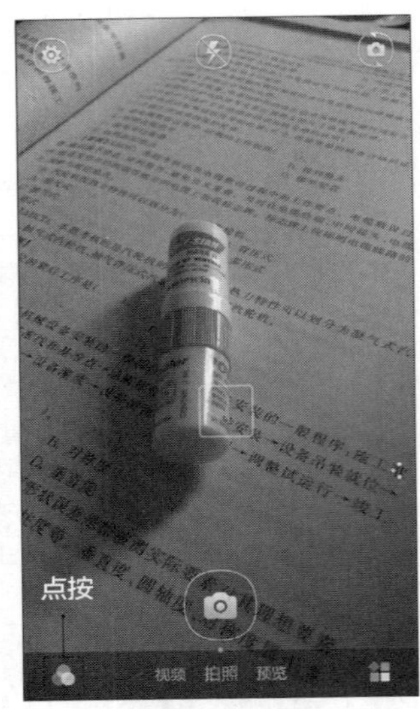

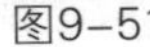

图9-51

图9-52

4. 利用手机内置软件简单编辑照片

智能手机绝大多数都内置了图片编辑软件，可以对手机里的照片与图片进行简单的编辑，如增加艺术特效、调节曝光度与对比度、增加相框以及修改图片尺寸等，功能丰富，操作简单，深受用户喜爱。很多使用手机拍摄的商品照片，可以直接在手机上进行编辑，无需打开Photoshop等专业软件来编辑，为店主创造了快拍快编快上传的条件。

以酷派手机的系统为例，使用手机内置编辑软件增强照片曝光量的方法如下。

Step 1 打开手机相册后，选择一张照片进行浏览，❶点按照片任意位置，❷在下方弹出的菜单中点按“编辑”按钮，如图9-53所示。

Step 2 ❶点按“增强”选项卡，❷点按“曝光”按钮，如图9-54所示。

Step 3 ❶将调解滑块向右拉动到合适的位置，增强曝光量，❷点按“完成”按钮✔，如图9-55所示。

图9-53

图9-54

图9-55

虽然各厂家的手机内置的编辑软件功能各有区别，但基本的使用方法大同小异，只要稍微钻研一下，就可以用得得心应手。

技能18 为手机安装镜头，拍出更炫目照片

用过单反相机的人都知道，单反相机的镜头是可以拆卸的，这样单反相机就可以通过更换不同的镜头，拍出更有吸引力的照片，比如广角、微距等。那么，有没有办法让手机也能更换镜头，拍出类似的照片来呢？答案是有的，如今专门为手机生产的外接镜头，可以让手机的拍摄功能更为强大。

手机的外接镜头分为四种类型：广角、鱼眼、微距、长焦。

● 广角镜头可以将更大范围的图像容纳到照片中，图9-56所示为普通手机拍摄效果，图9-57所示为加装了广角镜头的手机拍摄效果，可以看到在同样的位置拍摄，广角镜头下的照片能容纳更多的内容。广角镜头在模特外拍时比较有帮助，可以让整个模特在更加深广的背景中展示服装，营造更有感染力的氛围；也能在为商品拍摄全家福时起到帮助作用，店主不必离开商品太远即可将其全部配件“一网打尽”。

图9-56

图9-57

● 鱼眼镜头其实就是一种极端版的广角镜头，视角范围很大，一般可达到220°或230°，远超正常人类眼睛视角。利用鱼眼镜头拍摄出来的照片有强烈的变形，能够在视觉上给人以冲击感，如图9-58所示。在微店商品拍摄中，展示商品外形、特点及功能的照片，是不能用鱼眼镜头的，必须用正常镜头，但在拍摄一些商品使用场景时，可以利用鱼眼镜头制作出有趣的图片，如图9-59所示，在展示摆件时，可以利用鱼眼镜头拍摄，让整个画面具有生动感，吸引买家购买。

图9-58

图9-59

● 微距在前面已经介绍过，利用微距功能可以为商品拍摄精美的细节图。手机的微

距功能是比较差的，加装上微距镜头后，拍摄商品细节就比较方便了。

● 长焦镜头的作用就是将远处的景物“拉”到近处，视觉效果与望远镜差不多。不过长焦镜头有一个缺点，即对抖动很敏感，稍有抖动就会拍出模糊的画面，因此手机要配备三脚架才能进行稳定的长焦拍摄。长焦镜头在商品拍摄中用得很少，因为即使是模特外拍，也用不着长焦镜头，只在一些很特殊的商品拍摄中可能用到，如滑翔伞、三角翼等飞行器具的使用场景中，可以利用长焦镜头来拍摄飞行器在空中的使用状况等。但如果真需要拍摄飞行器，也不会使用手机，一般都会使用单反相机来操作。因此长焦镜头在手机商品拍摄中的作用的确是不大的。

手机外接镜头安装都很简单，使用一个卡子夹住手机即可，如图9-60所示。

图9-60

达人点睛

手机外接镜头的价格并不贵，在京东商城，一套包含广角、鱼眼和微距的三件套镜头价格在30～100元，包含长焦镜头的四件套价格在100～120元。这里建议店主们购买三件套即可。

技能19 如何更好地远距离自拍

有不少店主为了节省模特费用，都是自己亲自上阵充当模特，在没有人帮忙拍摄的情况下，就必须使用相机延时拍摄功能进行自拍。不过相机自拍一般只有2秒和10秒两档等待时间，使用时常常出现一个很麻烦的情况：2秒延迟时间不够，往往还没有摆好姿势，自拍就启动了；而10秒延迟又太长，姿势和表情都僵化了，自拍才启动，这两种情况都会让拍出来的照片效果不好。

其实，现在不少相机都支持红外遥控功能，只要购买一个红外遥控器，就能从容地进行自拍。红外遥控器可以控制相机的快门，店主在摆好姿势后，按下遥控器就能让相机进行拍照。

红外遥控器都比较便宜，一般价格在10元左右，图9-61所示为一款Sony专用的红外遥控器。

不过，有的相机没有红外遥控功能，但是可以连接快门线，这样可以购买另外一种遥控器，接收端接在快门线上，发射端进行遥控，如图9-62所示。由于增加了接收端，所以这种遥控器要贵一些，价格在几十元到上百元范围。

图9-61

图9-62

如果使用手机自拍，则可以购买蓝牙拍照遥控器，其一般都支持苹果系统和安卓系统，只需进行简单的配对后就能实现遥控拍照，如图9-63所示。注意在使用手机自拍时，不要使用前置摄像头，因为前置摄像头的效果一般都是很差的。

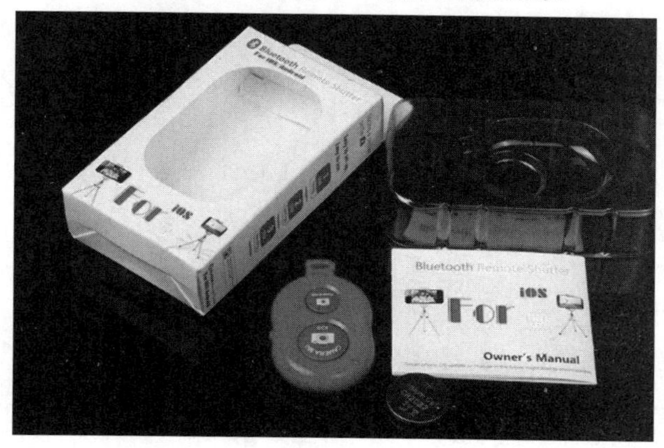

图9-63

达人点睛

可能有一些店主想到可以用自拍杆来进行自拍。其实自拍杆有很多局限性，首先自拍杆基本都是为手机设计的，大部分相机没法使用；其次自拍杆拍照容易因抖动造成成像模糊；自拍杆一般只能拍到上半身，对于全身自拍则无能为力。因此最好还是使用三脚架配合自拍遥控器来进行自拍。

技能20 优化商品图片增加商品的浏览量

商品图片的重要性是不言而喻的，它直观地影响着买家，好的商品图片会吸引买家浏览，增加商品的浏览量与购买量。那么，要怎样对商品图片进行优化，才能正向刺激到买家呢？可以从以下几个方面着手。

1. 主图的优化

假设通过关键词的优化，自己的商品已经能够成功显示在搜索结果前几页。那么，如何吸引买家在这几十个结果中，选择自己的商品呢？这取决于淘宝商品首图的“魅力”。在所有的商品展示图片中，首图决定了商品是否能得到买家的关注。图9-64所示商品图片展示的简洁美观，绝对能让它在商品中脱颖而出。

图9-64

淘宝商品首图优化原则如下。

（1）主体突出，商品清晰漂亮，从最佳角度展示商品全貌，不要有过于杂乱的背景。

（2）展示促销信息，让买家一看图片就知道这个店铺有优惠活动，从而产生浏览的欲望。

（3）尽量把主图做成正方形。

2. 图片要处理好

图片的大小首先要调整好，要符合在网站上打开时浏览者的视觉感受，太大的图会影响网页打开的速度。修正构图，把因拍摄时不注意留下的构图问题，利用黄金分割法调整好让人看上去舒服，并产生美感。图片不能过亮，也不能偏暗，调整得适合就可以。同时要加上店铺的防盗水印，彰显店铺的专业性，也防止网络盗图行为，如图9-65所示。

图9-65

3. 应详细地展示商品

即使是同一件商品，随着颜色和尺寸的不同，人们的感觉也常会有很大差异。对于买家想要了解的内容，不要一概而过，而应认真、详细、如实地介绍给买家。只有这样，买家才能毫不犹豫地购买。如图9-66所示的商品展示，使用了多幅图片详细地展示了商品的不同部位。

图9-66

很多新手卖家都不注重细节图的拍摄，甚至在页面上就没有细节图，这样是很难让买家信任的。所以，为了店铺的生意，细节图的拍摄一定不能少。细节图越多，买家看得越清楚，当然对卖家的商品产生好感及购买欲望也就越大。

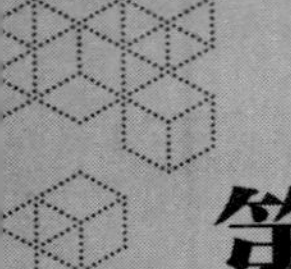

第10章 商品照片的后期处理与美化

本章导读

商品图片在经用心拍摄后，难免还会出现曝光不足、偏色及大小不一等问题。为解决这些问题，使商品图片更具美感，可用Photoshop、美图秀秀等软件进行后期处理。其中，Photoshop功能更为齐全，简单易学，即使是新手也可快速上手。

技能1 上传照片到电脑集中整理

使用数码相机拍摄好商品照片之后，接下来就需要将照片复制到电脑中，进而对照片进行修饰与美化，以及将照片上传到店铺中。

目前的数码相机多数都是通过存储卡来进行数码相片存储的，而用户日常拍摄的照片都保存在这里。要读取内容，最为简单的方法就是直接将存储卡通过读卡器接入电脑。

Step 1 首先取出数码相机底部的存储卡，如图10-1所示。

Step 2 将存储卡插入专用的读卡器设备，如图10-2所示。

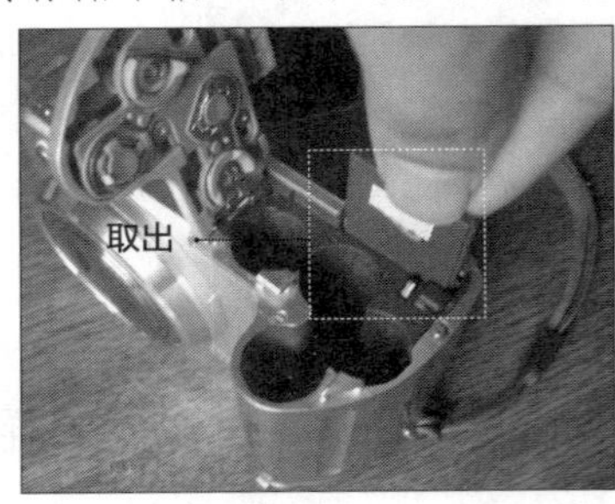

图10-1

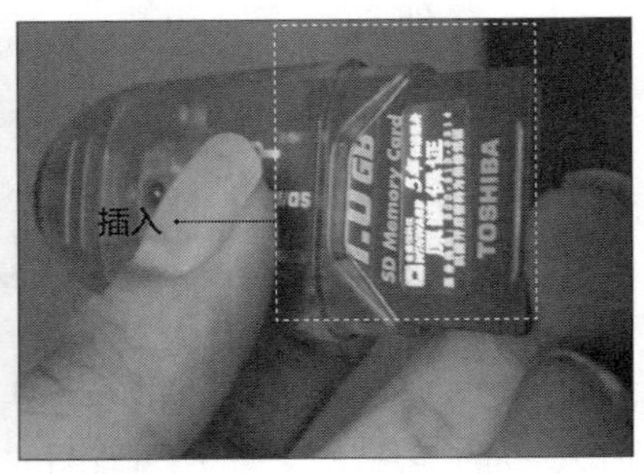

图10-2

Step 3 将读卡器插入电脑的USB接口进行连接，系统会自动将存储卡识别为移动设备，如图10-3所示。

Step 4 存储卡通过读卡器连接到笔记本电脑以后，会在“我的电脑”中显示为一个可移动磁盘，双击打开该磁盘，如图10-4所示。

图10-3

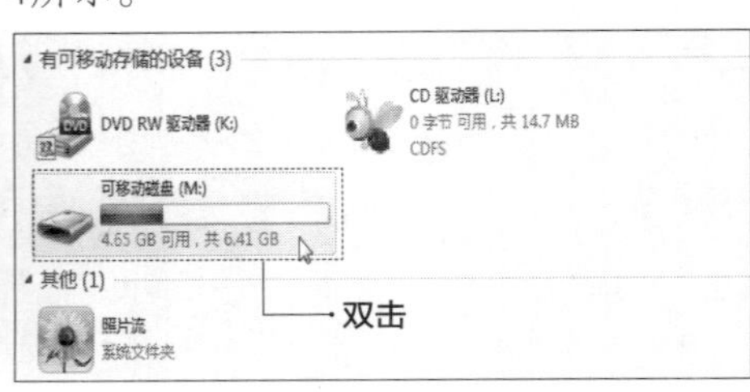

图10-4

Step 5 打开磁盘中的存放照片的图像文件夹，❶选择要进行传送的图像文件并用鼠标右键单击，❷选择“复制”命令，如图10-5所示。

达人点睛

不同品牌的相机，在存储卡中放置照片的文件夹的名称有所不同。例如，佳能相机的文件夹以“100CANON”“101CANON”这样的顺序命名，每个文件夹中存放100张照片，而卡西欧相机则以“101CASIO”“102CASIO”这样的顺序命名，其他品牌的相机各有不同的命名方法。

Step 6 打开电脑上存放照片的文件夹，在空白处单击鼠标右键并选择单击“粘贴”命令即可将照片文件复制到电脑，如图10-6所示。

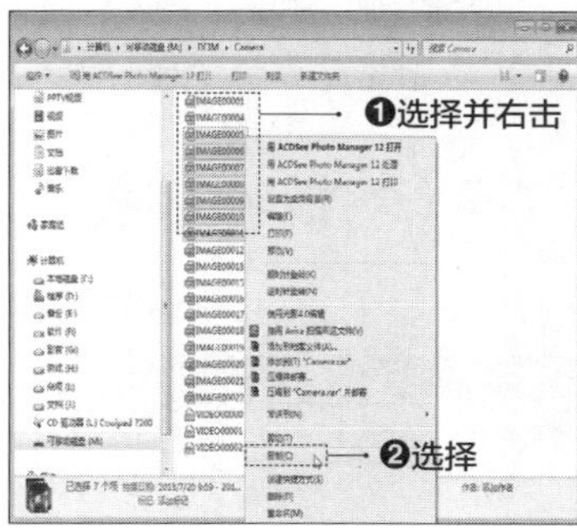

图10-5

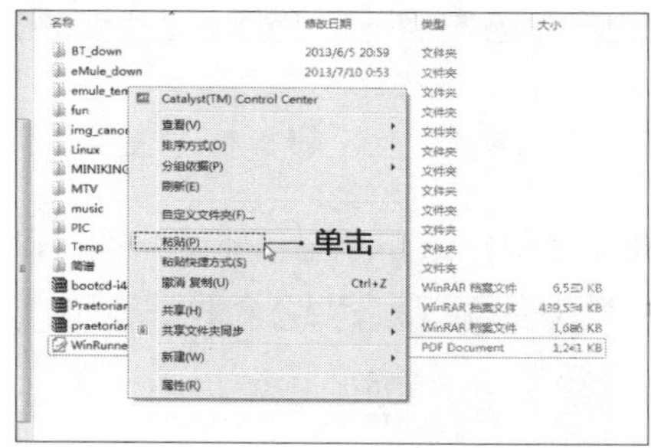

图10-6

技能2 如何处理曝光不足的照片

在拍摄照片时，如果曝光不足，则拍出来的照片整体偏暗，很多细节无法清晰地看到；如果曝光过度，则照片显得太亮，同样也无法看清楚细节。当出现这两种曝光问题时，可以使用Photoshop 软件进行处理。

下面就以为曝光不足的照片补光为例进行讲解。在本例中，一个毛绒玩具的效果图因为曝光不足，导致画面偏暗，看上去效果不好，不太能吸引访客，这里就要把它的曝光度调亮，使之看上去明亮饱满，更能吸引人购买。

Step 1 在Photoshop CC中打开要调整的照片，❶单击“图像”菜单，❷单击“调整”下拉命令，❸单击“阴影/高光”命令，如图10-7所示。

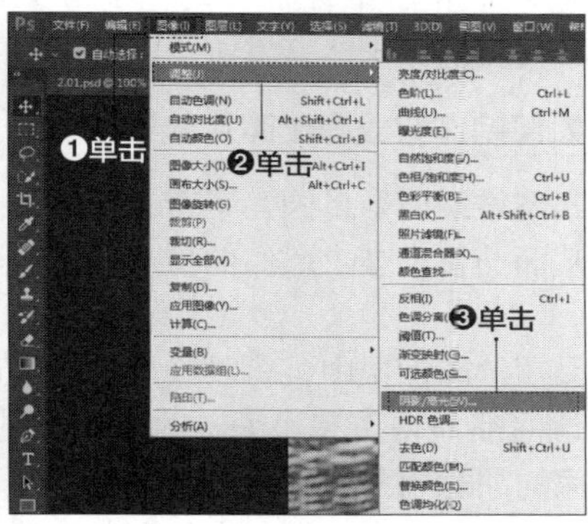

图10-7

Step 2 打开“阴影/高光”对话框，❶设置“阴影”数量为68，❷单击“确定”按钮，如图10-8所示。

Step 3 设置后的图像效果如图10-9所示。

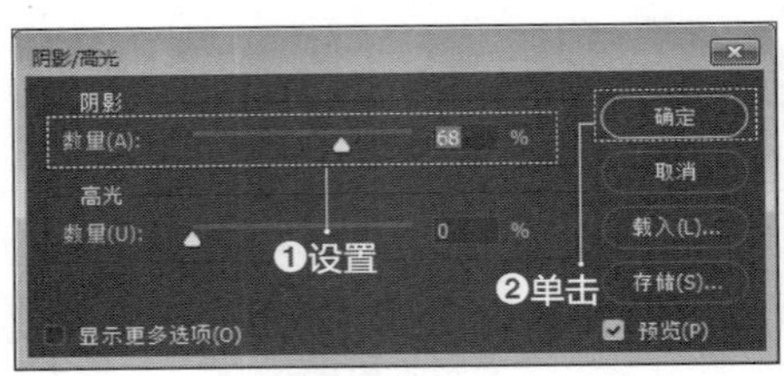

图10-8

图10-9

Step 4 曝光调整合适后，❶单击“文件”菜单，❷单击“存储为”命令，如图10-10所示。

Step 5 ❶设置图片的保存位置和文件名，❷单击“保存”按钮，如图10-11所示。

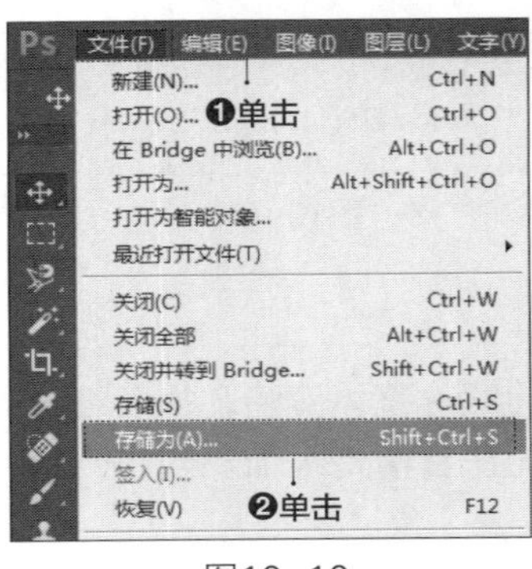

图10-10

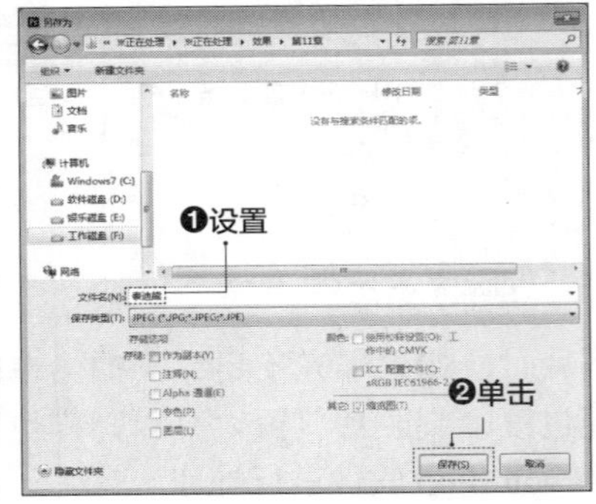

图10-11

如果照片曝光过度，则可以设置“阴影/高光”对话框的“高光”数量来降低曝光度。

用户也可以单击“保存”按钮来保存图片，不过这样一来，就覆盖了原始图片，万一以后要再次使用原始图片时，就不方便了，因此这里建议使用“另存”按钮来把修改后的图片保存到其他地方（或者另命名保存）。

技能3 如何制作背景虚化照片效果

传说断臂维纳斯像是因为手臂做得太美丽，影响了主题，所以作者索性砍去维纳斯像的双臂，从而凸显出整个雕像的特点。这说明有时候无关的细节会影响作品要表达的主题思想。

在商品照片的拍摄中，有时候也会遇到这样的情况，背景过于精致美丽，夺去了买家的眼光，让商品显得可有可无。对于这样的照片，就需要对商品之外的部分进行虚化处理，让买家的注意力只集中在商品本身。

在本例中，店主本来想突出包本身的效果，但由于照片清晰度很高，作为背景衬托的人物，很大程度上夺去了观众的注意力，导致包本身的视觉效果下降，因此这里要把包以外的部分虚化，让其变得模糊，丢失细节，从而保证包包能够获得视觉焦点，显示出本身的特色。

Step 1 打开要修改的照片后，按Ctrl+J组合键创建新图层，如图10-12所示。

Step 2 ❶单击“滤镜”菜单，❷单击“模糊”下拉命令，❸单击“高斯模糊”命令，如图10-13所示。

图10-12

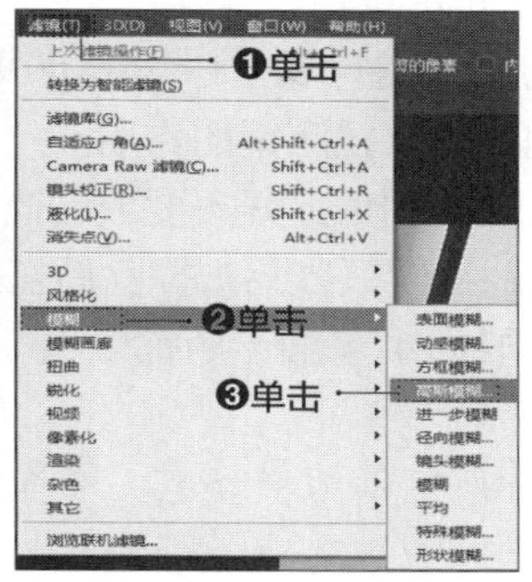

图10-13

Step 3 打开“高斯模糊”对话框，❶设置“半径”为3像素，❷调节完毕后单击“确定”按钮，如图10-14所示。

Step 4 图像变得模糊（虚化），这是可以调节的，❶在“图层”面板单击“添加蒙版”按钮，❷给“图层1”添加蒙版，如图10-15所示。

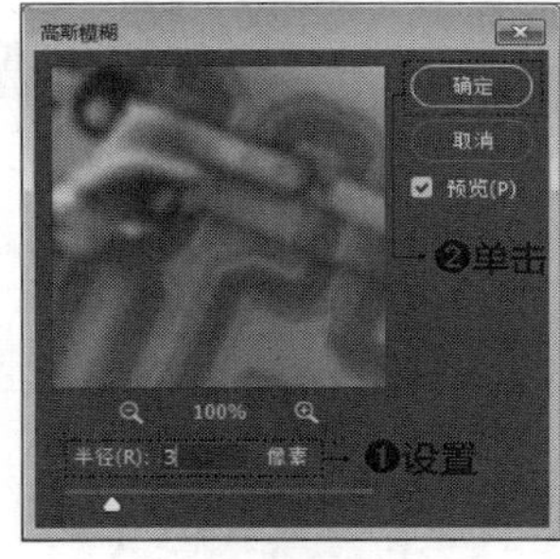

图10-14

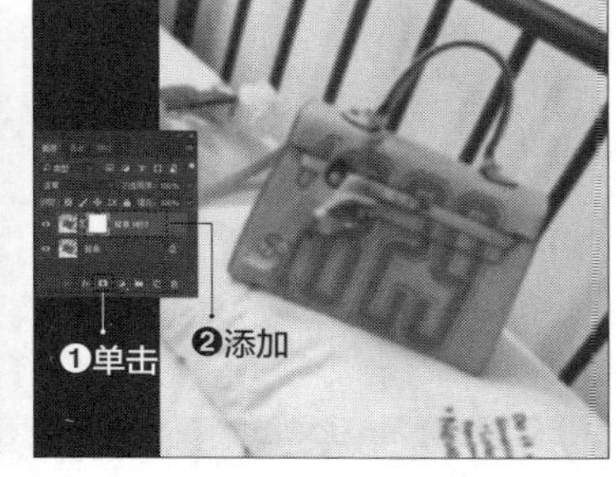

图10-15

Step 5 按B键选择画笔工具，设置前景色为黑色，在图像中需要清晰显示的区域涂抹，如图10-16所示。

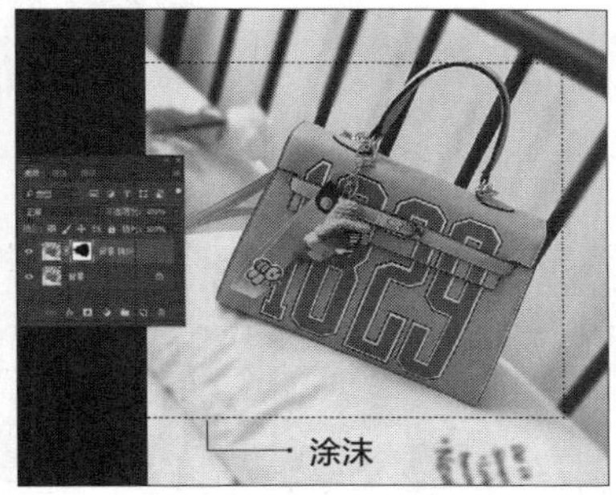

图10-16

达人点睛 为了避免处理过程复杂，可以将原图层复制一层，将其图层属性改为柔光，然后调整透明度即可。

技能4 添加专属图片防盗水印防盗用

自己辛苦拍摄的商品照片，却被一些不劳而获的淘宝店主盗用，这种事情很是让人气愤。为自己店里的商品图片加上Logo水印即可避免这样的情况出现。另外，制作精美的Logo水印也能起到宣传自己店铺的作用。

需要注意的是Logo图片最好不要放在商品的中心，以免影响顾客查看商品的细节，但也不要放在空白处，否则很容易被擦除后盗用。

在本例中，将要为手包加上店铺Logo，不能挡住手包主体，因此把Logo放在手包的上方。

Step 1 打开要添加Logo的照片后，❶单击“文件”菜单，❷单击“打开”命令，如图10-17所示。

Step 2 ❶选择Logo图片，❷单击“打开”按钮，如图10-18所示。

图10-17

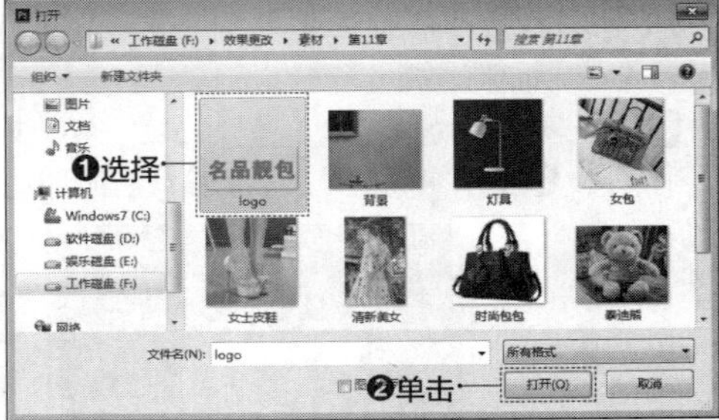

图10-18

Step 3 ❶设置Logo图片的位置、倾斜度以及大小，❷设置Logo图片的透明度，❸单击“文件”菜单，❹单击“存储为”命令进行保存，如图10-19所示。

图10-19

技能5 添加文字说明与修饰边框

淘宝店铺上的商品图片，大多都被添加了一些文字说明，配上了好看的边框，显得更加雅致，更加有情趣，对于买家来说特别有吸引力。下面就以为装饰品照片添加文字与边框为例进行讲解。

Step 1 打开要修改的照片后，按Ctrl+J组合键创建新图层，❶在“图层”面板单击“图层样式”按钮，❷在下拉菜单中单击“描边”选项，如图10-20所示。

Step 2 打开“图层样式”对话框，❶设置“大小”为80像素，位置为“居中”，填充类型为“图案”，❷单击“图案”后的下拉按钮，❸单击“设置”下拉按钮，在下拉列表中选择“自然图案”，❹设置完成后单击“确定”按钮，如图10-21所示。

图10-20

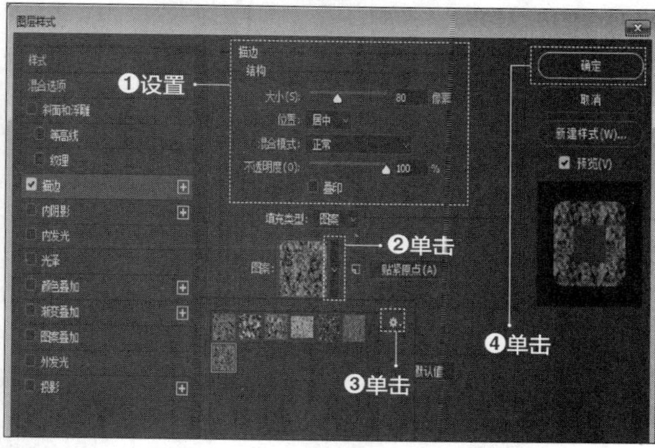

图10-21

Step 3 在提示框中单击“追加”按钮，❶单击“叶子”缩略图，❷单击“确定”按钮，如图10-22所示。

Step 4 按T键激活文字命令，❶设置字体为隶书，字号为30，颜色为黄色，❷单击指定文字位置并输入文字内容（输入的是店名“诺爱一生”），如图10-23所示。

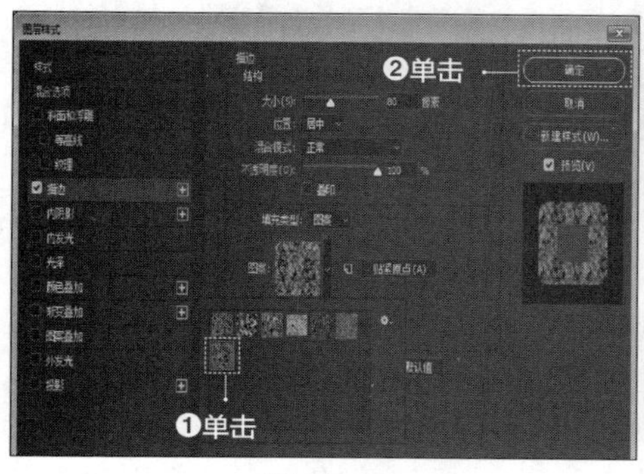

图10-22

图10-23

Step 5 单击“另存”按钮，将修改结果保存下来即可。

技能6 更换合适的背景以增加吸引力

对于背景过于复杂或过于单调的图片来说，可以把主体“抠”出来，把背景替换掉，换上其他合适的背景。

例如，很多玩具照片，背景可能不够富有感染力，就可以把玩具的图像“抠”出来，再放到其他更好看的真实的背景中，增加真实感。

Step 1 打开要修改的照片后，❶单击选择“魔棒工具”，❷按住Shift键单击多次选择图像背景，如图10-24所示。

Step 2 按Ctrl+Shift+I组合键反向选择图像，❶按Ctrl+J组合键复制选区创建新图层；❷单击隐藏背景图层，如图10-25所示。

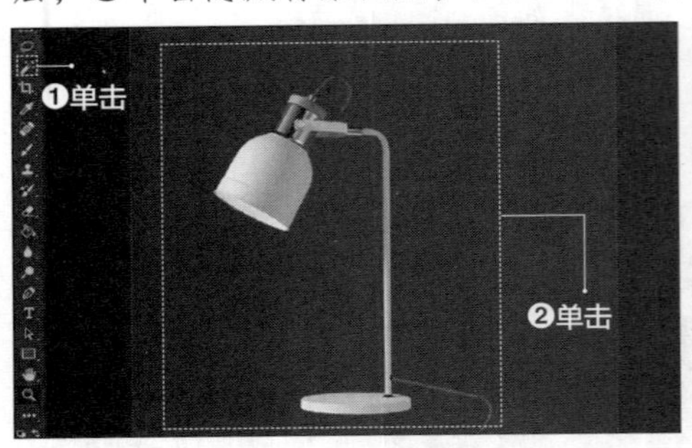

图10-24

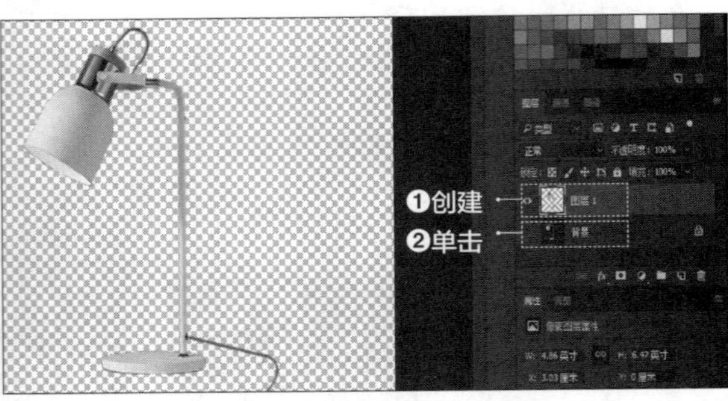

图10-25

Step 3 打开背景图片，❶选择背景图片，❷单击“打开”按钮，如图10-26所示。

Step 4 ❶将新打开的图片拖动到“灯具”窗口，调整图层位置，将“图层2”拖动到“图层1”下方，❷调整“灯具”在背景中的位置和大小，如图10-27所示。

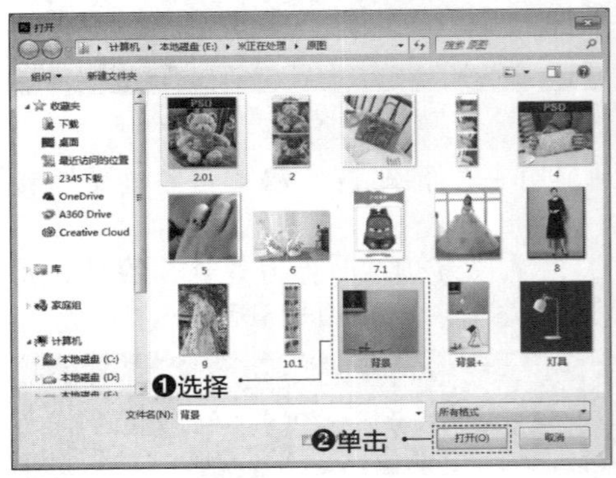

图10-26

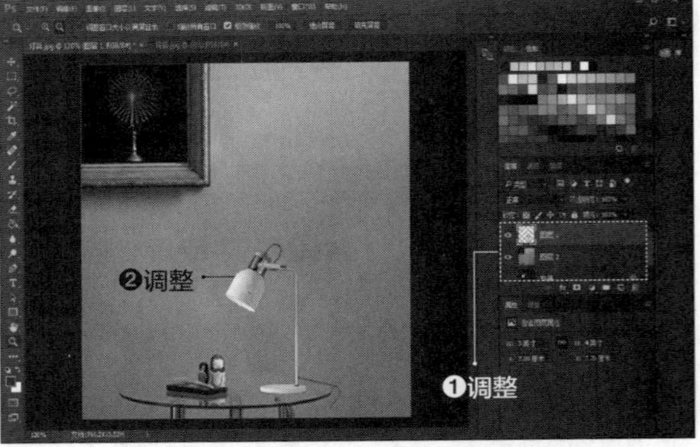

图10-27

Step 5 单击“另存”按钮，将修改结果保存下来即可。

技能7 调整偏色的商品效果

如果拍摄的时候光线条件特殊，或者相机的白平衡没有设置准确，拍出来的照片就有可能偏色。使用Photoshop软件可以将偏色的照片纠正过来。

在本例中，鞋子照片的颜色比较偏暗红，不能正确反应鞋子的颜色，可能会引起买家的误会，因此需要先纠正偏色，再发送到网店中。

Step 1 打开要修改的照片后，按Ctrl+J组合键复制背景图层创建新图层，如图10-28所示。

Step 2 ❶按Ctrl+B组合键打开“色彩平衡”对话框，设置色阶参数，❷如果满意，则可以单击“确定”按钮返回主界面，如图10-29所示。

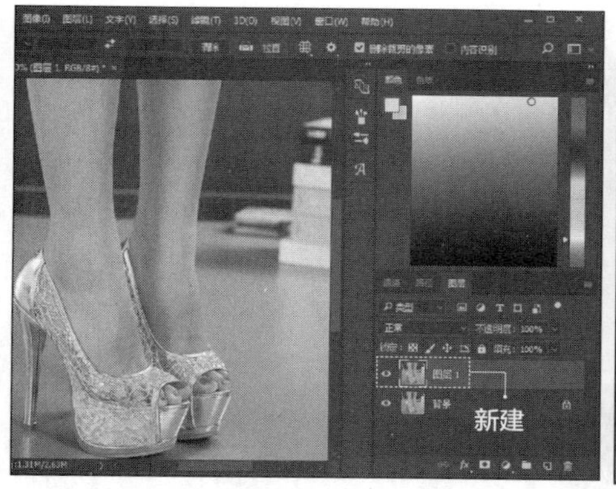

图10-28

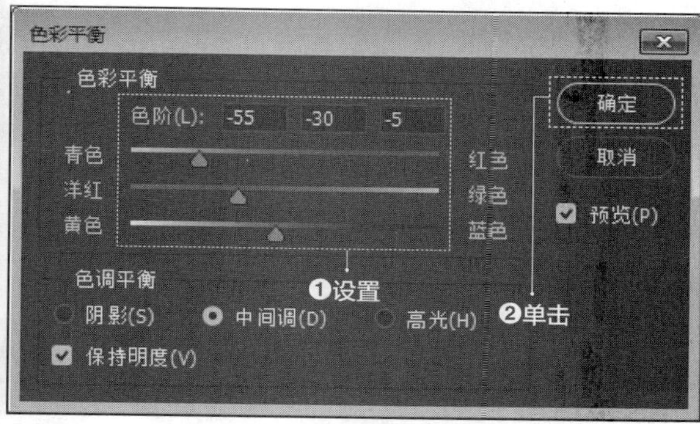

图10-29

Step 3 设置完成后效果如图10-30所示。“另存”图像，将修改结果保存下来即可。

图10-30

技能8 如何锐化商品图片，让商品图片更清晰醒目

Photoshop CC也可以将轻微模糊的图片变得略微清晰一点。必须要说明的是这种消除模糊的方法对于严重模糊的图片没有太好的效果，因为将过度模糊的照片变清晰，将造成图片失真，因此在拍摄时就把照片拍清晰才是最好的。

在本例中，因为光线的问题，图片稍显模糊，饰品的细节不能很好地展示出来，因此这里可以适当使用锐化功能，提高清晰度。

Step 1 打开要修改的照片后，按Ctrl+J组合键复制背景图层创建新图层，如图10-31所示。

Step 2 按Ctrl+L组合键打开“色阶”对话框，❶在左侧的白阶输入框依次输入参数，❷满意后单击“确定”按钮，如图10-32所示。

图10-31

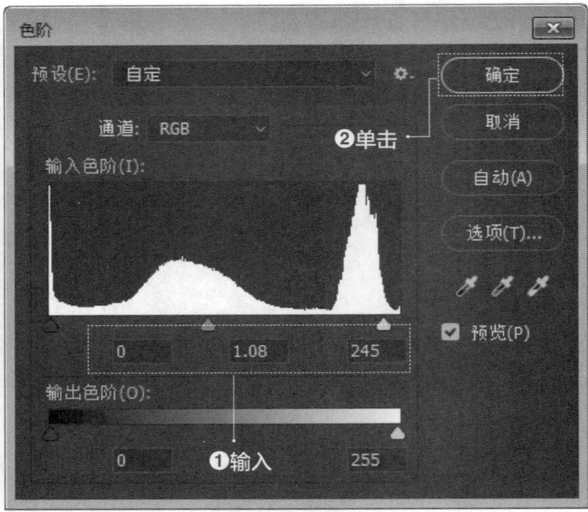

图10-32

Step 3 按Ctrl+M组合键打开“曲线”对话框，❶设置预设为“自定”，❷满意后单击“确定”按钮，如图10-33所示。

Step 4 设置完成后图像效果如图10-34所示。“另存”图像，将修改结果保存下来即可。

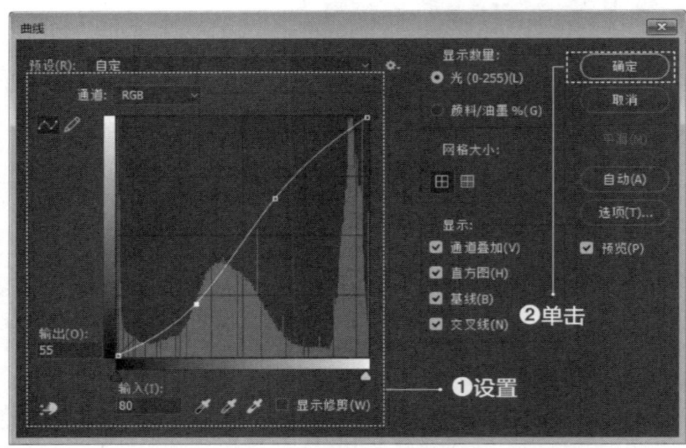

图10-33

图10-34

技能9 轻松批量处理商品图片

有时候需要对一批图片做同样的操作，比如将几十张产品图片同时缩小尺寸以便上传到网店中，或者为它们加上一样的水印以防盗版等。这样的批量操作也可以通过Photoshop CC来完成，过程非常简单。下面就以批量为图片添加文字为例进行讲解。

Step 1 在Photoshop CC中打开一张图片，❶在动作面板单击“创建新组”命令，❷在“新建组”对话框输入新的组名“组1”，❸单击“确定”按钮，如图10-35所示。

Step 2 ❶在动作面板单击“创建新动作”命令，❷在“新建动作”对话框输入设置内容，❸单击“记录”按钮，如图10-36所示。

图10-35

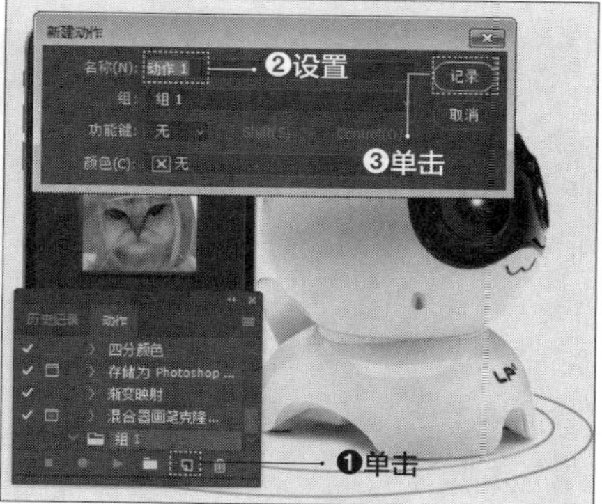

图10-36

Step 3 新建文字内容并调整，打开“另存为”对话框，❶指定存储位置，❷设置文件名及保存类型，❸单击保存按钮，如图10-37所示。

Step 4 在“JPEG”选项对话框单击“确定”按钮，如图10-38所示。

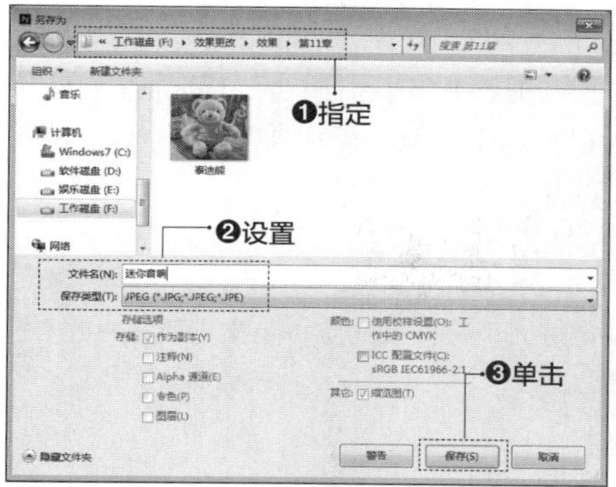

图10-37

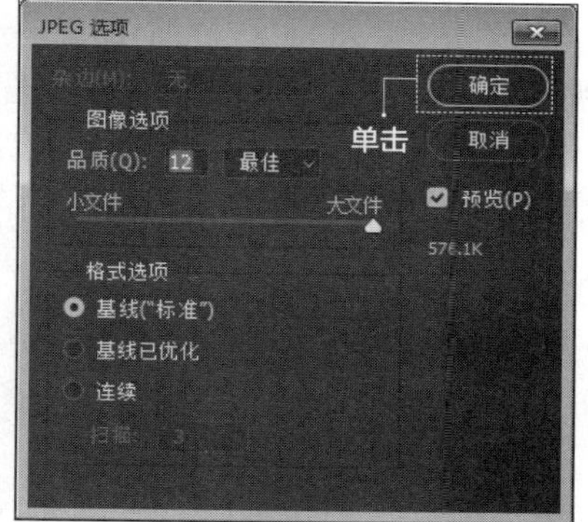

图10-38

Step 5 设置完成后在动作面板单击“停止播放/记录”按钮，如图10-39所示。

Step 6 ❶单击“文件”菜单，❷单击“自动”下拉命令，❸单击“批处理”命令，如图10-40所示。

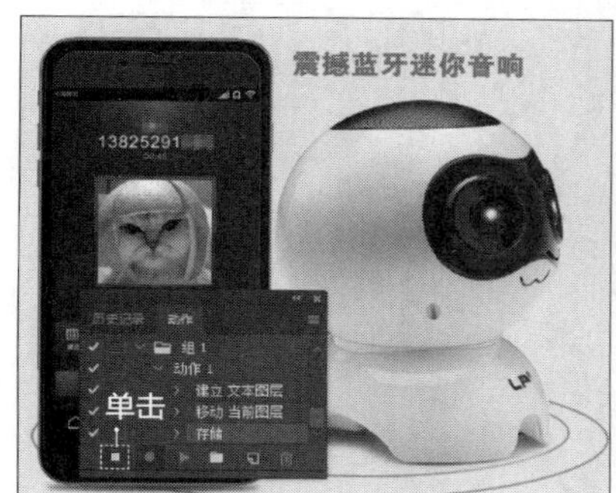

图10-39

图10-40

Step 7 ❶在“批处理”对话框设置内容，❷设置完成后单击“确定”按钮，如图10-41所示。

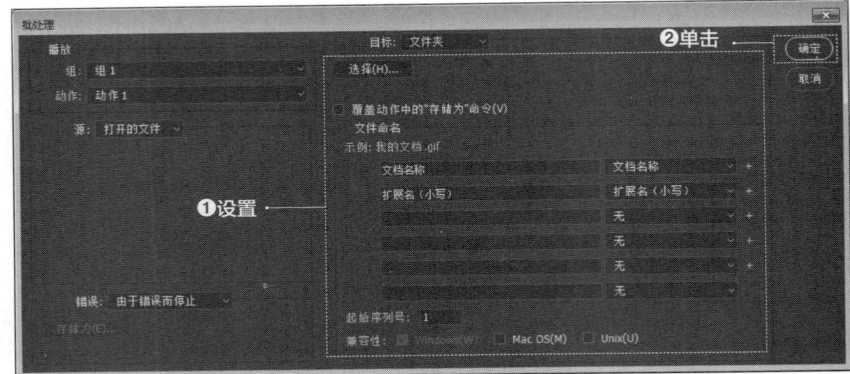

图10-41

技能10 调整图片的尺寸与容量

微店针对的是手机用户，因此微店里的照片也要照顾到手机的特点。要在手机上浏览的图片，其尺寸无需太大，因为手机屏幕通常在4~5.5英寸，若商品照片尺寸太大，也只能缩小到4~5.5英寸进行显示，不如直接把图片的尺寸缩小到适合5.5英寸左右（通常为宽度700像素左右），再上传到微店，这样的好处是减小用户手机加载的时间，能比大尺寸的图片更快显示在用户手机上，这样用户体验就会变好。

达人点睛

当需要在手机图片上添加文字时，中文字体最好大于等于30号字，英文和阿拉伯数字最好大于等于20号字，不然字体太小，难以在手机上看清。

下面就来讲解一下如何把图片尺寸缩放到指定数字。

打开图片，❶单击工具栏中的“尺寸”按钮，❷设置宽度与高度，❸单击“确定”按钮，如图10-42所示。

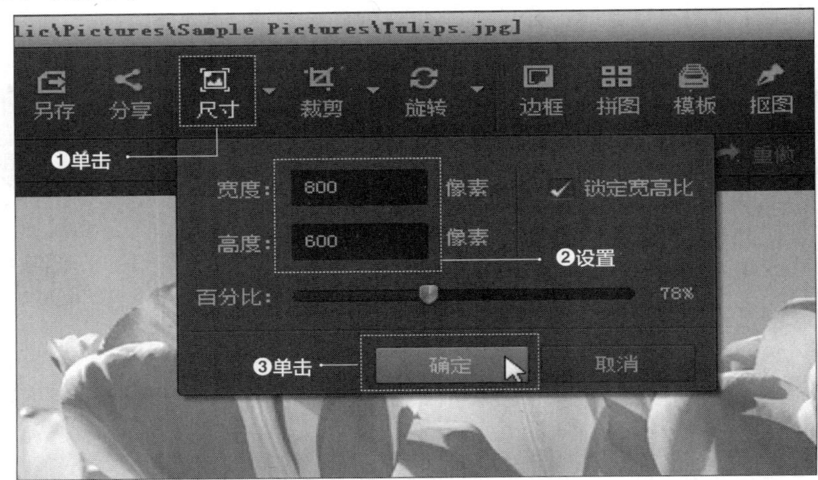

图10-42

另外，用户可以直接单击“尺寸”按钮右边的下拉菜单按钮“▾”，在下拉菜单中选择常用的尺寸，这样就可以较为快捷地调整图片了。

达人点睛

注意不要取消对“锁定宽高比”复选框的选择，否则可能会造成图像变形（除非有目的地制造图片变形的效果）。

调整了尺寸，但文件的容量（指文件在电脑中占用的存储空间的大小）可能还是会比较大，需要进一步缩小文件的容量。

在保存图片的时候就可以调整大小，操作方法如下。

单击“另存”按钮，弹出“另存为”对话框后，❶单击“修改大小”按钮，❷拖动滑块调整图片文件的大小，❸最后单击“保存”按钮即可，如图10–43所示。

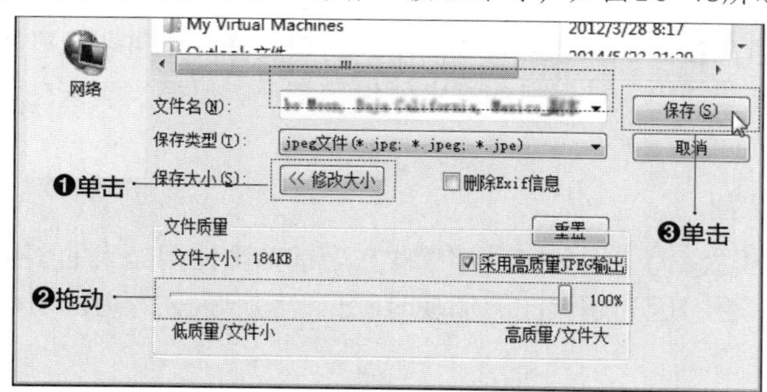

图10–43

达人点睛

图片的质量与容量有成正比的关系，也就是说，当图片的画质越高时，图片的容量就越大。因此要降低图片的容量，通常要牺牲一定的质量。但由于当今的压缩算法比较先进，通常只需要降低10%～20%的图片质量，就可以让图片的容量减小50%或更多。而图片质量下降10%～20%，对浏览基本没有什么大的影响，有时甚至看不出来区别。

第11章　网店装修必知必会

本章导读

和实体店一样，网店的装修也起着至关重要的作用。淘宝网的店铺页面可根据自己的喜好进行设计、装扮，这个装扮过程被称为网店装修。卖家可根据商品的定位，装修出一个风格明朗的店铺，再加以吸引力的店招、公告等内容，为店铺加分。

技能1　店铺装修的常见误区

要想让自己的店铺在众多店铺中脱颖而出，店铺装修设计是非常重要的，时尚、大气的店铺装修给购买者营造出一种舒畅的视觉效果和享受。但很多卖家在店铺装修时最容易出现以下几个方面的问题。

1. 喜欢使用超大图

为了吸引客户的注意力，很多店主都喜欢在店铺首页使用超大的图片。其实这样反而会影响客户的购物享受，因为超大图的加载时间长，客户失去等待的耐心，从而严重影响店铺的点击率。

达人点睛

一般情况下，店铺装修的图片都放在淘宝网以外的图片空间服务器，而这个存放空间服务器的速度往往决定店铺页面的访问速度，如果卖家上传太多的图片到店铺，网店的打开速度变慢，则会影响买家的心情。

2. 店铺首页装修配色多

许多店主在装修首页时，认为店铺颜色越丰富越好，甚至喜欢大红大紫这类非常刺眼的颜色。这是不对的，店铺的本色是有讲究的，必须遵循色彩搭配的基本原理，要根据自己商品的特点和装修风格来选择合适的色系，并且店铺版面的颜色最多不能超过5种，否则会让购买者眼花缭乱，产生视觉疲劳，给人心情不悦的感觉。

3. 店铺首页装修设计复杂

很多店主认为装修首页时越多内容越好，其实不然，首页装修应该简洁、大气、上档次，这样才能更好地发挥首页的引流作用。如果店铺首页装修复杂了，没有重点，或者重点不突出，则不易吸引购买者注意力。

4. 宝贝详情页入口太多

宝贝详情页入口设置太多，就不能把客户集中引流到优势（爆款）宝贝上，反而容易让购买者流失。

5. 忽略首页的搜索功能

很多店主忽略了首页的搜索功能，众所周知，店铺的宝贝越多，搜索功能就越重要。所以一定要在首页设置搜索功能，以方便购买者的需要。

6. 产品分类过细

我们常常会看到一些新手卖家在设置产品分类的时候过于细分，认为产品分得越细越好，而且本身产品并不是很多。如果一个网店的产品分类过于繁杂，购买者查找商品时很费时间，则会直接影响店铺的流量，因此建议合理设置产品分类。

技能2 怎样确定网店装修风格

店铺风格包含了多方面的内容，但最直接地体现在店铺装修的风格上。装修风格要和销售的商品的类型相匹配。

例如，一家出售休闲服饰的网店装修得过于高档奢华，买家本来通过搜索休闲服饰进来的，却被过于高档的装修给迷惑了，就会有一种进错门的不适感，会认为这个店里的商品价格很昂贵，很可能马上就去别的网店了。

其实，大卖场装修应该有大卖场的亲民风格，专卖店装修应该有专卖店的档次。一家店铺，不管它是网上店铺，还是实体店铺，在确定自己的装修风格时一定要从商品类型出发，贴近自己的消费群体，了解他们的喜好、顾虑，综合分析，最后形成自己店铺的装修风格。

例如，经营电子数码产品的网店，其销售对象大多数是成年男性，其理性和逻辑思维较强，因此网店装修应该以蓝、黑为主，以体现店铺的科技感与时尚潮流感，如图11-1所示。

图11-1

又比如母婴用品网店，面向的对象都是初为人母的年轻女性，对于充满婴儿照片，以淡粉色、淡黄色等温馨色调为主的网店完全没有免疫力，一旦进入这样的店铺，其消费欲望就会高涨起来，如图11-2所示。

图11–2

下面给出一些常见的根据商品类别确定装修风格的装修经验。

- **数码类：**蓝色、黑色主打，体现科技感、酷炫感、潮流感。
- **服装类：**服装类商品的风格不好一言以蔽之，因为服装类还可以进行多级细分。按年龄分，可分为童装、青少年装、成年人装、中老年装；按性别分，可分为男装和女装；按层次分，可分为外衣、里衣、内衣；按价格分，又有高中低几档。一个店主的商品很可能同时具备几种分类属性，要根据具体的销售对象来规划装修。例如，经营青年女性休闲外衣的网店，可使用活泼明快的色调；经营中老年男装的网店，应使用庄重、肃穆的色调，也可以迎合中老年人喜欢喜庆的心理，使用红色背景、大灯笼等来装修店面。总之，要根据商品的销售对象来调整装修策略。
- **母婴类：**多以浅色调为主，凸显温馨、亲情的感觉。
- **护肤品类：**多用浅色、亮色、纯色，给人一种鲜亮、光洁、水润，充满青春活力的感觉。
- **食品类：**食品类也和服装类的情况相似，因为种类繁多，不能一概而论。例如，海产类，可用浅蓝色、白色做基调，体现海洋感；而火锅底料、干锅炒料等产品，可以用大红色为基调，体现出麻辣感等。总之要根据具体的产品特点进行设计。
- **家装类：**家装类也有几个风格可考虑，如粉色系的温馨风格、蓝白系的明朗风格、深红色的复古风格等。

实际上商品类别还有很多，这里不可能一一罗列，因此，下面仅选取几种典型类别来进行说明，希望对读者能有启发作用。

技能3 快速收集装修素材

装修用到的图片、背景图片等，都要使用到大量的素材图片，也有可能用到一些声音素材，因此，必须在装修前就收集好各种素材。

在百度搜索引擎中搜索“素材”，即可在搜索结果中看到很多素材网站，如图11–3所示。

图11–3

打开其中一个网站，即可看到很多素材图片（主要是图片），店主可以下载合适的图片，如图11–4所示。

图11–4

达人点睛

店主可以到网上购买一些图库来使用，也可以到电脑城购买图库光盘来使用。需要注意的是不要购买盗版图库，以免侵犯版权，否则有可能引起诉讼。

除了使用百度来搜索素材站，还可以在百度图片搜索引擎上直接搜索图片。登录百度图片官网，然后输入搜索关键词，如“杯子”，单击“搜索”按钮即可看到搜索结果，如图11–5所示。

图11–5

搜索结果是缩略图，因此对于喜欢的图片，可以单击一下，在新的页面中将显示图片的“庐山真面目”。在图片上单击鼠标右键，在弹出的快捷菜单中选择“图片另存为”命令，可将该图片保存到电脑中，如图11–6所示。

图11–6

如果可以确定需要哪方面的素材，可以以具体的素材类型名称来搜索。例如，需要网店的背景图片，不妨搜索“壁纸”，在结果页面中，不仅可以选择壁纸风格，还可以选择尺寸，如图11–7所示。

图11–7

技能4 常见网店布局有哪些

初次开店的卖家可能对淘宝网店页面都还不是特别了解，因此，在装修店铺之前，先要对店铺的布局有一定的认识，这样才能更直观地从整体上规划装修。图11-8所示为淘宝店铺的基本布局。

图11-8

❶店铺名称：位于店铺左上角，只能用文字命名，字数在1~30之间。

❷店铺信息：显示卖家的店铺招牌、淘宝账号、信用信息、创店时间以及店铺中销售商品的数量等。

❸导航栏：在导航栏里可以添加多个模块，如本图中的“查看所有宝贝”“店铺清仓特价宝贝”、搜索栏等。这些模块都可以在装修中进行增删。

❹宝贝列表：显示当前所有在售宝贝。通过上方的按钮和选项可以对宝贝进行排序和筛选。

以上是新开淘宝店铺的默认布局，除此之外，还有“掌柜推荐区”可以通过设置将其显示。也可以设计其他布局，例如，使用纵向的导航栏，放在宝贝列表上面。

在导航栏上面，可以是公告栏和店铺信息，也可以加入自定义的通栏广告。总的来说，网店的布局没有什么大的变化，都是从上到下安排，能够换位置的，无非是导航栏，以及自定义的通栏广告。

技能5 设计引人注目的店标

店标就是店铺的Logo图片，相当于个人博客中的头像，默认显示在店铺左上角。新店铺没有提交店标，因此“店铺信息”区域左侧显示为空白。当上传了店标之后，店标将在这个位置显示出来。

店标大小最好为80像素×80像素，可以使用Photoshop、CorelDRAW等图形处理软件来制作。就像其他媒体上的Logo一样，店标在设计过程中也应该融入网店的文化作为内涵，结合店铺名称和这些内涵来施展创意。一般来说，店标不宜太花哨，在达意的基础上简约一些反而更能经得起推敲，易给人留下用心创作的印象。

网店的店标可以分为动态店标和静态店标两种，大多数网店的店标都是静态的，少数网店使用动态店标。静态店标的具体操作步骤如下。

Step 1 启动Photoshop，选择“文件”→“新建”命令，弹出“新建文档”对话框，如图11-9所示。

Step 2 如图11-9所示，❶将“宽度”设置为120像素，“高度”设置为32像素，❷单击“创建”按钮，新建一个空白文档，如图11-10所示。

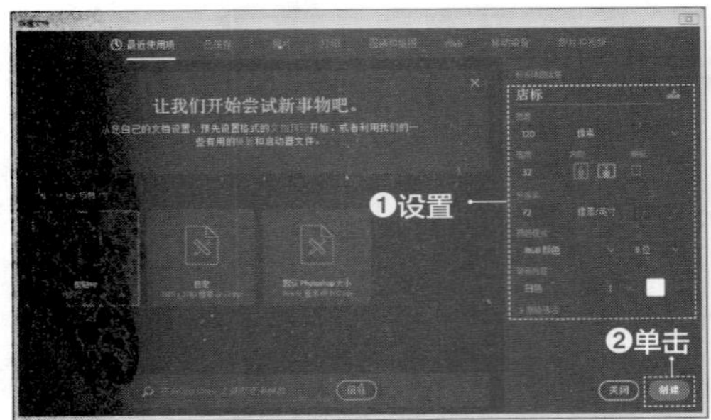

图11-9

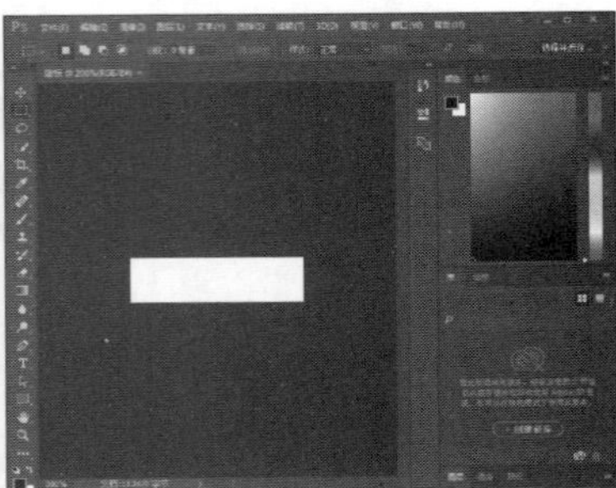

图11-10

Step 3 ❶单击工具箱中的“前景色”颜色块，弹出“前景色（拾色器）”对话框，设置RGB参数均为255，❷单击“确定”按钮，如图11-11所示。

Step 4 ❶单击工具箱中的“油漆桶工具”，❷在白色背景图像上，单击鼠标左键，即可填充前景色，如图11-12所示。

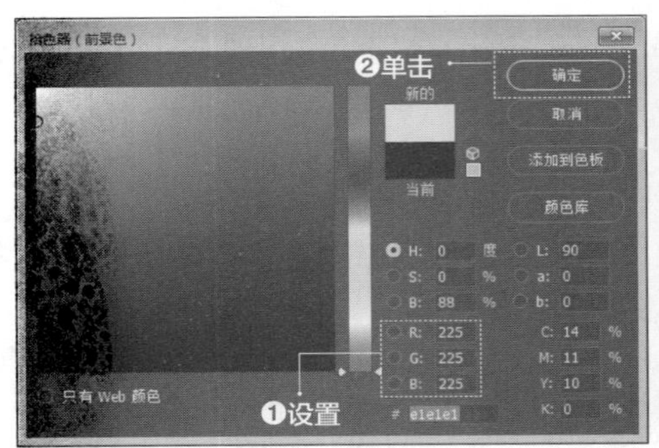

图11-11

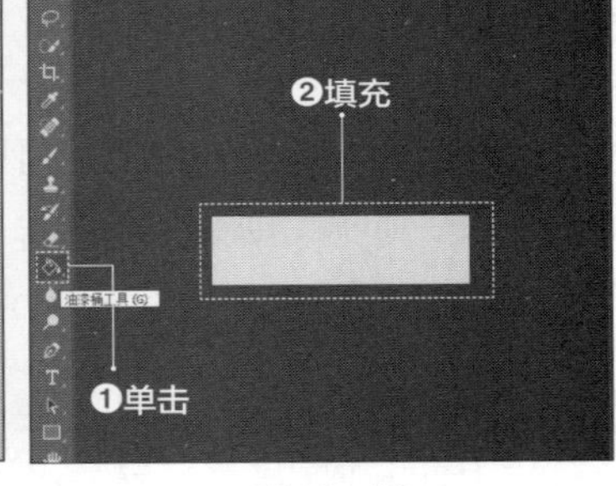

图11-12

Step 5 ❶单击工具箱中的“横排文字工具”，❷输入文字“夏の潮款”并设置颜色、大小等参数，如图11-13所示。

Step 6 ❶单击工具箱中的“钢笔工具”，❷修改“工具形状模式”为“形状”，在图像上依次单击鼠标，添加锚点，绘制3个钢笔形状，并设置钢笔形状的“填充”颜色为“黑色”，如图11-14所示。

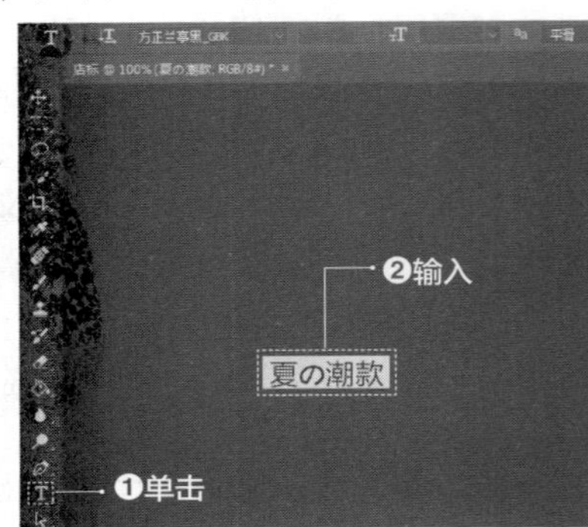

图11-13

图11-14

动态店标就是将多个图像和文字效果构成GIF动画。制作这种动态店标，可以使用GIF制作工具完成，如easy GIF Animator、Ulead GIF Animator等软件都可以制作GIF动态图像。

技能6 上传制作好的店标

店标制作好之后，就可以将其上传到店铺了，具体操作方法如下。

Step 1 进入"卖家中心"页面的"店铺基本设置"选项，如图11-15所示。

Step 2 在跳转的页面中单击"上传图标"按钮，如图11-16所示。

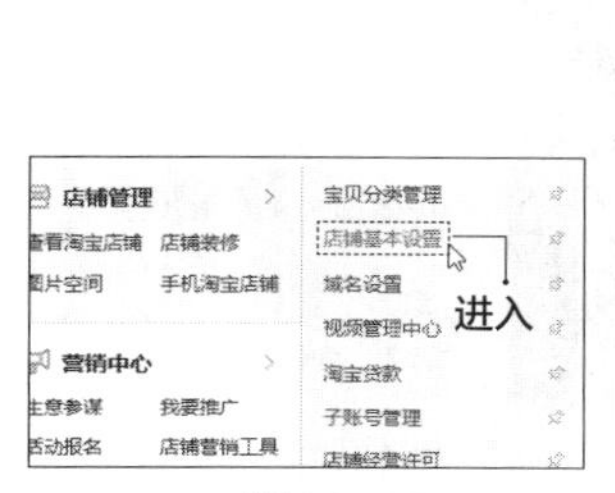

图11-15

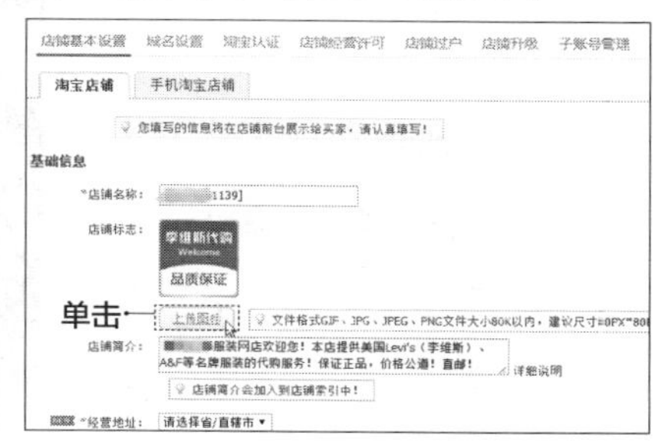

图11-16

Step 3 打开"打开"对话框，❶选择店标图片，❷单击"打开"按钮，如图11-17所示。

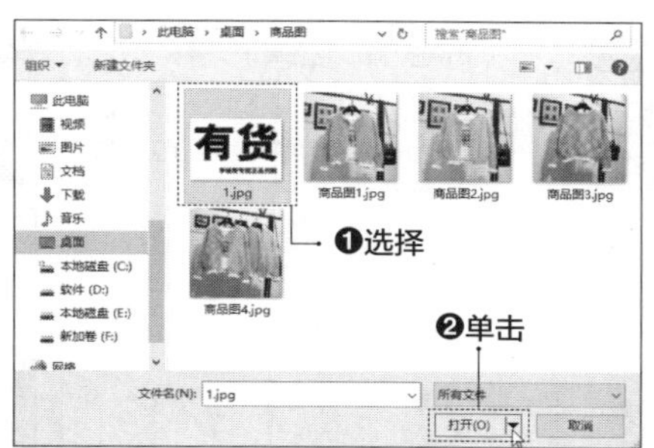

图11-17

Step 4 返回到店铺基本设置页面后，单击"保存"选项即可。

> **达人点睛**
>
> 如果店主不太会制作店标，或者没有时间制作店标，可以到网上的在线店标制作网站去做一个店标。比较好用的在线店标制作网店有"淘宝店标在线制作"等。只需从中选择一个模板，输入必要文字信息即可生成店标，非常方便。

技能7 在装修页面中编辑店铺模块

通常一个网店中有几个基本的页面，如首页、宝贝列表页、宝贝详情页、宝贝分类页、店内搜索页等，每个页面又拥有不同的模块，比如之前介绍过的，在网店首页有店铺信息、店铺公告等模块，卖家可以对每个页面的每个模块自行进行增删和修改。

下面就以在网店首页中增加"宝贝推荐"模块并编辑其内容的操作为例，讲解在装修页面中编辑店铺模块的方法。

Step 1 登录淘宝网店后，进入卖家中心，单击“店铺装修”超级链接，如图11-18所示。

Step 2 进入新页面，在页面左侧的“模块”选项中找到“友情链接”模块，将其拖动到想要的位置，如图11-19所示。

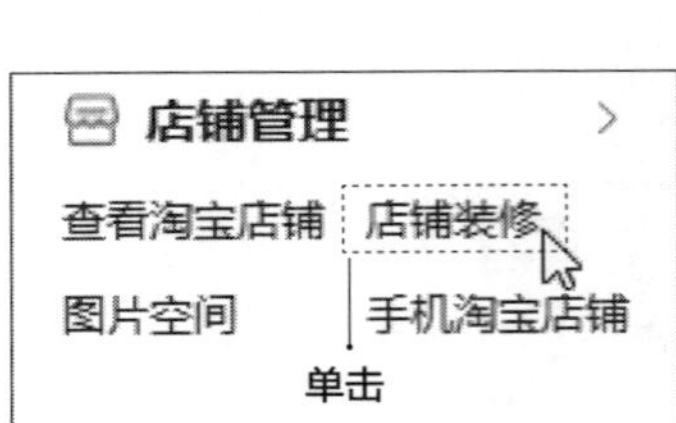

图11-18

图11-19

Step 3 将鼠标指针悬停在模块上，单击“编辑”按钮，如图11-20所示。

Step 4 弹出对话框，❶选择输入推荐内容等信息，❷单击“保存”按钮，如图11-21所示。

Step 5 打开店铺查看，可以看到新增加的友情链接，如图11-22所示。

图11-20

图11-21

图11-22

如果要删除模块，只需将鼠标指针悬停到模块上，单击出现的“删除”按钮即可。其他页面和模块的编辑方法也和本例类似，这里就不再一一进行讲解，读者可以自己尝试修改。

技能8 为网店添加背景音乐

为网店添加合适的音乐，能够增加网店的吸引力。当访客打开网店页面时，会响起一段符合网店主题的、或悠扬、或欢快的音乐，不仅提升了网店的品质，还能给访客留下深刻的印象，提升访客的购买欲。

要为网店添加背景音乐，应该在公告模块中进行操作。首先登录淘宝，进入卖家中心里的网店装修页面。

Step 1 单击店铺招牌模块的编辑按钮，如图11-23所示。

图11-23

Step 2 ❶单击“自定义招牌”单选项，❷然后单击“源码”按钮，进入源码编辑模式，❸将背景音乐的HTML代码输入到文本框中，❹单击“保存”按钮，如图11-24所示。

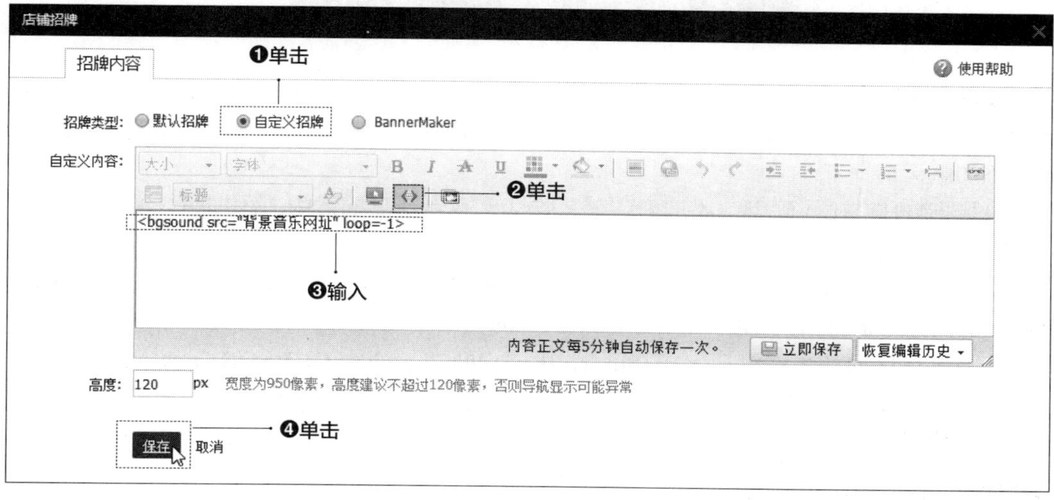

图11-24

图中用到的背景音乐代码如下。

<bgsound src= "背景音乐网址" loop=-1>

其中，“loop”代表循环次数，设置为“-1”则表示无限循环。

> **达人点睛**
>
> 背景音乐有时候也会给访客造成不便。例如，有些人在上班时用电脑打开网店，忽然传来一阵背景音乐声，为了不影响同事工作，多半是随手就把网店关掉了，这样网店就失去了一个潜在的买家。因此可以在代码中加入volume=50这样的代码，让音量控制在原来的50%，成为一种比较低声的、真正的背景音乐；如果需要，还可以将其改为40、35或更少。

技能9 为网店设置独特的鼠标动画

大家在日常浏览网页过程中可能会发现，有时候打开一些网页后，将鼠标指针移动到网页上面时，鼠标指针就会变为其他形状，是不是觉得很有趣呢？其实在淘宝店铺中也可以自行设定鼠标指针的样式，让店铺更加个性化，更具有吸引力，如图11-25所示。

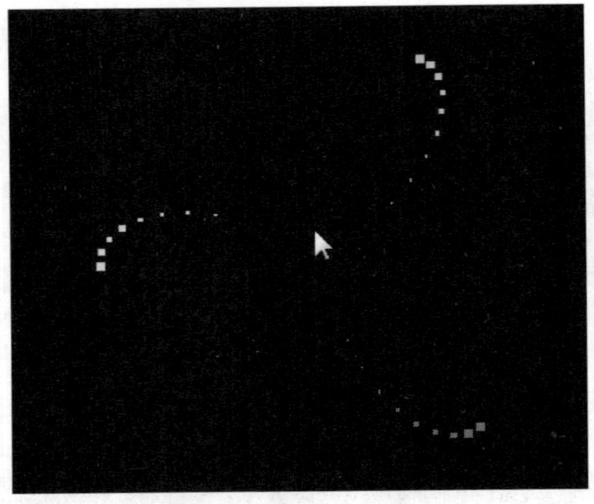

图11-25

要设置店铺页面鼠标指针的样式，首先需要通过图像软件或动画软件来制作鼠标指针图片，然后将图片上传到相册空间并获取图片的链接地址。接下来，就可以通过HTML代码来添加鼠标指针了。

鼠标指针HTML代码可以添加到店铺公告区，或者商品描述中。添加时，必须切换到HTML源文件编辑状态后输入代码。

公告区鼠标指针代码：**<table style="CURSOR: url（'鼠标图片网址')" ><tr><td> <table border="0"style="TABLE-LAYOUT: fixed">**。

商品描述区鼠标指针代码：**<table width="100%" style="CURSOR: url('鼠标图片网址')" ><tr><td width= "100%" >**。注意：此代码需添加在源代码的最前面。

无论使用哪个代码，都要在末尾添加**</td></tr></table>**。

技能10 制作图片公告栏

卖家在淘宝网开店后，淘宝网已经为店铺提供了公告栏的功能，卖家可以在“店铺装修”页面中设置公告的内容。卖家在制作公告栏前，需要了解并注意一些事项，以便制作出效果更好的公告栏。

淘宝基本店铺的公告栏具有默认样式，卖家只能在默认样式的公告栏上添加公告内容，如图11-26所示。

图11-26

店铺已经存在默认的公告栏样式，而且这个样式无法更改，因此卖家在制作公告栏时，可以将默认的公告栏效果作为参考，使公告的内容效果与之搭配。淘宝基本店铺的公告栏默认设置了滚动的效果，在制作时无需再为公告内容添加滚动设置。

公告栏内容的宽度不要超过480像素，否则超过部分将无法显示，而公告栏的高度可随意设置。使用Photoshop设计公告栏图片的方法如下。

Step 1 启动Photoshop，选择“文件”→“新建”命令，弹出“新建文档”对话框，❶将“宽度”设置为480像素，“高度”设置为219像素，输入文档名称，❷单击“创建”按钮，如图11-27所示。

Step 2 出现新建的空白文档，如图11-28所示。

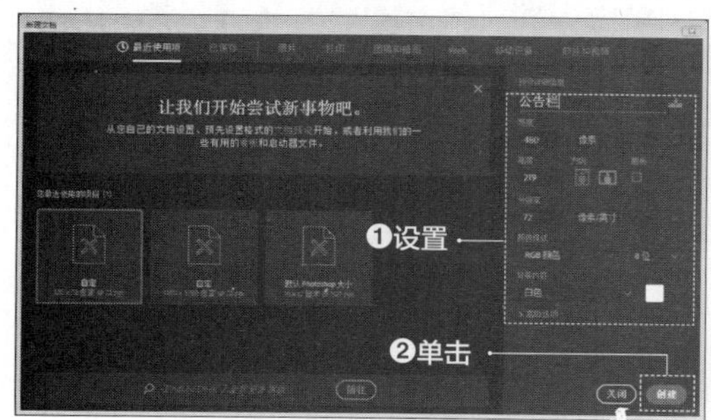

图11-27

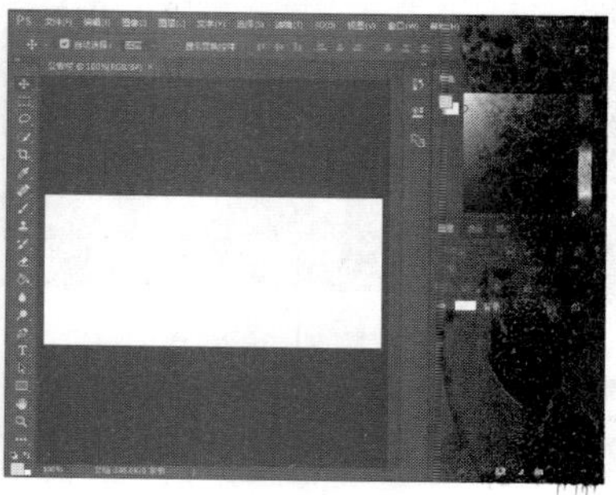

图11-28

Step 3 ❶执行“文件”→“置入嵌入的智能对象”命令，弹出“置入嵌入对象”对话框，选择“背景”图像，❷单击“置入”按钮，如图11-29所示。

Step 4 即可置入背景图像，其图像效果如图11-30所示。

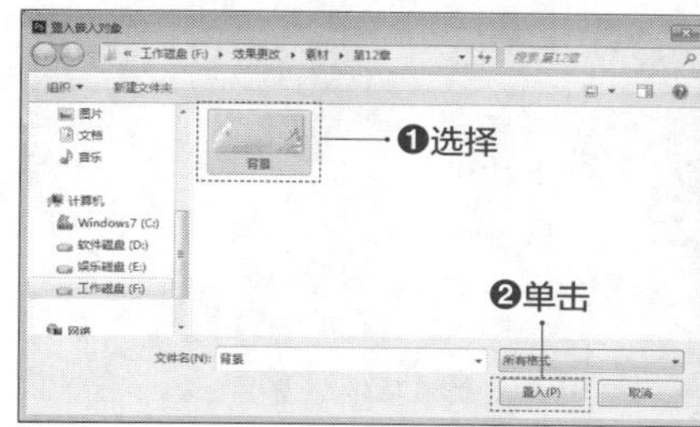

图11-29

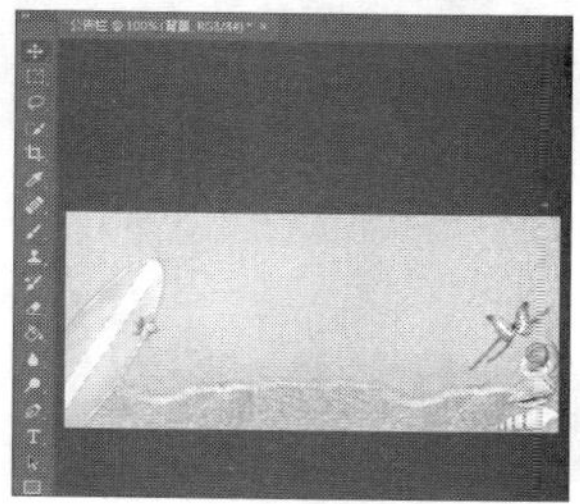

图11-30

Step 5 ❶单击工具箱中的“矩形工具”，❷在背景图像上单击鼠标并拖曳，绘制一个矩形形状，如图11-31所示。

Step 6 在弹出的“属性”面板中，依次修改各参数值，如图11-32所示。

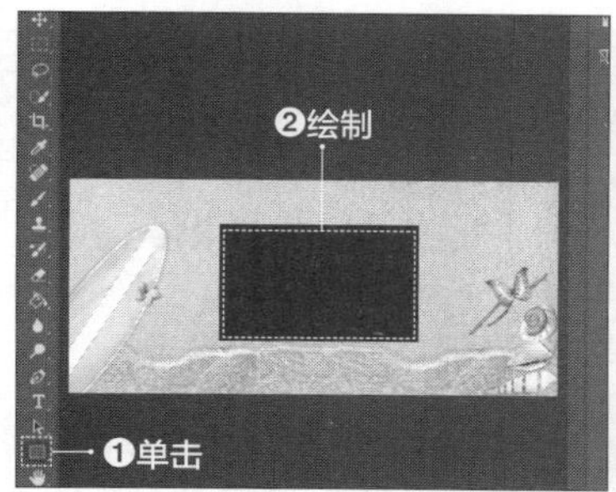

图11-31

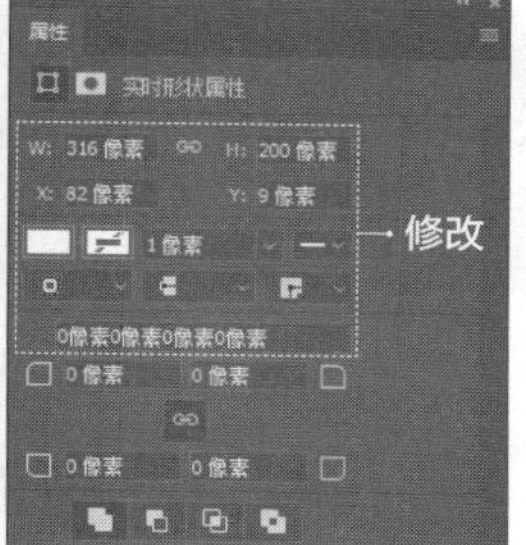

图11-32

Step 7 修改参数值后即可更改矩形的形状大小和填充颜色，如图11-33所示。

Step 8 选择“图层”→“图层样式”→“投影”命令，❶弹出“图层样式”对话框，在该对话框中设置相应的参数，❷单击“确定”按钮，设置图层样式，如图11-34所示。

图11-33

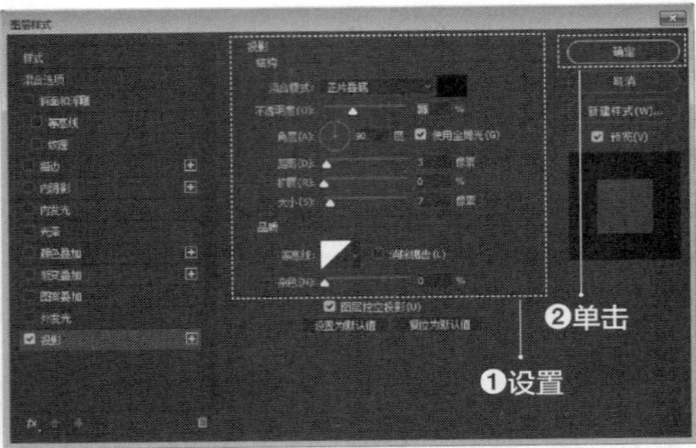

图11-34

Step 9 执行“文件”→“打开”命令，依次打开相应文件夹中的“装饰1”和“装饰2”图像文件，并将打开的图像文件依次拖曳至“公告栏”窗口中，如图11-35所示。

Step 10 选择“图层”→“图层样式”→“投影”命令，❶弹出“图层样式”对话框，在该对话框中设置相应的参数，❷单击“确定”按钮，如图11-36所示。

图11-35

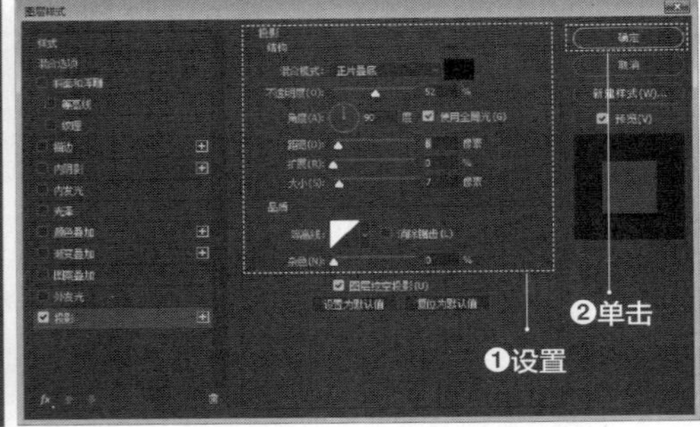

图11-36

Step 11 即可设置图层的样式，其图像效果如图11-37所示。

Step 12 ❶单击工具箱中的“横排文字工具”，❷输入文字并设置颜色、大小等参数，如图11-38所示。

图11-37

图11-38

Step 13 ❶单击工具箱中的“横排文字工具”，❷输入文字并设置颜色、大小等参数，如图11-39所示。

图11-39

保存图片之后，将之上传到淘宝店铺后台的公告栏中即可。

技能11 制作商品分类按钮

淘宝网店提供了“宝贝分类”的功能，卖家可以针对自己店铺的商品建立对应的分类。

在默认的情况下，淘宝网基本店只以文字形式显示分类，但卖家可以花一点心思，制作出很漂亮的宝贝分类图，然后添加到店铺的分类设置上，即可产生出色的店铺分类效果。图11-40所示为漂亮的分类导航按钮。

图11-40

制作分类按钮图片的具体操作步骤如下。

Step 1 启动Photoshop，选择“文件”→“新建”命令，弹出“新建文档”对话框，❶将“宽度”设置为177像素，“高度”设置为60像素，❷单击“创建”按钮，如图11-41所示。

Step 2 新建一个空白文档，如图11-42所示。

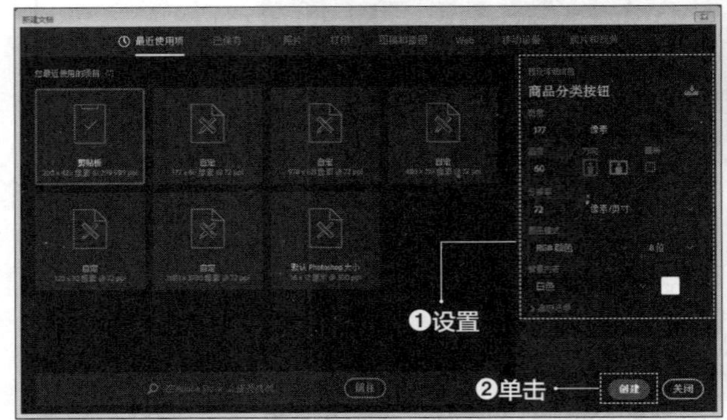

图11-41

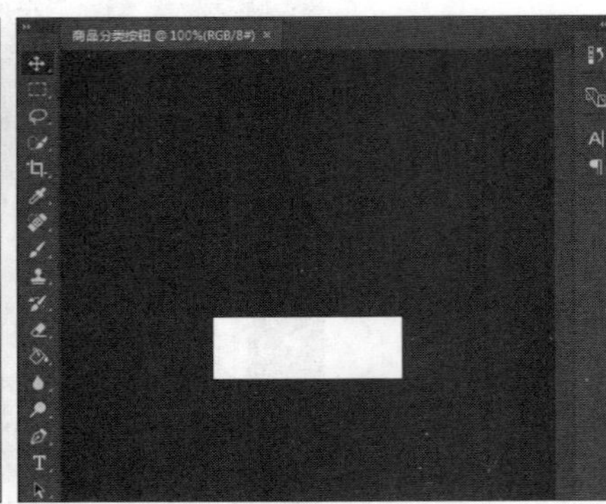

图11-42

Step 3 选择工具箱中的“圆角矩形工具”，在选项栏中将填充颜色设置为#6fa400，按住鼠标左键在舞台中绘制圆角矩形，如图11-43所示。

Step 4 选择工具箱中的“圆角矩形工具”，在选项栏中将填充颜色设置为#a6d24a，按住鼠标左键在舞台中绘制圆角矩形，如图11-44所示。

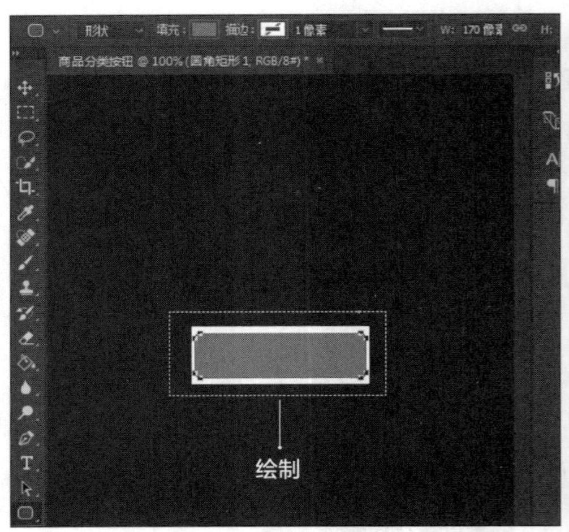

图11-43

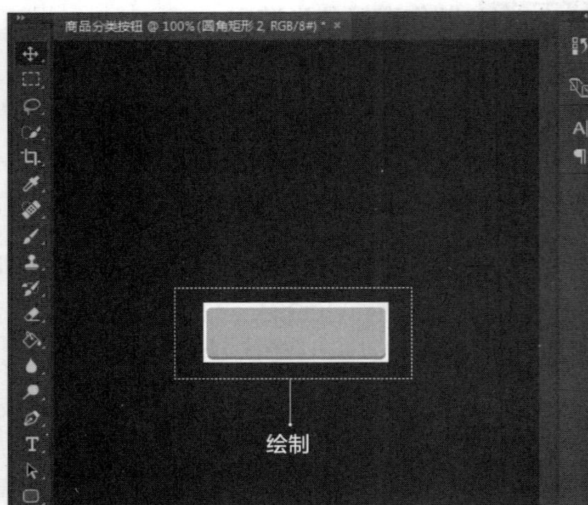

图11-44

达人点睛

圆角矩形比直角矩形好看，但使用中要注意，圆角的数值不宜设置得太大，不然会起到相反的效果，看上去不协调。

Step 5 双击新创建的矩形图层，弹出“图层样式”对话框，依次勾选“描边”“内发光”“渐变叠加”复选框，并在对应列表框中修改各参数值，如图11-45所示。

Step 6 单击“确定”按钮，即可为矩形添加图层样式，如图11-46所示。

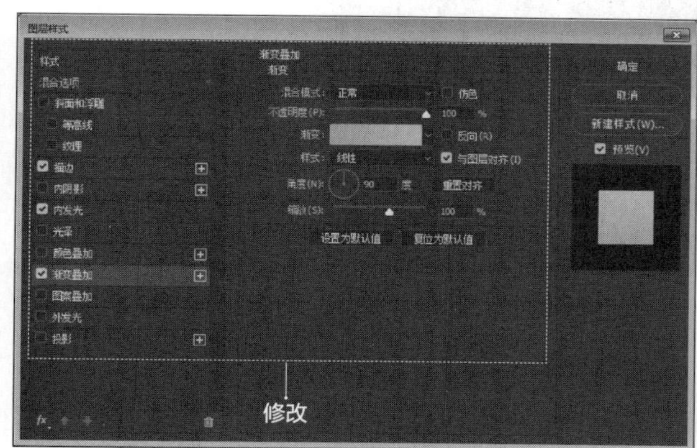

图11-45

图11-46

Step 7 选择工具箱中的“直线工具”，在选项栏中将填充颜色设置为#ceef5b，按住鼠标左键在舞台中绘制垂直直线，如图11-47所示。

Step 8 执行“文件”→“打开”命令，打开相应文件夹中的“按钮”图像文件，并将打开的图像文件拖曳至“商品分类按钮”窗口中，如图11-48所示。

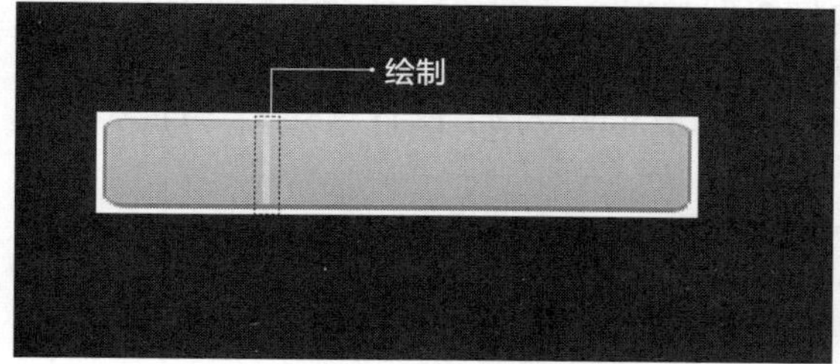

图11-47

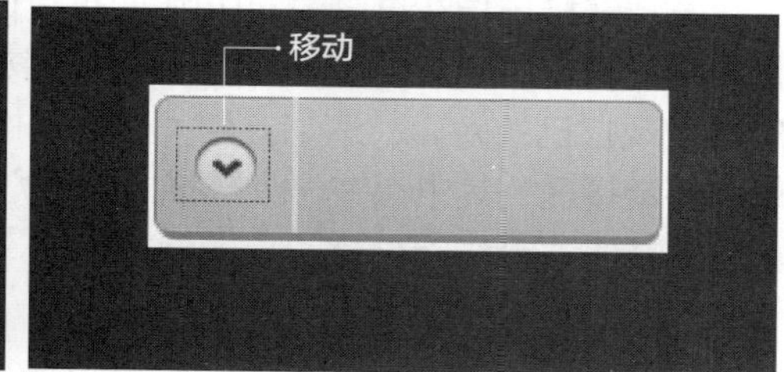

图11-48

Step 9 选择工具箱中的“横排文字工具”，在舞台中输入文字“宝贝分类”，在选项栏中设置相应的参数，如图11-49所示。

Step 10 选择“图层”→“图层样式”→“描边”命令，弹出“图层样式”对话框，❶在该对话框中设置相应的参数，❷单击“确定”按钮，如图11-50所示。

图11-49

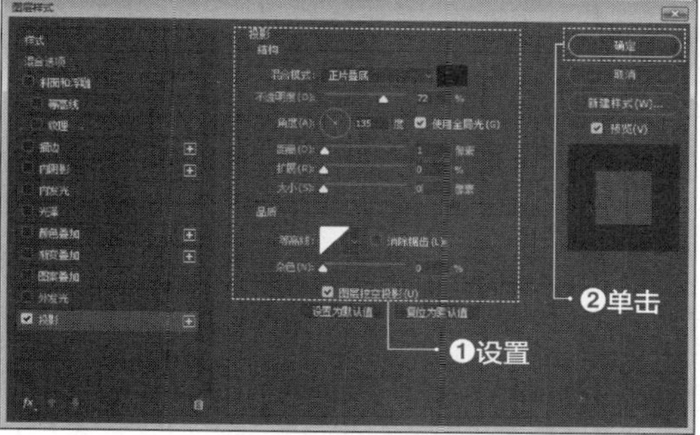

图11-50

Step 11 设置图层样式后的效果如图11-51所示。

图11-51

> **达人点睛**
> 各种参数并非是固定不变的，用户可以尝试自行改变，看看是否能够获得更好的视觉效果。

设置好了分类图片之后，就可以将之上传到淘宝图片空间，然后在店铺装修页面建立新的分类，并使用分类图片作为装饰。

技能12 设置店铺友情链接

友情链接是指在自己的网店中，放一个链接到对方网店，同时对方的网店也放一个链接，指向自己的网店。淘宝网店的友情链接位于左侧分类最下方，可以使得买家从合作网店中发现自己的网店，达到互相推广的目的，带来更多的流量。图11-52所示为两个店铺的友情链接区，其中都有一个链接指向对方的店铺。

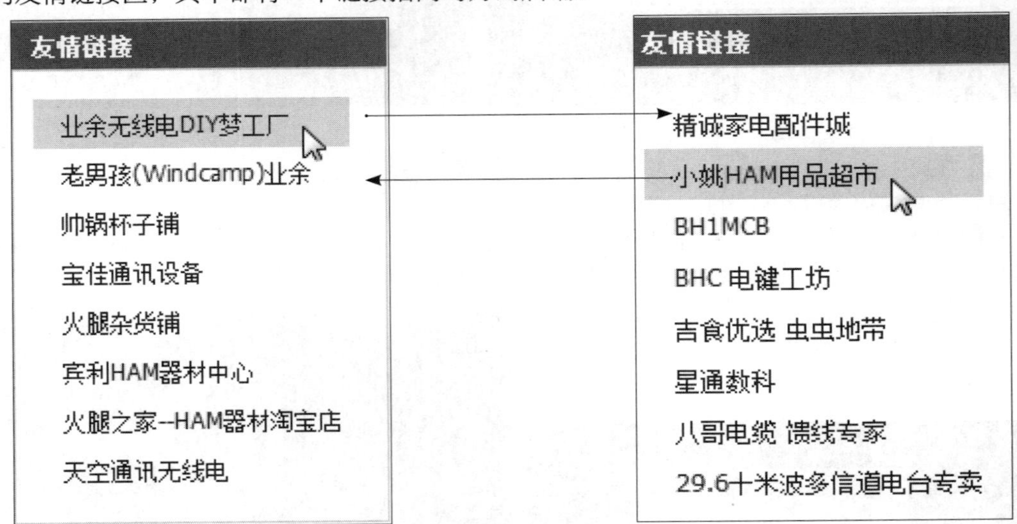

图11-52

为店铺设置友情链接的方法如下。

Step 1 登录淘宝网店后，进入卖家中心，单击“店铺装修”超链接，如图11-53所示。

Step 2 进入新页面，在页面左侧的“模块”选项中找到“友情链接”模块，将其拖动到想要的位置，如图11-54所示。

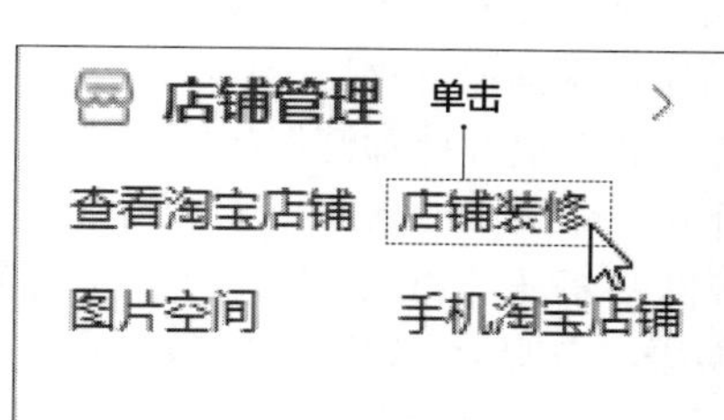

图11-53

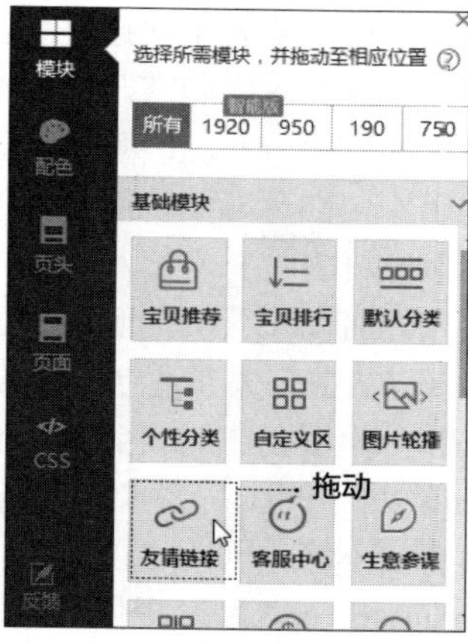

图11-54

Step 3 将鼠标指针悬停在模块上，单击“编辑”按钮，如图11-55所示。

Step 4 弹出对话框，❶输入链接名称和地址等信息，❷单击“保存”按钮，如图11-56所示。

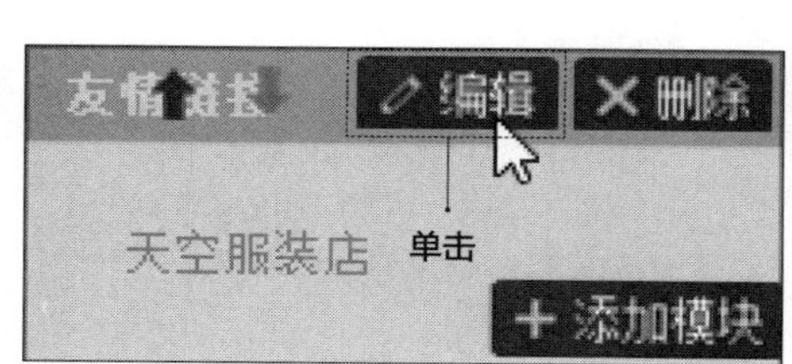

图11-55

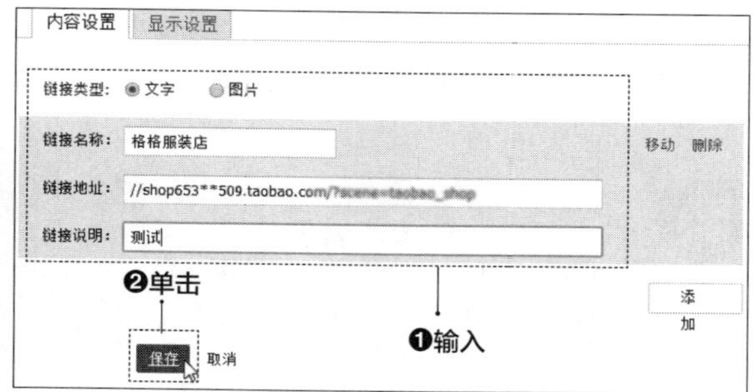

图11-56

Step 5 打开店铺查看，可以看到新增加的友情链接，如图11-57所示。

图11-57

技能13 何处下载无版权的装修图片素材

网店的图片素材通常可以从网站上直接找到。在百度中输入关键字“素材”并查找，可以找到很多相关的图片素材，也可以去设计资源网站，找到更多精美、专业的图片。但这些国内的素材下载站通常存在两个问题。一是素材质量良莠不齐，不少素材达不到精度要求；二是绝大部分素材都没有版权说明，用户不知道是否可以免费使用这些素材，如果贸然使用这些素材可能会引发版权纠纷，令自己经济受损。

鉴于此，笔者在网上找出几个素材站。这些素材站明确申明该站素材没有版权，任何人都可以使用，应用于个人用途还是商业用途皆可。而且这些素材站的素材都非常精美，用来装修网店，其视觉效果非常好。

Pixabay网站是一间超高质量无版权限制的图片的储藏室。不论数字或者印刷格式，个人或者商业用途，都可以免费使用它的任何图像，并且无原作者署名要求。

Gratisography网站是一个私人创办的素材站，里面的图片不仅没有版权，而且每周都会更新，内容多为时尚流行类的照片，适合用在平面设计项目上。

Freeimages网站中有很多适合平面设计师、网页设计师使用的图像素材，均为免费下载且无版权限制，但需要注册成会员才能下载。

Photo Pin网站中的图片资源来自雅虎网络相册（Flickr），可以使用英文和中文搜索，但结果会有所不同，因此可以通过切换语言来搜索，以获得最适合的图片。

Snapographic-Freepik网站提供分类的无版权素材图片，具有很高的解析度。网站甚至提供图片打包下载，用户可以省去逐张下载的麻烦。

技能14 店铺备份与还原

淘宝店铺设计好模板后应该最先想到的是如何备份店铺模板，以方便下次进行还原，因为卖家会经常更换自己店铺的装修风格。如果我们要回到以前的风格，重新装修，那么直接将备份的店铺模板进行还原即可，这样减少了很多繁琐的装修工作，能提高装修效率。

> **达人点睛**
>
> 备份模板可通过“装修”→“模板管理”→“选择模板”→“备份与还原”来进行模板的备份，模板备份将保留店铺的布局模块设置和风格设置等自定义参数，每个装修手动备份的数量不超过15个。

1. 电脑端的备份与还原

（1）进入店铺装修后台，装修好店铺之后，单击装修页面右上角的“备份”按钮，如图11-58所示。

图11-58

（2）在弹出的对话框中选择“备份”选项，❶需要写上“备份名”（最多10个汉字或字符），❷单击“确定”按钮即可完成备份，如图11-59所示。

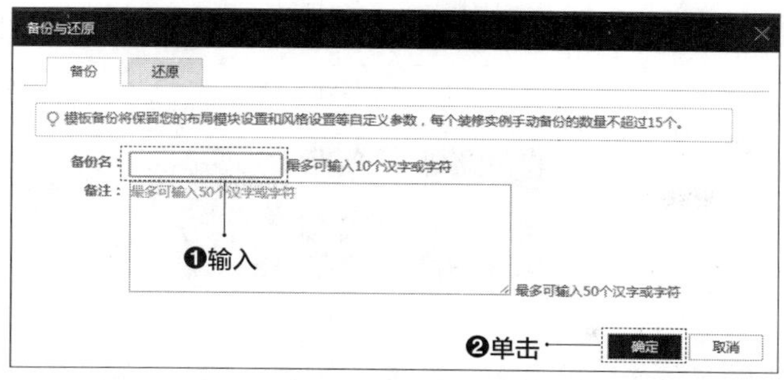

图11–59

（3）如果需要进行还原，❶单击“还原”选项，❷选择要还原的备份文件，❸单击“应用备份”按钮，如图11–60所示。

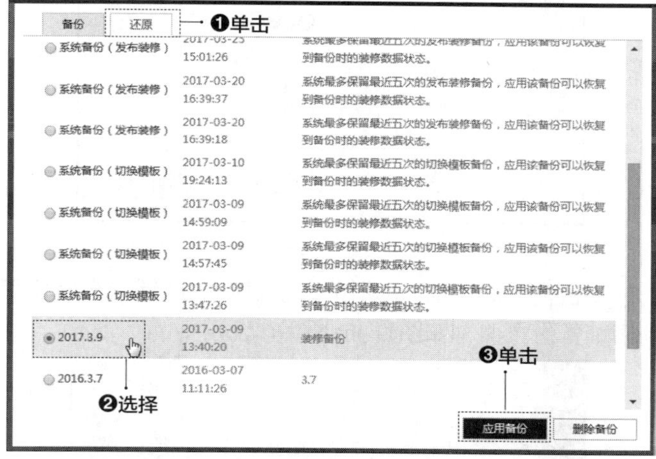

图11–60

（4）弹出如图11–61所示的对话框。如果装修好的页面没有备份，则单击“备份并应用”按钮即可；如果页面已经备份了，则单击“直接应用”按钮即可。

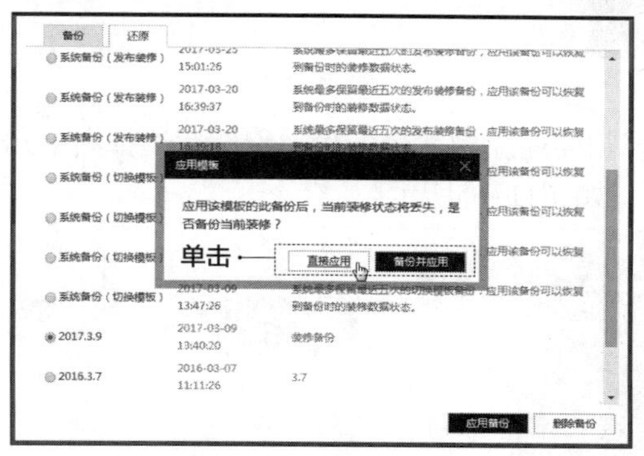

图11–61

2．手机端的备份及还原

（1）进入无线运营中心的店铺装修页面，单击“店铺首页”进入装修页面，❶单击右上角的“保存”按钮，❷在下拉菜单中单击“备份”选项，如图11-62所示。

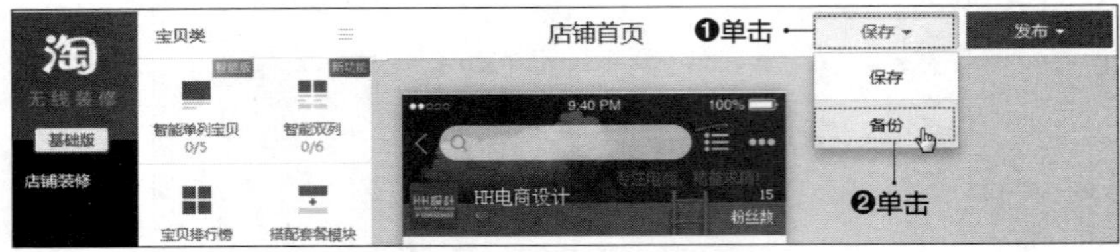

图11-62

（2）❶在弹出的“备份当前页面”对话框中输入备份名称，这样可以清楚地知道备份了哪个页面，不过要注意的是最多只能备份10个，备份名称不能超过8个汉字，❷编辑完之后单击“确定”按钮，如图11-63所示。

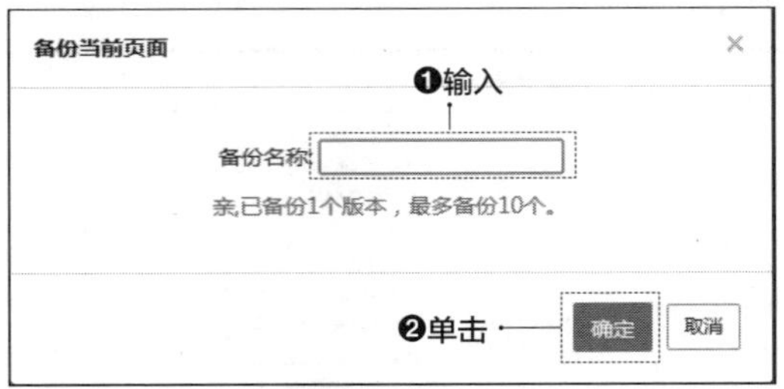

图11-63

（3）如要需要“还原”某个页面，则单击手机端的店铺首页装修页面左侧栏的“备份”选项，跳转到店铺备份页面，如图11-64所示。

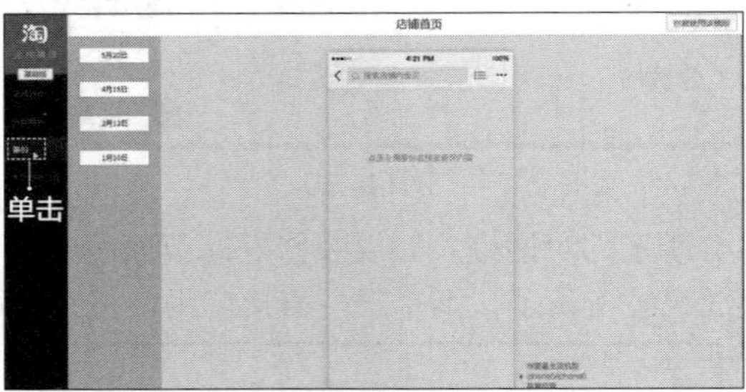

图11-64

（4）❶在左侧选择需要还原的那个备份，❷然后选择右上角的“恢复使用该模板”按钮，即可进行还原了，如图11-65所示。

图11-65

技能15 轻松使用代码装修网店的方法

美工不必担心网店装修常用代码的编写方法，而只需学会如何改变代码的方法和技巧即可。读者也可以在网上收集自己所需要的相关装修代码，以备使用。使用代码装修的方法如下。

（1）首先将首页全屏展示的图片上传到图片空间，复制图片地址。

（2）打开下载好的代码文件，将复制好的图片地址替换为代码文件里的“链接地址”部分，再将图片的“高度”替换到相应的位置。

（3）最后将代码复制到店铺后台自定义模块即可。

达人点睛

常用的代码装修案例有首页全屏代码、全屏轮播代码、全屏飘雪花代码、开关灯效果代码、固定背景多层交替代码、全屏固定背景代码、文字滚动代码以及添加视频代码等。注意：实现同一装修效果，天猫店铺与淘宝专业版的代码编辑不相同。

技能16 防止图片或文本超链接出错

虽然我们为图片或文本添加了链接，但为什么当我们单击超链接的图片或文本时出现没有反应或者链接跳转错误的现象?

出现上述情况的主要原因是在同一个页面的一个图片上绘制热区与另外一个图片上绘制的热区的位置与名称发生冲突，即usemap="#Map"和name="Map"值出错了。一定要记住在同一图片上的热区与名称必须保持一一对应，即同一图片上的热区只对应一个名称，并且也只能对应一个链接。如果名称相同，就会出现错误。

技能17 使用“锚点定位跳转”到当前页面指定位置

如果想在网页中单击一个链接进入到该网页的某个位置，即同一页面的指定位置，使用HTML中的锚点定位跳转则可以实现。

锚点只需name，加id是为了让它兼容性更好，但href的值要跟name\id一致，前面必须加"#"。具体代码如下。

```
<a href="#1F">1F</a><a href="#2F">2F</a>
<div><a name="1F"id="1F"></a>第一个链接位置1F </div>
<div><a name="2F" id="2F"></a>第二个链接位置2F</div>
```

达人点睛

链接是href="#命名"，而位置是name="命名"。这里的链接是<a href="#F1"></a>与<a href="#F2"></a>，而链接的锚点位置是<a name="F1"></a>与<a name="F2'"></a>。

技能18 制作一键“返回顶部”超链接

人们浏览店铺的时候，通常习惯从页面的顶端一直浏览到页面的最底端，当看完最底端之后通常会习惯性地要重新回到顶端来，但是由于页面太长，用鼠标滚动返回到顶部很不方便，这时可以添加“返回顶部”按钮。其方法如下。

❶在“返回顶部”字样上绘制出一个热区。

❷在热区上的属性面板上设置“链接”为“#top”，“目标”设置为空，这样即可达到一键返回顶部的效果，如图11-66所示。

图11-66

技能19 获取商品“分享”链接的方式

（1）进入商品详情页，将鼠标指针移动到商品主图左下角的“分享”字样，单击鼠标右键，在弹出的菜单中选择“复制链接地址”，如图11-67所示。

（2）将链接直接粘贴到需要的商品图片上即可。

图11-67

技能20 获取商品“收藏”链接的方式

进入商品详情页，将鼠标指针移动到商品主图右下角的“收藏商品”字样上，单击鼠标右键，在弹出的菜单中选择“复制链接地址”选项，如图11-68所示，然后将链接直接粘贴到需要的商品图片上即可。

图11–68

技能21 获取商品“加入购物车”链接的方式

进入商品详情页，将鼠标指针移动到商品主图右侧的“加入购物车”按钮上，单击鼠标右键，在弹出的菜单中选择“复制链接地址”选项，如图11–69所示，然后将链接直接粘贴到需要的商品图片上即可。

图11–69

技能22 获取“客服旺旺”链接的方式

打开店铺，将鼠标指针移动到店铺名称下方的“旺旺头像”按钮上，单击鼠标右键，在弹出的菜单中选择“复制链接地址”选项，如图11–70所示，然后将链接直接粘贴到需要的图片上即可。注意，这里获取的旺旺链接不会指定某个客服，是根据后台的分流设置自动分流的。

图11-70

技能23 获取店铺的ID号

获取店铺ID需要先登录店铺主账号，在卖家中心的基础设置里面获取。

登录店铺主账号，进入“卖家中心”→“基础设置”→“域名设置”，可以看到“您的店铺初始域名为：shop106×××457.taobao.com”等信息，其中的数字就是您店铺的ID，如图11-71所示。

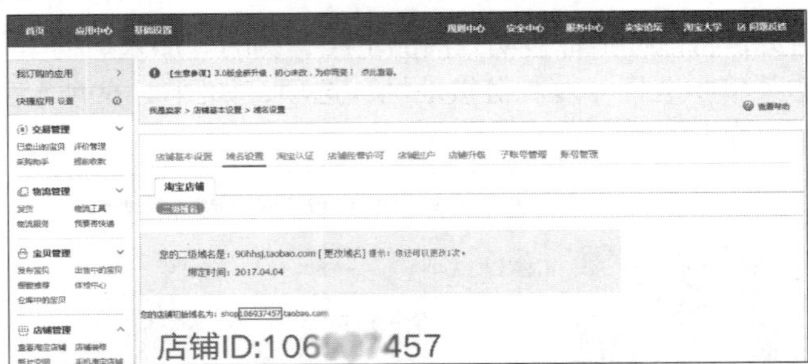

图11-71

技能24 获取商品的ID号

打开商品详情页，在浏览器地址栏中可以看到该商品的域名，如https：“//detail.tmall.com/item.htm？spm=a1z10.4-b-s.w5003-16567386305.10.EBJDNg&id=45832××××&scene=taobao_shop”（×代表某一数字），域名中“id=”后面的数字就是该商品的ID，如图11-72所示。

图11-72

第12章　旺铺装修快速上手

本章导读

不少卖家发现，在店铺装修过程中，元素不够丰富，模块也很有限，装修效果很一般。针对这一现状，卖家可开通旺铺功能。本章主要介绍淘宝旺铺及开通旺铺的步骤、使用方法等，让卖家实现装修快速上手。

技能1　开通淘宝旺铺

淘宝旺铺是淘宝开辟的一项增值服务和功能，它提供相比普通店铺更加个性豪华的店铺界面，使得买家购物体验更好，更容易产生购买欲望。如图12-1所示，彰显个性的首页为旺铺装修效果。

图12-1

淘宝旺铺是淘宝为卖家提供的一项收费的增值服务功能，它为卖家提供了区别于淘宝网一般店铺展现形式、更专业、更个性的店铺页面，并提供更强大的功能，对塑造店铺形象，打造店铺品牌起到了至关重要的作用，在吸引买家的同时为买家营造良好的购物环境。

淘宝对新入驻的商家有一定的扶持，在装修方面，如果是一钻以下卖家，可免费使用智能版。因此，一钻以下卖家可以把握住机会，申请免费使用旺铺智能版给自己店铺装修加分。具体的操作步骤如下。

Step 1 登录淘宝，进入“卖家中心”，单击“店铺管理”下面的“店铺装修”超链接，如图12-2所示。

Step 2 进入到如图12-3所示的店铺装修页面，单击“专业版”超级链接。

图12-2　　图12-3

Step 3 跳转购买淘宝旺铺的页面，❶单击“智能版”超级链接，❷上方会显示“一钻以下卖家可免费使用智能版，请单击这里立即使用”等字样，❸单击蓝色字眼“这里”超级链接，如图12-4所示。

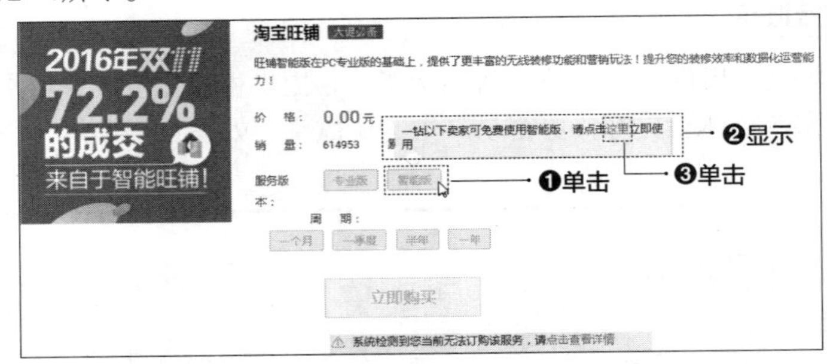

图12-4

技能2 选择旺铺风格

淘宝网为卖家的网上店铺内置了多种界面风格，以方便卖家在不同节日促销时、转换经营方向时来更换，让自己的网店随时有一个新鲜的面貌。

Step 1 进入店铺装修页面，❶单击“页面装修”超级链接，❷选择“电脑页面装修”或“手机页面装修”超级链接，这里以单击选择“电脑页面装修”为例，如图12-5所示。

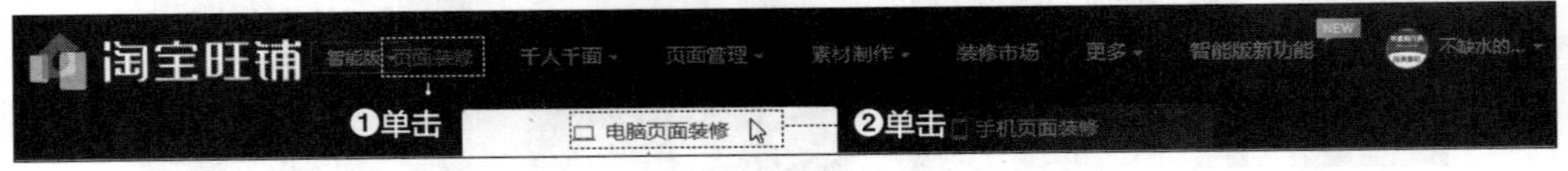

图12-5

Step 2 ❶单击“配色”按钮，❷选择一个颜色风格，这里以选择“蓝色”为例，❸单击“发布站点”按钮，如图12-6所示。

图12-6

技能3 选择旺铺模板

旺铺的模板是可以改变的。在淘宝的“装修市场”里，有很多其他人制作的模板，各有特色，不过基本上都是按月收费的，大多数模板的价格为30元/月。店主看上哪套模板，就可以在查看其详细解说后，进行购买。

Step 1 进入店铺装修页面，单击“模板”超级链接，如图12-7所示。

Step 2 查看正在使用的模板，如果对可使用的模板不满意，单击“装修市场”超级链接，如图12-8所示。

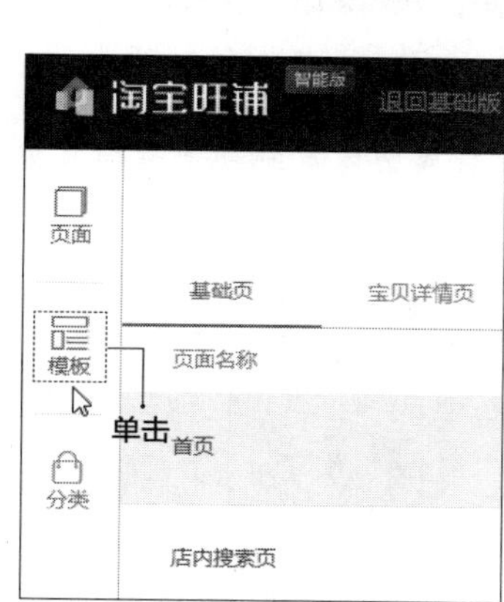

图12-7

图12-8

Step 3 进入新页面，❶选择旺铺版本、类型等条件进行筛选，❷在筛选结果中单击要购买的模板，如图12-9所示。

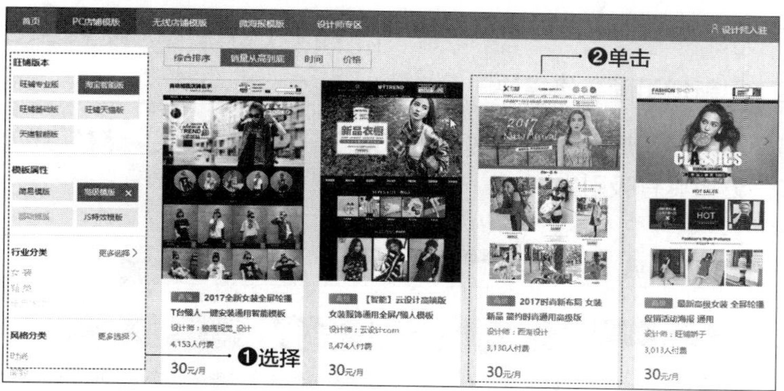

图12-9

达人点睛

在装修市场里，模板分为三类，分别是简易模板、高级模板和JS特效模板。简易模板一般只要5元/月，高级模板一般为30元/月，而JS特效模板的价格就更贵一些。JS就是JavaScript的缩写，是一种网页语言，利用它可以实现很多特效，当然也就要贵一些了。

Step 4 进入新页面，页面上半部分是购买界面，下半部分是说明，店主可以在查看说明后，❶选择模板的使用周期，❷单击“立即购买”按钮，如图12-10所示。

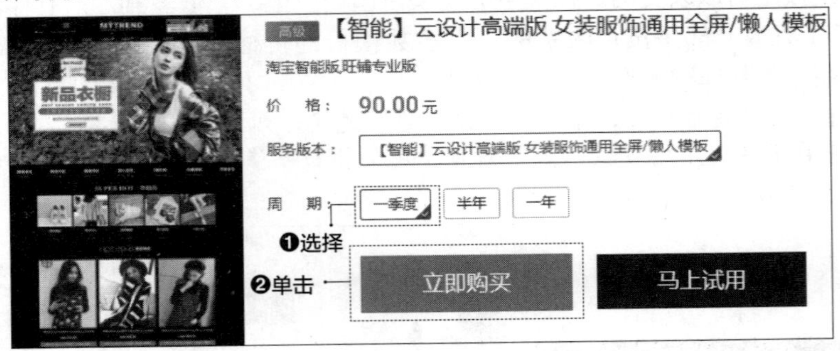

图12-10

Step 5 在跳转的页面中，查看订单详情，❶选择自动续费以及到期提醒等参数，❷确认无误后单击“同意并付款”按钮，如图12-11所示。

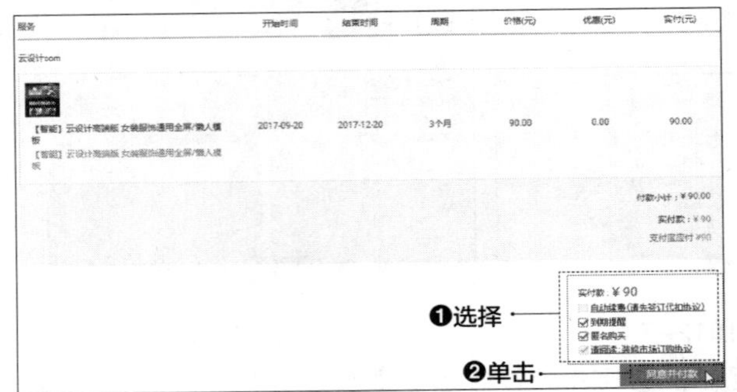

图12-11

之后跳转到支付宝页面付款，付款成功后即可订购旺铺模板。

技能4 购买工具新增页面装修模块

淘宝旺铺允许用户添加多个自定义页面，或者其他装修模块，这样可以让自己的店铺元素更加丰富，更加具有吸引力。

Step 1 登录淘宝服务市场官网，如图12-12所示。

图12-12

Step 2 找到需要的服务，进行单击，如图12-13所示。

图12-13

Step 3 进入新页面，❶选择模块版本和使用周期，❷单击“立即订购”按钮，如图12-14所示。

图12-14

Step 4 ❶选择自动续费以及到期提醒等参数，❷单击“同意并付款”按钮，如图12-15所示。

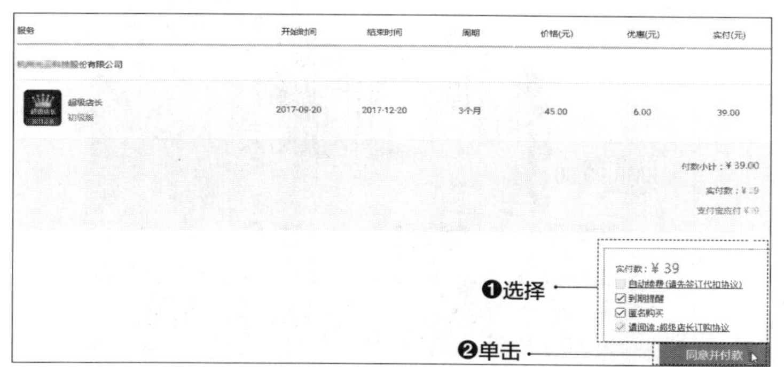

图12-15

跳转到支付宝页面付款，付款成功后即可订购该模板。

技能5 如何设计制作促销区

宝贝促销区是旺铺非常重要的特色之一，它的作用是让卖家将一些促销信息或公告信息发布在这个区域上。就像商场的促销一样，如果处理得好，可以最大限度地吸引买家的目光，让买家一目了然地知道这个店铺在搞什么活动，有哪些特别推荐或优惠促销的商品，如图12-16所示。

图12-16

宝贝促销区是吸引买家关注并单击的一个区域，因此它的设计理念就是要醒目、好看，传达的信息要清晰明白，让买家一下子就知道促销产品是什么，有哪些代表样式以及促销价格是多少等，这样买家才会快速知道这些促销产品是否符合自己的心理需求，以决定是否单击进入。

使用Photoshop设计宝贝促销区是很方便的，效果也不错，如图12-17所示。下面就一起来看看如何设计出这样的促销区图片。

图12-17

Step 1 启动Photoshop，执行“文件”→“新建”命令，弹出“新建文档”对话框，❶将“宽度”设置为978像素，“高度”设置为821像素，修改“名称”为“商品促销区”，❷单击“创建”按钮，如图12-18所示。

Step 2 新建一空白文档，如图12-19所示。

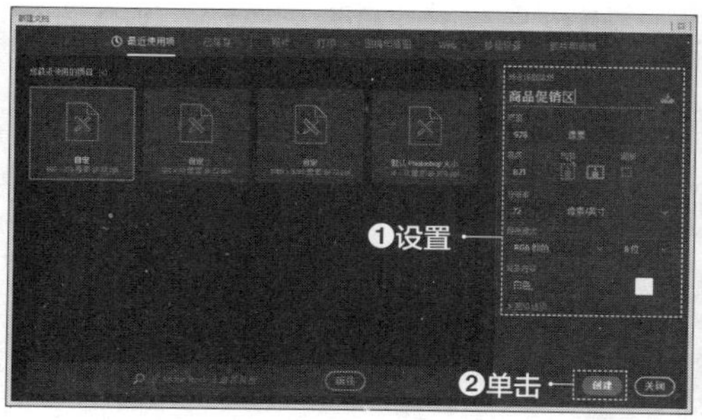

图12-18

图12-19

Step 3 ❶选择工具箱中的“矩形工具”，❷在图像上单击鼠标并拖曳，绘制一个矩形形状，如图12-20所示。

Step 4 ❶在弹出的“属性”面板中，依次修改各参数值，❷即可更改矩形形状的大小和描边颜色，如图12-21所示。

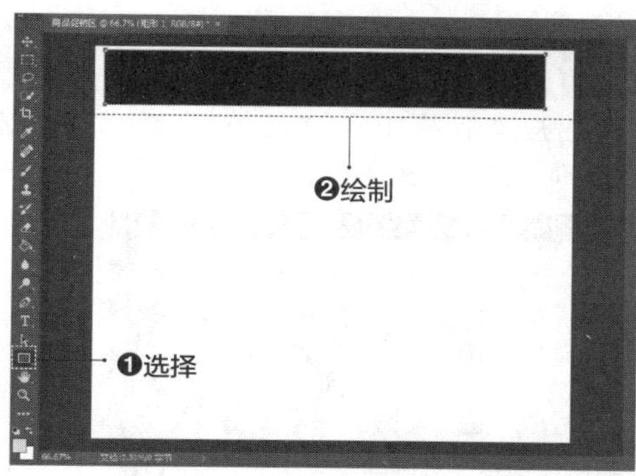

图12-20

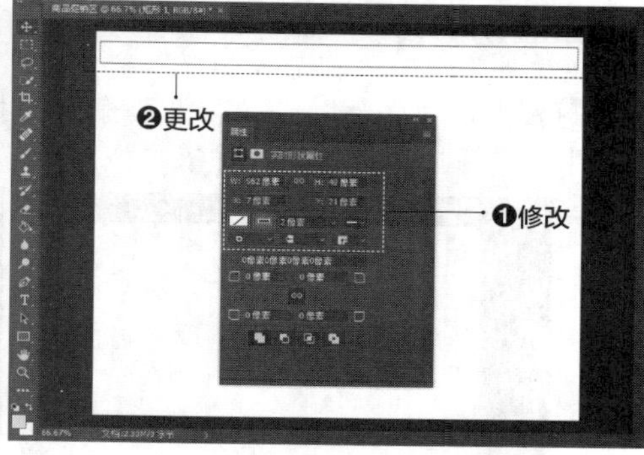

图12-21

Step 5 在“图层”面板中选择“矩形1”图层，单击“添加图层蒙版”按钮，为选择的图层添加图层蒙版，如图12-22所示。

Step 6 ❶设置前景色的RGB参数均为“黑色”，❷选择工具箱中的“画笔工具”，❸在工具选项栏中，选择“硬边方形14像素”画笔样式，❹在矩形图像上单击鼠标并拖曳，涂抹图像，如图12-23所示。

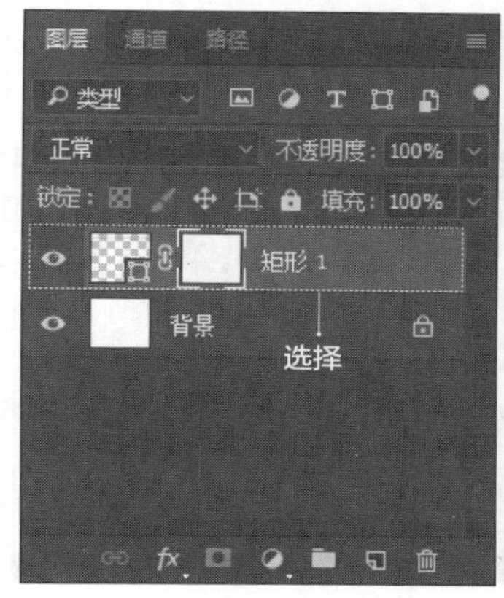

图12-22

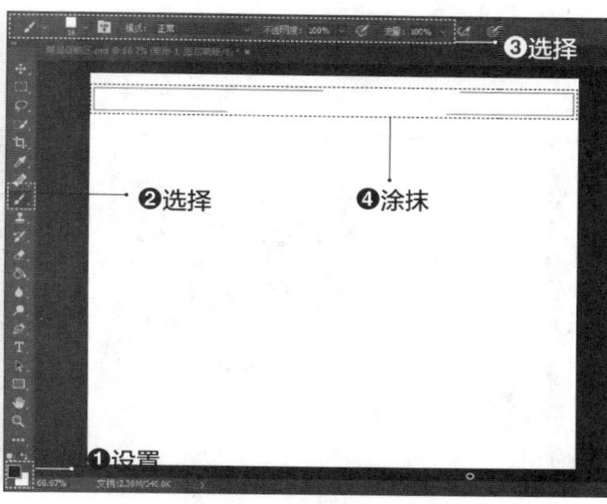

图12-23

Step 7 ❶选择工具箱中的“横排文字工具”，❷输入文本“爆款推荐”，并依次修改文本的字体、字号等，如图12-24所示。

Step 8 ❶选择工具箱中的“横排文字工具”，❷输入文本，并依次修改文本的字体、字号等，如图12-25所示。

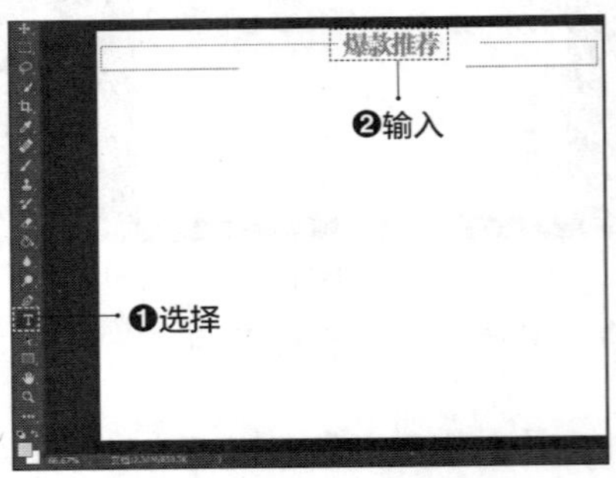

图12-24

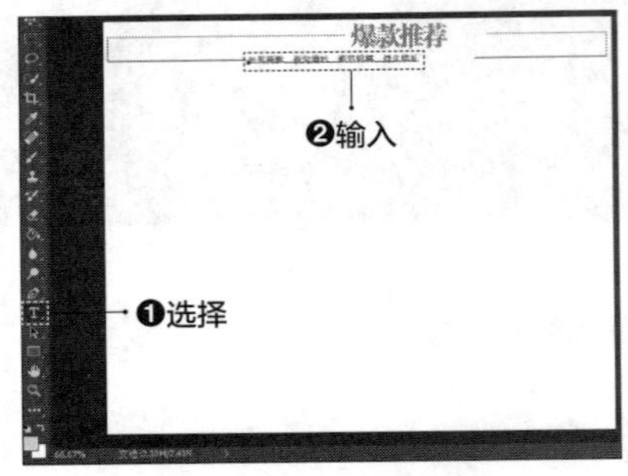

图12-25

Step 9 执行“文件”→“打开”命令，打开相应文件夹中的“花”图像文件，并将打开的图像文件拖曳至“商品促销区”窗口中，如图12-26所示。

Step 10 执行“文件”→“打开”命令，打开相应文件夹中的“家居1”和“家居2”图像文件，并将打开的图像文件依次拖曳至“商品促销区”窗口中，如图12-27所示。

图12-26

图12-27

Step 11 ❶选择工具箱中的“自定义形状工具”，在选项栏中将填充颜色设置为#d9d9d9，选择“箭头”形状，❷在背景图像上单击鼠标并拖曳，绘制箭头形状，如图12-28所示。

Step 12 在“图层”面板中选择“形状1”图层，按Ctrl+J组合键，复制图层，水平翻转复制后的形状，并移动复制后的箭头形状，如图12-29所示。

图12-28

图12-29

Step 13 ❶选择工具箱中的“直排文字工具”，❷输入文本，并依次修改文本的字体、字号等，如图12-30所示。

Step 14 ❶选择工具箱中的“直排文字工具”，❷输入文本，并依次修改文本的字体、字号等，如图12-31所示。

图12-30

图12-31

Step 15 ❶选择工具箱中的“横排文字工具”，❷依次输入多个文本，并依次修改文本的字体、字号等，如图12-32所示。

Step 16 ❶选择工具箱中的“矩形工具”，在选项栏中将填充颜色设置为#d9d9d9，❷在图像中绘制矩形形状，如图12-33所示。

图12-32

图12-33

Step 17 ❶选择工具箱中的“直排文字工具”，❷输入文本，并依次修改文本的字体、字号等，如图12-34所示。

Step 18 ❶选择工具箱中的“横排文字工具”，❷输入文本，并依次修改文本的字体、字号等，如图12-35所示。

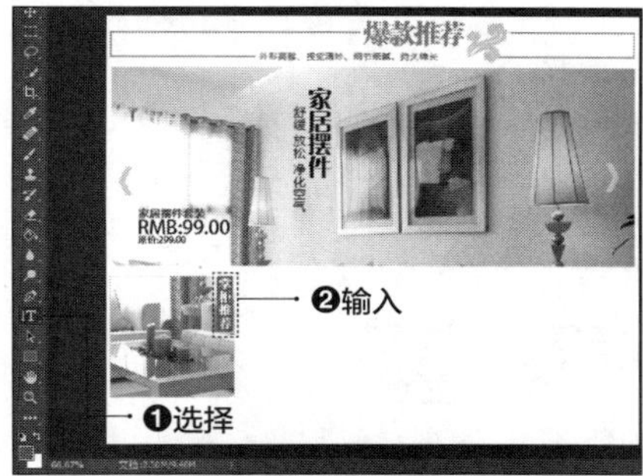

图12-34

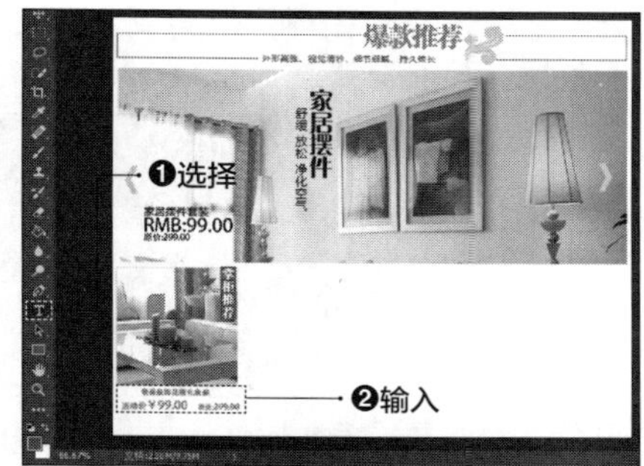

图12-35

Step 19 在“图层”面板中选择相应的图层，按Ctrl+J组合键，复制图层，并移动复制后的图片和文字至合适的位置，如图12-36所示。

Step 20 ❶选择工具箱中的“矩形工具”，在选项栏中将填充颜色设置为#897e7a，❷在图像中绘制矩形形状，如图12-37所示。

图12-36

图12-37

Step 21 ❶选择工具箱中的“横排文字工具”，❷输入文本，并依次修改文本的字体、字号等，如图12-38所示。

Step 22 ❶选择工具箱中的“自定形状工具”，在选项栏中将填充颜色设置为#d9d9d9，选择“前进”形状，❷在图像中单击鼠标并拖曳，绘制前进形状，如图12-39所示。

图12-38

图12-39

Step 23 完成之后，将图片上传到淘宝图片空间，然后进入装修页面，将鼠标指针悬停在任意模块上，再单击“添加模块”按钮，如图12-40所示。

图12-40

Step 24 单击模块列表中的“自定义区”按钮，如图12-41所示。

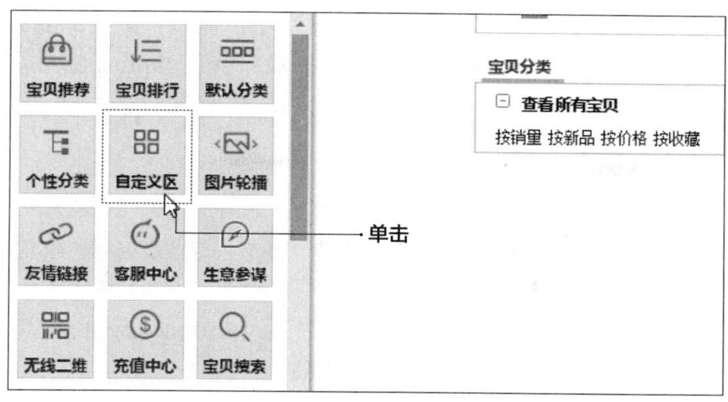

图12-41

Step 25 拖动模块到合适的位置后，单击“编辑”按钮，如图12-42所示。

图12-42

Step 26 弹出对话框，❶单击“插入图片空间图片”按钮，插入制作好的图片，❷再单击“插入链接”按钮，将促销商品页面的地址插入到图片上，❸设置完毕后单击“确定”按钮，如图12-43所示。

图12-43

之后退出装修页面，刷新网店首页，就可以看到新增的促销区了。单击促销区图片，就可以跳转到促销商品页面。

技能6 收费店招“改装”为免费店招

在阿里巴巴的“广告牌生成器”下线之前有很多精美店招，在它下线后，很多卖家会发现在淘宝装修后台也能看到较多的精美店招。这些店招制作精美，很多还具有动画效果，用于装修旺铺效果很好。不过这些店招都是收费的，虽说不贵，但也是笔开销，而且还要经常续费，感觉很麻烦。

其实，只要简单的几个操作，就可以把喜欢的店招抓取下来，制作成图片，放到自己的淘宝图片空间，再发布到淘宝旺铺上，这样就免费了，也省去续费的麻烦。

找到自己喜欢的店招后，用抓图软件将之抓下来，并用Photoshop进行简单的编辑，如去掉原有文字，换上适合自己店铺的文字等，然后将其保存为后缀名为“png”的文件，即可上传到旺铺专业版中作为店招了。

达人点睛

为什么要选择950像素×150像素的尺寸呢？因为这是旺铺专业版店招的标准尺寸。可能有的用户不知道怎么用抓图软件抓图，其实很简单，打开QQ并登录，然后同时按“Ctrl”“Alt”“A”键，即可出现抓图界面，用鼠标画出抓图范围即可。抓图后，在Photoshop中新建一个空白文件，然后同时按下“Ctrl”“V”键将图片粘贴进去进行编辑即可。

技能7 突破旺铺全屏海报950宽度的限制

在旺铺中可以实现全屏海报，也就是其宽度占满大半个屏幕，高度自定。全屏海报对于力推热门商品非常有用，因为它能够一下子抓住访客的注意力，吸引访客。不过，旺铺的全屏海报宽度最大只能为950像素，如果用现在的高分辨率显示器来看，则显得太小了，起不到应有的作用，因为高分辨率显示器显示宽度为1920像素的图片，950像素的图片只占其宽度的二分之一多一点，显然达不到吸引注意力的效果。

那么，如何突破宽度为950像素的限制呢？方法很简单。

首先用户可以制作一个任意尺寸的图片，这里推荐其尺寸为1920像素×470像素，这个470像素的高度经过资深店主反复验证，是比较吸引人注意力，而又不太挤占其他图片显示的一个高度。按照第7章中讲解的方法将此图片保存到淘宝图片空间。

然后进入网店装修页面，添加一个“自定义内容区”模块（注意不要在页头上添加，在页头上无法添加自定义内容区模块），❶将标题设置为“不显示”，❷然后单击“源码”按钮，进入源码编辑模式，❸将HTML代码粘贴到文本框中，❹并单击“确定”按钮保存，如图12-44所示。

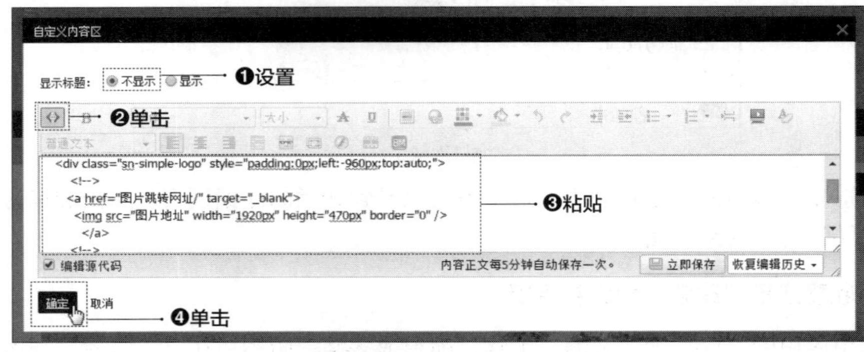

图12-44

图中使用的源代码如下。

```
<div style="height：470px；">
    <div class="footer-more-trigger" style="left：50%；top：auto；border：none；
```

```
padding：0；">
        <div class="footer-more-trigger" style="left：-960px；top：auto；border：
none；padding：0；">
      <! -- >
          <a href="图片跳转网址" target="_blank">
           <img src="图片地址" width="1920px" height="470px" border="0" />
                <</a>
              <! -- >
      </div>
    </div>
  </div>
```

需要说明以下几点。

● 代码中的“图片跳转网址”，是指访客单击全屏海报后跳转的网址。如果海报是为某件热销产品做广告，则单击海报后跳转到该产品的详情页面；如果海报是为某活动做广告，则单击海报后跳转到该活动的详情页面。

● 如果用户的图片使用了其他尺寸，则应该在代码进行修改。将代码中原来的一处“1920”替换为新的宽度，将原来的两处“470”替换为新的高度即可。

技能8 旺铺设置固定背景

在没有将背景固定的网店里，当往上或往下滚动页面时，背景是跟着内容滚动的；而在固定背景的网店中，仅仅是内容在滚动，背景固定不动，这样就给访客一种前后景分离的感觉，整个页面看上去显得很灵动轻盈，视觉效果很好。

在网店装修页面中，如果不加以特殊的设置，是不能实现背景固定效果的。那么，如何操作才能将背景固定下来呢?

进入网店装修页面后，在导航模块上单击“编辑”按钮，❶再选择“显示设置”选项卡，❷在文本框中输入HTML代码，❸然后单击“确定”按钮即可，如图12-45所示。

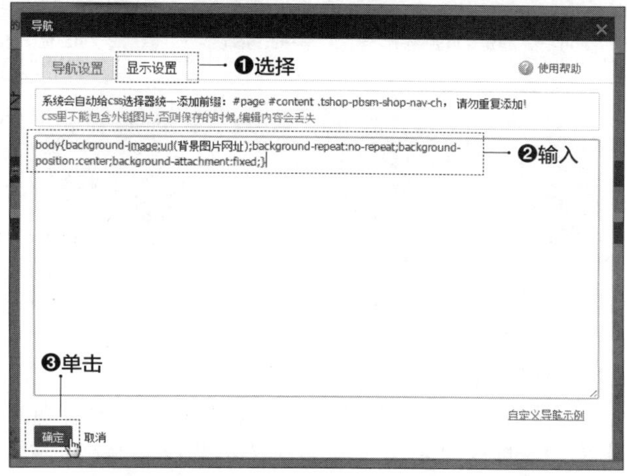

图12-45

图中使用的源代码如下。

body{background-image: url(背景图片网址); background-repeat; no-repeat; background-position:center; lbackground-attachment: fixed; }

同样，要把背景图片先上传到淘宝图片空间，然后单击其锚按钮获取网址，替换代码中的“背景图片网址”部分。

技能9 什么是旺铺智能版

淘宝旺铺智能版将无线店铺和PC店铺的装修入口打通，实现一个后台两端店铺装修。在移动端淘宝销量递增的趋势下，旺铺智能版更多地考虑无线端的功能，在店铺营销中突出无线模块；智能版中的千人千面用于提升店铺整体转化率；更多的运营工具用于提升整体店铺装修效率、效果。

相比淘宝旺铺专业版，淘宝旺铺智能版新加一键智能装修、美颜切图、倒计时模块、新客热销、潜力新品、自定义页多端同步和千人千面等16个功能，如图12-46所示。

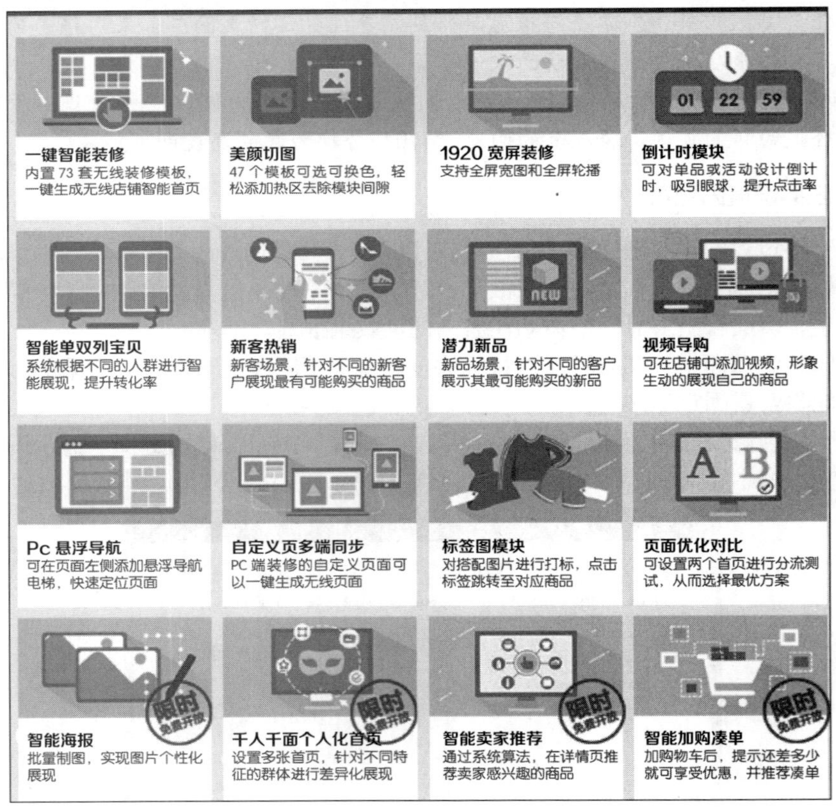

图12-46

具体而言，淘宝旺铺智能版的特点包括以下几点。

视频导购的加入，更多展现自家商品的同时也给买家带来更直观的视觉体验。

- 实现一键智能装修，即使没有美工也不用头疼装修。
- 后台可以实现电脑端店铺和无线端店铺的装修，无需重复装修工作，也无需切换浏览器，省时省力。

- 大图热图切图，可选择自定义链接，提高装修质量，节约时间。页面布局不受网格限制，布局十分灵活。
- 千人千面的详情页，促进店铺商品的关联销售，加大销售量。
- 系统根据自定义买家分类，打造个性化商品库，经过智能筛选，更准确地命中目标用户。

技能10 你是不是错过了千人千面

众所周知，转化率和搜索排名结果息息相关。很多卖家都有疑问，为什么转化率上不去？大部分的原因可能是详情页优化不到位、没有抓紧消费心理、评价不够好、销量不够……但是如何提升转化率呢？除了关键词、主图外，还有可能来自于卖家没有重视千人千面。

何为千人千面？伴随着手机淘宝用户的增长，不同买家在搜索同一类目商品时，会展现不同的商品。根据淘宝推出的个性化搜索，淘宝系统会根据买家购物形成的购物习惯，来给卖家商品添加标签；或是通过判断卖家提供的服务是否符合买家搜索要求，来给出标签。

例如，某个店铺的商品主要售卖大学生的服饰，且销量不错。在大学生这个群体对服装进行搜索时，淘宝系统自动会认为该卖家的商品正好符合这个买家的需求，于是就将该商品展现在买家眼前。

淘宝系统会给所有的买家和商品都打上标签，让不同的买家和商品之间一一对应起来。以这个为基础，根据销量的多少、转化率的高低进行排序，这就是千人千面了。

千人千面就相当于导购员的工作，其个性化在无线端尤为明显，淘宝会记录用户的浏览轨迹来做定向个性化推广。例如，某用户在淘宝搜索过“猫粮”，淘宝就会给该用户贴上“猫主人”的个性化标签，当该用户再打开淘宝时，会发现很多“猫玩具”“猫清洁工具”“猫窝”“猫粮”等关键词。

卖家可开通旺铺智能版，获得千人千面功能，获得精准流量。

达人点睛

很多卖家依旧铤而走险，喜欢刷单。反思千人千面的功能，就应该知道不能刷单。除了违反淘宝规则外，千人千面会为商品打上个性标签，而刷单的行为反而会干扰标签。例如，某卖家的商品是男士冲锋衣，目标用户是30岁以上的男士。由于刷单的都是大学生和宝妈，淘宝系统就无法正确地为该商品添加标签。当有30岁以上的男士搜索“冲锋衣”时，自己的商品反而因为标签不符，得不到展现。

技能11 自己是否要开通旺铺智能版

对于小卖家来说，每多出一分钱都是增加了成本压力；对于大卖家来说，其更注重成本和收益的对比。基础版的旺铺是全免费的，也可以完成一些基础的装修；专业版已经符合很多商家的要求；作为需要支付更多费用的智能版就会引发商家的思考，是否需要旺铺智能版?

旺铺智能版除了上述比较显著的功能外，还有一些其他新增功能。商家可通过下列旺铺新增功能结合自己店铺实际情况考虑是否需要开通旺铺智能版。

● 旺铺智能版能实现一键智能装修，商家可在10秒内一键自动生成一张首页。整合装修的功能给商家省去不少的步骤，节约了时间，适合星级较高，流量也不少的卖家使用；如果是刚起步的小卖家，流量少，且淘宝有扶持的专业版免费使用，自己空余时间较多，可考虑自己花时间在装修上，不必增大成本开通智能版。

● 旺铺智能版的个性化搜索、倒计时模块和标签功能，比较容易抓住买家的购买心理，提升销售率。需要尝试这些功能的卖家可以考虑购买旺铺智能版。

● 对于千人千面而言，流量较多的卖家非常适宜使用。因为流量大，说明对商品感兴趣的访客较多，同一个店铺的商品风格都有一定的特色，再将特色详细划分成访客喜欢的，必定能促进更多的销量。曾有官方对部分客户内测显示，使用千人千面的卖家访客成交转化率提高30%~150%。

● 热图切图能提高装修效率，但是对于刚起步的小卖家而言，如果自己时间较多，可以考虑亲自动手切图，就无需花钱开通智能版。

● 页面测试功能非常适用于节假日的首页制作，无论是什么卖家，需要在节日做活动的都可以考虑开通智能版。通过数据分析得到最优的首页，才能吸引更多的人群，提高成交率。

● 访客较多的商家考虑开通智能版的原因还有一个：智能单双列宝贝。它基于阿里大数据提供的智能算法模块，系统能根据每个访问店铺的买家特征，推荐出本店中最有可能被购买的商品宝贝，以此提高成交率。

● 旺铺智能版可通过神笔详情编辑器直接发视频，让商品的宣传更到位。有需要用视频展现商品的卖家可以考虑开通旺铺智能版使用该功能。

通常来说，大卖家流量较多，也相对稳定，智能版的开通能为自己添砖加瓦自然是好事；但是对于刚起步的小卖家，成本不大，周转资金也不是十分宽裕，就没有必要花钱在昂贵的装修上，等店铺的流量有了增长再考虑开通使用旺铺智能版。

总的来说，天猫或淘宝的卖家在资质、资金和人员配置等方面的情况都是千差万别的，因此卖家应根据自己的实际情况和自己商品的特点，认真思考自己是否需要开通智能版。

营销篇

第13章 店铺促销活动

本章导读

促销活动能为卖家带来流量和交易额，但是很多卖家苦于找不准时机或无技巧，眼睁睁地看着活动胎死腹中。本章主要介绍几种常见的促销活动，如新品促销、节日促销、店庆促销等活动。卖家只要认真学习、刻苦钻研，以及配合淘宝进行各种店铺宝贝促销活动，也能够将自己的店铺和宝贝推广出去，创下傲人的销售业绩。

技能1 如何设计并执行促销活动

促销活动，是支撑起一个店铺流量和销量重要的环节。无论是官方活动，还是店铺活动，怎么让买家知道，知道以后反响如何，都是整个活动的关键。因此，卖家在策划设计促销活动时，需要考虑到活动规则的设计，活动的前期准备，如何处理活动中的各种状况，如何通过活动提高销量，以及活动后期的维护等方面的问题。

1. 活动规则应简洁明了

为了保证促销活动能够达到一个好的活动效果，卖家首先需要制定一系列活动规则，以规则的形成来确保活动的顺利进行。卖家制定的活动规则应该简洁明了，让买家可以一目了然地看明白活动到底是怎么样的。卖家应该尽量选择简单的活动方案，切记不要叠加过量的活动方案，否则在交易量较大的情况下容易产生纰漏，同时也会增加客服的工作量。

淘宝上最常见的店铺活动就是现金的优惠，如图13–1所示，这种方式的活动规则简洁明了，易于买家理解。比起礼品赠送和折扣销售，这种发放现金优惠券的方式往往对买家也更具有吸引力。

图13–1

2. 活动选款要走心

选款是促销活动前期准备的一个重要环节。活动的选款要根据商品的销售情况和促销活动的形式而确定。选款时主要遵循3个基本原则：要有全局观，要有针对性，要进行商品关联。

● 在促销时，卖家需要在店铺中营造出热卖的气氛，同时搭配一些优惠活动去吸引买家购买。优惠不一定要有很多，但一定要有，这样才能达到促销的效果。例如，“满100元包邮”和“满200元减10元”等活动，不少买家通常会在购物金额与优惠条件相差几十元时，为了达到享受该优惠的目的，而选择多购买一件商品。如图13-6所示，一卖家在销售旺季采用“满168元减5元，满268元减10元，满368元减20元”的优惠形式进行促销。

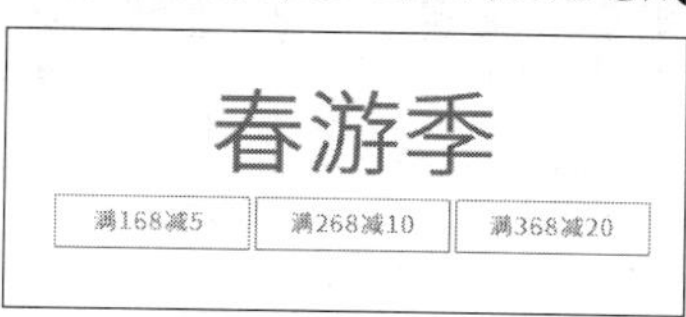

图13–6

技能7 销售淡季的促销

店铺和商品既然有销售的旺季，就必然有销售的淡季。这是店铺经营中的正常现象，也是市场本身的特性，不是店铺可以改变的。一家店铺如果能够在销售淡季进行一些促销活动，就可以使店铺保持较好的销售势头。这样不仅可以提高店铺的销售业绩和商品知名度，还能为店铺旺季的销售奠定良好的基础。

对于销售淡季的促销，卖家需要注意以下几点。

● 在销售淡季，卖家要调整好心态，改变经营观念，树立“销售无淡季”的思想。卖家不能因为是销售淡季，就对自己店铺的商品没有信心，不去推广，不去促销，这种消极的心态只会让店铺的销售业绩更惨淡。卖家必须以积极的心态去面对销售淡季。

● 在销售淡季，卖家需要根据买家的需求，制定出有针对性的销售策略，去引导买家购买，进而提升销售业绩。

● 利用价格促销方式吸引买家，例如，折扣促销、降价促销等。但是卖家需要注意，应合理地控制折扣力度和降价幅度，一味地低价会导致买家的猜疑。

● 在销售淡季，卖家可以尝试开发一下新市场。在销售淡季市场上大多数竞争者处于宣传休眠期，同时市场上的干扰信息也比较少。因此，卖家如果选择在这时进入新市场，则对于渠道的占领和品牌形象的建立会非常有利，随着市场扩大，也能够带动店铺销售业绩的提升。

● 寻找新的利润增长点。店铺销售的商品无法满足买家的现实需求，这是销售淡季产生的一个主要原因之一。因此，要解决这一问题，卖家就需要增加新的商品功能和卖点，去满足买家的市场需求。

● 销售淡季，卖家的时间相对充裕，因此卖家可以好好利用一下这段时间。例如，进行店铺装修优化，加强客户关系的维护，以及为即将到来的销售旺季做些前期准备等。

技能8 加入商品限时打折

“限时打折”是淘宝提供给卖家的一种店铺促销工具，订购了此工具的卖家可以在自己的店铺中选择一定数量的商品在一定时间内以低于市场价的价格进行促销活动。活动期间，买家可以在商品搜索页面根据“限时打折”这个筛选条件找到所有正在打折中的商品，如图13–7所示。

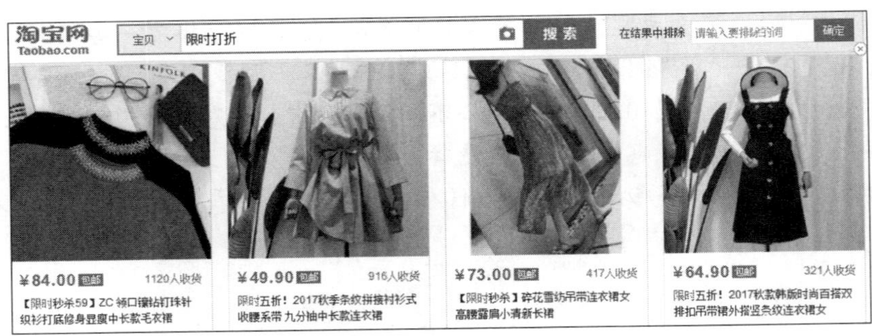

图13-7

技能9 参加满就送

“满就送”功能是基于旺铺的一种促销功能，它给卖家提供一个店铺营销平台，让所有设置了满就送的宝贝自动实现促销，如图13-8所示。

图13-8

例如，出售的一款蓝牙耳机进行了满200G送U盘的活动，那么买家在购买此商品后，系统会自动进行该优惠活动，不用卖家手动进行操作，从而通过这个营销平台带给卖家更多的流量。

技能10 优惠券送起来

店铺优惠券是一种虚拟电子现金券，如图13-9所示。它是淘宝在卖家开通营销套餐或会员关系管理后开通的一种促销工具，当有买家购买定制该功能的宝贝以后，会自动获得相应的优惠券，在以后进行购物时，可以享受一定额度的优惠，如图13-9所示。

图13-9

通过发放优惠券，能够促进客户再次到自己店铺中购买，从而有效地将新客户转化成老客户，提高店铺的销量。

新品销量破零是大家经常遇到的问题。一件新品上架后往往数周都没有一个销量，常常让卖家感到头痛。其实只要用好优惠券，新品可以轻松破零。

方法很简单，在老客户购买商品时，放一张优惠券在包装中，优惠券上写明：好评后拿着这张优惠券来找客服，指定一款产品免单包邮或半价包邮，这款产品就是刚上架的新品。优惠券的使用时间是有限制的，大多数老客户都会在期限内购买新品，如此就轻松实现销售破零。但要注意的是只给优质老客户发送优惠券，实现基础销量就够了，之后上直通车、七天螺旋加上自然搜索，大多数产品一个星期可以做到免费流量两万左右。

技能11 增加销量——商品搭配套餐

搭配套餐是指将几种卖家店铺中销售的宝贝组合在一起设置成套餐来进行捆绑销售，这样可以让买家一次性购买更多的商品，从而提升店铺的销售业绩，增加商品曝光力度，节约人力成本，如图13–10所示。

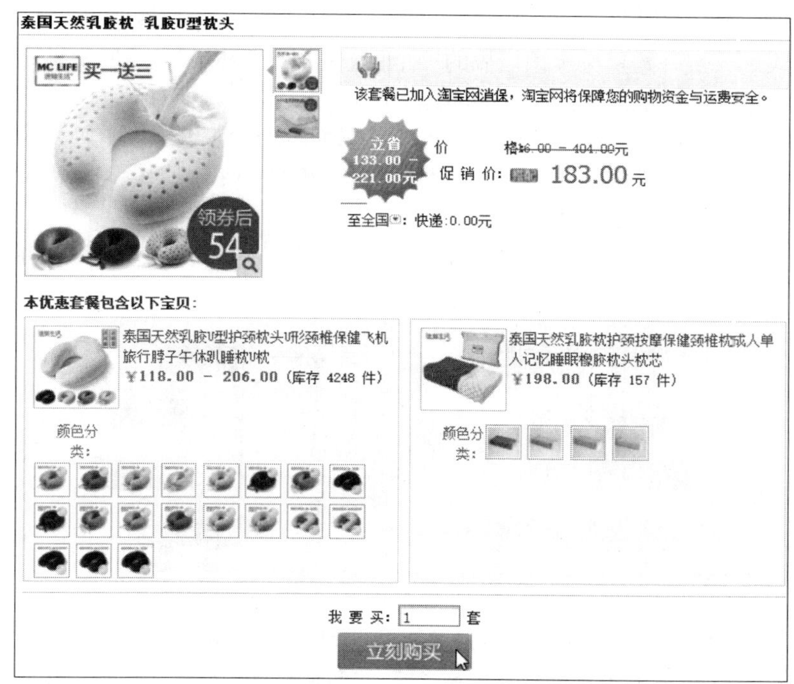

图13–10

第14章 淘宝网店的推广营销技巧

本章导读

从广义上讲，淘宝推广包括站内推广和站外推广。站内推广指的是通过设计相应的活动，如聚划算、免费试用，以及参加淘宝（天猫）活动，来增加商品的曝光度，增加销量。本章涵盖的内容较多，总结起来指导卖家通过参加淘宝（天猫）站内现有的活动，来做好推广营销工作。

技能1 参加聚划算好处多

淘宝网聚划算最开始是淘宝论坛搞的一个独立板块，用以聚拢一些卖家不时进行团购活动，后来发展为阿里巴巴集团旗下的团购网站。

聚划算的全部商品都必须在原价上打折，优惠力度较大，因此拥有较为稳固的消费群体。据不完全统计，每天访问量达到4000万，约有1200万人在聚划算购物，关注度高度集中。聚划算已成为国内首选的团购平台之一。

如图14-1所示，卖家参加聚划算的活动，有清库存、树品牌、打造爆款等多种好处。

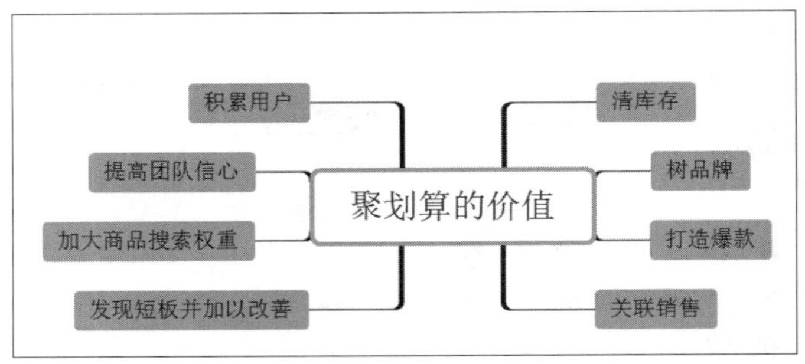

图14-1

- **清库存：** 由于聚划算有较强市场凝聚力，对于卖家而言，这是一个清理库存的好平台。让库存商品参加聚划算，只要价格低廉，商品质量达到普通水平，就能吸引顾客购买，减少压货成本。
- **树品牌：** 很多小品牌卖家和大品牌卖家相比不具优势，经济实力也不足，因此这类卖家最需要树立自己的品牌信息。而参加聚划算能被更多的人看到，对品牌宣传有良好的作用。
- **打造爆款：** 打造爆款并非一朝一夕的事，需要慢慢提升市场接受度。因此，利用聚划算提升的商品销量，对打造爆款也有助推的作用。
- **关联销售：** 通常，聚划算主商品的销量不错的话，关联商品的销量也会不错，口碑较好的关联商品有机会成为下一次的爆款。

● **积累用户**：销量都上去了，买家也就多了。把握好这部分买家，有促成二次销售的机会。

● **提高团队信心**：参加聚划算的卖家，只要在商品上下足了功夫，流量和销量都会不错，而好的成绩在一定程度上能提高团队信心。

● **销量和评论的增加，加大商品搜索权重**：销量能直接影响商品搜索权重，而评论的多少也和商品搜索权重息息相关。随着销量和评论的增加，商品的搜索权重也会增加。

● **发现短板并加以改善**：部分卖家销量不佳，却不知道原因。只有通过大量的销售，才知道自己的商品、客户和物流等环节是否存在问题，才有进行改善的可能。

参加聚划算除了有以上好处，还有吸引更多流量、帮助新手卖家突破0销量现状、获得更好的排名等好处。

达人点睛

聚划算作为一把“双刃剑”，做好了能名利双收，做不好，则有可能让店铺在接下来的1个月，甚至1年，运营都有难度。哪些原因会导致聚划算失败呢？（1）目的不明确，卖家自己都比较盲目，不知道活动的目的是打造爆款、上新、清仓，还是品牌宣传；（2）没有细节规划，在过程中手忙脚乱一番，反而得罪客户；（3）选款失败，压货严重；（4）人手不足，客服、发货、售后都跟不上。

卖家参加聚划算，最重要的是选品。聚划算的选款主要从两个方面出发。

● **市场接受度**。所谓的市场接受度包含需求量、价格和款式等多种因素。想要查看到某个商品的市场接受度，可在“生e经”的“行业分析”中得知具体商品信息。

● **时间维度**。时间维度主要指的是查看商品是否具有明显季节性。例如，厚围巾在冬季的需求量明显比夏季大。卖家在选择厚围巾参加聚划算时，就应该考虑是否符合市场需求。

卖家需具备一定店铺条件和商品条件才可报名参加。聚划算目前还是免费的，可参加的类型包括商品团、品牌团、聚名品、聚新品和竞拍团几种，如图14–2所示。每一种类型的招商对象和素材提交都不一样，商家可结合自己商品特点加入适宜的聚划算活动。

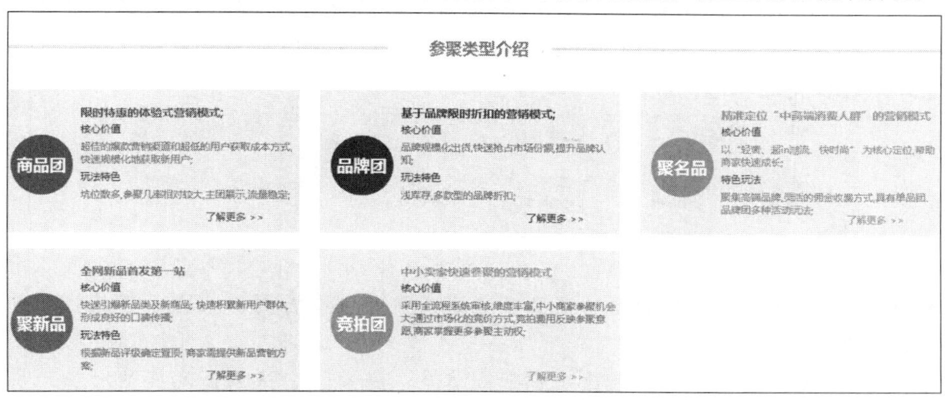

图14–2

技能2 淘宝免费试用聚人气

在淘宝门户中，开辟了一个免费试用页面，所有买家都可以通过此页面申请免费试用商品。每天都有为数众多的买家等候在电脑前申请试用商品，人气火爆。这个页面就是淘宝试用中心。它是全国最大的免费试用中心，是最专业的试客分享平台，不仅聚集了上百万份试用机会，还有亿万消费者对各类商品最全面真实客观的试用体验报告，供消费者参考。

1. 试用体验能起到口碑作用

在淘宝网中有部分买家对陌生的品牌或商品持怀疑的态度，淘宝试用中心就很好地解决了该问题。卖家拿出试用品免费给淘宝会员试用，会员在试用后写一个试用报告。买家浏览报告后，能更加了解该商品的质量与细节，对是否购买也就有了更多的判断依据。

商品参加试用中心能极大地增加销量和店铺信用，还能得到商品试用的反馈，相当于不花大钱也能抓到新客户，为店铺提升了品牌价值与影响力。

某淘宝用户在免费试用活动中申请到一款牛肉干，试吃后给出了试用心得，如图14–3所示。从报告来看，该商品集多个优点于一身，试用者给出的缺点则便于卖家更好地改进商品。

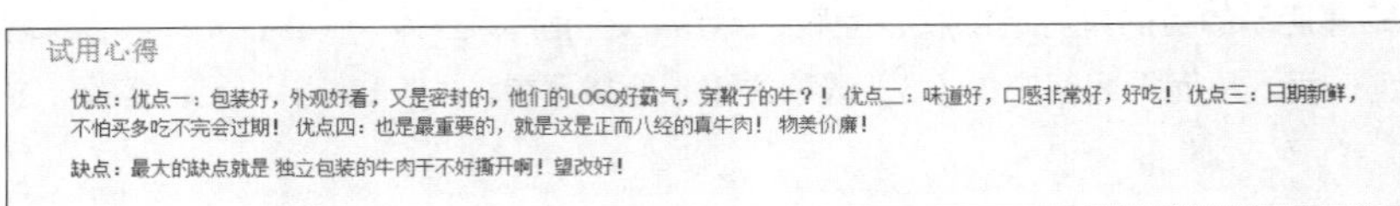

图14–3

买家的良好试用体验对商品能起到口碑作用；针对试用者给出的缺点或建议，卖家可以积极采纳，调整运营策略或改进商品。

2. 试用中心的推广作用

淘宝试用中心无疑是一个很好的推广渠道，它相当于免费帮卖家打广告，让买家知道自己的品牌和商品的同时也抓住新用户。当然，试用中心的商品还有获得流量、销量、搜索权重等作用。下面详细说说试用中心的推广作用体现在哪些方面。

● 导入优质流量，让推广更深入。试用中心导入的流量是精准的，只有需要试用商品或对试用商品有兴趣的买家才会发起试用申请。报名试用活动的用户很多，最终能领到试用品的人却屈指可数。如图14-4所示，申请流程中要求回答问题和收藏店铺，这些环节能让申请者记住商品信息，加深对商品的印象。

图14–4

● 独享推广资源。参加活动的商品有望进入试用中心首页，相当于不花钱上首页，获得推广资源。

● 为商品获取流量的同时也为店铺带来流量。随着报名试用商品数量增加，店铺首页或店内其他商品也会获得更多连带的流量。

● 增加销量。随着参加试用活动，商品和消费者见面的机会更多。部分倾心商品的买家即使没有得到免费使用的机会，也会选择自行购买，加大商品的销量。

● 更直观的推广方式。试用报告的说服力比直通车、钻石展位等付费广告的效果更好。此外，试用者如果真心认可商品，自然会向身边的好友推荐。

参加试用中心的门槛不高，其对集市店铺和商城店铺开放。满足条件的卖家，可参加试用中心活动。

技能3 淘金币换购

淘金币是淘宝网的虚拟积分。所有在淘宝交易的买家都可以得到数量不等的淘金币，当积累到一定数量后，可以进行抽奖或者购买卖家提供的商品。淘金币也可以兑换、抽奖得到免费的商品或者现金红包，或兑入线上线下商家的积分。

1. 淘金币的营销价值

可能有卖家会提出疑问，设置淘金币活动的目的是什么呢？生意场上没有人愿意花费时间和精力去做没有意义的事，卖家参加淘金币有如下价值。

● **签到送金币**。对进店签到的买家赠送金币，可以提升用户黏性，加大复购率。

● **分享送金币**。对进行店铺分享的买家赠送金币，加大店铺的宣传。

● **收藏送金币**。对收藏商品的买家赠送金币，在提升店铺人气的同时，也能增加买家回访商品或店铺的可能性。

● **购物送金币**。对购买商品的买家赠送金币，增加下单率与商品转化率。

除了上述价值外，参加淘金币的卖家还有机会获得抵钱频道的展位，提升店铺的流量，拉动店铺成交量，发放金币的过程能增加和买家互动等好处。

达人点睛

在无线端，卖家参加淘金币活动的商品有机会获取更好的排名。因此，淘金币的另一个重要的价值在于影响无线端的搜索权重。

2. 设置淘金币抵现活动

● 卖家在报名参加淘金币的活动之前应该掌握一定的技巧。

● 了解平台的受众特点。参加活动之前就要先对活动有了解。根据相关调查，淘金币主要受众群体为20～35岁的女性，这类群体的特点集中于：喜欢优惠，时间多。卖家在选取淘金币商品时就要看自己的商品是否符合这个群体的消费。

● 找到合适的款式。款式的选择一定要是较为大众的，时尚或朴素；商品也要符合季节性。

● 价格的定位。淘金币与天天特价等客单价较低的活动有区别，淘金币更加倾向于客单价中等偏高的商品。

● 商品的质量。无论参加什么活动，商品的质量都是老生常谈的要点。在淘金币中，想要拉拢回头客和人气，更加需要注意商品的质量。

这里需要提醒卖家：淘金币下不同的活动有着不同的规则，例如，“淘金币抵钱”活动，指的是参加淘金币抵钱的商家可自主设置活动时间和抵扣的比例，在开通后全店商品都支持买家金币的抵扣，但是针对不同的商品可设置不同比例的抵扣。

技能4 淘宝直通车活动

淘宝直通车是为淘宝卖家量身定制的，按单击付费的效果营销工具。直通车广告每被单击一次，卖家会付给淘宝一定的广告费用，没有单击则不付费用。

淘宝直通车具有广告位极佳、广告针对性强和按效果付费3大优势。这也是目前绝大部分的大卖家都在使用的一个工具，因为它能够实实在在地带来流量和成交，能立刻看到效果，很多卖家都喜欢使用它。图14-5和图14-6所示都是直通车的展示位。

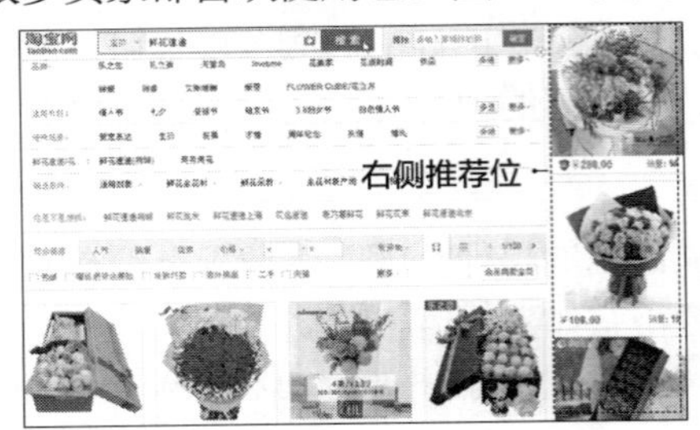

图14-5

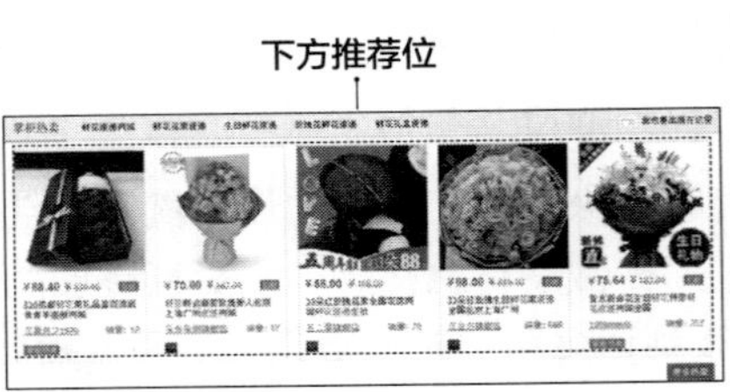

图14-6

直通的优势具体说来有以下几个方面。

- 被直通车推广的商品，只要想来淘宝买这种商品的人就能看到，大大提高了商品的曝光率，带来更多的潜在客户。
- 只有想买这种商品的人才能看到该广告，给该商品页面带来的点击都是有购买意向的点击，带来的客户都是购买意向的买家。
- 直通车能给整个店铺带来人气，虽然卖家推广的是单个商品，但很多买家都会进入店铺里去看，一个点击带来的可能是几个成交，这种整体连锁反应是直通车推广的最大优势，店铺人气逐渐就会提高了。
- 可以参加更多的淘宝促销活动，参加后会有不定期的直通车用户专享的促销活动，加入直通车后，可以报名各种促销活动。
- 在展示位上免费展示，买家点击才付费，自由设置日消费限额、投放时间、投放地域，有效控制花销，合理掌控自己的成本。强大的防恶意点击技术，系统24小时不间断运行，保证点击真实有效。
- 免费参加直通车培训，并且有优秀直通车小二指点优化方案，迅速掌握直通车推广技巧。

对有经济条件的卖家而言，可以通过参加直通车活动带来可观的流量。

达人点睛

影响直通车权重的因素很多，包括展现量、点击量、点击率、转化率等，但这些因素都离不开关键词。如何才能找到关键词为直通车加分呢？①查找关键词，可选择在系统推荐的关键词、淘宝下拉框、生意参谋建议等地方查找；②筛选关键词，筛选留下既符合搜索习惯，又与商品相关度高的关键词；③观察关键词，通过观测店铺数据，分析得出点击率、转化率效果好的关键词。

技能5 钻石展位活动

“钻石展位”是淘宝图片类广告位自动竞价平台，是专为有更高信息发布需求的卖家量身定制的产品。其精选了淘宝最优质的展示位置，通过竞价排序，按照展现计费，性价比高，更适于店铺、品牌及爆款的推广。

钻石展位是按照流量竞价售卖广告位的，计费单位是“每千次浏览单价”（CPM），即广告所在的页面被打开1000次所需要收取的费用。钻石展位不仅适合发布商品信息，它更适合发布店铺促销、店铺活动、店铺品牌的推广，可以为店铺带来充裕流量，同时增加买家对店铺的好感，增强买家黏度。图14-7所示为首页的钻石展位。

图14-7

首页流量巨大，对于资金雄厚的大卖家来说，放在首页可以带来巨大的流量，从而带来更多的顾客。也可以考虑在各个频道的首页购买钻石展位，当然要选择和自己的宝贝同类的频道，图14-8所示为美食频道首页的钻石展示位。

图14-8

钻石展位是一个非常显眼、重要的推广平台。那么钻石展位的使用规则有哪些呢？

- 系统每天21点后自动提交计划进行竞价投放。
- 系统会提供过去7天被竞价的数据给商家查看。
- 系统每天15点后从商家的消费账户冻结计划第二天的预算，每天凌晨自动结算返回消费账户计划前一天的消耗余额。
- 在15点之前调整计划的基本信息。具体内容包括：CPM出价、日预算、展示图片、开始结束日期、时段等信息。修改完成后需要等到次日才能生效。

- 投放中如果没有足够金额，系统自动停止投放。因为金额不足而停止投放的计划，在该计划还在投放期内的前提下，允许商家继续充值恢复投放。
- 展示图片将会被随机轮播显示。
- 可以随时充值消费账户，充值使用的支付宝为淘宝账户绑定的支付宝。
- 如果有特殊情况可提交客服人员，可能存在允许用户当天强行终止投放中计划的情况。
- 同一个时段内CPM出价高的计划优先投放；计划分为多个小时段投放，系统将会根据实际的流量情况以小时为单位平滑消耗。
- 计划被竞价成功投放，该计划的实际投放结算价格将按低于当前CPM价格的下一位有效出价加0.1元进行结算。

达人点睛

很多人不了解钻展，认为其特点就是烧钱没效果，是大卖家玩的。其实不然，小卖家用好钻展也可以带来佳绩。卖家应该先考虑6个问题：做钻展的目的、定向、投放时段、投放资源位、素材和落地页面，掌握好这些维度再去进行钻展，一般效果都不错。

只有充分了解了钻石展位的规则之后，才能有效地进行利用，从而提高广告的效果。

钻石展位的优势如下。

（1）充足的展现机会

通常，直通车在达到一定流量后，展现有限，钱花不出去。例如，直通车某款美妆商品，需在用户搜索与该商品相关的关键词后才得以展现；钻展则可以拓展人群，或跨类目定向等，覆盖范围更广，展现机会也就越多。

（2）大数据，定向人群更精准

钻展是一个以图片展示为基础，以精准定向为核心，面向全网精准流量实时竞价的展示推广平台。钻展以精准定向为前提，重视消费人群，降低成本，提高转化率，提升品牌曝光度。例如，某款大码女装，在做钻展广告时，可以单独展现给体重在140斤以上的人群看。人群越精准，转化也就越高。

（3）带动整店动销

和直通车不一样，钻展更主要是展现某个店铺，而非某款商品。钻展铺进来流量后，会将其以不同的比例分散到不同的款，这对每个款的动销，以及每个款的收藏、加购都有着重要意义。

（4）配合活动完成大促

通过钻展，可进行策略布局。

- 现有用户发展为购买用户／现有用户。
- 潜在用户发展为现有用户。
- 购买用户发展为忠实用户。
- 沉默用户发展为现有用户。

钻展可进行不同维度的策略布局，在把握好消费者人群分层的基础上，建立营销策略，实现不同阶段的投放需求，使得活动效果更上一层楼。

（5）引流成本更可控

钻展可根据每个卖家的不同流量需求，进行不同的钻展玩法策略。例如，某卖家的预算投入只有500元，在投放广告时，可重点优化投放时间段、地区、定向，从而做出更好的投产。

如图14-9和图14-10所示，单击营销中心的“我要推广”按钮，在跳转的页面中选择开通直通车、钻石展位等推广工具。

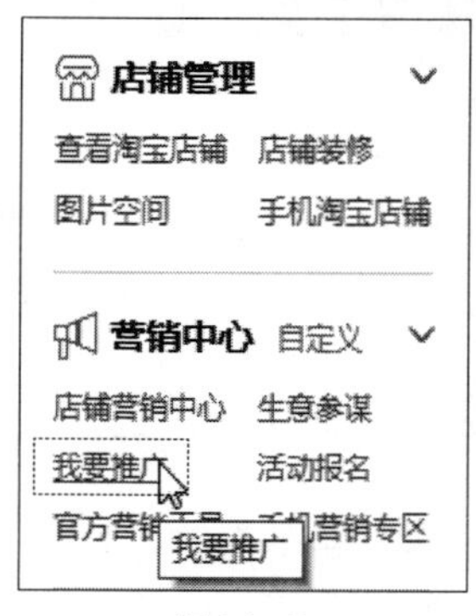

图14-9

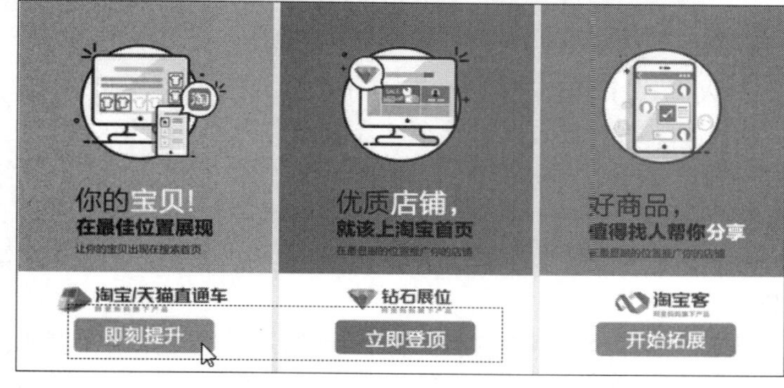

图14-10

技能6 天猫“双11”活动

“双11”活动指的是每年11月11日的网络促销日。在这一天，许多网络商家会进行大规模促销活动。“双11”活动在2009年11月11日开始，最早的出发点仅仅是想做一个属于淘宝商城的节日，目的是扩大淘宝的影响力。结果在第一年的时候，“双11”活动就打下了意想不到的成绩。时至今日，“双11”活动不仅仅是电商消费节的代名词，对非网购商城和线下商城也产生了较大的影响。

据阿里官方数据，2017年“双11”活动最终以1682亿元收官，创造了全新纪录。

从2009年到2017年，“双11”的销量呈直线上升，如图14-11所示。

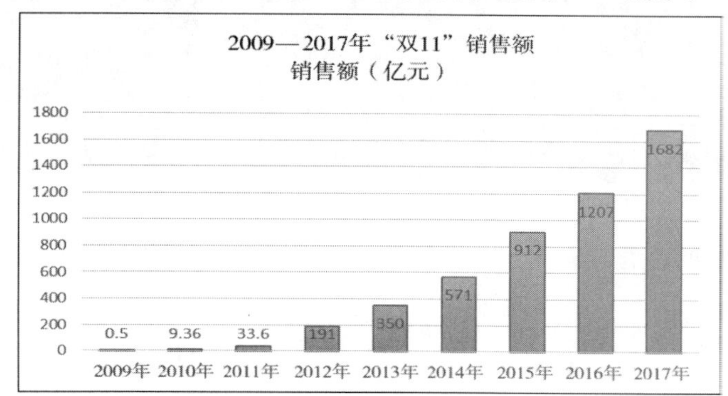

图14-11

如图14-12所示，2017年天猫“双11”活动报名分为海选开始、公告海选结果、预售预热、预热开始和正式活动5个阶段。

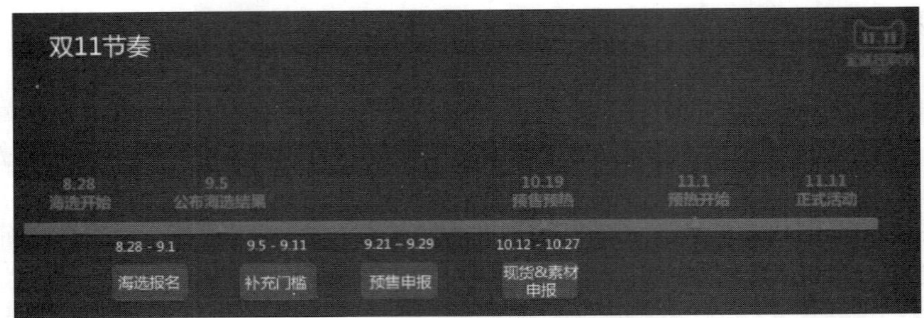

图14–12

进入“双11”招商入口有两种方法。

（1）活动招商入口将会在“商家中心”→“营销中心”→“官方活动报名”页面展示，建议大家关注该页面即可。当活动开始的时候，“双11”活动报名就会出现在官方活动报名处。

（2）关注淘营销，活动开始之后，会有“双11”招商报名的活动窗口，单击立即报名即可。

天猫会从多个维度对报名营销活动的商家进行排名，例如，商家店铺的品牌知名度、活动契合度、店铺成交额、店铺类型、开店时长、客单价、店铺主营类目、诚信经营情况等。

“双11”入围规则如图14–13所示。

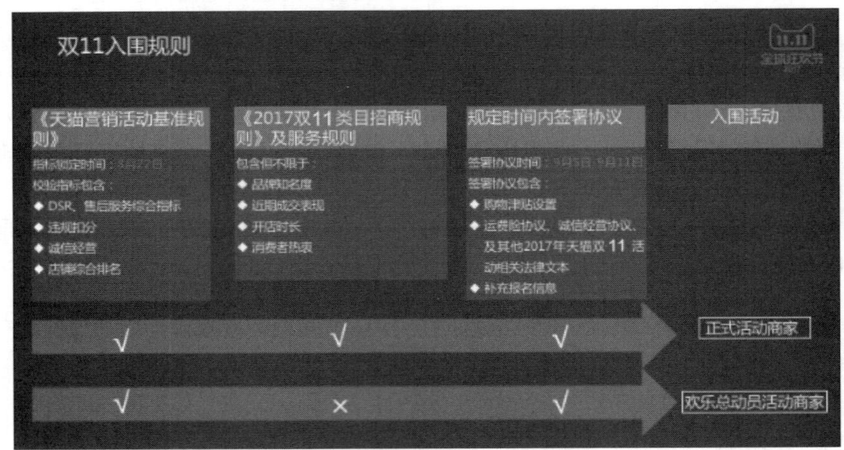

图14–13

除此之外，参加活动的卖家还应严格遵守“双11”价格规则、重点管控规则、包邮规则及发货规则等。

达人点睛

2017年“双11”的热门活动“预售”，该活动其实为：预售定金+预售尾款的销售模式。买家拍下“双11”预售商品在30分钟内完成预售定金支付，并自觉遵守担保法的相关规定，在支付尾款后即可享受一定的膨胀比例享受高于其所支付定金金额的抵扣权益。

技能7 天猫"双12"营销

天猫"双12"是每年的12月12日，天猫在当天推出网购盛宴，将延续"全民疯抢"的活动，简称"双12"。天猫商家如果在"双11"活动时已经取得不错的成绩，可再接再厉，借助"双12"再创辉煌；如果在"双11"因为没有做好充分的工作导致效果不佳，仍旧可以抓住"双12"的机会大施拳脚。

每一年"双12"的主题都不一样，2017年主题为"双12年终盛典"。主题不一，规则也在发生变化，因此每年的具体招商规则可能存在差异，建议商家仔细阅读该年度的规则。下列以2017年的招商规则为主，介绍参加天猫"双12"的规则。

如图14–14所示，2017年天猫"双12"活动共分为：商家报名、商品报名、活动预热和正式活动4个环节。商家可在活动开始之前就关注这方面的信息，以免错过报名时间，错失良机。

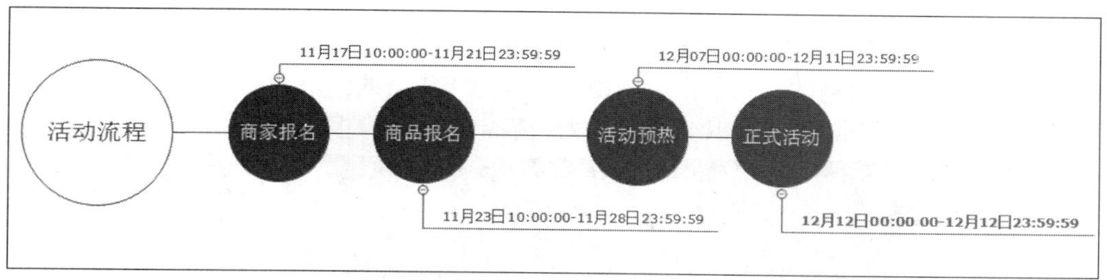

图14–14

1. 商家报名方式

如表所示，天猫"双12"的报名方式共有反向邀约和自主报名两种方式。

<table>
<tr><td>反向邀约</td><td colspan="2">由系统发起，收到邀约的卖家在招商入口单击立即报名后，填写商品信息时，单击"符合资质的商品"，即可知晓店铺内被邀约的商品</td></tr>
<tr><td rowspan="2">自主报名</td><td rowspan="2">每个卖家可自主报名2个商品，或通过以下方式获得额外的商品报名机会</td><td>资质奖励：符合淘宝汇吃卖家资质，可额外获得15个报名商品的奖励。如符合不同行业特色卖家资质，额外获得的奖励可以叠加</td></tr>
<tr><td>完成加购目标奖励：2017年12月1日~12月11日期间，完成加购物车目标的卖家，可额外获得2个报名商品的奖励，每天统计前一天数据并给予奖励</td></tr>
</table>

2. 商家准入规则

卖家为天猫卖家。

- 符合《天猫营销活动规则》。
- 店铺未涉及廉正调查。
- 店铺信用等级要求1星及以上。
- 要求商品不含区间价。
- 店铺绑定的支付宝账户身份认证完善信息达到II类支付账户。
- 单品价格要求：促销价≤最近30天最低拍下价。
- 本自然年度内不存在出售假冒商品违规的行为。
- 本自然年度内未因发布违禁信息或假冒材质成分的严重违规行为扣分满6分及

以上。

● 外围要求商品类目：食品全类目商品均可，除白酒、阿胶块、其他传统营养品的商品外。

除上述准入规则外，参加天猫“双12”的商家还必须满足商家包邮要求、3年质保服务要求、破损保障服务、商家发货要求和其他要求。因为每年的具体要求都不一样，以实际规则为准。

技能8 天猫年货节

年货节是基于“双11”和“双12”后的第3个节日。和前两个节不一样的是年货节的举办更多加入劳动人民的元素。年货节的主题在促进农民土特产销量的同时也能使在城市里生活的居民买到家乡特产，解一份乡愁；另外，更是促进快递员的业绩，挣足了钱好过年。

换句话说，年货节给农民增加收入的同时也便捷地解决了城市人购买年货的问题，可谓是双赢。在2016年1月的年货节上，阿里公布阿里年货节的销量为5天卖出21亿件商品。可见年货节的举办非常成功。图14-15所示为天猫年货节的海报。

图14-15

2016天猫年货节的核心玩法：平台购物券，通过放鞭炮抽购物券。其活动时间安排如下。

● 1月14日～1月16日，超值抢购，限量预售，购物券发放。

● 1月17日～1月21日，每日一个主题爆品疯抢。

每年年货节的规则都会发生变化，包括商家准入规则、价格管理规则、发货规则等。卖家应根据每年活动开始时间和相应规则去报名参加。

技能9 加入淘营销

淘宝的营销活动可以说是每天都有，如图14-16所示。那么，面对这么多的营销活动，该怎样去选择和报名参加呢？

图14-16

原来，淘宝有一个专门的营销活动网页“淘营销”，页面上集中了所有的淘宝活动，卖家可以选择适合自己的来参加。需要注意的是参加活动之前要读懂该活动的规则，一定不要违反，不然会受到惩罚。例如，参加一个限时打五折的活动，规定卖家必须在现有价格上打折，那么卖家就不要先把商品价格调高，然后再来参加打折，要这种小手段一经被发现，后果就会很严重。

技能10 加入淘宝直播营销

2016年是直播元年，淘宝直播在同年5月正式上线。淘宝直播成为一种新的引流方式，通过场景互动，会加深用户对品牌的信息接收度和真实度。由此，诞生了新的消费形式：卖家边播边卖，粉丝边看边买。这和以前的客户和客服打字交流不一样，客户可在直播过程中，直接提出疑问和要求，卖家也可通过现场展示来解决，整个互动过程更加简便、频繁，销量也随之上升。

据淘宝方面介绍，淘宝直播涵盖的范畴包括母婴、美妆、潮搭、美食、运动健身等。在淘宝首页有“淘宝直播”分类，如图14-17所示。

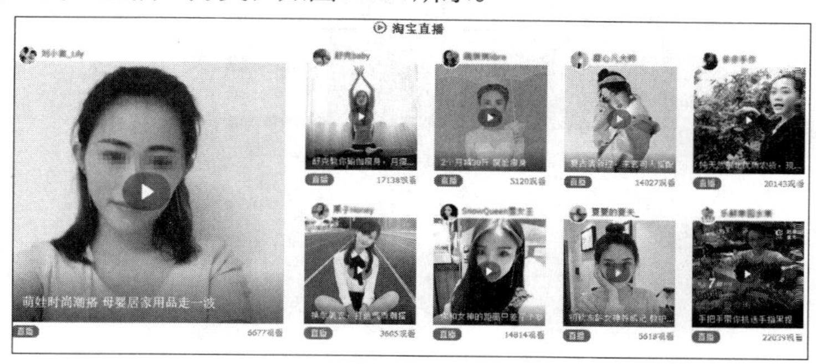

图14-17

如图14-18所示，任意单击一个直播间，可看到直播间详情。直播间页面共分为3个板块。

- 最左侧是主播直播画面，可清晰地看到直播名称、在线观看人数等信息。
- 中间位置是互动区，可看到新进入直播间的用户、购买商品信息、关注信息及提问聊天信息。

- 最右侧是商品信息区，可看到主播正在推广的商品名称、价格、颜色等信息。

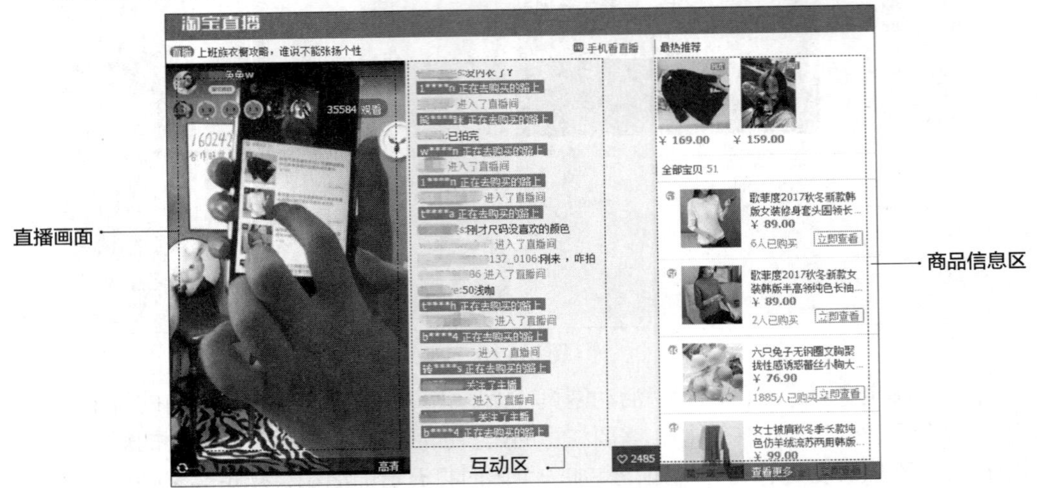

图14–18

满足开通淘宝直播的卖家可自己开通直播来进行商品的营销推广，各项资源都比较匮乏的小卖家则可通过付佣金找主播来推广商品。

技能11 淘宝客：买家和卖家之间的桥梁

淘宝客推广是一种按成交计费的推广模式，其作用类似于线下的推销员。阿里巴巴首次将广告推广视为商品，让其公开地展示在交易平台上。广告发布商和淘宝客可以实现销售利益的分享，获得双赢的局面。阿里巴巴是淘宝客最常用的推广平台，如图14–19所示。

图14–19

所谓淘宝客就是一批帮助卖家推广淘宝商品赚取佣金的人（个人或网站）。任何网民都可以充当淘宝客，只要从淘宝客推广区获取商品代码，让买家通过给定的链接进入淘宝卖家店铺成功付款交易，就能获得卖家支付的交易佣金。

这种无需成本投入、时间自由、束缚少、风险小的赚钱模式已经吸引了数十万的人员从业。在淘宝联盟平台可以找到各种类型的商品，最高佣金提成甚至达到成交额度的

50%。业绩较好的淘宝客收入可能高达千万，收入相当可观。

对卖家而言，淘宝客就像一群不领底薪的推销员，只需要对成功交易的现金流进行分享，就能轻松赚钱。相较于直通车和钻石展位，淘宝客的管理更简单、方便，就连支付佣金都不需要过多操作，支付宝链接代码会自动扣除相应的费用，这样投入的时间和精力就较少。

在淘宝客推广模式中，有卖家、买家、淘宝客和淘宝联盟4个主要角色，如图14–20示。在环环相扣的整条推广链中，每个角色都不可或缺。

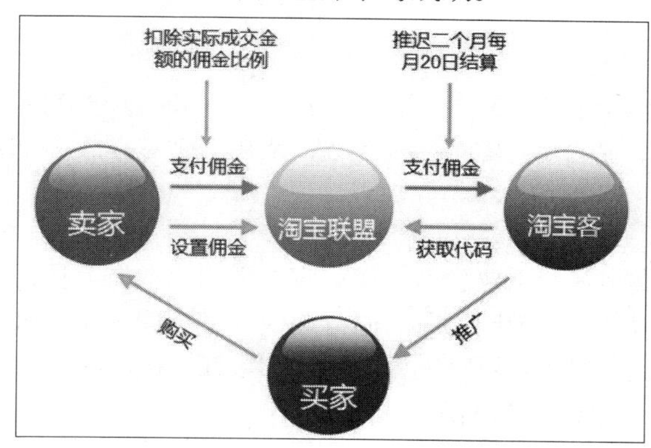

图14–20

卖家将需要推广的商品发布到淘宝联盟上，并设定愿意支付的佣金，在交易成功后支付佣金。

淘宝联盟作为推广平台，负责收集、发布商品信息和代码，并对每笔推广收取一定的服务费。

淘宝客在淘宝联盟中寻找合适的信息，获取专属推广代码（PID），并将商品推广出去。如果买家通过这个推广（链接、个人网站、博客或发帖）进入淘宝店铺成交后，淘宝客就可以赚到卖家提供的佣金（其中的一部分是淘宝联盟的服务费）。从推广链接进入起15天内产生的所有成交均有效，淘宝客都可以得到卖家支付的佣金。如果掌柜退出淘宝客推广，退出后15天内推广链接仍然有效。用户在此期间购买后仍计算佣金。

买家在得到推广信息后，通过相应的链接成功购买商品。淘宝客获取佣金必须以有效购买为前提。在买家确认收货后，系统会自动将相应的佣金从卖家的支付宝中扣除，并在第二天记入淘宝客的预期收入账户中，每个月20日统一结算上个自然月的费用。月结时，系统将按照佣金的10%收取技术服务费，然后转入淘宝客的收入账户。在阿里巴巴账户，淘宝客需要绑定实名认证的支付宝账号，才能顺利提现。

卖家可以在佣金范围内调整店铺各类目的佣金比率，以及直接调整主推商品佣金比率。淘宝客按照对应的比率结算。佣金计算的规则是支付宝的实际交易额减去邮费乘以佣金比例。通过一件商品的推广页面进入店铺后购买了店铺内非主推的商品的其他商品，也可以按照店铺各类目统一的佣金比率将佣金结算给淘宝客。团购、拍卖、虚拟类目的商品不会计算佣金。

例如，商品售价是100元，卖家的佣金比率为6%，邮寄费是10元。那么除去额外的运费，淘宝客成功推广得到的佣金是100×6%=6（元）。

淘宝客推广拥有巨大的流量优势，在站外任何可以推广的地方，例如，QQ、个人网站、博客、微博、论坛、社交网站、比价网站，都是淘宝客活动的范围。与直通车、钻石展位相比，淘宝客的投资回报率也是最高的，实际成交结果付费，减少了卖家的投入风险。

新店适合找淘宝客吗？如果商品质量、销量不佳，盲目找淘宝客，也会被拒绝合作。所以，很多卖家要避免进入误区：因为数据不好，找淘宝客合作提高销量。在有了一定的基础后，可通过手机淘宝上的达人、各类购物App、购物QQ群等渠道找淘宝客。

达人点睛

很多卖家会将聚划算和淘宝客推广结合起来。需要注意的是不能将淘宝客和直通车、钻展等推广相提并论，找淘客是一个日积月累的工作。所以，找淘客这个工作需提前做，条件成熟了再参加聚划算等活动。

设定佣金是招募淘宝客的重要隐私，卖家应考虑到成本与毛利的关系，保证在整个推广计划中毛利处于可以承受的范围。在与同行业横向进行佣金比较时，佣金设置不要低于平均水平。一旦佣金比率确定就不宜频繁改动。如果在一次活动中需要分阶段促销，调整佣金时幅度不要太大，如图14–21所示。

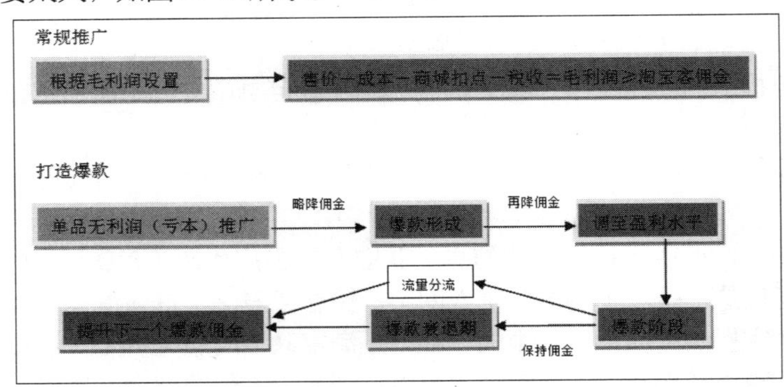

图14–21

在一件商品的推广过程中，在不同阶段设置佣金的比例是不同的。

- **在新品阶段，**短时间内可使佣金大于利润引入流量，迅速打开市场让客户知道这款商品，累积起原始的销量和好评。
- **在爆款形成前，**调整比率使佣金小于等于利润，持续吸引淘宝客的关注，保证销量逐步提升。
- **在爆款阶段，**整体下调佣金比例，使佣金小于利润，逐步实现收益。而在市场稳定后的爆款衰退期，将商品推广的佣金稳定下来，维持住淘宝客，保持销售即可。

达人点睛

无论是直通车、钻展，还是淘宝客的付费推广，让卖家感觉赚钱了，都不要太急于满足。付费推广的核心是撬动更多流量，带动整个店铺滚雪球般的发展。因此，当付费推广挣钱了，应考虑加大投放量，获得更多的流量及销量。

技能12 巧用淘宝SEO

淘宝SEO指的是通过优化商品信息，使之搜索排名靠前。通过了解买家们的搜索习惯以及搜索结果排序习惯，可以对如何着手淘宝SEO优化有初步的了解。此外，还应了解卖家常犯的搜索排名权重误区，以及在优化SEO效果时容易触犯的淘宝规则，这样才能提高优化效果，而不受到淘宝的惩罚。

1. 了解淘宝SEO

淘宝SEO指的是通过优化店铺商品标题、类目和上下架时间，让淘宝店中商品的搜索排名靠前，这也就是淘宝搜索引擎优化。淘宝SEO的三大基石指的是类目相关、属性相关和标题相关。

很多淘宝新手都会进入一个误区：认为SEO优化就是优化商品标题。标题优化确实是SEO中的一个重心，但并非淘宝SEO的全部。淘宝SEO的优化还需要通过类目相关性、属性相关性等其他方面来完成。一些新手卖家还会因为不熟悉淘宝规则，进入一些其他优化误区。

2. 了解买家的搜索习惯

卖家想要做好淘宝SEO优化，首要问题是了解淘宝网会用什么方式来进行搜索。再根据不同的搜索方式，制定不同的优化方案来实现SEO优化。在淘宝中，较为常见的搜索方式包括关键词搜索、类目搜索、提供建议搜索和热门关键词搜索。下面通过详细分析这4种搜索机制，便于卖家设计不同的优化方案。

（1）通过关键词搜索商品

有购买目标商品的买家会直接在淘宝搜索框中输入相应关键词。由此产生的关键词搜索流量是淘宝SEO重点。

如图14-22所示，在淘宝的搜索框里输入“夏装套装女”，从出现结昊来看，这些出现在首页中的商品标题，都包含有“夏”“套装”“女”等关键词，但是这些关键词之间并非紧密相连。

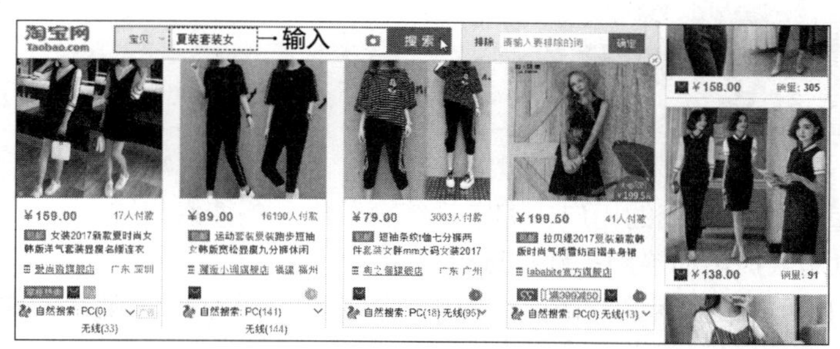

图14-22

由此可见，卖家想要商品排名靠前，就需要在标题中加入更多符合买家搜索的关键词。商品才会有更多点击率，更多销量。

（2）通过类目进行分类搜索

淘宝平台中也不乏消磨时间的无购买目的的用户。针对这类用户，淘宝将商品进行详细分类。如图14-23所示，在淘宝网首页的主题市场中有女装、男装和鞋，家电、数码、手机等分类。单击家电分类下的商品能看到“淘宝速达”“烤箱”“豆浆机”等小分类。

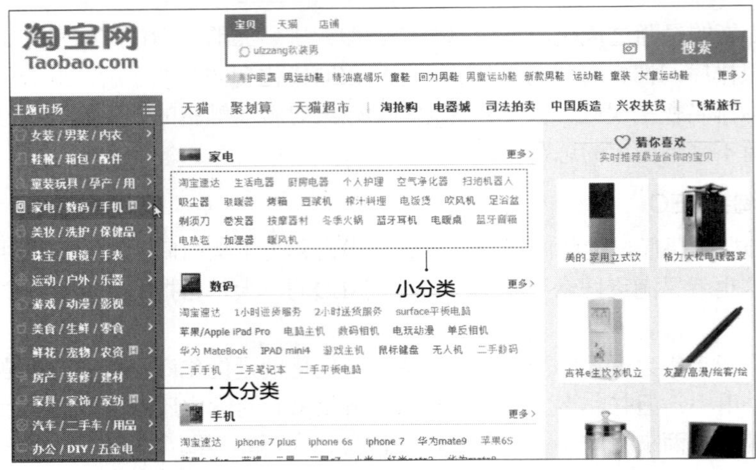

图14–23

买家可通过查看小分类来查找心仪的商品，从而形成交易。根据这种类目逐层分类搜索习惯可见，商品能否展现在买家眼前取决于商品发布时选择的类目。因此，选择商品类目也是淘宝SEO中的一个重心。

（3）根据淘宝提供的建议多条件搜索

淘宝提供最常见的搜索建议，就在淘宝下拉框中，如图14–24所示，在淘宝搜索栏中输入“秋装”，下拉框中会出现如“秋装新款女”“秋装女”等搜索建议，这些建议关键词都是搜索量较大的关键词。

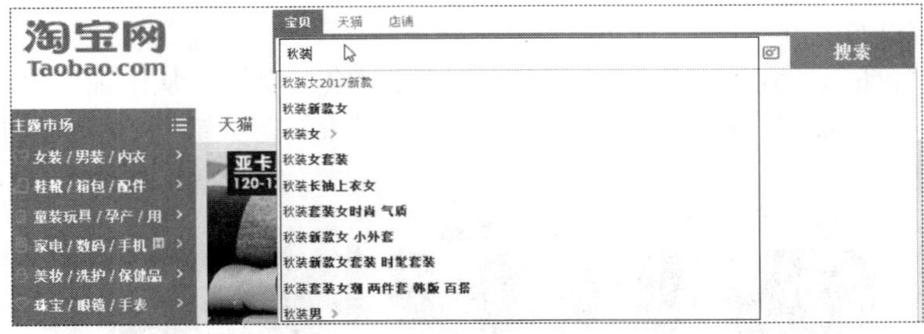

图14–24

针对没有直接购物目标的用户，淘宝系统会给出一些搜索建议。

（4）通过淘宝提供的热门关键词进行搜索

淘宝根据近期热门搜索量，在首页搜索栏下提供一些热门关键词，如图14–25所示。这给没有购买目的的买家提供了搜索的热词。

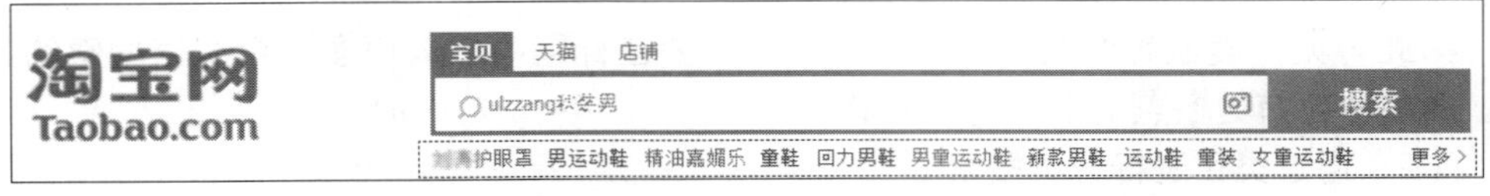

图14–25

卖家在组建关键词库时，可在淘宝提供的热门关键词中找到和商品有关联的关键词。

达人点睛

除了上述介绍的4种搜索方式外，买家还可能使用个性化搜索和店铺搜索来搜索商品。卖家可从这些方面出发，找到更符合买家搜索习惯的搜索方式并迎合，加大商品和买家见面的机会。

3. 了解淘宝给出的搜索排序

淘宝SEO，简单来说就是将商品排序靠前。卖家想要实现这一点，要先了解搜索结果排序。如图14–26所示，搜索结果排序主要包括综合排序、人气排序、销量排序、信用排序和价格排序。卖家只有将这几种排序结果进行优化，商品才有更多机会和买家见面。

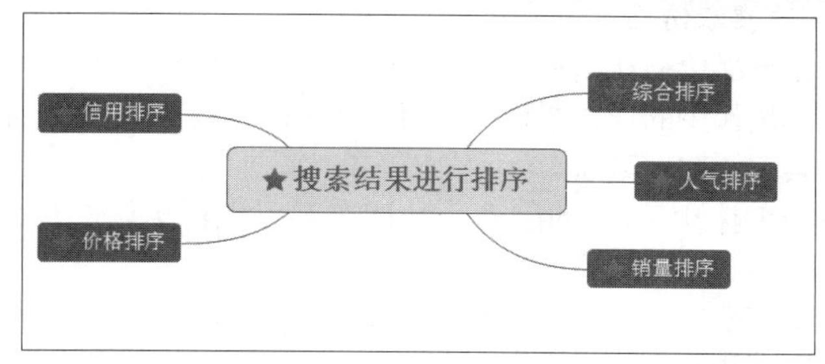

图14–26

（1）最常见的综合排序

综合排序指的是淘宝系统通过对买家输入的关键词在后台进行计算权重占比后得出的商品排序。综合排序是淘宝中较为常见的一种排序方式，超过80%的流量都来源于综合排序模式。

过去，卖家只要销量高，基本上不用担心综合排序。但根据目前出台的淘宝规则来看，淘宝为了保障客户权益，更加注重商品质量和服务质量等因素，已经不再是只参考销量来排名的时代了。

（2）喜欢从众的买家常用人气排序

所谓人气排序，是根据商品受欢迎程度而进行的排序。因为很多人都有从众心理，认为大家都喜欢的商品应该不错。所以，在搜索结果中，参考人气排序的人群也比较广。人气排序看的不仅仅是销量，还和其他因素有关。

（3）大家都买的商品不会差：销量排序

销量排序，是按照商品销量的多少来进行排序的。在很多买家看来，销量大的商品性价比可能更高，而且销量越多，可参考的评论也就越多。因此，销量排序也是买家搜索结果中较为常见的。销量排序，只根据商品销量多少来进行排序，而不考虑其他因素。

达人点睛

很多人知道销量排序很重要，但并不知道销量实际指的是什么。销量不等于销售出去的商品数量。例如，一个买家购买了1000件同一商品，那么该商品的销量还是为1，而不是1000。

（4）挑选卖家的排序：信用排序

信用排序，是根据卖家得到的好评、中评和差评等积累分数得出的排序。换言之，卖家得到的好评越多，信用也就越高。很多买家在搜索时也会选择参考信用排序。

细心的买家可查看某一商品的信用排序，在大多数情况下，根据信用排序的前几个商品都来自同一家店铺。由此可见，在信用排序中，参考的是店铺信用高低。

达人点睛

淘宝系统在对商品信用排序时，会发现某些店铺里既出售衣服，也出售鞋子，而且二者的信用分是不一样的。那么，参考什么来进行信用排序呢？其实，淘宝会根据商品所属行业，在该店铺总信用占比来进行排序。

（5）实惠型买家喜欢价格排序

价格排序，根据商品价格从高到低或从低到高来进行排序。大多数人都希望买到物美价廉的商品。如果能用最少的钱，买到心仪商品何乐而不为呢？所以，淘宝系统可以提供价格排序，来迎合买家的搜索习惯。

卖家要知道能影响排序结果的因素，才能对商品进行更好的优化，从而获得好的排名。

如图14–27所示，通过分析影响综合排序因素、影响人气排序因素、影响销量排序因素、影响信用排序因素和影响价格排序因素，来告诉卖家应该从什么方面出发，优化各种排序因素。

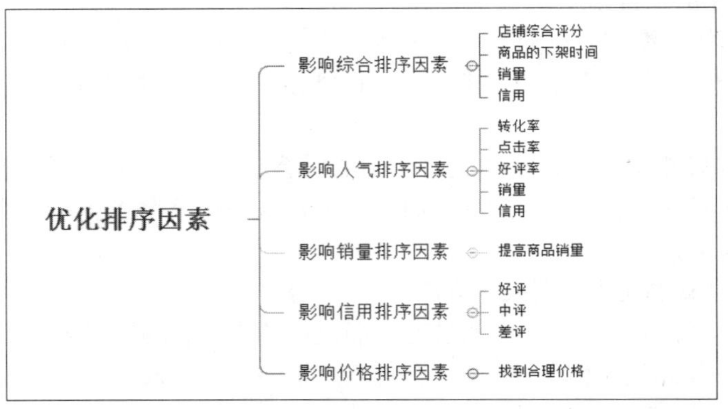

图14–27

- 影响综合排序的因素有很多，主要包括店铺综合评分、商品下架时间和销量、信用等。每一项因素都有一个对应分数，淘宝系统会根据这些分数进行综合，得出一个综合得分，再进行排序。虽然我们不知道这个综合分数的具体算法，但只要经过努力，提升各个因素的得分，相信商品综合排序也会有所改善。
- 影响人气排序的因素也很多，如销量、转化率、好评率、点击率、信用等。想要商品人气靠前，需要卖家对商品的销量、转化率等方面进行优化，为买家提供更多的服务。
- 销量的排序，只按照销量高低来排序。想要提高销量排序，需要考虑从多方面提高商品销量。
- 在信用排序中，买家会对商品进行好评、中评和差评等评价，这直接影响着卖家的信用排序。因此，想提高信用排序，就需要做好客服、物流，把控好商品质量等因素为商品获取更多好评。

● 在价格排序中，影响排序的仅仅是价格这一因素。但并非价格越低，越能促成成交量。卖家需要找到合理价格，既能让排序靠前，又能让买家认为合理。

达人点睛

通过分析用户心理来分析排序结果。男性群体总体来说比较“懒”，在搜索商品后，往往不会去查看综合排序。所以，大多男性用户会选择人气排序和销量排序，根据商品价格和主图来判断是否是可接受价位和款式。因此，男性一般以主图和价格来决定购买。卖家如果经营的是男性用品，根据该特点，可以把更多的心思放在价格和主图上面，在详情页、套餐搭配方面所花精力可有所减少。

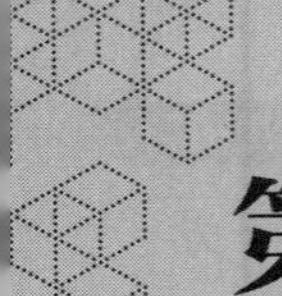

第15章　利用其他社交平台推广营销

本章导读

但凡人气聚集的网络平台，都可以成为营销战场。微信、QQ、微博、论坛和百度系列产品都有数以亿计的活跃用户。卖家在促销活动前或宣传商品时，都可以借助这些渠道做推广，引来流量和销量。不同的推广渠道有不同的特点，卖家需要掌握好各个渠道的推广方式和技巧，才能实现推广效果最大化。

技能1　搭乘微信船，做营销推广

1. 利用“附近的人”获取新客户

微信“发现”标签里有一个“附近的人”功能插件，用户可以查找自己所在地理位置附近的其他微信用户。系统除了显示附近用户的姓名等基本信息外，还会显示用户签名档的内容。点按任意一个账号即可查看其详细信息，可与对方打招呼，如图15-1所示。

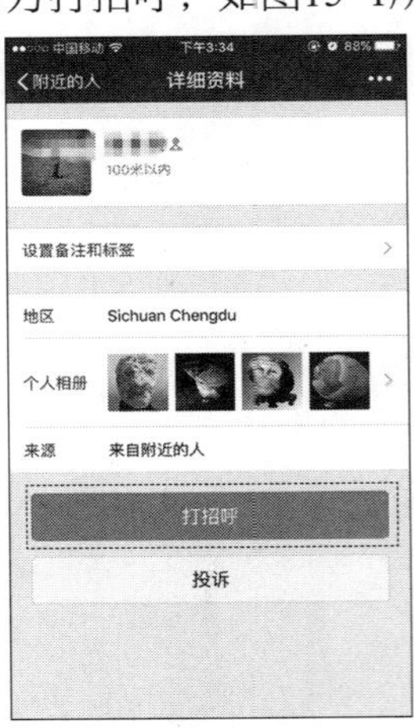

图15-1

当然，对方不一定会回复信息或添加好友。所以微信账号名与头像要精心设置，能够给人好感，尽量提高通过率。

> **达人点睛**
>
> 网上有一些可以虚拟手机地理位置的App，在手机上安装好以后，可以随意设置自己的地理位置。这样可以不必亲自拿着手机到达该位置，就能和该位置周围的用户打招呼。这种App对添加好友是非常有帮助的，卖家或运营人员不妨在网络上搜索并试用。

2. 巧用漂流瓶，随机发展客户

漂流瓶最初出现在腾讯QQ邮箱里，后被移植到微信上。漂流瓶将用户的信息随机地发送到另外一个用户的手机上，内容包括文字、语音或视频等。由于两个用户互不相识，所以反而能敞开心扉，畅快聊天，不必担心隐私泄露。

由于这种方式具有非常好的私密性，被大家用来倾诉心事，认识朋友，所以许多用户都喜欢这种和陌生人的简单互动方式。微信漂流瓶除了可以让普通个人用户尽情地玩之外，其实也是一个营销赚钱的好工具。如图15-2所示，经营护肤产品的卖家，可在漂流瓶中回复瓶友的消息，获得新人脉，发展其成为自己的客户。

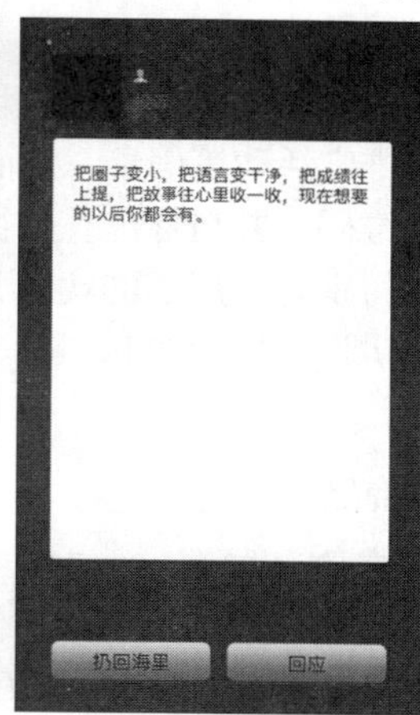

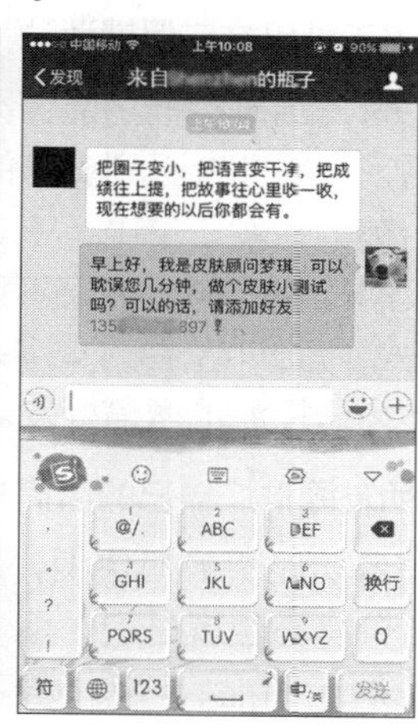

图15-2

3. “摇一摇”，买家摇到我店里

微信“摇一摇”是一个可以极大丰富和拓展人际关系的平台。在微信里打开此功能后轻轻摇动手机，微信会搜索同一时间并显示其他正在使用该功能的用户，这样摇动手机的两个用户就可能因此联系上，如图15-3所示。

图15-3

这种和陌生人打招呼的方式，除了可以让个人用户用来广为结交朋友之外，其实也可为卖家带来效果惊人的曝光度。卖家通过“摇一摇”功能，能结实五湖四海的微信好友，有便于开展宣传促销活动。

达人点睛

实力强大的卖家或企业，可以借助“摇一摇”功能创造出非常多具有想象空间的活动。在设计此类营销活动时，应该重点考虑的是社会公益事业，或是很多人可以共同参与的一些有意义之事。

4. 巧用二维码推广促销活动

微信也有二维码扫描功能，因此通过二维码可以实现推广营销。用户使用微信扫描二维码图案后，可立即查看到卖家的推广活动等信息，从而进行购买。

很多店铺会在发货单中留下二维码，并且标注：加微信好友，返红包。这算是微信主动被加好友的一种，但是效果不是特别好。用心的卖家，可以杜绝机打发货单，采用手写+复印的方式，用200左右的文字来讲讲开店故事和风格，让买家被这种情怀所打动，引起共鸣，自然会选择添加微信好友。

5. 在朋友圈推广自己的店铺与商品

在微信各功能服务模块中，朋友圈高居第一。76.4%的用户会使用朋友圈来查看朋友动态或进行分享。也就是说，朋友圈已经成为大家接受信息和情感分享的重要平台，同时也成了卖家展示商品、吸引顾客的工具。只要商品够好，活动力度够大，大家都愿意分享，那么这个口碑营销的扩散速度就会非常明显。所以，微信朋友圈对卖家而言，是个巨大的赚钱宝库。微信朋友圈的推广技巧如表15-1所示。

表15-1

技巧	详解
发布多种多样形式的内容	建议卖家或运营人员在发布朋友圈时，尽量选取两两结合的方式，避免单一。例如，文字+视频或文字+图片的形式发送朋友圈
找到吸引粉丝的内容	最好不要频繁在朋友圈发布商品信息，好友们会厌倦。可将热门事件、生活琐事和趣闻段子等内容发布到朋友圈里来，并在这些内容中插入商品信息
可以互动的朋友圈内容	互动可以增加卖家与好友之间的感情。可以在朋友圈中与粉丝进行互动，例如，智力游戏、猜谜游戏、抽取幸运儿、向好友索要建议等

6. 利用微信群维护网店老客户

几乎每个玩微信的人都有自己的微信群，自己创建或加入到别人创建的微信群。前面谈到二维码推广时，提到了添加微信好友。对卖家而言，不仅可用二维码添加好友，还能通过二维码的方式来吸引粉丝进入相关的群组。如果做得好，这将是维护新老客户关系的捷径。

有了群成员，管理不当，也会发生死群的现象。如图15-4所示，几乎每个微信群都会经历这样几个阶段。整个群组给人的感觉可用八字概况：忽远忽近，若隐若现。

微信群组的阶段图，也告诉各大卖家判断出自己的群组处于什么阶段，以便做出相应的措施，来避免过多退群的现象。

微信群质量的高低取决于群的活跃度，而群的活跃度取决于不断更新的各种话题，让群友有话题，大家才会争先恐后地发言。

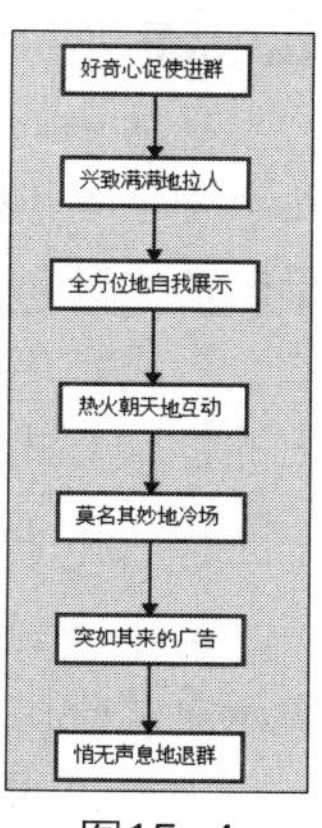

图15-4

即使是满群的情况下，也不可能全部人同时在线交流，重要的是某一些话题能够带动某一些人，产生共鸣。最好是每天固定一个话题，预留时间互动，慢慢形成一种习惯。这个话题可以是群主或管理员在微博或新闻中获取到的热门话题。群主或管理员对于群成员提出的各种问题，应做到有问必答，有求必应。

其次，微信群需要积极分子。在几百个人的群里，只靠群主一人来引出话题、管理，显得单薄。因此，基本上每个微信群里，都会有一小部分的积极分子，他们有着乐于助人、乐于发问、乐于学习的特点。群主要擦亮眼睛，抓住这些积极分子来帮助自己管理群组。积极分子的存在会让群友不孤独。

让群成员有利可图。并非所有的人都志同道合，再热门的话题，也有不愿意互动的人。维持群活跃的技巧之一是让成员有利可图。这个“利”不一定是大额红包。偶尔几个小红包、几份小礼物或是专业知识的分享，让群成员认为这个群是有真材实料的，自然会长期关注。

设置硬标准。群主应设置硬标准，例如，禁止私加人或禁止打广告等。有的微商代理一进群，第一件事就是加群里的成员为好友，不免会让群成员不高兴；偶尔一两个广告可以，长期广告炸群，其他群成员自然觉得没意思，选择退群了。因此，卖家应在群中设置硬标准，一旦违反，马上踢出去，还群一个干净空间。

7. 用公众号留住忠实粉丝

微信公众账号是腾讯公司在微信的基础上新增的功能模块，通过这一平台，个人和企业都可以打造一个微信的公众号，可以群发文字、图片、语音、视频、图文消息五个类别的内容，是淘宝卖家营销的有力工具。卖家不仅能通过公众账号发送有意思的文章吸引粉丝，也能够发送软文推广自己的店铺、商品或活动。

自2017年小程序上线以来，微信公众平台包括：订阅号、服务号、企业微信和小程序。卖家可根据自身需求，注册相应的公众号。公众账号申请成功后，应立即进行各种设置，如头像、名称、隐私、图片水印设置等。其中最重要的是头像与名称设置，因为头像是一个视觉标签，用户看见头像就可以识别出微信号，微信名称则能方便其他用户进行搜索及关注。

公众号的灵魂就是软文，软文写得好，富有感染力，获得更多粉丝，才好做宣传工作。软文，简单来说就是以文字形式为主的软广告，即使适当插入图片与视频等多媒体元素也属于软文的范畴。相对于电视、电台、路边广告牌中的硬广告而言，软广告显得比较隐蔽和婉转。

软广告并不像硬广告一样把商品的特点、优点、成绩等直接罗列出来告诉受众，而是通过一个看似不相关的报导或故事，将要推广的产品或品牌悄悄地带出来，让受众不知不觉间看到。因此卖家要注意在公众号的内容上下功夫。例如，用引人入胜的标题吸引点击率，用轻松活泼网络语言表达观点，用一定的排版技巧提升粉丝对内容的好感度等。

技能2 热门社交平台，微博推广

微博是一种“迷你”型的日志，一条微博不超过140字。这种短小精悍的内容发布平台受到了全世界网民的追捧。微博的种类繁多，有新浪微博、网易微博、腾讯微博等，其中新浪微博是最火热的。如果卖家想要通过微博来为自己的促销活动做推广，新浪微博是首选。卖家可以在微博中获取更多粉丝，加大互动来将他们转化为买家。在其他微博平台上的推广方式也是相似的，卖家可以触类旁通。

1. 通过优质微博内容吸引关注

一个微博账号，从没有任何关注者，到关注者成千上万，其原因是什么呢？如果不是靠本身名气带来的粉丝（如明星），那么一定是用优质的微博内容吸引并留住了访客，使其成为自己的粉丝。那么，卖家如何写好微博的内容吸粉呢？

（1）紧跟时事热点。微博的内容应尽量包含当下热门话题的关键词，这样会非常利于微博搜索时得到曝光的机会。当然，最好是结合热点又能融入自己的商品进行营销，既能引发用户的兴趣，又能趁机推广商品，这比单纯发布热点内容更有价值。

（2）用好“标签”，引关注。标签是一种简单的词语，用来标注一条微博的特点。例如，发表了一条关于穿搭的微博，则可以在微博中带上“穿搭”的标签，或者发表了一条关于美妆的微博，则可以带上“美妆”的标签。其他人在搜索标签“穿搭”或“美妆”标签时，带有相应标签的微博会被集中起来呈现给用户。在新浪微博中规定，凡是夹在两个“#”号中间的均会被识别为标签，如图15-5所示。

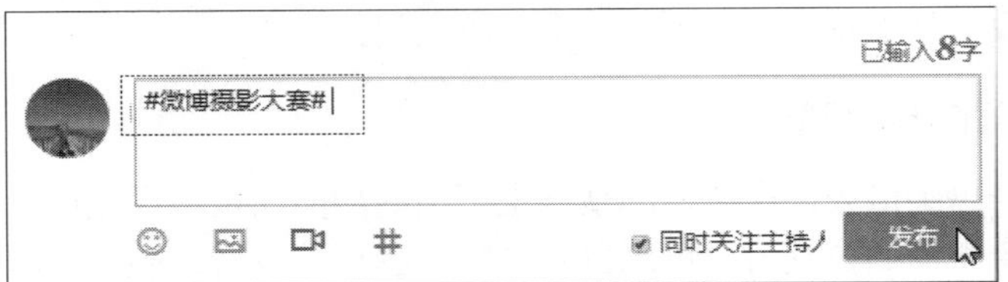

图15-5

带标签的微博发表后，即可在自己的微博首页看到。其中标签呈现出不一样的颜色，并且可以被单击，当单击“开学季”标签时，就会跳转到相关的话题页面，该页面显示的全部是带有“开学季”标签的话题，如图15-6所示。

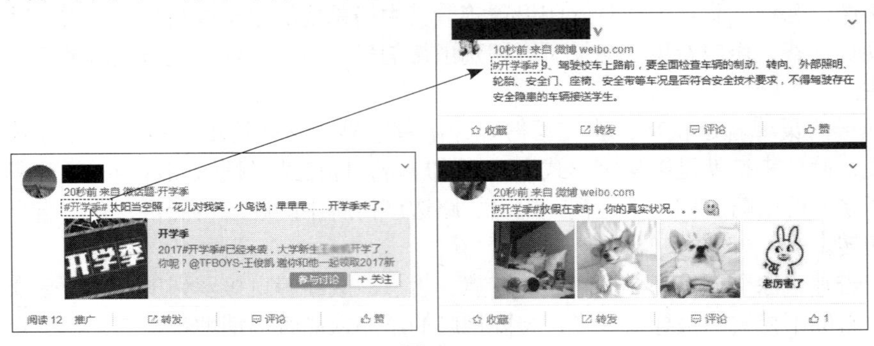

图15-6

这样，本来不太可能看到自己微博的用户，因为在其他微博中单击了“开学季”标签，从而跳转到此页面，就有可能看到自己的微博，这就扩大了自己微博的接触面，受到关注的可能性也增大了。

达人点睛

一条微博可以添加多个标签，标签和标签之间最好使用空格进行间隔。一条微博附带的标签不宜过多，一般1~3个即可，否则会让看到该条微博的粉丝觉得标签太多，视觉上很繁杂，影响阅读感。

（3）抓住“价值”做文章。任何微博内容都要有价值，如果读者认为某个微博账号发送的内容大部分都很有价值，自然而然就会成为该微博账号的粉丝。

卖家考虑价值因素的时候不要只想到活动信息能为读者带来价值，价值的含义是广泛的，不仅仅包括知识、经验的传授，还包括能够带给人放松、愉悦、惊奇、愤怒等的体验，总之，一切能够满足人类需求的内容都是有价值的。而且，卖家在发布活动信息的时候要更多地从粉丝关注的点去入手，不要考虑自己能为粉丝带来什么价值，要考虑粉丝想要什么价值。

（4）多样化的微博内容引人注目。微博的展现形式可以是文字、图片+文字和视频等多样化的，因此卖家在发布内容时需要考虑多样化内容的元素。

- 再好的文字，阅读时间长了也会腻味，统一风格的图片看久了也会视觉疲劳，视频内容的风格也应该是多种多样的。
- 图片的内容可以是静态图片、GIF图片或者是多张图片的拼图。
- 文字内容决定了是否有人愿意阅读微博内容。因此，主播可在闲暇时间对文字功底较好的微博内容做一下研究，学习到一些有用的经验。

卖家在发布微博内容时，可以考虑图文形式和视频形式来回切换，尽量将不同的东西展现给粉丝们看，让粉丝对该微博保持新鲜感。

2. 主动去“发现”粉丝

卖家除了通过发布优质的微博内容，以及与粉丝进行互动外，还可以主动出击，去发现并关注粉丝。俗话说“礼尚往来”，粉丝看到卖家都主动关注自己了，极有可能反过来关注卖家账号。

主动发现粉丝有很多需要卖家掌握的要点，以下这两点需要重点掌握。

- 卖家应尽量在与经营商品有关联的行业中寻找粉丝。例如，一个经营服装为主的卖家，找粉丝应该先从“穿搭”这个板块中着手，这样对方反过来关注卖家的可能性也大一些。
- 应主动关注当下的热门人物，也就是关注当前名人，能有更多借势传播的机会，传播效率也会显著提高。

达人点睛

新浪微博在关注人数上有上限（普通用户关注人数上限是2000人），在主动加粉的过程中，应当有所节制，不要在短时间之内达到关注人数上限。增加粉丝数量是一个漫长的过程，需要循序渐进，应当做到：每天都关注，每次少关注，这样远比短时间集中关注的效果要好。

3. 利用转发和评论进行互动

卖家主动去关注对方的微博，对方不一定就会关注卖家。此时，卖家也可以通过转发评论的方式引起对方的注意，最终让对方也成为自己的粉丝。

转发他人的微博，可以大大增加对方的好感度；而认真评论他人微博，同样可以增加互动，吸引更多人来关注正在推广活动的微博。

● 转发行业相关的热门微博。推广微博，每天要做的一件事就是有节奏地更新微博内容，但是每天的微博内容不可能都由自己逐条编写，有时也可以从其他微博中转发一些过来。一方面可以丰富自己微博内容；另一方面也会大大增加对方的好感，对方也可能会主动转发自己的微博内容，这样可以增加互动的机会和曝光度。

● 评论的同时别忘了点赞。给自己的评论点赞，其实是一种评论的技巧，可以提升评论的排名名次。抓住眼下热门的微博事件进行评论（评论的内容不一定非要加入商品信息），只要言语犀利一点就可能被大家关注到；评论完了再为自己点一下赞，提升名次让更多人看到，这是成为热门微博中热门评论的一种有效方式。

技能3 在论坛中发展新粉丝

网络论坛是一个聚集无数人气的平台，如果一个论坛帖子非常流行的话，会带来非常大的传播效应，从而制造无数的商机。卖家可以利用人气论坛进行自我推广，进而实现精准引流。

1. 论坛推广的步骤

在论坛推广中，不能一上来就直接打广告。巧用一定的方法和步骤，让推广效果达到事半功倍。推广的步骤如图15-7所示。

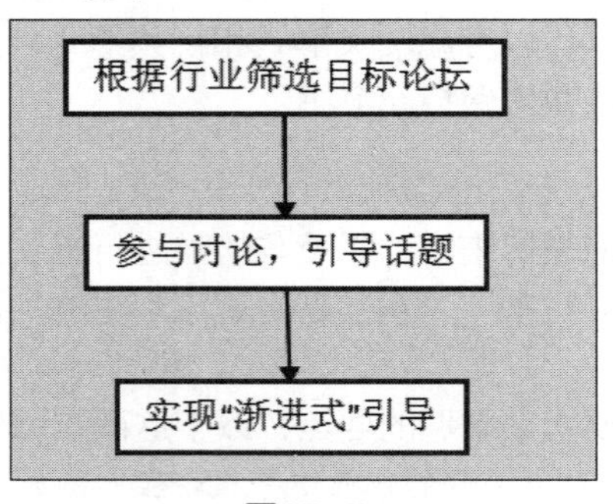

图15-7

（1）根据行业筛选目标论坛

营销要有针对性，否则费力不讨好。论坛营销要想有好的效果，发布内容的论坛类型自然也是重中之重，也就是：如何选择适合的论坛。一个基本的选择思路就是：所选论坛要和推广的内容相关，并且所选论坛的人气和流量要高，或者收录好能够展现在百度搜索结果的第一页位置。

卖家根据行业筛选目标论坛的方法如下。

● 通过百度搜索输入关键字来进行搜索，看看搜索结果中排在第一页里的都有哪些行业论坛。如图15-8所示，❶在百度搜索栏中输入“男装论坛”，❷单击“百度一下”按钮，下方会出现多个和男装论坛相关的网址。

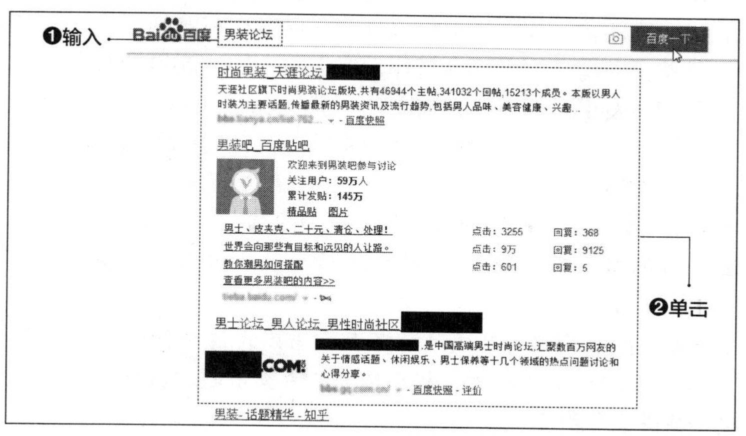

图15–8

● 为进一步了解该论坛，还可利用站长工具的SEO综合查询功能来进一步确认。❶打开站长工具查询页面，❷输入希望查询的论坛网址，❸单击“查看分析”按钮。稍后即可看到详细的查询结果，如图15-9所示。其中重点观测的数据为流量排名、日均IP和日均PV、百度权重，流量排名和日均值即可对比出该论坛人气值。

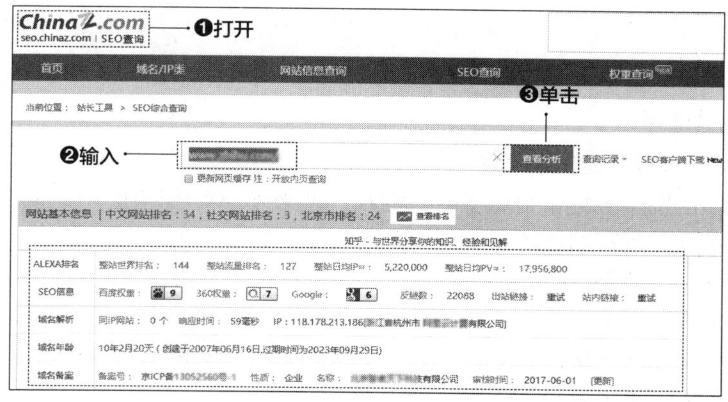

图15–9

● 仅凭SEO查询还不能足够了解某一个论坛的人气情况，更好的办法就是进入论坛页面，从其发帖数、最新发帖的时间点来看是否经常有人参与到论坛的讨论中来。

● 最后一个挑选要素就是看其合作伙伴，拥有更多门户网站合作的论坛当然更优秀一些。

（2）参与讨论，引导话题

卖家在论坛注册好账号后，可以多在论坛中发言，积极参与讨论，混个熟脸的同时也能提升账号的等级。

才申请开通的账号很多权限都没有，卖家只有通过多回复别人的帖子来增加经验。在回复他人的帖子时就不能为自己做宣传了吗？其实也是可以的。例如，有人在论坛里咨询化妆事宜，卖家在回复问题时可在末尾加上：更多化妆技巧，可加QQ5681××785。如此一来，既解决了别人的问题，为自己账号涨了经验值的同时又推广了信息。

卖家在积累了一定的论坛权限后就可以开始尝试发布主题帖了。不过这时候还是不要单纯地发广告。基本上所有的网友都会排斥论坛上的广告，而且会对发广告的人产生抵触的心理。如果被管理员发现，很可能会被删帖，甚至封号。

在论坛中应该使用“软文”来营销，或者采用争议话题来引起关注。发布之后，还要注意引导话题，其目的有3个。

- 让话题保持热度，尽可能地“榨取”话题的价值。
- 不要让话题偏离主题太远，否则到最后都去讨论不相干的内容，营销作用就小了。
- 不要让话题变得对营销商品或品牌不利，当发现这个倾向时，一定要果断处理，立即终止话题，或者立即提出强有力的相反证据，带歪话题，引开众人的注意力。

（3）实现“渐进式”引导

如果在帖子里放比较“硬”的广告，不仅读者不感兴趣，而且帖子的存活率也很低，容易被管理员删除掉。因此要大量加入掩饰性内容，为商品活动信息做掩护，将网友的负面情绪降到最低。

在实施时，可以在一个帖内展开一个场景，然后在最后不经意地传达出产品对用户的重要性或相关性即可，之后再在回帖中进行进一步的引导。这样一步一步“引君入彀”，就不太容易引起反感，主帖被删除的可能性也小得多。这就是所谓的“渐进式”营销。

2. 论坛营销技巧

（1）软文这样写才能触动读者

卖家想要自己发布的帖子有更多的人围观，就必须要有内容吸引读者，触动读者。这里着重讲述论坛软文撰写的技巧。

- **搭名人船**。名人发生的大小事件，比较容易成为人们讨论的话题。卖家在写软文时可以考虑搭乘名人的船，让自己的帖子被更多人看到。这里的名人可以是当前的明星、行业名人、草根英雄或网络红人等。例如，在某部电视剧热映的时候，卖家就可以把男女主角的穿搭、妆容拿出来讨论。
- **事件营销**。事件式是指利用社会热点和网络热点来吸引人眼球，从而赚取高点击和转载率。有了热点然后就是隐形地插入联系紧密的商品信息，这便是事件式的论坛营销文案了。例如，在临近端午节之时，就可以在论坛中发布“小长假，如何穿搭外出旅游”的帖子，详细介绍几款穿搭，再随之一提，某店铺正在举行促销活动。
- **亲历式帖子**。利用第三者的身份，讲述身边朋友真实的生活故事和体验效果的帖子，就是亲历式帖子。这种类型的帖子最适合用来做化妆品一类需要用户反馈的产品。先虚构一个体验事件，然后来说效果，这样对很多有同样需求的人来说是有参考价值的。
- **求助式帖子**。同样是以一个事件开头阐述事情经历，然后直接提出问题寻求大家帮助，内容中自然过渡地移植入商品信息。这样的求助一定要掌握分寸，事件的展开一定要合情合理，而且要容易引出跟帖。跟帖的内容就可以宣传者（小号）自己来做，产品的展示也就顺势而为了。

● **幽默式帖子**。以轻松、搞笑、有趣的方式表达，能够给网友带来会心一笑。当下正是表情包流行的时候，卖家可以在帖子中加入几个幽默的表情，加上商品信息或水印，逗人轻松一乐的同时也给网友留下了印象。

达人点睛

发帖要注意选对板块，如果实在找不到与自己所发布的信息完全符合的版块，那么建议发布在灌水专区、杂谈之类的板块，提高帖子的存活率。

（2）“养”一个高等级账号引导舆论

虽说卖家可能需要申请多个论坛账号，便于营销推广时做好一唱一和的工作，但是卖家还是要着重培养一个高级账号。对于热门论坛，可以使用该高级账号与论坛成员建立互动关系，提高账号知名度、美誉度、权威性，使该账号成为该社区的舆论领袖，从而使由该账号发布的主题更具说服力。

其实，这都是基于每一个论坛所给予注册账号不同权限来决定的。高等级账号会被认为很活跃，经常参与讨论或者发布主题，那么这样的账号所能起到的营销宣传作用自然也更大。很多论坛都对账号的等级设置了相应的权限，低级账号不能在一些特殊的板块发布话题。

这就涉及一个如何提升账号等级的问题。单击自己的账号就会看到晋升条件。在论坛帮助里也都会有说明如何晋升到下一等级账号。对于一些行业特定论坛来说，只有通过这种慢慢培养的方式，让营销账号在其中生存。当账号具备一定的等级和影响力后，就是收获宣传效果的时候了。

技能4 在百度贴吧中自我推广

百度贴吧允许用户以某个主题建立贴吧进行交流，如“穿搭吧”“美妆吧”之类。任何用户都可以建立新的贴吧，因此很多直播平台建立贴吧，与用户进行交流，将商品或活动信息进行推广。

卖家在百度贴吧，发帖回帖都需要掌握一定的技巧，才能让推广效果变得更好。对于没有回复的主题帖，一段时间后很容易被百度清除，而有回复的就能保存更久，所以发主题一定要消灭零回复，没人回复可用自己的其他账号来进行回复。

下面就一起来看看有哪些常见的发帖回帖技巧。

● **自编自导**。在热门和相关的贴吧细心写一篇内容详实的软文，然后用马甲号抢占沙发位置发个外链，之后没事就拿各种小号上去顶一下，有时这种“自导自演”的营销效果还很不错。

● **勿回旧帖（精品帖除外）**。所谓“旧帖”，是指15天以前的帖子，顶了是要被百度扣分的，对贴吧排名很不利。

● **满15字**。卖家在回帖时一定要满15字，注意是汉字，标点和英文只算半个字。不达15字的回帖等于没回。如果回帖带图的话，不满15字也可算数，如果满15字且带图就是两个帖子的分。

● **更换IP地址**。再怎么换马甲账号，只要没换电脑，IP地址就是一样的，这样只算一个ID的分，帖子的排名也上不去。浏览一个帖子的独立IP地址越多，该帖子排名越靠前。如何“创造”独立IP呢？如果使用拨号上网，可以采取反复断开重拨的方法，每次重拨都会获得一个新的IP地址；如果不是拨号上网，则可以使用“365自动换IP”“IP自动更换大师”等软件来更换IP地址。

● **鱼目混珠**。将自己的商品或活动信息在知名的同类产品、品牌或网站中进行推荐，引诱网友关注。常见的做法，如写一篇《盘点2017年春天十大流行元素》这样的文章，将流行元素罗列出来进行点评，顺便把自己店铺中有流行元素的商品进行展示，能对读者起到一个引导的作用。

技能5 登录导航网站完成推广

和搜索引擎网站不同，导航网站将收集到的网址分门别类，形成一种“树”状结构后，呈现给用户，用户在使用导航网站时，通过一次又一次地选择类别以及子类别来找到导航网站推荐的网址。

现在国内有大量的网址导航类站点，如hao123等。在这些网址导航类站点做上链接，也能带来大量的流量，不过现在想登录上像hao123这种流量特别大的站点并不是件容易事。如图15-10所示，将店铺登录在网址之家hao123上。

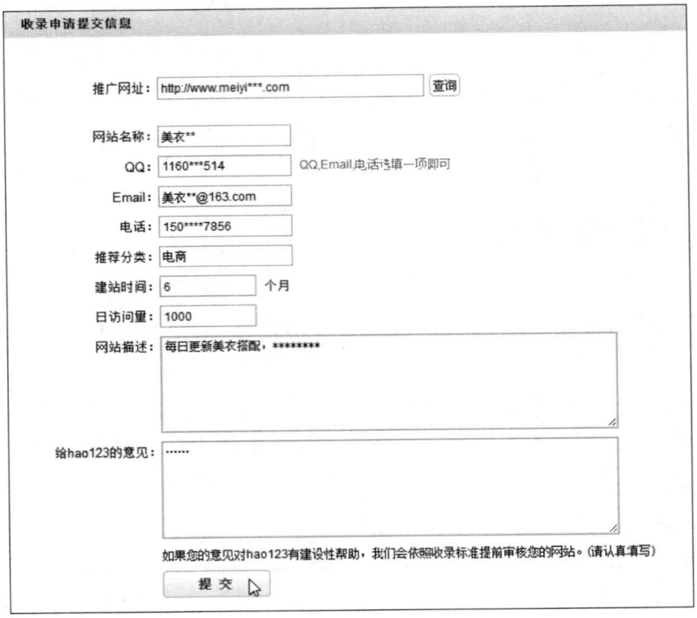

图15-10

技能6 通过QQ进行宣传

QQ作为腾讯旗下的一款即时通信软件被人熟知。因使用人数非常广泛，腾讯公司曾被广大网民称为“企鹅帝国”。QQ有着巨大的影响力和使用力，卖家在推广促销活动时，势必要借助此平台。QQ推广主要是个人QQ号推广和QQ群推广两方面。

1. 个人QQ号推广

（1）QQ资料推广

生活中，无论把QQ用做普通社交，还是工作营销，都免不了和好友联系。当收到一个陌生人主动添加好友的申请时，被添加的人关注什么？不错，就是个人资料。在QQ社交里，资料就是一个人的名片。资料的设置包括：名称、头像等内容。

设置QQ资料，可以更好地完成营销。

- 一个好的头像能为资料加分，尽量选择符合大众审美的图片来做头像。头像一旦生成尽量不去改动。当然，如果能设计一个有趣又与商品相关联的头像是再好不过的。
- 好的昵称能起到好的营销作用。关键词的覆盖能为昵称加分。例如，卖家是经营面膜的，在昵称中尽量包含“面膜”二字，让人一看就知道是做什么的，以及从这里可能得到什么样的服务或产品。

达人点睛

丰富QQ资料，能为营销账号加分。这些资料包括年龄、地区、职业、个人说明等。需要注意的是以上信息尽量以真实为主。真实完整的资料，能加大好友的真实感，增强亲和力。

（2）QQ说说、个性签名

利用QQ说说和个性签名做营销的优势在于成本低、互动性强且传播速度快，算得上病毒式营销。卖家在QQ签名上写促销信息和联系方式，就能打广告。如图15-11所示，将签名信息设置与商品相关的信息，即可做宣传。

个性签名：

女神节，你敢来我就敢送。详情点击：https[redacted]taobao.com。

图15-11

签名信息和空间内容一样，需要更新。通过修改签名信息，QQ好友会收到更新提示。如果感兴趣的好友居多，可通过签名来宣传打折活动信息引成交。

2. 通过QQ群吸粉

QQ群是多人交流、互动及时和低成本操作的营销推广方式，淘宝卖家对其可能不陌生。很多卖家自认为掌握了QQ群引流技巧，每天加很多群，打完广告被踢，又加很多群，乐此不疲。QQ群消息是滚动的，发了消息被踢，只有当前活跃的人注意到消息。

而QQ群营销做好了，可以大大提升引流效率，甚至可能影响粉丝口碑、品牌宣传等一系列发展。因此，卖家需要掌握正确的QQ群营销推广技巧，实现它的推广意义。

（1）寻找目标群

常见查找QQ群，是通过QQ面板来完成的。这个方法的好处是可以根据商品关键词来找相关群组。如图15-12所示，以穿搭为例，打开QQ查找面板，❶单击“找群”选项卡，❷在搜索栏里输入“穿搭”，❸单击“搜索”按钮。关于穿搭的群组就纷纷呈现在眼前，卖家可根据查看群信息，加入相应群组。

图15-12

卖家还可以在QQ群官网加群，如图15-13所示。这个方法不仅可以查找目标群，还可以管理群组。

图15-13

查找QQ群的方法还包括论坛、贴吧或行业性的网站查找，这些地方一般会留下相关的QQ群信息，或是直接在搜索引擎上通过关键词搜索查找目标群。

找到目标群组后，会发现相同行业的群有成百上千个。如何判断群的质量呢？

● **看成员数量**。例如，两个同行业群组，一个群组成员是2000的满员，已经有了1783名成员；另一个群同样是2000的满员，但只有300多名成员。毋庸置疑要选择加入成员多的群组，更多的成员才能做更多的宣传。

● **看群的活跃度**。成员人数相差不大的群，在活跃度方面也有区别。有的群一分钟能刷上几十条消息，也有的群整天无人发言。建议卖家尽量把时间花在活跃度较高的群里。活跃度低的群可能被很多人屏蔽了群消息，凝聚力也不足。

● **同质化的群**。卖家在加群时可能会遇到同质化的群。刚加群就发现老面孔，先不要窃喜遇到熟人，要想想借用群宣传目的是什么？是推广，是注入新鲜血液。如果都是熟人，推广计划就无法顺利展开。

（2）巧用群交流，引群友关注

和QQ一对一聊天不一样的是群聊天面对的是很大一群人，沟通就显得更重要。群交流的要点如下。

● 每个群规则都不一样，有的完全允许有广告，有的规定每人每天最多三则广告，而有的严禁广告。卖家在进群之后，应先阅读一遍群规则，按照规定格式修改群名片。一个颇具特色的群名片，更容易引起群友注意。还可以通过群签到的方式来引关注，每次签到，都免费让自己的账号和大家有一次见面的机会。

● 加入QQ群后，通过群友聊天及名片信息，卖家可以了解到很多群友信息。但是初到群里不建议马上去加好友。群里菜鸟盲目添加好友，好友申请可能被驳回，还有可能遭到群成员投诉，带来被踢的风险。

● 群聊很重要，它决定了是否能在群里打广告或添加目标好友引流。因此，不要新进群就着急打广告。在部分熟络网友聊得火热的时候，卖家可迅速加入到话题的讨论中，让大家注意到你。

● 很多人都喜欢抢红包，金额可以不大，但数量一定要多。有技巧的卖家可以采用口令红包，将商品信息和联系方式作为打开红包的口令，想要领取红包的成员必须将红包口令信息复制一遍，自然会对商品信息有个记忆的过程。卖家不要吝啬几块钱，适当地发个小红包，加大群成员之间的互动。即使打了广告，被踢的风险也会减小。

达人点睛

卖家如果是自己在群里单打独斗，人不熟悉，营销效果可能不佳。但是在大号提出话题后，马上有小号去接话，形成一唱一和的模式，在悄无声息中就能将商品信息得到最大化的传播。

（3）自建群组吸粉

卖家能建个自己的群来推广促销活动是再好不过的，不受别人管制。基础的创建群组，这里不深入讲解。建群营销，重点在于“营销”，不仅要建群，还要对它进行运营和维护，使其发挥最大的作用。

● **一个高级群的重要性**。成为超级会员可以创建人数为2000的群组，而一般普通的账户只能创建人数200的群组。2000和200的区别，相差整整10倍。如果条件允许，为账号开个会员，不仅在排名上的优势，还可创建人数大群。

● **有针对性的群名称**。群名称的好坏直接决定群是否具有吸引力。如果仅仅是“水果群”，能从中得到什么信息？是买水果的群，还是卖水果的群，或者是喜欢吃水果的群？不建议使用这样模棱两可的群名称。应使用“阳光花城水果出售1群”“双林路周末约跑1群”这样主题鲜明且有针对性的群名称，把具体的信息呈现在大家眼前。加上数字，如同连锁店的分店名称。久而久之，属于卖家自己的品牌就出来了。

● **第一批群友从这来**。创建新群后，很多人不会通过查找方式加入进来。这时，卖家可以从QQ好友里拉好友进入群组。如果卖家QQ好友都为熟悉的朋友或客户，引导他们集中讨论商品，对新人也有着指引作用。

● **活跃度和管理员**。群的活跃度相当重要，只有活跃的气氛才能留住老成员，吸引新成员。这一步算是建群步骤中最难的，因为稍有不适，群成员之间就可能发生冲突。所以，几个明事理的管理员就显得尤为重要了。可以选择发言较多且有一定话语权的人作为管理员。

● **男女比例**。俗话说“男女搭配，干活不累”也不是没有道理的。群成员的性别男女比例适当，群内的氛围会更好。

● **注意宣传群**。上述步骤都完成得不错，接下来可以去各种行业论坛、贴吧推广群信息。例如，在水果的贴吧里回复楼主“我在某某群里买的芒果蛮不错，个大味甜，还有很多其他水果，群号：×××××”或者留言“我们的群号是××××，如果有兴趣可以加入，大家一起讨论”。

达人点睛 在QQ群官网中，可对群申请认证。认证后的群人数可达5000人，同时，一个加V的标识，凸显权威性官方性；平台会予以很好的排名。满足条件的卖家，可在建群后考虑申请群认证，实现更好的引流。

技能7 在QQ空间中推广

QQ空间曾是炙手可热的社交平台，其内容丰富，包括：主页、日志、相册、说说、音乐、留言板、时光轴、个人档等板块。想要做好QQ空间推广，可主要从装扮、日志、相册等方面出发。

1. 精心装修QQ空间吸引访客

进入空间，第一眼展现给访客的是空间装扮。因此卖家首先应考虑装扮好空间，把有用的信息带给访客。一个博人眼球的装修风格，能加深到访好友的印象。空间装扮的重要性如图15–14所示。

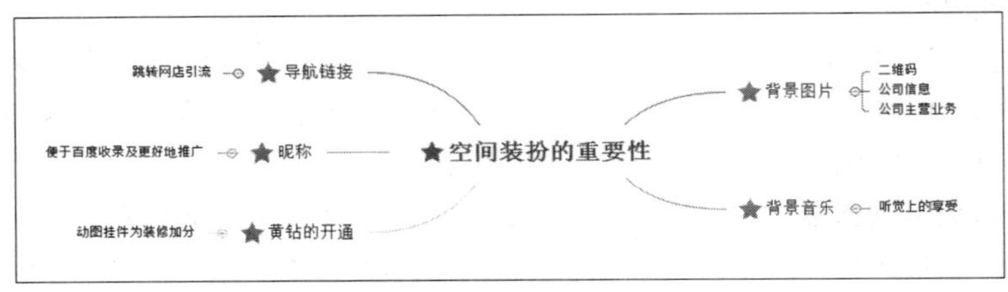

图15–14

2. 空间原创日志这样写

QQ空间其实就是一个博客，想利用QQ空间做好营销，原创日志最好占较大比例。因为如果一个博客大部分都是转载文章，访客可能兴趣不大。空间日志是用于QQ用户以长篇幅的形式记录心情、摘录事件的地方，而从营销赚钱的角度来考虑的话，空间日志又是一个不错的营销软文发布地。

一篇巧妙植入营销信息的软件就像是一个会传播的导购员，它可以把卖家想对消费者说的话，用非常“软”的方式表达出来，然后形成一种口碑，一种品牌的效应。随之带来的就是更多用户对于店铺、店铺商品或活动认知度的提升。那么，如何不说教、又不让读者觉得这是一篇广告日志呢？主要掌握以下几个方面。

● **好标题就是好标签。**“题好一半文”这是初中语文老师就教给大家的文章写作要领，对于一篇希望更多人来阅读的空间日志软文来说，更要让标题出彩才行。如何才能让软文标题成为内容点睛之功呢？可尝试插入具有吸引力的词，如免费、惊爆、秘诀等；通过不断地积累、不断地分析逐步找到什么样的文章用什么样的标题更具吸引力的答案。另外，标题还可多用疑问句和反问句，从而引起读者的好奇心。

● **精彩的开头是成功的前提。**卖家也可能有这样的烦恼：标题写好了却久久开不了头，不知道如何下笔。这其实也从侧面反映出了一篇文章开头一段的重要性和不好规划性。对于软文来说，好的开头更是关系到阅读者是否有兴趣继续读下去的关键。

● **正文内容巧妙展现商品。**"软文"的意思就是要让文章看起来不那么像广告，而是通过一些事例或是相关事件的讲述，关联式地带出营销内容，而且这样的关联又要显得很自然。比较常用的办法就是通篇文章都是在围绕标题的意思展开，仅在倒数第二段的结尾少量地加入营销信息即可，这就是点到即止，但这样的展现又是顺势而为的。

软文的写作其实是很有技术含量的，卖家要多钻研，多练习，才能够写好属于自己的软文。在QQ空间进行营销，其本质是要将客户吸引到促销活动页面上去进行交易。如此就必须在文章里留下详细的联系方式，最好在每篇文章的结尾加上活动链接，并用醒目的颜色和字体标出，吸引眼球。有些不符合QQ空间规范的广告内容，也可以单独存放在其他网页上，然后通过QQ空间日志中的超级链接，跳转到该网页，进行宣传。

3. 利用相册中的照片让日志更有可读性

图片具有较为直观的引流功能，针对一些对文字没有兴趣的网友而言，可以考虑利用相册功能来做宣传。

将水印加在图片的下方，在图片传播的同时，信息也得到转播。当然，相册不能只用来放置商品信息图片，适当添加个人生活照片或美食美景，能吸引更多的关注。

图15-15所示的芒果卖家在利用空间相册做宣传时，详细记录芒果成长照片，随之穿插个人生活照片，不易引起网友反感；还将二维码放置其中，加大二维码的宣传。

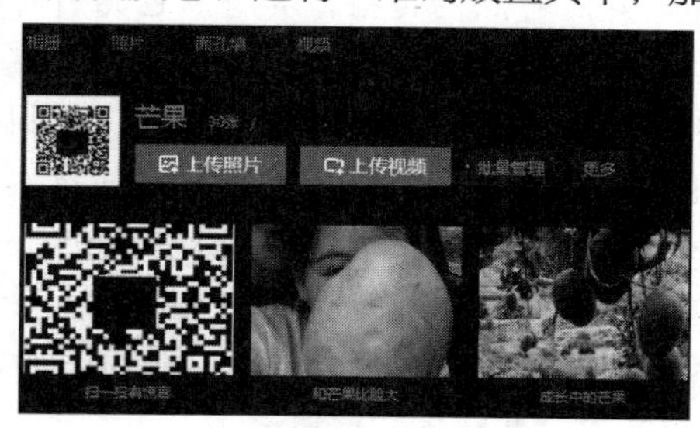

图15-15

这里，再告诉卖家一个实用技巧。即使没有开通黄钻的空间，也可用图片吸引流量。将相册或二维码设置为首页醒目显示。

4. 升级黄钻或会员更方便QQ空间推广

基于盈利的考虑，QQ普通用户有诸多的限制，比如QQ空间没有华丽的装修，QQ相册不够大，不能建立人数多的群等。因此，想要为QQ和空间增加更多功能，不妨考虑升级黄钻或开通会员。

开通黄钻后，能免费使用很多商城物品，也能对QQ空间进行装修。装修完成后效果与天猫店看上去差不多，更加专业，能够给访客一种信任感。

升级会员或超级会员则可以加速等级升级，网络硬盘、QQ相册等容量都有扩充，还可以注册一个VIP邮箱地址名，创建最高容量达2000人的高级群等。其中，上千人的大群特别方便于营销。

开通黄钻或会员都是需要钱的，不过并不是一笔太大的开销，卖家经费充足的话可以考虑开通。

技能8 利用电子邮件推广

随着互联网时代的到来，几乎是人人必备邮件，它成为了人们交流、工作的一种必备工具。电子邮件推广也逐渐成为了一种非常流行的营销模式。通过分析电子邮件推广的特点和优点，来得出最好的推广方案。

1. 电子邮件推广的特点

如图15-16所示，电子邮件推广的特点主要包括如下方面。

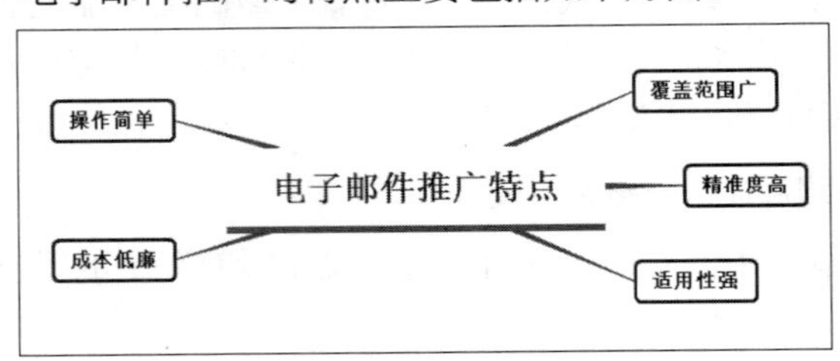

图15-16

- **覆盖范围广：**只要有邮箱，就可以发展为接收信息的用户。甚至没有地域限制，无论用户在本国，还是国外，都可以接收信息。
- **精准度高：**电子邮件是点对点的传播，其特点包括针对性强、高精准度。例如，一个售卖电器的卖家，在发送电子邮件时可选择特定人群、特定行业，使宣传一步到位。
- **适用性强：**几乎每个行业都可通过邮件传播信息，适用性强。
- **操作简单：**发送邮件信息，十分简单，没有特定的技术要求；一般邮箱没有发送限制，完全可以实现在同一天中发送成千上万的信息。
- **成本低廉：**市场上有很多好用的营销邮件发送工具，例如，常见的QQ 邮箱、163邮箱、126邮箱等，简单好用的表单和联系人管理工具等，而且都能做到基本的统计功能。其成本费就是人工费和电费，可以说是很低廉了。

2. 邮件这样发

虽然说邮件推广有着诸多优点，但人们对于一些陌生的电子邮件往往是嗤之以鼻的，或者是不予理睬，如何才能做好邮件推广呢?

第一步：确定目标顾客群。

卖家可通过有奖调查、网站注册、网上搜集等方式来获取一部分的目标顾客群；也可通过线下参加各种展会，交换名片贴吧、论坛等地发布软文引讨论获取；还可以利用第三方提供的邮件列表服务。但需要注意的是利用第三方提供的邮件列表服务，费用较高，且很难了解潜在客户的资料，故卖家要注意货比三家，尽量找精准的顾客群。

第二步：制定发送方案。

首先应确定发送的频率，其频率应与顾客的预期和需要相结合。虽然这种频率预期因时因地因产品而异，从每小时更新到每季度的促销诱导，但千万不要走进误区，认为发送频率越高，收件人的印象就越深。其实过于频繁的邮件，会让人厌烦。

第三步：明确的主题。

主题是收件人最早看到的信息，它决定了邮件内容是否能引人注意。邮件主题应言简意赅，有重点，吸引收件人的阅读。

第四步：简洁的内容。

作为广告邮件，很难被人细细阅读。因此，卖家在确定内容时，应力求用最简单的内容表达出重点内容。如果邮件中带链接，一定要用最具吸引力的文字吸引客户单击该链接的理由。邮件内容最忌讳长篇大论，没有重点，语言尽量通俗易懂。

第五步：邮件格式要清楚。

电子邮件并没有规定统一的模式，但是卖家在布局时应考虑阅读者的感受，且作为商业函件，应参考普通商务信件的格式，包括对收件人的称呼、邮件正文、发件人签名等。

第六步：发送邮件及后续工作。

反复阅读内容后，可选定群发邮件，也可针对某些顾客进行单独发送。伴随着发送邮件，应做好后续工作，例如，查看点击率、转化率，跟踪顾客的反应，及时回复邮件等。

达人点睛

QQ邮箱中有漂流瓶活动，和微信上的漂流瓶有着异曲同工之处。卖家可通过广撒网模式，也在QQ邮箱中发布信息，获取新的好友或引流。

技能9 获取更多微淘粉丝

微淘是卖家与买家的联系平台，卖家可用来微淘导购、销售、互动。它也是一个社区化的营销方式，卖家只要把买家都集中在自己的微淘中即可。它可以保持和买家的互动，让老客户活跃，带动口碑宣传。

微淘中最重要的就是粉丝，无论卖家采取发布哪种信息，最终都是为了获取更多的粉丝。没有粉丝，什么都是空话。那么，卖家要如何吸引粉丝的关注呢?

1. 主动吸引买家关注自己的微淘

在吸引新粉丝之前，卖家应注意设置自己的微淘账号。账号的定位和命名，能让粉丝快速知道该账号的功能。在命名时注意避开生僻字，用与店铺相关的名称会更容易被粉丝搜索到。

下面介绍几种吸引粉丝的技巧。

- **首页设置二维码**。想要店铺被更多新人关注，可将店铺二维码放置在首页，经手机淘宝的扫一扫功能扫描后，能跳转微淘关注提醒，也能展现店铺近期活动商品。
- **群组之间的互粉**。加QQ群互粉是一种较为常见的方法，卖家可以自行选择加入群组，进行互粉。
- **售后拉粉**。卖家可在包裹中或包裹外贴微淘二维码，并添加相关提示：关注微淘，有礼相送。小卡片成本不高，却是很好的宣传渠道，用户也很精准。
- **微博推广**。微博作为图文并茂的社交软件，可将二维码或商品、店铺信息用巧妙的方式展现在网友眼前，获得更多关注。

也可以在贴吧、论坛、QQ空间等地发布微淘的链接或二维码信息来进行推广，获得更多的粉丝。

2. 留住已有的微淘粉丝

微淘粉丝积累是个漫长过程，可以说每一个粉丝都来之不易。有了粉丝的微淘，还要使用技巧来留住粉丝，避免粉丝流失。

● **和粉丝互动**。微淘并不是卖家唱独角戏的地方，想要增进和维持与粉丝的关系，就需要卖家投入感情去问候、评论、回复粉丝。

● **用活动来带动粉丝积极性**。想要和粉丝互动，活动是个好方法。卖家可以在微淘上举行活动，送出小礼品、小奖品等，让粉丝感到惊喜，带动粉丝积极性，让粉丝保持关注微淘的兴趣。

● **推送符合粉丝兴趣的内容**。无论是什么类型的营销，目的性都不能太强。做微淘也是一样的，如果在内容中直接推广商品，被接受的可能性就不大。想要留住粉丝，要从粉丝的兴趣点出发，推送符合粉丝兴趣的内容。

● **让粉丝有收获**。想要留住粉丝，就要让粉丝感受到收获。例如，签到有礼、收藏有礼让粉丝感受到礼物，是收获；也可以在微淘内容中体现一些实用技巧性的东西，让粉丝感到收获。总之，要让粉丝有收获，粉丝才会继续关注该账号。

3. 微淘，内容为王

微淘想要吸粉，内容是王道。发布微淘的方式多种多样，总的来说，离不开内容策划和布局。卖家的首要问题是定位微淘账号，分析账号粉丝特点。例如，一个主营女装的卖家，可以在“无线运营中心”中用“人群分析”功能查看近期来自所有页面、所有渠道的人群分析。卖家通过人群分析，可得知精准客户的肖像，例如，客户的年龄、性别、消费层次、职业分布、等级等内容，再分析精准客户的兴趣，找到相关内容进行微淘推送，运营就能事半功倍。

微淘的内容包括4个方面：促销活动、最新上新、品牌文化、热点内容，如图15-17所示。

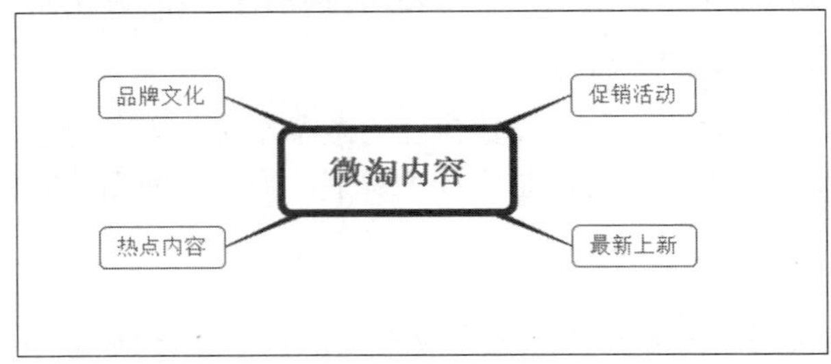

图15-17

● **促销活动**。促销活动最好有针对性。例如，老用户享受优惠折扣，新用户初次购物获礼物；老用户介绍新用户，新老用户均享优惠等。

● **最新上新**。店铺中有了新品，可更新帖子。内容可以是店铺新品体验活动，新品上架享折扣或前多少名免单等。

● **品牌文化**。可以是品牌文化或经营理念。无论店铺的大小，这部分的内容都需要原创。各个店铺之间的文化有差异，如果连这部分的内容都抄袭，不但不会被粉丝认同，还有可能被扣上抄袭的名头。

● **热点内容**。很多粉丝都喜欢八卦和新鲜事，在内容中结合当前的热门事件，能引起不少粉丝围观。

在布局微淘内容时还需要注意标题、封面、差异化等方面的内容。更新内容时一般需要图文并茂，先用图片来引注意，再在标题上润色，突出亮点，让人有点击欲望。图片与标题相呼应，不含广告信息、“牛皮癣”。

达人点睛

微淘的篇幅可根据运营资源来安排，长短皆可。一般来说，500~1000字为佳，有料的内容可稍加篇幅，但不宜超过3000字。微淘的推送时间也有讲究，可通过生意参谋、生e经查看店铺时间段的流量分布，选择流量最多的时间推送消息，效果更佳。

技能10 红不红，看网红

从淘宝论坛、淘宝直播来看，不难发现很多主题包含网红的影子。作为卖家，在商品够好的前提下，可以考虑和网红合作。网红包括段子手、自媒体、大V、直播客、视频达人等。

● 段子手的粉丝量大但不精准，可以做品牌广告，但是一般转化率不高。

● 自媒体要看行业。自媒体也包含各行各业，合作之前必须看粉丝属性和商品匹配度。例如，有的自媒体粉丝量大，且变现能力强，但不易达成合作。自媒体以软广告为主，效果一般不错。

● 微博大V，不能以粉丝数量决定效果，主要看博主与粉丝之间的互动，选择互动性较强的博主。当然，选择博主时，行业相关度也很重要。例如，卖化妆品的去找美妆博主，效果更佳。

● 各平台的主播，尽量找大主播合作；小主播的收入不稳定，变现能力也不强。

● 专攻视频的网红，难度更高。但是视频的传播力也是最佳的，如果能找到这类网红合作，也是不错的。

跟网红合作形式也是多种多样的，例如，签代言、内容合作、形象代言、投广告等。主要还是根据商品性质和费用来决定。例如，经营美妆商品的，可找到美妆主播，赞助她直播所用的化妆品，在互动中将商品信息传达给粉丝，销量自然大增。

部分卖家，也可以考虑自己培养网红，从直播做起。配置方面，有个智能手机，下载安装直播软件。再学习做视频、拍摄角度和技巧，慢慢地积累粉丝，也可以推广商品。

人，需要红，店也需要红，商品更需要红。红不红，还是要看合作的网红够不够红。

技能11 为推广寻找热门话题

跟着潮流趋势走，永远都不会缺乏关注点。如何才能找到热门话题呢？微博热搜榜和百度搜索风云榜就是不错的选择。

1. 利用新浪微博搜索排行榜找热话题

新浪微博搜索排行榜基本上可以说是每天网络热点的晴雨表，当下网络以及线下的一些热门事件几乎都在这儿有囊括。也就是说，这个排行榜里包括的关键词，就是当下微博用户最热的搜索词。那么，企业用户就可以充分运用这些关键词，将其应用到推广信息中。

查看这个热门排行榜，最简便的方式就是微博首页右边栏中的“热门话题”栏，如图15-18所示。

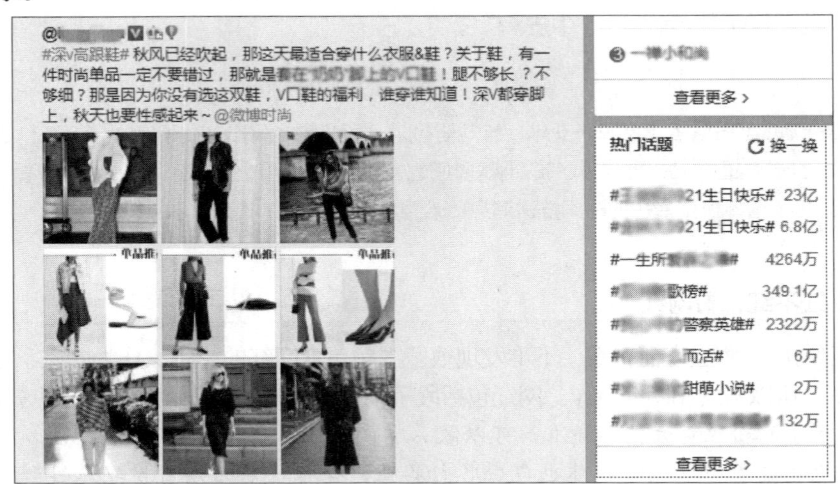

图15-18

卖家也可以单击“查看更多”超级链接，查看更多的热门话题。而如果想要更加详细地查看和分析每天的热门搜索排行榜，可单击微博上方的“发现”按钮。

卖家可多找些关键词，加入自己编辑的内容中。一个最简单的法则就是：把热度搜索排行榜里的前十位的热词都累积在同一条微博里面。当然这就需要一些技巧来编辑这条微博内容了。

2. 利用百度搜索风云榜找话题

除了微博热搜，卖家还可以每天关注一下“百度搜索风云榜”，如图15-19所示。这是比较权威的热度搜索排行榜，至少对于一个想拓展百度搜索引擎流量的企业来说，百度搜索风云榜具有很重要的参考意义。

百度搜索风云榜以数亿网民的单日搜索行为作为数据基础，以关键词为统计对象建立权威全面的各类关键词排行榜，以榜单形式向用户呈现基于百度海量搜索数据的排行信息，覆盖十余个行业类别，一百多个榜单，信息量非常全面。

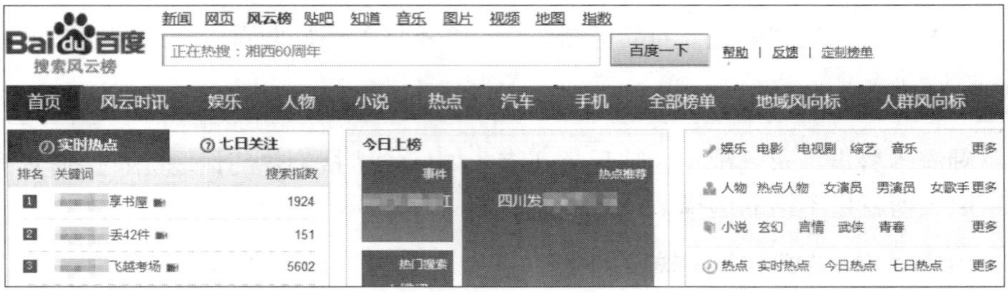

图15-19

百度搜索风云榜里有很多热度搜索的分类，对于一般网友的喜好而言，通常会对热门的娱乐事件、潮流数码、电影电视剧、民生热点等类别具有更强的搜索意愿，再配合当前所处的时间点和需要营销的产品或是服务，就不难炮制出一些吸引眼球的内容来。

对于科技型卖家而言，平常发布内容的制作就可以多关注一下科技榜单。百度搜索风云榜会有详细的热点搜索指数的提示。只有抓住这些热点，才能更加迎合网民的阅读胃口。

技能12 抖音推广

近年来，随处可见美拍、火山、秒拍、小咖秀、抖音、快手等短视频。特别是抖音，作为短视频的后起之秀，实现了远超10亿的日播放量。

2016年9月，今日头条内部孵化出了抖音，2017通过众多明星联合发出短视频，获得非常不错的播放量。曾有抖音红人表示，抖音上500万粉丝以上的红人广告费已经超过百万元。主播完全可以考虑加入抖音短视频，收获粉丝变现。15秒的短视频，之所以能在短短两年内，取得如此大的市场主要是它具有以下几个方面的特点：

● **黄金时间15秒**。抖音时长为15秒，从工程心理学角度来看，15秒刚好是人专注力最集中的时间。

● **具冲击性的感受**。文字、图片、语音的冲击性，都远远比不过视频。抖音的视频内容非常吸睛，背景音乐也基本是排行榜前几的音乐副歌，颇具冲击性。

● **大数据实现精准推送**。抖音平台会根据用户兴趣推送内容，如用户喜欢美妆，系统会在推荐栏里更多的展现美妆类点击率高的内容。

● **充分利用碎片时间**。在很多人抱怨压力大的社会环境下，抖音的内容以轻松、搞笑为主，让用户利用碎片化时间来进行消遣。

● **热门事件**。在信息爆炸的环境下，人们对文字逐渐失去了阅读兴趣。一般发生社会热门事件后，订阅号、头条新闻、微博等平台需要时间组织文字更新内容。短视频的快速、便捷，更好更快地将热门内容呈现在大众眼前。

● **贴近生活、贴近普通人群**。相比明星、大腕的遥不可及，抖音这些由草根分享的生活、内容，拉近了用户和播主的距离。

由此看来，抖音短视频有着市场大、用户多等优点，卖家可以考虑加入抖音推广。抖音的基本操作较为简单，主要是如何吸粉的问题。有兴趣的卖家，可以考虑设计有新意的题材来拍摄抖音视频，或找抖音达人合作，通过他们的宣传来达到店铺和产品的推广效果。

技能13 短视频营销

短视频是2017年才开始发力的，在手机淘宝中尤为明显。将手机淘宝向下划，“每日好店”“猜你喜欢”等多个场景都在使用短视频这种方式。

短视频相比直播，有3个优点。

● 短视频要求在短时间内展现出卖品、创意，所以质量方面要求更高，一般都是短小精悍。

- 短视频字节数占比少、加载快，方便传播。
- 相比直播，短视频可以方便用户随时随地加入、观看。

在短视频这块，建议以合作为主，找到和类目相关的达人制作相关视频上传，卖家给予相应的提成或佣金。如果卖家具备制作视频的能力，可以自己拍摄、上传视频。目前，正是短视频比较好的红利期，对卖家而言，应该积极地把握。

短视频是淘宝的趋势，它在提高转化的同时也会对商品加权。不同类目商品在短视频的制作上会有很多细节点，而且针对不同的用户，短视频的表达点也会不同。

1. 消费者分类

就目前的淘宝市场而言，消费者可分为4类：

- **快消用户**。这类用户有个显著特征“目的明确”，在购物过程中可以用“快”“准”来形容。针对这类用户，短视频需要用最短的时间内表达出哪些商品性价比高、哪些商品很好用，让他快速决定买还是不买。针对这个用户群体的短视频时间控制在9～30秒，投放位置在主图第一张或详情页里。
- **无目的性用户**。与快消用户相比，这类用户最显著的特点就是时间多，他们喜欢看新鲜、好玩的东西。考虑到上班和休息时间，尽量在周末投放一些带故事情节、新鲜玩物的短视频。
- **品味型用户**。这类用户的生活质量中等偏上，在购买商品时，特别注重商品质量，且消费能力较强。针对这类用户，需要呈现的短视频需要花费更多的精力，如在BGM、字幕、设计方面下功夫。
- **刚需用户**。这类用户比较集中在家电类目中，故短视频中需要展现消费者关心的商品介绍、测评、售后及使用教程等内容。

2. 短视频分类

短视频的类型并非单一的，例如手机端的短视频分别在每日好店、必买清单、淘宝头条等板块展现。短视频的类型大体可分为两类：商品型和内容型。

（1）商品型短视频

顾名思义，商品型短视频主要以展现商品卖点为主，这类短视频比较符合快消用户的购买习惯，其展现时长在9~30秒，投放位置在主图第一张或详情页里。商品型短视频在发布后，有机会在“有好货”“猜你喜欢”“行业频道”“购买后推荐”等位置展现，可获得免费加权流量。

（2）内容型短视频

相比商品型短视频，这类视频的拍摄门槛较高，多以故事情节或达人教学为主。针对新手卖家而言，可找达人、达人机构合作拍摄内容型视频。由于故事情节的丰富，内容型视频的时长比商品型更长，基本在3分钟左右。

内容型短视频被抓取展示的位置更多，且被抓取后，可能迎来相当可观的流量。具体的短视频类型展现位置如表15-2所示。

表15-2

展现位置	内容型短视频类型
每日好店	店铺故事、镇店之宝、品牌新品故事、创意广告
必买清单	场景型内容，如做菜教学步骤、旅行必备（必须要有3个以上的单品，无需跨店）
爱逛街	偏向于教学、评测类型的，重点类目包括时尚、美妆、美食等
猜你喜欢	不限类目，可以有商品头图类的单品展示，大多以展示头图视频为主
淘宝头条、淘部落、微淘	红人内容，如穿衣心得、化妆步骤、生活窍门
微淘、淘宝头条	直播切片

如果短视频被抓取展现了，可能迎来流量爆发期，卖家要把握住机会，增加商品权重。

第16章 “双11”实战经验

本章导读

众所周知，玩好“双11”能带来非常可观的收益。但也有不少卖家（特别是中小卖家）看不清“双11”活动规则，只能站在“双11”的岸边看着红利进入别人腰包。针对这个，本章从“双11”活动的前期准备、活动正戏上演到活动的后期处理等几个方面进行详细讲解，帮助卖家选择主推商品、营造活动氛围等，使其销量更上一层楼。

技能1 主推商品这样选

商品的选择，决定了活动效果。想要“双11”活动效果理想，选品也就很关键。选品可以通过生意参谋和阿里指数的数据分析来完成。

1. 考虑商品的需求

在选品时，首要考虑消费者的需求问题，有需求才有市场。如果是实体店，了解消费者的需求会比较麻烦。在线上商城中，通过“搜索”就能体现需求。打开阿里指数，选择商品类目（这里以选择“连衣裙”为例），可从搜索排行榜中看到上升榜和热搜榜，如图16–1所示。

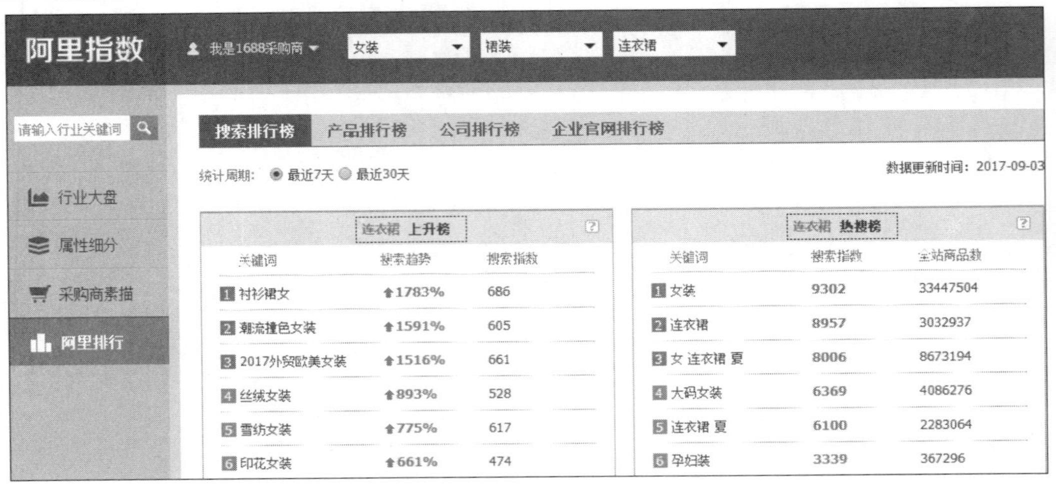

图16–1

通过搜索榜，能看到商品搜索热词、搜索趋势和搜索指数等数据，便于卖家分析得出近期消费者的搜索动向；再通过查看全站商品数，能初步了解该商品的竞争情况。

卖家还可以通过生意参谋中的“行业热词榜”，查看最近7天的数据，着重关注热门长尾词、热门核心词和热门修饰词。这种核心词都是类目词或商品词。通过这些数据，可分析得出当前热门子类目或热门商品。

达人点睛

卖家在选出主推商品的同时，不能只盯紧一个商品。因为卖家可能没有那么好的运气，一来就选中爆款商品。选择多个主推款，更有机会选到爆款商品。

2. 紧跟大卖家的销售动向

通常，大卖家的实力强，更加注重流量和销量，在活动方面，也更具经验优势。跟着他们的动向，对选品有所帮助。

大卖家往往在9月底10月初，就已经在做主推商品的搜搜权重、人气等。部分大卖家还会选择直通车、钻展等付费推广。可以根据这条线索，每天记录直通车车位商品信息，包括：卖家信息、价格、销量增量、位置。

如果发现某款商品连续几天都处于非常好的展现位置，价格稳定、销量呈现平稳上升趋势，基本说明这款商品是大卖家重点推广的活动商品，也比较符合市场需求。在选品时就可以考虑加入这款商品。

如果店铺内没有该款商品，可以选择在大卖家店里拍一件，再从阿里巴巴找同款，拍回来几件。对比大卖家和阿里巴巴的质量、价格等因素，选择有现货的供应商。

3. 强化消费者画像

通过查看生意参谋“访客分析”和“买家人群画像”，可以查看店里访客和买家的年龄、性别、地域、价格等信息。卖家针对消费者画像，根据店铺标签，适当地添加属性词，强化标签，有利于提高商品搜索权重，获取更多的流量。

经过了选品三部曲，卖家可以基本确定活动商品了。这时候，还要注意以下几点。

- **价格**。价格要低于竞争对手。
- **质量**。质量处于中等偏上的水平，不能太差。
- **时间**。不能临时抱佛脚，以上工作都应在10月初展开。
- **商品信息**。即使是效仿大卖家，在主图、详情页、标题等方面，都应该亲力亲为，不能照搬。
- **直通车**。有条件的卖家，在找准商品和精准关键词后，可以考虑开通直通车引流。

技能2 特殊时期，特殊备货

“双11”的备货，是一个让很多卖家头痛的问题。备少了怕没货可卖，备多了又担心卖不完。在“双11”中，不同实力的卖家扮演着不同的角色。有的卖家实力强，平时销量就不错，“双11”更是如虎添翼，自然会多多备货，出大招；有的卖家，平时流量低，销量低，“双11”就是碰运气的，自然就少备一些。

其次，可针对此次活动的会场来进行备货。卖家可以查看自己报名参加的活动是处于主会场，还是分会场。会场不同，得到的关注度也就不同。

另外，部分卖家会在活动开始前就做好预热，参加聚划算活动，花钱开直通车等。这类卖家，成本大，活动力度也大，自然可以多备货。没有做推广的卖家可以少备货。

通常，“双11”备货会进入以下几个误区。

- **制定高销售目标**。部分卖家在前几年的“双11”中尝到了甜头，制定高销售目标。伴随着竞争对手的增加和高额广告费，库存太多，后期打折销售也未处理完，导致公司运营因此陷入困境。因此，卖家在备货时，不能只看销量的涨幅，更要关注同行竞争。
- **推新品反成累赘**。部分卖家考虑到爆款商品各方面均不错，想借“双11”来提升新品的业绩。结果，前期没有销量的商品，排名不占优势，很难“一炮而红”。建议卖家走爆款模式，且品类越少越好，选择爆款、活动款备货。即使卖不完，也便于后期处理。
- **少备货，等补充**。部分没有经历过“双11”的卖家，想法很天真。在备货时考虑到成本和销量等问题，打算货源不够了再备。以平时销量来为“双11”备货。在活动结束后的1个月内，还没给买家发完货，导致活动收到诸多差评，降低店铺DSR评分。

由此可见，备货过多，可能导致积压商品；备货过少，则影响消费者的购物体验。其实，很多商品在“双11”活动时，都是微利或无利的。更多的目的在于引流、推品牌。所以，在备货时要注意，宁愿少赚钱，也不要亏钱。

卖家在备货时要做到量力而行，看清自己公司规模、行业排名等；其次，还应分析平时流量、转换率、销售额及往年“双11”的战绩等；不能忽略整个市场环境，如竞争对手的数量、行业销售的疲软等问题。

技能3 如何设置“双11”活动规则

为了让活动更具吸引力，卖家要设置好活动规则。在活动规则中，主要突出活动的亮点：让利，方便，包邮，如设置满减、满送等规则。为了让更多消费者加入进来，在设置规则时，不可太难。其次，为响应《淘宝规则》，除部分偏远地区外，活动商品都要包邮。

包邮可设置为全店商品包邮、单件商品包邮、满多少包邮。卖家如何设置包邮呢？❶卖家打开淘宝网卖家中心，❷单击物流管理下的“物流工具”按钮。❸再单击页面中的“运费模板设置”按钮，❹单击“新增运费模板”按钮，如图16–2所示。继而填写模板名称，在是否包邮一栏，单击卖家承担运费。把新增的运费模板，运用到店铺需要包邮的商品中来即可。

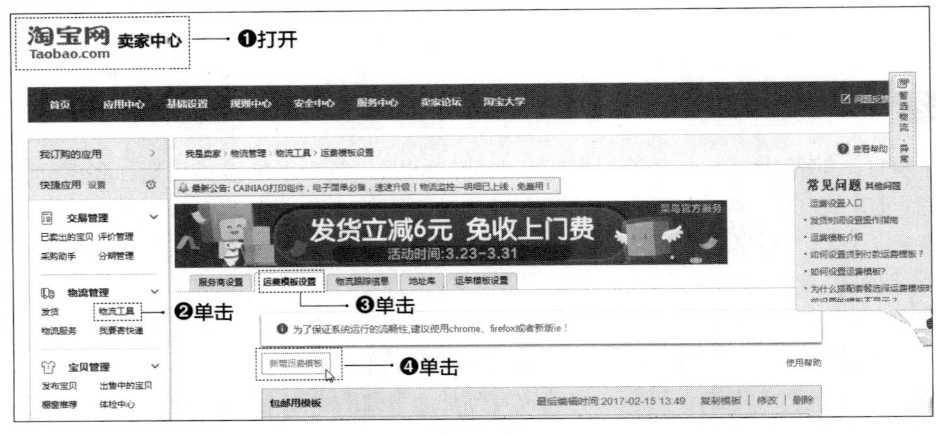

图16–2

达人点睛

部分小卖家因为自身资料不足或其他原因，不能报名活动。这类卖家也可以将商品设置为包邮状态。大促期间，各个卖家都在搞活动，都包邮。小卖家能喝点“双11”的汤都不错，不要因为吝啬邮费，丢失了部分买家。

技能4 “双11”岗位规划安排

“双11”作为电商人的盛宴，忙是必定的。如何忙得有条理，忙得有价值？这就需要把公司各个岗位的职能、工作安排妥当，才能有条不紊地工作。

一个完整的团队由客服、货品生产、策划、运营推广、物流发货等方面组成，但卖家实力不同，在人员方面有差异。在“双11”到来之际，必备的部门是哪些呢？

1. 客服部

客服部门是“双11”的重头戏，主要准备工作如下。

- **接待量大增**。活动带来流量，使接待量达到平时的几倍，甚至几十倍。所以客服在准备工作中应将自动回复设置为可引导购物的语言，避免一一回复卖家疑问的忙碌。
- **催付工作**。活动当天可能有拍下未付款的订单，客服要负责做好催付工作。例如，主动给买家发送消息核对订单地址和信息，当收到回复后，再隐晦地发催付款的术语。
- **应对诈骗等**。在活动中，避免不了出现一些职业诈骗，例如，套取客服信息、纠缠发票的问题。在活动前，应对客服进行培训，避免忙中出错。
- **成立客服小组**。如果平时客服在线时间为12小时或12～18小时，在“双11”活动中，一定要成立客服小组，选出组长，做好排班工作，并保证活动前后（11月10日～11月13日）做到24小时在线。

2. 货品部

“双11”之前，大部分卖家可能都会频繁地上新款，也很容易出现缺货、超卖、发不出货的问题。所以货品部要配合运营部门来协调货品的库存。货品部门的货品就是粮草，是行军打仗最重要的前提。货品部的主要工作如下。

- 梳理商品种类、库存。按照新款、爆款、清仓货等分类将商品分类整理，便于物流部第一时间确定货物位置，为打包发货做准备。
- 新款、爆款销售跟踪，根据数据分析或销售情况做好补货准备。
- 随时更新库存情况，设立专属自己的安全库存指标；跟踪库存商品销售数据及预售情况，及时追单。

3. 运营部

运营部关系着整个活动的流程及活动效果。

- **报名**。报名是活动的入场券，运营部应观察每年的活动细则，做好报名工作。
- **选款**。经数据分析及市场分析，得出活动主推类目、爆款商品等准备工作。例如，制订活动方案，追踪活动前后的运营数据等。

● **预热**。在准备期，做一些老客户的维护、会员营销方案等工作。例如，优惠券派发入口、文案说明。

● **优化商品信息**。商品关键词、主图、详情页等内容优化，增加实时搜索量。

4. 美工部

美工部主要负责做好视觉工作。

● 制作钻展、直通车、店铺海报素材。

● 做好无线端的装修工作。“双11”的流量很大，一部分来源于无线端，因此无线端的装修、上新、主图等工作尤为重要。

● 详情页优化。详情页制作、优化等工作也很重要。特别是主推款，如何做到大卖？详情页的内容很关键。

5. 物流部

“双11”时物流爆仓也是屡见不鲜的，好不容易借助大促能大卖，结果物流慢导致差评或退库那不是白忙活？所以物流部门应在“双11”之前与货品部协作，清点现有库存，做好货品布局。

● 预计发货量分配好人员工作，优化人员布局，提高工作效率。

● 与运营部做好交涉工作，提前打包爆款货物。

● 提前备好纸箱、打包带、发货单等物料。

● 制定物流应急方案，实时关注发货进度。

● 及时盘点出入库商品，货仓摆放科学合理。

● 做好兼职人员的培训工作，减少发错货的概率。

达人点睛

“三通一达”（申通、圆通、中通与韵达快递公司）是卖家发货的首选，但在“双11”物流压力下，可考虑选择其他快递做备用。例如，EMS的速度也不是特别慢，可做备选；在秋冬货品超重的情况下，也可以考虑顺丰陆运。

技能5 为“双11”装修店面搞活气氛

装修店铺，是一个店铺的面子工程。都说题对文，才能起到宣传作用。装修适宜的活动页面，将一些促销信息或公告信息发布在这个区域上。如果处理得好，就像商场促销一样，可以最大限度地吸引买家的目光。让买家一目了然地知道这个店铺在搞什么活动，有哪些特别推荐或优惠促销的商品。

因此，卖家在“双11”活动开始前，应该给店铺来次大改造。和平时的装修不同，装修“双11”活动店铺应从以下几点考虑。

● **突出主题**。在店铺的每一个角落，都突出促销、特惠、喜庆。在中国，喜欢用红色或艳色来表现喜庆的日子。因此，在活动期间装修店铺，可以加入更多的喜庆元素，即使部分店铺平时走素雅风或小清新风格，也可以在“双11”活动前后换换风格。当消费者进来一看，与平时的装修不同，又有折扣，迅速诱导购物。

● **设置福利。**人人都喜欢福利。在活动期间，在首页中设置红包、彩票或优惠券，达到夺人眼球的目的。相信会吸引不少新流量。

● **注重移动端。**部分中小卖家，移动端没有客户，久而久之就放弃了这块阵地。要知道，就是一些小细节影响商品排名。不管移动端有没有客户，卖家都应花心思装修移动端店铺。并通过设置微淘折扣，吸引移动端流量。

● **店铺导航。**设置单独的“双11大促”活动页面，能很好地利用导航来对顾客进行引导营销，如最近上新款、促销活动力度、促销商品款式等。消费者即使对主推款无感，也可以购买其他款式，降低跳失率。

● **用故事引关注。**大家都是有故事的人，不管故事是否精彩，都会有读者。特别是没有名气的小卖家，在活动开始前，在首页中写上品牌文化或开店经历等内容，一方面引人注目，另一方面也能宣传店铺或品牌。

考虑到活动的灵活多变性，卖家可在“双11”前，提前准备好至少3套装修方案，便于在活动前、中、后更换，使之装修与节日活动氛围相得益彰。

技能6 客服是个重要角色

客服是一个重要角色，这在大促活动中尤为明显。在大促期间，很多人会问客服优惠政策、物流情况、码子建议等问题。那么，活动前客服应该怎么做呢？

（1）活动前的培训

这个培训包括几个方面。

● **全面熟悉活动的培训，**包括活动形式、主题、促销内容、活动细则及流程。这也是体现团队合作能力的时候，以上内容需要运营人员和客服团队共同商讨。

● **商品培训，**主要在活动前对热门商品的属性进行培训。可将常见的客户问题制定成详细文档，了解商品属性以及竞争对手的情况。在大促时，与客户交流中体现出自家商品的优势所在。

● **规则培训，**规则是活动的重点，为防止忙中说错话，在活动前就应进行规则培训。例如，发票问题、付款问题、优惠问题及退换货问题等。

● **心态培训，**一年之中最忙的阶段，对客服来说是挑战。特别是一些小卖家，会在“双11”前新增外包客服，心态培训就更必不可少了。可通过心理上的鼓励及奖金的发放，来加大客服信心。

（2）客服资料做推广

说到售前预热，方式多种多样。实则客服也可在话术上、个性签名上、自动回复上有预热提示。例如，可将个性签名设定为“双11全场包邮，两件减50”自动回复设置为“亲，记得领取优惠券哦”。

（3）突发事件解决方案

如果遇到旺旺登录不上的情况，可用留言区做好自助购物的引导。无论经营范围的大小，都要重视客服。特别是“双11”活动期间，做好服务可以带来更多效益。

技能7 做好宣传工作

如图16–3所示，“双11”的宣传工作总的来说可分为两大方面。

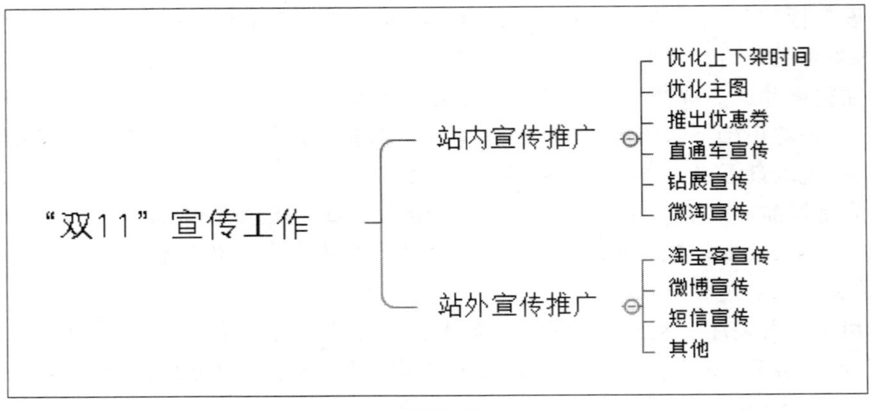

图16-3

1. 站内宣传

（1）优化上下架时间

商品上下架时间影响着排名，通过优化上下架时间，确保主推款的下架时间在以下3个热门时间段："双11"凌晨0：00－1：00，早上9：00－10：00，晚上20：00－22：00。

（2）优化主图

商品主图决定了点击率，在10月中旬以后，针对主推款可以通过多次优化商品主图来提高商品排名。

（3）推出优惠券

针对不同的客户群发送不同的优惠券，有针对性营销。例如，在预热前期发放10~20元无使用限制的优惠券，仅供"双11"当天使用，在"双11"当天发放10元有使用限制的优惠券等。

（4）直通车宣传

● 要开好"双11"的直通车，素材优化是关键。至少应准备2套推广素材，一套是"双11"前预热素材，一套是"双11"当天的活动素材，附加"双11"活动信息，提高素材点击率。

● 其次，还应做好重点关键词优化。关键词的优化是个长期工作，切记不要临时抱佛脚，否则质量得分低。应在10月15日左右，对主推款的宝贝重点优化，每个商品选出10~20个关键词重点培养，提高点击率，从而提高质量得分，同时加大直通车的推广力度。

● 做好定向推广。从11月1日起，对主推商品的定向推广逐步抬高出价，抢占旺旺焦点图、收藏夹、已买到宝贝页等有利位置，从而获取有效流量。

（5）钻展宣传

● 钻展素材设计。提前做好2套钻展素材，分别在"双11"当天和"双11"结束后使用。"双11"期间素材量大，审核进度在10天以上，故2套素材需在10月15日前制作完毕，并提交审核。

● 推广计划。提前制定"双11"当天及活动后期的钻展投放方案（包括投放预算、位置、时间段、出价等详细方案）。

（6）微淘宣传

微淘在消费者生活细分领域，为其提供方便快捷省钱的手机购物服务。俗话说“得粉丝者得天下”，在手机端，微淘的粉丝越多，店铺的权重也就越高。微淘的粉丝越多，越有机会上推荐榜，从而加大店铺被看到的机会，粉丝也就更多。这是一个良性循环。粉丝多了，微淘发布新品、活动时，才能有更多粉丝参与进来。商品流量一旦增加了，点击率、转化率才有机会上升。

因此，卖家可以从微淘营销着手，用吸引力较强的内容增加粉丝数量，提高手机端搜索排名，便于“双11”的宣传。

除此之外，卖家也可通过参加站内活动（聚划算、免费试用等）、站内直播方式增加商品的曝光率。

2. 站外宣传

站外宣传的方式很多，包括淘宝客、微博、短信、微信等。

（1）淘宝客宣传

与淘宝客建立良好的合作关系不仅可以顺利促销商品，及时得到买家真实的反馈信息，也能以点带线拓展人脉，认识更多的淘宝客。

“双11”对淘宝客来说，也是一个大施拳脚的机会。专业、优质的淘宝客时间宝贵，每天要忙的事情很多。如果采取与买家处理售后式的交流方式，淘宝客未必有那样的耐心。因此，在沟通过程中注意抓住要点，避免无效交流。交谈时可以直接省略掉无谓的寒暄，简洁地表明自己的店名、商品、目的，留下招募帖链接，并给淘宝客留出一个较长的响应时间。等双方都有时间时，再做进一步的沟通。如果淘宝客需要详尽的素材、图片、资料，卖家应当积极回应，并提供技术、细节上的支持。

卖家承诺的奖励活动要及时兑现。在交流中积极询问淘宝客是否收到了相关的奖励，数额是否正确，以及对活动的反应、建议。鼓励其身边的同行参与到以后的活动中来。对于有潜力的淘宝客，不妨给予更高的佣金承诺，引导淘宝客之间的良性竞争。

“双11”前后，如果卖家招募的淘宝客较多，可以建立交流群，进行分类管理。每个淘宝客带来的流量是不相同的，往往少数几个淘宝客就会带来较大的效益。不放过任何一个淘宝客，并不代表对每个都要同等对待。在有限的时段内，要多费精力与优质的淘宝客沟通，保证流量的稳步增长。

（2）微博宣传

为什么要选择微博?

- 微博能够提供亿万级的站外优质流量，提升店铺权重和销量。
- 微博用户人群以年龄段18~35岁为主，女性居多，是网购主力，具备较强的购买力。
- 微博支持直接跳转，可以说微博是“双11”的第二战场。
- 微博展现形式多样，视频、九宫格、大图、互动、明星话题等，多形式触达潜在客户。
- 微博资源丰富，能满足商家品牌曝光、店铺搜索、店铺收藏、商品预售、客户储备、店铺引流、提升销量等多方面需求。

微博推广有哪些优点呢?

简单来说就是品牌曝光，获得大量传播，吸引大量新用户。粉丝通定向行业精准，增加官V关注；结合店铺活动，提高店铺收藏和宝贝收藏；为店铺长时间进行站外导流，促进店铺、产品站内排名优化。

（3）短信宣传

预热期短信推广：11月1日~11月5日给老客户发放“双11”的促销短信，引导其关注、收藏店铺与单品。

活动后期推广：“双11”活动结束后，再给顾客发送一批促销短信，告知其店铺优惠活动，形成购买转化。

卖家应根据不同时期的短信发送方案制定短信内容，突出不同卖点和信息发送时间一般为当天的上午9：00－10：00，下午14：00－15：00。

（4）其他

包括个人微信、QQ、贴吧、论坛等推广。实力较强的卖家，还可考虑利用聚效在搜狐、新浪等媒体进行广告投放，低价大量引流。

技能8 掌握产品的推广节奏

要打造爆款，直通车是一个相当有用的工具。很多人都通过直通车将一款产品推出了销量，搜索排位靠前，成为爆款。用直通车打造爆款，要注意其特有的推广节奏。如果要推广的产品有季节性或者周期性，那么掌握推广节奏是必要的。

如何掌握产品的推广节奏呢?

首先要对类目近一年的数据进行整理研究，掌握好流量来源的高峰与低谷。生意参谋中市场行情的数据可以起到参考作用，比如“丝袜短袜美腿袜”这一产品在生意参谋中的数据。例如“薄外套”类目销售高峰在3～5月以及10～11月，销售低谷为1月、2月及7月、8月，这个就是产品的销售节奏。通过数据表明，薄外套类目的人群从3月开始涌入购买市场，截至5月逐渐褪去。第二波高峰在10月启动，到11月截止。

由此可见，通过数据可以找到产品销售高峰，并制定推广计划。但推广节奏要注意，太早会浪费广告费，太晚竞争力下降。所以推广应该在销售高峰的前两个月，倒数第一个月应利用直通车推举产品至销量排名的第一页内，倒数第二个月配合店铺推广放置在销量排名的前10位，销售旺季来临前全力冲刺到销售前三位，争取第一位。

“双11”是一场商家的盛宴，在这场盛宴中如何吃下更多的份额?使用直通车是很多商家的第一选择。对于新手商家而言，如何制定一个“双11”直通车计划，则是一个摆在面前的现实问题。其实，如何能够借鉴他人的“双11”直通车计划，相信对新手商家来说能够起到很好的启发和借鉴作用。一家皇冠网店的“双11”直通车计划表，供大家参考，如表16-1所示。

表16-1

阶段	准备阶段	预热阶段	延续阶段	曝光阶段	疯狂引流阶段	爆发阶段
时间	9月22日~9月28日	9月29日~10月4日	10月5日~11月7日	11月8日~11月9日	11月10日	11月11日

续表

阶段	准备阶段	预热阶段	延续阶段	曝光阶段	疯狂引流阶段	爆发阶段
推广策略	选款测款	养词	质量分高，提高出价	开始陆续提高出价	继续提高出价，控制速度	出高价要流量
	熟悉所有产品线，包括关键词、定向、店铺推广、外投、无线等	优化创意养质量分	优化创意养质量分	开启定向，店铺推广		保持关注，并把控流量和PPC
	培养更多产品	提高商品竞争力		开始使用“双11”热词	使用“双11”热词	
推广工作	每个二级目录推两个以上的款来测试	每个二级目录选出1～2个核心主推款	提高质量分	重点选出3~5款主推且库存深度足的宝贝排名尽量靠前		抢流量
	关键词为主测CCR测转化	优化创意图	优化创意图			看库存，调整出价，调整推广宝贝
	CCR高转化好，开始定向店铺推广等其他产品	提高点击率，大词可以选择高点击率的地域进行培养	提高点击率	加大流量词定向“双11”热词的出价		大流量词卡位
		加属性相关性高的“双11”热词	提高“双11”热词出价，尽量让排名靠前			店铺推广
预算	10%	15%	15%	30%		30%

每个店铺的推广计划不尽相同，然而他山之石可以攻玉，从别人的“双11”推广计划中，也可学习到很多东西。

技能9 “双11”当天各时间段流量特点

在对的时间做对的事，能事半功倍。中小卖家应提前掌握“双11”不同的时间模块点，在消费者既集中，竞争力又小的时间点发招抢到流量。通常，中小卖家应重点把握的7个时间段，如图16-4所示。

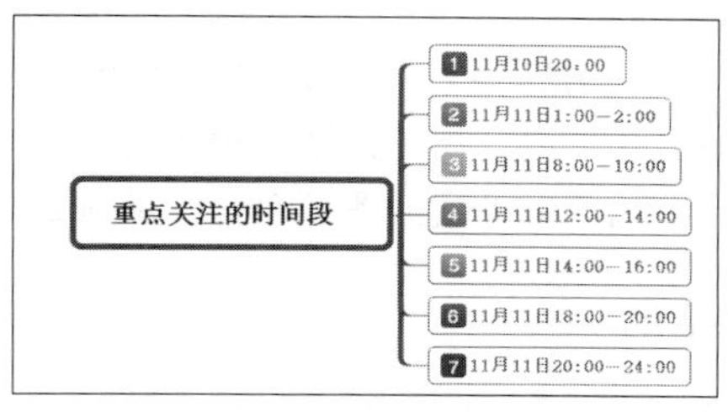

图16-4

- **活动预热时间，**11月10日，晚上20点。流量开始增长，部分卖家提前开始“双11”活动，第一轮热度持续到23: 30。所以，从10日8点开始，就已经出现购物小高潮。这个时间段，卖家必须注重商品的流量和收藏量。可通过直通车、微淘等方式，在吸引新客户注意的同时，唤醒老客户。例如，卖家可通过旺旺或短信的方式告知老客户，本店的商品正在大促，老客户可领取高额现金红包或抵扣券等，获得流量和收藏量。
- **消费者暂停购物时间，**11日23: 30—0: 00。在这个时间段，很多消费者已经暂停购物，等待0点的到来。卖家在这个时间段，无需付费抢流量。唯一能做的，是采用短信方式通知老客户。
- **第一轮高潮时间，**11日0: 00—1: 00。在这个时间段，消费者主要集中在会场。中小卖家没有必要在这个时候去争抢流量。即使抢，也抢不过大卖家。能做的，就是等。
- **大卖家疲劳期，**11日1: 00—2: 00。这个时间段，大卖家进入疲劳期，消费者在主会场已经买到该买的商品。如果没有买到，就会开始搜索。中小卖家，必须要抓住这个时间段，即大卖家在会场下台的时间，通过直通车、钻展等方式来抢流量。抓住从主会场分散下来的流量。
- **备战休息时间，**11日2: 00—8: 00。在2点时间一过，消费者进入购买疲劳期，处于休息状态。中小卖家没必要花费太多预算，可采取直通车低价、分时折扣等方式来引流。适当休息，养精蓄锐为第二天备战。
- **第二轮高潮，**11日8: 00—10: 00。10点时间，是聚划算的开团时间，也是搜索页面的重要战场。中小卖家要把握好这段时间，通过短信、微淘等方式抢流量。
- **大卖家发力时间，**11日10: 00—12: 00。这个时间段的消费者比较活跃，但是主要集中在大型活动会场中。因此，这段时间是大卖家发力时间。小卖家等待时机即可。
- **消费者疲劳期，**11日12: 00—14: 00。通过10日凌晨的熬夜奋战和11日上午的争抢，大多消费者购买力降低。此时，大卖家的推广力度也会降低。竞争降低，对中小卖家来说，是争抢漏网之鱼买家的时机。此时，正是中小卖家设置半点半价的好时机。例如，某款商品在12: 30，前100名可享受半价优惠。
- **局部消费者恢复期，**11日14: 00—16: 00。这个时间段，随着下班时间的到来，局部消费者开始再次购物。卖家要抓住这个时间点，通过直通车或通知老客户的方式抢流量。
- **大卖家复活时间，**11日16: 00—18: 00。根据大卖家的经验，知道这个时间段的消费者比较集中。因此，大卖家会在这个时间段复活，把重心放在抢流量上。中小卖家应该有自知之明，不去硬碰，等待即可。
- **大卖家疲劳期，**11日18: 00—20: 00。这个时间段的形式和中午12: 00—14: 00类似，大卖家开始疲劳。中小卖家仍然可以抓住机会，采取整点半价、半点半价的方式抢流量。
- **全网收官之战，**11日20: 00—24: 00。消费者在这个时间段，已经买到必要的商品，没有买到的会进入冲动购物时间。因为消费者都知道，随着24点一过，活动结束，恢复原价。中小卖家在这个时候就不用考虑太多竞争力，必须通过多种方式来争抢流量。

技能10 中小卖家的预热活动

中小卖家如何在战火纷飞的“双11”中脱颖而出呢？可以从以下几点出发。

● **规划活动**。在活动开始前，结合店铺实力规划好活动目标销售额、主打商品、宣传推广和应急措施等。

● **选品和备货**。商品的选择，决定了活动效果；刚刚好的备货，既不会有压货烦恼，也不会没货可发。

● **活动预热**。可采用免费试用来吸引关注，或采取低价活动或送礼等方式，引导试用者进入店铺来消费。增加店铺曝光率。

● **联系老客户**。采用短信或旺旺的方式，提前告知老客户活动内容。吸引老客户的关注和二次销售。

● **微淘传播**。利用微淘，发布活动信息。图文结合的宣传，在唤醒老客户的同时，也吸引新粉丝。

● **付费推广**。在活动开始前，做好直通车、钻石展位等推广。利用吸睛的展位，来巩固老客户，吸引新客户。

● **管控商品质量**。部分卖家考虑到成本问题，对活动商品偷工减料，会导致活动质量下降，也容易造成客户流失。

● **监管物流一条龙**。俗话说“忙中易出错”，活动中发错货、没货发等问题也是屡见不鲜。所以，在“双11”中，更要监管好物流工作。避免频繁出现包装问题、发货问题等。

● **做好关联销售**。关联销售是带动店铺整体销量的重要手段。在“双11”中，更要做好关联销售，带动整个店铺的销量。

● **提前打造客服**。活动当天，流量暴涨的同时，客服需要应答的问题也会暴涨。中小卖家可能没有强大的客服团队，但可以在活动开始前做好准备工作。一方面，站在消费者的角度，对可能提出的问题提前在详情页中做好应答；另一方面，提前准备好实用的回复语，留住客户。

● **售后服务是保障**。在活动后，会出现很多售后问题。一旦解决不好，会给店铺带来极大的负面影响。所以，卖家应将售后问题归类，给出很好的解决方法。

软件方面，要求熟练掌握千牛等软件，硬件方面，提前检查电脑、打印机等器械，保证活动的正常进行。总而言之，作为中小卖家，虽然人力、物力、财力各方面可能有所欠缺，但是找准目标，做好活动规划，做到多渠道唤醒买家，全方位宣传店铺活动，就有希望逆袭，逐步向高流量、高转化率靠拢。

技能11 中小卖家如何抢更多流量

“双11”能为部分卖家带来高流量和高收益不假。但也有部分小卖家，在活动中忙前忙后，不是这件商品售罄没货，就是那件库存太多，反而让店铺陷入运营危机中。如此说来，中小卖家就应该放弃“双11”吗？显然不是，网络上也流传着“双11，大卖家吃肉，小卖家喝汤”的说法。既然有机会“喝汤”，就应该把握住机会。

大卖家之所以在活动中更具优势，是因为他们更有经验，更熟悉规则。中小卖家，经济实力、团队和经验都相对少一些。因此，中小卖家有必要静下心来，通过分析店铺实况，研究搜索排名，做站内活动等方式，争抢大卖家的流量。

1. 优化商品信息，提高排名

卖家很大一笔自然流量来源于搜索。想要提高商品搜索排名，优化商品信息很重要。中小卖家想要从大卖家手中抢流量，就要从商品主图、上下架时间、关键词和橱窗位等方面出发。

（1）主图和上架时间的选取

大多中小卖家没有运营团队，选择的也是代销模式，直接将厂家商品图随意上架。这样就导致商品在某几天有流量，其余时间无流量。要知道，商品的主图决定着点击率。无论是商家给的商品图，还是自己拍摄的商品图，都要着重后期处理。

上下架时间影响着商品的排名。很多大卖家会把下架时间集中在“双11”当天。中小卖家可以避开这段竞争力最强的时间，集中在“双11”的前一天下架。

（2）用热门关键词来引流

谁都知道关键词影响着商品排名。所以大词和热词是大卖家关注的重点，中小卖家就没必要去惦记了。可以通过生意参谋、生e经等工具挑选和商品高度相关、高转化率、竞争对手少、点击率高的关键词，运用到商品中去，效果会不错。

（3）用好橱窗位

卖家很大一笔自然流量来源于搜索，而影响商品搜索排名的一大重点就是橱窗位。中小卖家虽然橱窗位少，但总归还是有的。在“双11”前后，可以把主推的几款商品，放在橱窗位展示，为商品的搜索权重加权。

2. 个性化的无线端引流

随着5G的到来，越来越多的人使用手机淘宝。在“双11”活动中，为了抓住无线端流量，手机详情的设置也很重要。

（1）淘宝旺铺，一键装修

卖家可使用旺铺一键生成手机详情，自动上传，无需其他操作，方便快捷。淘宝旺铺是淘宝开辟的一项增值服务和功能，它提供相比普通店铺更加个性豪华的店铺界面，使得顾客购物体验更好，更容易产生购买欲望。

（2）微淘吸粉，促成交易

微淘作为无线端淘宝的一大亮点，中小卖家应积极利用起来，吸粉促交易。在“双11”活动中，微淘最主要用于发布活动。对活动的策划和形式的确定又是一项重大工作。它决定了活动的吸引力和渲染力。这里主要分为5个期间段，为“双11”策划微淘活动。

- **活动前期，抽奖活动**。以抽奖的形式，吸引新粉丝，提高老粉丝的回访率。这个活动可以在10月中旬时开始，每一次活动礼物都应不重复。例如，第一次的礼物是优惠券，第二次就可以换成彩票。
- **活动中期，粉丝专享价**。在粉丝达到一定数量后，卖家可通过设置粉丝专享价来吸引粉丝购买。这个活动的商品，可选择高利润、高销量的商品。
- **活动中后期，活动攻略**。通过微淘广播，不断曝光活动主推商品。既增加粉丝对商品的印象，又增加购物车数量和收藏数量。与此同时，也为“双11”活动预热。
- **活动开始前，合理利用广播**。在活动倒计时的几小时内，采用倒计时的方式发广播，制造紧迫感，刺激粉丝的购买欲望。

● **活动结束后，粉丝维护**。不管微淘粉丝的购买情况如何，都可继续更新优惠信息或感谢语，为后期的聚划算活动造势。

微淘活动的作用主要在于给“双11”活动预热。活动的效果，绝大部分取决于活动的内容策划。卖家们可多多分析粉丝兴趣爱好，策划出更好的微淘活动。

除此之外，店铺权重也十分重要。

● 店铺层级越高越好，“双11”前期店铺层级会出现你追我赶的趋势，卖家要实时关注店铺层级的变化。

● 店铺不要有任何违规，这是硬性标准。违规可能直接导致无法参加任何活动。

● 保持良好的店铺动销率。对于零销量的商品，要懂得取舍，卖不出去宁愿下架，也不要放在店铺中，以免影响店铺动销率。

3. 站内活动引流

想要活动效果好，站内活动少不了。钻展活动在“双11”期间，竞争较为激烈，中小卖家很难尝到甜头。对于中小卖家而言，最主要的还是开好直通车，提前做好试用活动。

（1）开好“双11”的直通车

选择长尾关键词。开直通车，也是关键词的竞赛。大词、热词出价的人多，竞争激烈。在“双11”期间，关键词出价出到几十块，也是屡见不鲜。中小卖家，没有强大的实力，在选择关键词时，就要避开热词，找到部分转化率不错的长尾关键词。

在活动前期和进行时，一定要竭尽所能地去做推广。部分卖家会考虑到成本问题，不上直通车，但在活动当天，会发现，再高的扣费都上不去了。随着活动的开展，大卖家会更加卖力地抢夺直通车车位。不过，话也说回来，中小卖家在开车时，要考虑推广费用及利益回收。如果能接受平本，就在平本的前提下，能花多少就花多少；如果能接受亏本，也要有个底线，不能盲目开车。

（2）试用中心免费用

这个低成本、高引流的技巧非常适用于“双11”活动预热。就算试用名额不多，也会进来很多人。即使今天不买，也不意味着今后不买。而且，卖家给出的试用名额越多，围观的消费者也就越多。

4. 站外引流大集合

想要“双11”活动效果好，必须要有人围观。站内活动毕竟有限，中小卖家可尝试站外引流。站外引流包括但不限于前面章节提到过的各种工具与方法，这里再简单进行总结。

● **淘宝客**。中小卖家不能片面地认为淘宝客只会给大卖家带来利益。淘宝客也有大小之分，有淘宝客愿意为大卖家推广，就有淘宝客愿意为小卖家推广。只要计算好利润，投资淘宝客，可以起到引流作用。

● **关系圈**。卖家和员工都有微信、QQ和亲朋好友的人脉关系。在活动中，把圈子利用起来，既给他们带去了优惠活动信息，也给自己增加流量。

● **微信公众号**。订阅粉丝多的微信公众号，做好内容，简直就是让活动信息插上翅膀飞。当然，中小卖家在策划公众号内容时，要从侧面出发，做好软文营销。效果好不好，很大一部分取决于软文质量。

● **QQ群**。QQ群算得上是人口集中的地方，卖家或运营人员在活动前期，就可以加入和商品相关的群组中去。通过软广告的方式，将群内的流量引导到活动中去。聪明的卖家，还可以在群里面发些口令红包来聚集人气。

● **微信朋友圈**。特别是运营人员的微信，好友不会少。在活动前，把优惠活动信息展现在朋友圈里，流量自然就来了。如果账号多，可以采取多账号的更新朋友圈活动信息，实行广撒网模式。

● **短信营销**。很多卖家质疑短信营销的效果，那是因为没有筛选数据。在活动前，订购批量短信，能发的都发，总会有收获。

达人点睛

站外推广的方式多种多样，不仅限于上述几种。卖家可根据平时积累的经验，在微博、贴吧、论坛等地投放活动广告，实现引流效果最大化。

技能12 活动中要注意的各种事项

任何活动都有风险。即使在活动前做好了规划，执行过程中出现一点误区，也有可能导致全盘皆输。卖家在“双11”活动中，要注意几个雷区不能触碰，同时，也要注意一些注意事项，避免活动中出现差错。

1. 活动雷不要踩

以下是卖家在“双11”活动中有几个不能触碰的雷区，一旦涉及，会带来损失。

（1）刷单

部分小卖家，商品不出彩，也没钱做推广，就找亲朋好友来刷单。然而，淘宝在“双11”活动前的一个月左右，会集中整治刷单。在这个节骨眼上刷单，带来的只有降权处理和其他处罚。即使不算刷单成本和前期的推广费用，错过一年一度的“双11”大促，也会让卖家很遗憾。

（2）没有主推商品

在“双11”活动期间，很多消费者容易冲动性购物。卖家要提前做好挑选工作，集中精力推几款最能引爆的商品。消费者是没有耐心一个一个去查看所有商品的。当然，在打造爆款的同时，也要做好搭配工作。还可以根据目标用户的不同，设置不同层次的活动。

（3）舍不得花钱

俗话说“舍不得孩子，套不着狼”，舍不得花钱做推广，活动效果也别想好。在“双11”活动期间，商品流量和转化率都会有所增长。做好直通车、钻展等付费推广，才能更好地引流。

（4）在价格上耍花招

既然淘宝能给予这么大的平台来做活动，卖家就没必要做先涨价、再降价的蠢事了。而且，不少消费者会提前把商品加入购物车，自然会关注商品价格。卖家再在价钱上故弄玄虚，负面消息传播非常快，得不偿失。

更有卖家不涨价，使劲降价。但在“双11”活动中，并非价格越低越有销量。淘宝平台从不缺低价商品。没曝光，价格再低也无人问津。而且乱动价格，会被系统误判是问题商品。随意改动价格，还有可能带来退差价、退货、差评等售后问题。

（5）因为大卖家而影响自信

随着千人千面的发展，差异化、个性化是亮点。卖家要做出自己的特色优势，不要因为大卖家而胆怯。“双11”主要做的是促销，不是打价格战。

（6）违反淘宝规则

说来说去，既然在淘宝这个平台上做活动，自然要遵守规则。在活动开始前，就要细细阅读活动规则，不要因为无意违反，浪费时间和精力。

2. 四大注意事项

除了雷区，卖家还要注意以下事项，避免忙中出错，导致活动失败。

（1）电脑系统

大家都知道，“双11”大促对卖家而言的重要性。如果一切准备就绪，因为电脑系统出现问题，那就太遗憾了。之前就有案例，有卖家在活动倒计时前的几分钟，电脑瘫痪了，导致整个过程都错乱。

在此，建议卖家要注意电脑系统事项。首先，在活动前备份电脑系统里的数据，再清除降低电脑系统效率的空载；其次，在活动前仔细检查各设备，做好维护工作，其中包括打印机、打印纸等耗材。

（2）人员的安排

在活动前期，应注重运营人员的投入。但在活动期间，应尽量把人员安排到两个地方：客服和库房。针对单量较大，而人员又少的店铺而言，可采取招聘临时工的方式来丰富库房工作人员。当然，临时工的技能毕竟有限，可安排些简单的包装工作。重要的工作内容还是应交给内部工作人员。

（3）快递

快递方面，几乎年年“双11”都爆仓。这就需要客服在和买家沟通时主动提到，因为快递压力大的原因，收货可能有延迟，说清楚大概到货时间。先得到买家的理解，避免后期给差评。

另一方面，考虑到快递的压力，卖家在前12小时，加班加点也要把订单做出来。否则，货物就有可能积压在仓库中，迟迟发不出去。即使没能第一时间处理好货物，也可以通过派遣专职人员跟踪物流信息。主动出击，和买家沟通，避免买家找上门留下不好的印象。

还有一个重点，是对快递公司的选择。平时单量平稳，快递是正常的。但是在“双11”部分快递也就问题百出了。买家可提前分析各个快递公司的优劣势等信息，多选几家快递公司。

（4）其他小事项

- **设定活动价格**。大促不代表打价格战，卖家一定要在保证收益的前提下，去设定价格。

- **关联销售**。抓住大促机会，做好关联转化。在选关联款时，要注意款式之间的优势和转换，还要配合促销活动。其次，关联销售人群画像的一致性很重要。

● **补货**。平时就多联系几个货源，真没货可发时，尽量找到货源来补货。

● **提前包装爆款商品**。对于一些有信心的商品，可提前做好包装工作，减小后期发货的压力。

> **达人点睛**
>
> 一些小卖家由于多种原因，没资格参加“双11”。站在买家的角度，参没参加“双11”活动，并不会觉得有什么区别；站在卖家的角度，其实也只是流量端口的区别。所以，即使没资格参加“双11”，卖家也要把该做的工作做了，如唤醒老客户、做促销活动、设置红包、满减等。

技能13 参加节后活动进行清仓特卖

部分卖家在“双11”后有压货的烦恼。参加清仓活动可以解决这一问题。针对存货多的卖家，可根据店铺类型和商品实情，报名参加不同的清仓活动。例如，聚划算、淘抢购等。但是不同的活动，针对性也就不一样。

● **聚划算**。淘系规模和爆发力最强的营销平台。通过参加品牌团、主题团、商品团，打造超过平日日销数倍以上的爆发力。如果想打造主推商品或品牌的影响力，可选择聚划算。

● **淘抢购**。通过限时开团，打造“抢”单品的氛围，拉动商品流量和销量，形成店铺日销中的小高峰。想在短期内打造爆款，拉动流量及成交的，可选择淘抢购。

● **清仓**。定位于天猫核心品牌低售罄且滞销的商品，是库存变现的线上营销平台。有低售罄且滞销的品牌商品，可参加清仓活动，实现快速变现。

清仓的开团时间内，商品将不会在店铺和搜索等日销主流量渠道展示，且不能同时在聚划算和淘抢购开团。

针对存货多的品牌卖家，可在“双11”活动后报名参加清仓活动，清仓活动首页如图16-5所示。

图16-5

参加清仓活动，能为参加“双11”活动的卖家带来以下好处。

● 减少库存压力。

- 方便资金流转。
- 高效引流，可助卖家打造优秀商品。
- 免费参加，比付费推广性价比高，成本低。
- 吸引大量新顾客，引成交。

满足报名条件的卖家，可按图16-6所示的流程，完成清仓活动的报名。

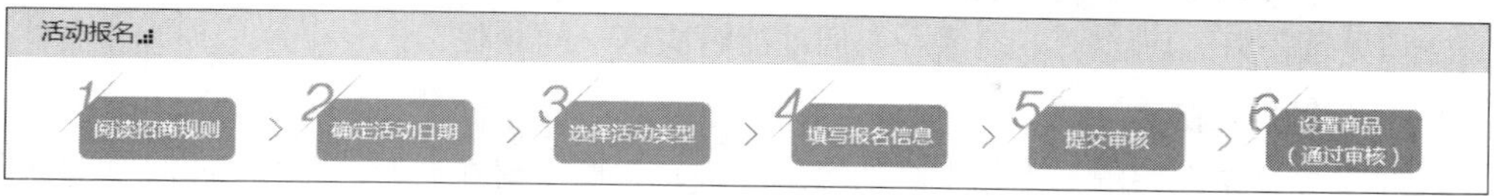

图16-6

达人点睛

参加过清仓活动的商品，不能参加聚划算和淘抢，且在清仓的开团时间内，参加活动的商品不会在店铺和搜索中展示。

技能14 适时联系客户，促成二次销售

有卖家在大促后抓住机会，获得二次销售；也有卖家，后续工作没做好，差评无限。“双11”对卖家来说是机会，更是考验。所以卖家应该采取工具配合人工的方式，将可能出现的状况告知消费者，提前安抚，减少不必要的退款和退换货，提升满意度，为二次营销做铺垫。

通常，短信的覆盖面更广。卖家可采取短信的方式将以下几种情况主动告知消费者。

- **超卖提醒**。范例：亲，真抱歉。你选中的×××太热门，在付款时已售罄，只能劳您退货。为表歉意，特送您100元优惠券。本店的同款商品×××也在热销，快来看看吧。
- **延迟致歉**。指的是由于人力不足导致货物未及时发出的情况。范例：亲，库房工作人员已经在连续加班中。麻烦您再等等，我们尽快发货。为表歉意，请在收到商品后联系我们，将送您100元优惠券。
- **爆仓安抚**。范例：亲，快递又爆仓了，您的商品也是受害者。老板得知这个消息泪奔了，他说，请你耐心等等。为表歉意，请您收到商品后联系我们，将免费赠送您一件礼物。
- **签收提醒**。范例：历尽爆仓堵塞，您的宝贝终于成功抵达。感谢您对本店的大力支持。再告诉您个小秘密，及时确认收货并参与分享，可享受店铺的返现大礼，快来参与吧。

想要实现二次销售，还需要卖家挖掘重点客户。什么样的客户才能成为优质客户呢？可以以客单价来定义。例如，根据“双11”当天的销售数据来看，客单价超过100元的客户，就可以被定义为优质客户了。

选定优质客户后，卖家还要通过生意参谋或生e经来分析这类客户的信息。从其年龄、爱好、购物特点等出发，以短信的方式发送短信促成交。例如，“亲，这个冬季格外干燥，您的肌肤感受到干渴了么？我们家免费向会员开放保湿护理课，快来联系客服了解详情吧！”

技能15 解决大促后的售后问题

随着“双11”促销活动的结束，各个岗位开始复盘，卖家也要注意总结出活动问题所在，便于轻松应对下次活动。实际上，促销活动中的售后问题，对卖家而言是烫手山芋，很容易出问题。

售后问题又易集中在物流上面。由于“双11”的货物多，物流压力大，客户就容易催促，一旦处理不好，则会引来差评。如何才能解决这一问题呢？

1. 把问题掐在苗头

与其等客户先来催货，不如主动认错。“双11”后，可在首页、千牛签名、自动回复中说明物流情况。例如，各位小主，“双11”的货已经全部发出，但由于物流压力较大，到货可能有延迟，还请见谅。一方面，把招呼打在前面，态度诚恳；另一方面减少客户咨询物流问题，减小客服的工作压力。

2. 在推广内容中加上售后问题

无论是微淘、微信、微博，在“双11”后的推广中，可将售后问题加入其中。例如，新品发布的同时，浅谈某款热卖商品，顺便提及该款商品由于销量极佳，物流可能有延缓。这既给买了该商品的客户留下好印象，也引起未购买该商品的粉丝注意，甚至因为共鸣心理，增加购买量。

3. 有礼相送

“双11”是大促时期，发货量自然也相当大。卖家可在货物中赠送小礼物，既安抚了客户，也做一定的宣传。例如，在赠送的挂历上面张贴印有微淘的二维码。

4. 当备货不足遇上催货

卖家如果遇到卖断货，自己也不能确定补货时间时，又遇到客户催货怎么办？首先肯定是尽可能地联系补货，如果能确定补货时间，选择实话实说，必要时选择电话安抚；如果工厂都不能确定时间，千万不能虚假发货，尽可能地选择返现、优惠券、发顺丰快递等手段来安抚客户。

5. 遇到快递信息停滞怎么办

“双11”期间，可能因为快递爆仓导致物流信息长时间不更新，遇到客户催货。解决这个问题的办法如下：发现异常件，主动联系客户，澄清自己已发货，尽量把问题推给物流；针对物流这边，采取多询问的方式，给物流压力，争取快速到货；无论客户买不买我们的账，都要实时关注异常件，通过旺旺、短信、电话的方式联系客户，赠送相应的礼物。

管理篇

第17章　包装与物流

本章导读

实物商品，一般都要通过邮寄的方式送达买家手中，因此邮寄是最重要的商品交流渠道。作为卖家，应详细了解各种邮寄方式，之后才能根据自身需要选择合适的快递公司。本章将介绍包装商品、选择快递公司以及跟踪物流进度的方法。

技能1 怎样包装性价比高

网上购物，拿到货物时先看到的是商品包装，要想给买家留下好印象，就应在包装上下功夫。一个美观大方的包装不但能够保护商品安全送达，而且能够赢得买家的信任，赢得好评。当然，包装本身也是要花钱购买的，卖家要在包装的精美度与价格之间找到一个平衡点，也就是找到性价比最高的包装方法，比如在包装内放入一张手写的小卡片可以增加买家好感，但花费并不多。下面针对各种商品介绍一些比较好的包装方法。

1. 礼品饰品类

礼品饰品类商品为突显商品价值，一定要用包装盒、包装袋或纸箱来包装。这些包装盒、包装袋可以在当地市场购买或网上批发。并且，在使用纸箱包装礼品、饰品类商品时一定要有填充物，将礼品固定在纸箱里。为吸引目光，买家也可以在包装箱里附上一些祝福形式的小卡片，如图17–1所示。

2. 衣服、床上用品等纺织类

衣服、床上用品等商品，可以用布袋或无纺布包装。淘宝上有专卖布袋的店，大小不一，价格也不一，如果家里有废弃的布料，也可以自己制作布袋。在包装的时候，一定要在布袋里再包一层塑料袋，因为布袋容易进水和损坏，容易弄脏了商品。也可以使用快递专用加厚塑料袋，同样可以在网上购买，价格不贵，普通大小的一个0.3~0.7元，特点是防水，强度高，用来邮寄纺织品确实是个不错的选择，经济实惠，方便安全，如图17–2所示。

图17–1

图17–2

3. 电子产品类

电子产品是价值较高的产品，如果汁机、吸尘器等，因此包装很讲究。在货物比较轻的情况下可以用纸箱，但纸箱的质量一定要好。包装时一定要用充气泡袋包裹结实，再在外面多套几层纸箱或包装盒，多放填充物。并且请买家收到商品后，务必当面检查确定完好再签收，因为电子产品的价格一般来说比较高，如果出现差错是比较麻烦的事。图17-3所示为电子类产品采用纸箱包装。

4. 易碎品的包装

易碎品包装一直是一个难点。易碎品包括瓷器、玻璃饰品、CD、茶具、字画、工艺笔等。易碎品外包装应具有一定的抗压强度和抗戳穿强度，可以保护易碎品在正常的运输条件下完好无损。对于这类产品，包装时要多用些报纸、泡沫塑料或者泡绵、泡沫网，这些东西重量轻，而且可以缓和撞击。另外，一般易碎怕压的东西四周都应用泡沫类填充物充分地填充，如果有易碎物品标签就贴上，箱子四周写上碎物品勿压、勿摔，提醒在装卸货过程中避免损坏。图17-4所示为易碎物品标签。

图17-3

图17-4

5. 书刊类

书刊类商品的具体包装过程可以这样进行。

- 用塑料袋套好，以免理货或者包装的时候弄脏，同时也能起到防潮的作用。
- 用较厚的铜版纸（如楼盘广告纸）做第二层包装，以避免书籍在运输过程中损坏。
- 如外层用牛皮纸进行包装，则要用胶带进行捆扎，如图17-5所示。
- 如打算用印刷品方式邮寄，用胶带封好边与角后，要在包装上留出贴邮票、盖章的空间；包裹邮寄方式则要用胶带全部封好，不留一丝缝隙。

6. 数码产品

数码类产品更加“娇贵”，这类产品需要多层“严密保护”。包装时一定要用泡膜包裹结实，再在外面多套几层纸箱或包装盒，多放填充物，如图17-6所示。同电子类产品一样，买家收到商品后，一定要当面检查确定完好再签收。

图17-5

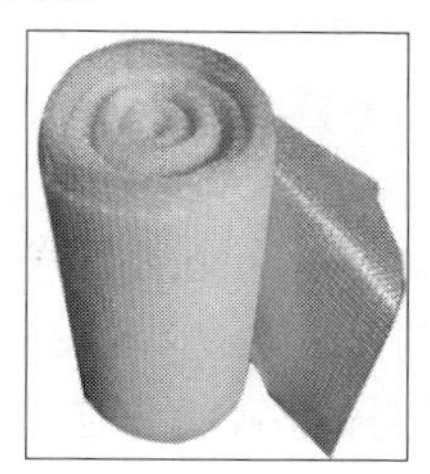

图17-6

7. 食品

易碎食品、罐装食物宜用纸盒或纸箱包装。在邮寄食品之前一定要确认买家的具体位置、联系方式，了解运送到达所需的时间，这是因为食品有保质期，而且还与温度和包装等因素有关，为防止食品运送时间过长导致变质，所以一般来说，发送食品最好使用快递。

达人点睛

发送生鲜食品，如生鱼片、鲜牡蛎等，应该用泡沫塑料箱子运送，使用冰袋垫底，中间放上包裹在塑料袋中的食品，上面再压上冰袋。快递使用“次日达”航空快递，一般来说，买家收到快递时，冰还没有化完。不过次日达快递相对来说运费就比较贵了，好在能购买生鲜食品的买家大概也不会在乎多付一点邮费。

8. 香水等液体类产品

香水、化妆品等商品比较特殊，大多以霜状、乳状、水质为主，且多为玻璃瓶包装。这类货物在过安检时，往往是重点检查对象，所以在包装上应该尤为注意。在包装时，要注意密封性。可以找棉花来包严瓶口，再用胶带扎紧，用泡沫做填充物，避免瓶子在箱子、盒子里滚动，发生破损、漏洒。同时，为避免液体漏洒，侵染到别人的包裹，在塞好泡沫后，还应在盒子内测放有一层棉花，及时吸收少量的漏洒。

9. 钢琴、陶瓷、工艺品

钢琴、陶瓷、工艺品等偏重或贵重的物品采用木箱包装。如果是寄往国外，要注意熏蒸。例如，美国、加拿大、澳大利亚、新西兰等国，对未经过加工的原木包装有严格的规定，必须在原出口国进行熏蒸，并出示承认的熏蒸证，进口国方可接受货物进口，否则，罚款或将货物退回原出口国。这是为了防止从国外带来本国没有的动植物病菌，从而造成严重的生态灾难。

技能2 邮政、快递、托运，怎样选择

常见的快递方式有邮政、快递和托运，它们各有特色。对于一个淘宝卖家而言，该如何选择适合自己的送货方式呢？一般来说有以下几个方面需要考虑。

- **包裹大小**。对于普通卖家而言，包裹一般都不太大，也不太重，因此快递是最好的选择，价格适中，速度也快；对于大型货物，如钢琴、摩托车等，则要考虑使用物流，运费较便宜；对于较重但体积不是很大的包裹，则应考虑汽车托运或铁路托运。
- **送达时限**。对于某些对送达时间有严格要求的货物，如海鲜等，则应使用顺丰等快递的“当天件”服务，能在24小时内到达，但收费相对略贵。
- **送达地区**。快递并非覆盖全国，有的偏远地区快递到达不了。卖家在检查收货目的地时，如果看到不熟悉的地名，或者经济不发达的地区时，有必要事先查询快递是否能到达该地。如不能到，则应选择EMS或平邮。

淘宝网购绝大部分商品邮寄方式是快递，EMS和平邮占一小部分，物流最少。

技能3 如何选择好的快递公司

在网上开店的卖家，一定都要与快递公司打交道，而且有很大一部分网店店家在用这种运输方式。市场上主要的快递公司有顺丰快递、宅急送、圆通快递、申通快递、全一快递、中通快递等。

其中，顺丰快递是龙头企业，服务多，质量上乘，速度快，送达区域广，不过价格也贵不少。例如，顺丰的跨省价格一般在二十元左右，而其余的快递一般在十元到十二元。顺丰的服务也是有口皆碑的，如顺丰推出的当日到、次日到等服务，别的快递就很难做到，当然价格也是超级贵。

其他的几家快递，总体来说区别不大，在价格、速度、服务和送达区域上，没有本质的区别。不过，即使是同一家快递，在不同地区的表现也是不一样的，这和具体的业务人员的素质有关系，因此可能存在甲地的A公司好，B公司差，而乙地B公司好，A公司差的情况。

选择好的快递公司才能保证自己日常的经营活动更顺畅，因为如果只顾费用低而选择一些不负责的小公司的话，那么卖家的商品在运输途中出问题的可能就会很大，最终造成买家不满意而流失，因此，选择一两家好的快递公司非常重要。选择技巧如下。

- **看评价**。选择快递公司的时候，首先可以在网上先看看其他网友的评价，这对选择有基本的帮助。网上有各种各样的针对快递服务的调查，如阿里巴巴物流论坛就提供了一个国内快递公司评价板块，用户可以在这里查看各地快递的用户反映情况。
- **看规模**。在查看快递公司信誉的时候，大家应该选择至少两家以上的快递物流公司来进行比较，看其在全国的网点规模覆盖率如何，因为这直接影响到我们的营业范围。而如果是同城，则建议找一些本地的快递公司，优点就是同城速度极快，而且价格有很大的下降空间。
- **看特点**。依照快递公司的特性来选择快递，例如，申通快递走江浙沪效率很好，那如果自己的商品都是发到那个范围的，就可以考虑。DHL则有“限时特派”这样的紧急快递业务，中国邮政EMS则具有最大的地域送达优势。

技能4 怎样节省物流费用

如何最大限度地节省快递费用，相信是每一位淘宝卖家都随时在考虑的问题。的确，网店利润的增长和物流费用的降低是息息相关的。不过这其实不难，大家可以从如下方向来考虑开源节流。

1. 多联系几家快递公司

不同快递公司的资费标准各不相同，一般来说，收费越高的快递公司，货物运输速度也就越快。很多卖家在选择快递公司发货时，往往习惯选择一个快递公司，这样不但无法了解到其他快递公司价格进行参照与对比，而且由于所选快递不存在竞争，在运费上也不会让步太多。

选择多家快递公司还有一个好处就是在发货时可以同时联系多家快递业务员上门取件，故意让快递业务员知道存在竞争，有些情况下，快递业务员之间的价格竞争，最终受益的就是发货人。

达人点睛

电子面单指的是使用不干胶热敏纸按照物流公司的规定要求打印客户收派件信息的面单，也称为热敏纸快递标签、经济型面单、二维码面单等。传统纸质面单因为存在价格高、信息录入效率低、信息安全隐患等劣势，电子面单问世后得到广大卖家的喜爱。卖家如果单量较大，可向快递公司申请电子面单。电子面单具有效率高、成本低、消费者隐私信息安全等特点。

2. 不要贪图便宜

有些小的快递公司确实便宜，甚至听说过到达江浙沪只收6元。但这样的公司肯定是联盟性质的小公司，寄送时间慢、包裹丢失、晚到等情况时有发生，有时还查询不到快递信息。所以，还是在各大快递公司中选择价格方面最有优势的一家比较好。

3. 大宗物品采用火车托运

火车托运价格很低，而且速度也较快。全国范围内根据到站不同价格不同，从1.0~3.0元/千克都有，最低收费1元/千克，可以去火车站买一份火车托运价格表来具体查询。

达人点睛

选择“E邮宝”也是节省物流费不错的方法，这是中国速递服务公司与支付宝联合推出的国内经济型速递业务，采用全程陆运模式，其价格较普通EMS有大幅度下降，但其享有的中转环境和服务与EMS几乎完全相同，而且一些空运中的禁运品也可被E邮宝所接受，可以说性价比很高。

技能5 与快递公司签订优惠合同

与快递公司签订优惠合同，能够省下不少邮费。快递公司对于大客户的折扣还是比较宽松的，当有淘宝卖家要求签订优惠合同时，一般都会答应。

快递公司的优惠合同一般都是月结协议，也就是一个月结算一次，量大从优。优惠合同既可以同快递公司正式签订，也可以和负责自己片区的快递员协商好。快递员主要靠接快递业务赚钱（送快递一般一单只有一元的收入，而收快递一般一单有3~8元的收入），因此对于发送大量快递的客户是相当渴求的，卖家不必担心快递员会不遵守协议。

技能6 与快递公司讲价的实战参考

目前基本所有快递公司都是可以灵活讲价的，不过要想成功降低快递费用，还需要了解与快递公司的一些讲价技巧，下面介绍常用的一些讲价方法，卖家可根据实际情况参考。

- 直接找快递业务员讲价，而不要找快递公司客服或前台人员讲价。
- 在讲价过程中，适当夸张自己的发货量，因为如果发货量较大的话，业务员为了稳定业务，一般会在价格上有一定让步。
- 用其他快递公司价格对比，在讲价时可以和业务员谈及其他快递公司要低多少，即使是虚构的，也要表现出很真实的样子，一般还是可以讲下一定价格的。
- 掌握讲价幅度，如同日常购物砍价，假如15元的快递费用，想讲到12元，那么要和业务员先砍到10元，这样即使对方不同意，但最终可能就以12元的折中价成交。

跟快递业务员砍价，要装得老成一点，要让他以为自己是个经常寄东西的人。软磨硬泡，再加上一点前景预测（自己生意以后会更好之类），业务员自然要考虑报个低价了，以便长期接下自己的业务。下面是一段经典砍价对话。

店主："你们发快递多少钱？"

业务员："15元上门拿件。"

店主："我是搞网店的，最低多少钱？"

业务员："搞网店的啊？你现在一天几个件？"

店主："大概三四个吧，我现在是跟X通做的。"（其实根本就没有所谓的三四个。）

业务员："那给你12元吧！"（一听到开网店多少肯定会给你便宜点的。）

店主："不是吧，这么贵啊？"

业务员："那他们给你多少？"

店主："8元。"

业务员："那你全走我的我也能发这个价钱。"

店主："对嘛，一般都是这个价钱的，我现在暂时还发他们的，我先发几个看看你们速度怎么样，可以的话我以后全部都走你们。"

业务员："好，以后有件给我打电话吧。"

这样就可以了，砍价其实就是这么简单。当然砍价切记要合理，不然业务员即使答应了，也不会好好服务的。

技能7 办理快递退赔

在通过快递公司发货过程中，有时候可能会遇到运输时丢失或损坏货物，这种情况一般不多见，但如果卖家一旦遇到，那么就应该联系快递公司协商赔偿或解决方案，同时也应当给买家一个良好的解决方式（如立即重发，或者退款等），不能因为快递的原因而延误买家的交易。

快递退赔一般有两种情况。

1. 运输过程中货物损坏

通常来说，如果快递公司在运输过程中损坏商品，那么买家是无论如何也不可以签收的，因为一旦买家签收，就意味着快递公司已经完成本次运输，不再负担任何责任，因此对于易碎类商品，卖家在销售前有必要告知买家要先验货，如损坏拒绝签收，这样就可以与快递公司协商赔偿问题。

视不同情况，与快递协商赔偿是件非常费时费力的事情，如果发货方没有对商品进行保价的话，那么最终争取到的赔付金额也不会太多，通常对于没有保价的商品，赔付是根据运费的倍数来赔偿的，而这个赔偿数额可能远远低于商品价值。由于快递公司丢失或损坏货物的几率非常低，因而多数卖家在发货时，一般都没必要对商品保价．而一旦出现货物损坏情况，也只能尽力与快递公司周旋，争取到尽可能多的赔付金额。

有些商品快递或物流公司对运输过程中的商品损坏是不予赔偿的，如玻璃制品等，这时卖家在发货时就需要进行加固包装，在最大限度上防止运输过程中出现商品损坏。而对于一些价值较高的贵重易碎物品，通常建议对商品进行保价。

2．运输过程中货物丢失

运输过程中丢失货物的情况也比较少见，一旦丢失货物，那么买家也就无法收到货物了。这时卖家一方面需要与快递公司协商解决，另一方面需要为买家补货或者以其他方式处理。

货物丢失的赔偿，也根据是否保价而决定。如果没有保价的话，那么快递公司的赔偿方法有两种，一种是按照运费倍率赔偿，另一种是根据商品来酌情赔偿，但是最终不论采取哪种赔偿方式，可能也不足以抵付商品的价值，而且快递公司的赔付流程相当繁琐，也会耽搁卖家更多的精力。一般来说，如果本身商品价值不是太高，不值得花费太多精力用于赔付时，只要快递公司能给一个合理的赔付就可以考虑解决；但如果商品价值较高，而且快递公司赔付太低的话，就可以考虑通过法律等手段来解决。

总之，为了避免商品在运输过程中出现不可预料的问题，卖家在选择快递公司时，应该选择规模较大、口碑较好的快递公司，而不能为了低价选择小快递公司来发货，否则一旦出现损坏或丢失等情况，就因小失大了。

技能8 国际快递

当卖家的宝贝被境外买家购买时，就需要发送国际快递了。现在发国际快递的方式主要有DHL、UPS、TNT、FedEx、EMS、国际专线、代理公司等几种。如表17-1所示，分别来介绍这几种方式。

表17-1

快递名称	特点
DHL	DHL为国际快递公司，可为客户提供专业的国际快递、空运、海运、公路和铁路运输，契约物流和国际邮件等全球服务，其业务覆盖200多个国家及地区，全球拥有近30万名员工
UPS	UPS为联合包裹服务公司，它目前既是世界上最大的快递承运商与包裹递送公司，也是专业的运输、物流、资本与电子商务服务的提供者。UPS的业务覆盖世界上 200 多个国家和地区，掌握着全球性的物流、资金流与信息流
FedEx	FedEx为联邦快递，是集团快递运输业务的中坚力量。作为一个全球性的品牌企业，联邦快递集团通过相互竞争和协调管理的运营模式，提供了一套综合的商务应用解决方案，它为超过200多个国家及地区的买家和企业提供涵盖运输、电子商务和商业运作等一系列的全面服务。联邦快递设有自己的环球航空及陆运网络，运输方便、快捷，通常只需一至两个工作日，就能迅速运送时限紧迫的货件，且确保准时送达
TNT	TNT为全球领先的快递邮政服务供应商，总部设在阿姆斯特丹，业务遍布于200多个国家和地区，拥有约160000名员工。TNT主要为企业和个人客户提供全方位的快递和邮政服务
EMS	EMS为中国速递服务公司，主要经营国际、国内EMS特快专递业务，是目前中国速递行业的领导者。公司的EMS业务遍及全球200多个国家和地区。EMS建立了以国内300多个城市为核心的信息处理平台，与万国邮政联盟（UPU）查询系统链接，可实现EMS邮件的全球跟踪查询

要想进一步了解各大国际快递公司的更多相关信息，可以登录其官方网站查询，拨打其客服电话了解。

技能9 发国际快递的省钱方法

往国外发货的方式主要包括中国邮政的EMS、国际快递公司、国际空运。下面介绍国际快递的省钱方法。

● EMS国际快递给代理公司的折扣一般在年初会比较低，而到了年末会比较高。在同一时间不同城市的折扣可能不一样。例如，北京的EMS能打5折。有些懂行的EMS代理公司会把货物拉到另外一个城市去发，虽然时间会延迟两三天，但价格却优惠不少。

● EMS国际快递并不一定要收首重。在有的城市，只要单件货物超过了10千克，就不需要收取首重了。甚至单件货没有超过10千克，只要总的货物超过了10千克，有时也能享受这种待遇。这一点非常重要，可以大大减少快递费用。

● EMS国际快递是按照货物实重来收费的，而DHL、TNT、UPS和联邦国际四大快递公司是将实重与体积重量（1立方米=200千克）相比较，哪个重就按哪个来收费的，也就是说，假如某货物体积为2立方米，其重量超过400千克，则按实际重量收费，如重量低于400千克，则按400千克收费。建议如果快递非常重而体积又小的货物，用DHL、UPS等发货；如果是非常轻的而体积又大的货物，用EMS发货。

● 发货不能直接找国际快递公司，要找它们的代理发。可以在淘宝上找，在淘宝上找的一般都可以用支付宝，比较有保障。

● 发EMS国际快递可以用自己的纸箱。如果货物多的话，一定要使用大的纸箱，最好一个箱子能装完。如果用的箱子小，导致货物要装很多箱的话，就要被多收几次首重了，因为一般每一个箱子是要算一次首重的，除非能找到不需要首重的EMS代理或货物达到一定的量。

● 发国际快递不能一次发太多货，否则很容易被目的地国的海关认为是商品，从而征收关税。如果要发的货确实很多，可以让买家想办法多找几个到达城市的市内地址来发货，卖家分别发到同一个城市的不同地址，这样被征税的可能性就要小多了。卖家还可以把货物分几天发，一天发一些。

● 国际货运包括快递、空运和海运。价格方面，一般来说海运是最便宜的，快递是最贵的。空运是不送货上门的，快递是送货上门的。

● 货物分为普货和外国名牌货物。普货是指产地在中国的普通牌子货物，普货的国际快递运费一般要比外国名牌货物的国际快递运费便宜不少。另外，普货被外国海关查收关税的概率也要比外国名牌货物被查收的概率小很多。

● 国际四大快递各有各的优势。有些是寄到西欧的价格有优势，有些是寄到东欧的价格有优势，有些是寄到东南亚的价格有优势，有些是清关有优势，有些是速度有保证。在发货前，一定要了解清楚。

技能10 如何安全发送贵重商品

如果卖家的网店是经营珠宝、数码产品等贵重商品的，那么发送快递时就要特别小心。这是因为快递人员素质良莠不齐，有的快递人员擅自盗取、更换快递包裹内的贵重商品，最终让卖家有苦说不出，因为一般情况下快递公司是不会全额赔付的。

那么，在发送贵重物品时，怎样才更安全呢?

● 挑选信誉比较好的、规模比较大的公司。注意不要使用那些所谓的代理公司。用EMS就是EMS，不要用那些EMS的代理（国际快递除外）。

● 运单填写时，千万不要写货物名称，比如是手机的话，则不要写“手机”，写“设备”即可。

● 如果包装盒有空间的话，一定要填实，不要让物品在盒内晃动，以免被有经验的快递人员听出来里面是什么。同时要用封箱带将纸箱缝隙封死，防盗又防水。

● 一定要保价。保价时问清楚保费是多少，用的是哪家保险公司等。如果不保价一般不会得到满意的赔偿。

● 通知买家一定要开箱检查后再签字确认。如果签了字再检查，那就算是去打官司也是输定了。如果对方以公司规定为理由，不肯开箱，那么就让买家挑包装的毛病，这里瘪了，那里胶带松开了，然后要求开箱检查。

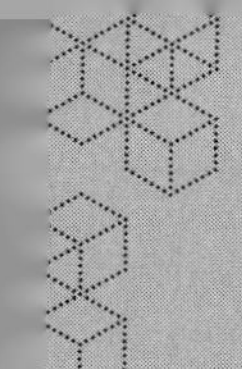

第18章　售后与客服

本章导读

售后服务是整个商品销售过程的重点之一。好的售后服务会带给买家舒适的购物体验，可能使这些买家成为忠实客户，以后经常购买自己店铺内的商品。售后不仅仅是简单的维修与退换货，而是涉及很多方面，如避免交易纠纷、处理中差评等。而客服是网店运营的重中之重。一个好的客服，不仅能让客户迅速下单，还能将其发展为忠实粉丝。本章主要讲解售后工作和客服工作。

技能1　如何做好售前服务

售前服务的目的主要是为了向买家介绍商品，解答买家的疑问，并巧妙地引导买家下单购买。售前服务主要应做好以下几方面的工作。

1. 客观介绍商品

在介绍商品的时候，商品本身的优缺点都要介绍，客观地向买家解释并做推荐。既不要隐藏缺点，又不要过分夸大优点，否则可能导致买家不满意给出中差评，得不偿失。

2. 打消买家的顾虑

网络购物最大的缺点是买家见不到商品实物，也见不到卖家本人，肯定会有较多的疑虑，如针对卖家信用的疑虑、针对商品质量的疑虑、针对付款的疑虑、针对快递的疑虑、针对售后服务的疑虑等。卖家应尽量在商品详情页中将这些问题讲解清楚，如图18-1所示，将关于快递费用的信息放在详情页里，让买家对邮费一目了然。

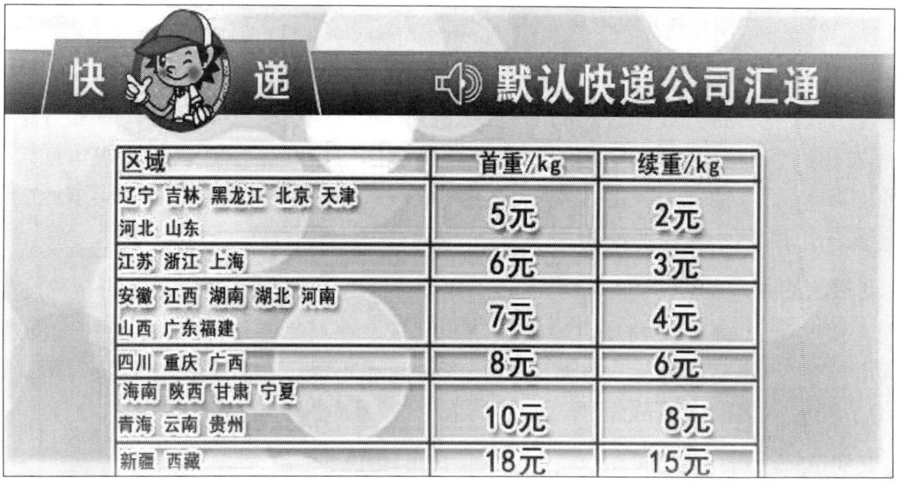

快　递　默认快递公司汇通

区域	首重/kg	续重/kg
辽宁 吉林 黑龙江 北京 天津 河北 山东	5元	2元
江苏 浙江 上海	6元	3元
安徽 江西 湖南 湖北 河南 山西 广东福建	7元	4元
四川 重庆 广西	8元	6元
海南 陕西 甘肃 宁夏 青海 云南 贵州	10元	8元
新疆 西藏	18元	15元

图18-1

当然，除了详情页面以外，还要安排客服对买家的各种询问进行亲切友好的回答，这样不仅能够打消买家的疑虑，还能增加买家的好感度，加大买家下单购买的可能性。

技能2 怎样做好售后服务

网店的售后服务与实体店相比，略有差异，主要在于网店与买家的交流主要通过网络或电话进行，因此沟通效率不如面对面交谈。网店的售后服务主要包括以下内容。

1. 交易后及时沟通

所谓交易后沟通，是指客人在付款之后所进行的沟通，主要通过旺旺、电话、站内信等方式进行沟通，也可以通过电子邮件、手机短信等方式进行沟通。主动进行售后沟通，是提升客户购物体验，提升客户满意度和忠诚度的法宝。砍掉主动售后沟通，就等于砍掉了老买家，砍掉了卖家可持续增长的利润来源。当买家因为不满意而找上门来的时候，沟通变得很被动，沟通成功的概率也大大降低，即使通过沟通解决了评价问题，但客户的购物体验很难变好。

2. 发货后告知买家

虽然卖家发货后，淘宝平台会自动通知买家，但其实卖家还可以做得更好一些，将发货日期、快递公司、快递单号、预估到达时间等告知买家，让买家体会到自己的专业精神。

卖家的通知信息可以参考如下的实例。

您好：

感谢您购买了本店的xxx商品，xxx型号，希望您能够喜欢，如果有任何问题可以和我联系。我的旺旺号xxxxxx，电话号码xxxxxxxxxxx。

本商品已经在xxxx时间发货，运单号是xxxx，请注意查收。

谢谢您购买小店的商品，期待您的下次惠顾！

店家：xxxx，日期：xxxx/xx/xx

3. 随时跟踪物流信息

买家在确认下单后一般都会对商品充满期待，为体现卖家的责任心和专业性，卖家可以在商品发出后，通过旺旺或短信给买家发送发货信息；商品在派送时，也可通过旺旺或短信提醒买家收货。全程不仅能让卖家和买家双方实时了解商品的去向，卖家还能及时发现物流中发生的问题，并及时解决。

4. 对签收的买家主动回访

想要获得更多好评，就要及时解决买家的问题。在买家签收后，应通过旺旺或短信的方式主动回访，收集客户意见，如果遇到买家对商品不满或存在疑问，应及时解决，不要等买家给了差评，再去求删除差评。

5. 交易结束后进行客观评价

商品评价是买卖双方对于一笔交易的看法，特别是买家评价，是影响其他潜在买家购买的参考因素。因此，在买家签收商品后，客服应主动联系买家，询问是否有问题。如若存在质量问题或使用问题，应尽快为买家解决，避免买家给出中差评。作为卖家，也可以对买家的购买做出评价。如果发生买家对商品做出不公正评价的情况，卖家可以在评价里做出解释，以免引起其他潜在买家的误会。

6. 处理退换货要认真快捷

商品寄出前最好要认真检查一遍，千万不要发出残次品，也不要发错货。如果因运输而造成商品损坏或其他确实是商品本身问题买家要求退换货时，也应痛快地答应买家要求，说不定这个买家以后会成为店铺的忠实客户。

买家要求退换货的情况大致分为四种，处理方式各有不同，因篇幅较长，将在下一节里专门进行讲解。

7. 妥善处理买家的投诉

有时即使卖家做得再好，也难免会出现疏漏，出现客户不满而导致买家投诉的情况，甚至出现交易纠纷。

一般来说，在交易过程中以买家投诉卖家居多，而买家多是在双方协商未果的情况下才会向淘宝网投诉卖家的，首先买家会发出投诉请求，并提供相应的证据，如商品图片、旺旺聊天记录等，而淘宝网客服在接受投诉后，一般会通过邮件方式来联系卖家。

卖家在收到投诉通知后，就需要根据实际情况来进行处理了，如果确实属于自己的退换货范围，那么应当积极退换货并联系买家撤诉，因为如果自己强行不予退换的话，那么淘宝工作人员会根据情况来处理强制退款或予以卖家不同程度的处分，这对于网店卖家来说，因为一次交易而换取一定的处分，是非常不值得的。

当然，如果确实商品属于买家责任，那么卖家可以向淘宝工作人员提供有力的证据，来证明自己不予退换的理由，只要证据充分，工作人员也会正确处理的。

技能3 认真对待退换货

卖家网上开店，所出售的商品都是经过自己精心挑选的，为了生存和发展当然不会在商品质量上马虎。不过实际经营过程中，时常也会碰到因为物流或其他问题带来的退换货问题。如何处理将直接关系到网店声誉。下面根据不同的退货现象加以说明。

1. 质量问题

质量出现问题，对于店主们来说就是“硬伤”，无话可说，当然都是无条件退货。不仅如此，由于质量问题还给买家制造了来回运输货物的麻烦，可能还会导致赔偿。

所以，在实际经营过程中，一定要严格把好商品质量关，不能厚此薄彼。但是有时也可能是因为运输途中的损坏，那么在销售这类比较“脆弱”的商品时，一定要在商品资料里详细写清楚，注明有可能的情况，不至于遇到了问题才措手不及，如图18-2所示。

图18–2

2. 规格问题

所谓规格也就是俗称的大小和尺寸问题，尤其像出售衣服、鞋子等商品时，常常会遇到买家收到货物后抱怨尺寸有偏差，长短有出入等情况，如果买家因为此类问题要求退货，也在情理之中。因此，为避免此类问题，一定要在商品介绍中详细标注出相关的尺寸大小，如图18–3所示。

SIZE	肩宽	胸围	袖长	袖型	衣长
S	-	104	55	插肩袖	97
M	-	108	56	插肩袖	98
L	-	112	57	插肩袖	99

温馨提示：
1.因各人身材比例不同，以上尺码建议仅供参考；因是手工测量，会存在2-3cm误差，敬请见谅！
2.由于光线、显示器等原因，图案颜色可能与实物有细微差别；

图18–3

达人点睛

详细的商品信息不仅包括尺寸、重量和功能等，还要包括各种细节。例如，对于服饰类商品而言，衣长是多少，其中是否包括领口长度，胸围及腰围又是多少，帽子是否可脱卸等参数，最好都能明示出来。这样可以尽量减少买家以“没有具体说明”的借口来退换商品。

3. 喜好问题

买家因为不喜欢商品而要求退货也是一个常见的情况。喜好问题存在很大的主观色彩，很难用一定的规则来界定。但是无论是什么原因，事先和买家朋友们积极沟通都是非常重要的，尽可能达到全面的互相理解，避免出现误解而导致退货问题。

一般情况下在商品描述页面都要注明，如果由于个人喜好问题，比如觉得这件衣服不好而不是质量等原因而要求退货的，一概不予接受（也可以是让买家承担邮费的情况下退货）。

4. 实物与照片的分歧

一般商品都会通过一些后期处理软件进行效果处理，这的确能让自己的宝贝看上去清新靓丽，比较起来更能吸引买家的眼球；但卖家同时也要考虑到，过度地使用后期处理方法，如曝光过度等，就必然会出现照片与实物相差较大的问题。

这种情况下当买家拿到货物以后，会觉得受到欺骗而要求退货，甚至会给出差评，对卖家来说得不偿失。因此在处理商品时，要注意把握一个尺度，不能将商品原来的面貌都掩盖掉了。

技能4 将买家变为回头客

一门生意的好坏主要取决于新买家的消费和老买家的重复消费。据统计，开发一个新买家的成本要比留住一个老买家的成本高4倍。可见，老买家的数量在一定程度上决定了生意的好坏，决定了生意的稳定性。所以要想留住回头客，就要采取各种办法。

1. 建立会员制度

为了吸引新客户，留住老客户，开通店铺的VIP会员制度是一个很好的方式。卖家能够提高交易转化率带来更多生意，老买家还能享受折扣优惠，可谓是双方受益。

会员制度的建立对于网店来说是非常有必要的，能够帮助卖家更好地牵制住买家，为防止流失买家做出有效的预防。但是不同网店有不同的情况，一般会员制的消费额度根据网店里的商品价格而定。会员制度出台前掌柜要仔细衡量，在抓住买家的同时也要考虑经济上的收益。如图18-4所示，某店将会员分为高级VIP、金牌VIP和至尊VIP3个档次，既能获得利润保证，又能针对不同的消费能力的买家给予相应的优惠。

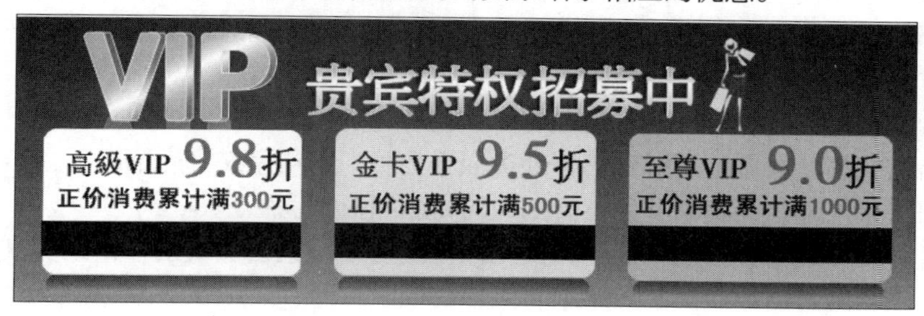

图18-4

会员档次分得越多越细，买家得到优惠的幅度就会越大。在要吸引回头客的同时，这也是激励买家网购的方法。会员细则的说明简单为好，毕竟买家的时间有限，过于复杂的条款会让买家产生厌烦情绪。一般情况下，会员制越早建立越好，即便是刚刚开店，让买家感受到卖家的用心、恒心和长远规划，也有助于树立卖家的诚信形象。有些卖家对于会员制比较“粗线条”，来者皆是客，只要买过就是会员，一律打折，这样也是一种方法。不管会员制是划分层次，还是“一刀切”，都是由网店的商品特点所决定的，也和卖家的销售策略有一定联系。

很多卖家以电子卡的形式建立会员卡，实则，会员卡的方式也可以有多种形式。可能有卖家要质疑，磁卡费用高，且客户又不能真的刷卡，为什么还要做其他形式？这里提到的其他形式不一定是磁卡，可以是书签、抽奖卡等。

书签。把会员卡做出书签，印有微淘二维码或公众号二维码，做成了功能性的卡片。会员既可日常使用，也加大了店铺的宣传。

抽奖卡。说到抽奖，很多人都熟悉支付宝集福、小黄车集卡，通过卡片的发放，要求用户集齐指定的卡片数，兑换奖金或礼物。卖家也可以学起来，联合几家店铺，将会员卡做成几种（3种或5种），买家只需集齐所有会员卡，即可获得现金红包或指定礼物。这既是联合营销，也能带动消费者的积极性。

2. 定期举办优惠活动

不管是实体店，还是网店，定期举办优惠活动是必不可少的。哪怕是一本时尚美容杂志，都会有较为固定的节奏。网店的优惠活动也会受到实体店的影响，有浓重的节日情结。一年的头尾是“春节”和“元旦”，年中有“五一”“十一”“中秋”，另外再加上一些国外的节日，几乎每月卖家都会有特价优惠活动的借口。没有节日就以店庆为由头，总之，网店定期筹办优惠活动还是很有吸引力的。

- 时间上要富余，定出提前的时间段，因为节日前的快递总是很紧张，卖家要极力将活动提前，并将快递紧张的情况告知买家，让买家提前下单。
- 活动必须设时间段，长时间的优惠会让买家有倦怠感。长期下去买家会认为打折是理所当然的。一旦没有优惠就会认为卖家涨价了。
- 优惠活动要应景，根据网店具体商品有原则地挑选特价商品，畅销和滞销的商品要混搭，不要一味推出滞销商品特价优惠。

3. 给老买家设置不同的折扣

网店要生存和发展，必须创造利润，而网店的利润来自买家的消费。网店的利润来源主要有两部分：一类是新客户；另一类是网店原有的买家，已经购买过网店的产品，使用后感到满意，愿意连续购买产品的买家。

据统计，很多皇冠店铺回头客超过60%。越来越多的卖家在留住回头客上下功夫，并取得了不俗的成绩。设置买家级别的好处类似于会员卡，买家在逛店铺时，在店铺首页会显示相应的折扣，并享有卖家“参与折扣”的商品的折扣优惠。

卖家可以使用“会员管理”功能，使用该功能可以设置会员级别，为老买家设置折扣价，使用起来非常方便。

技能5 如何唤醒“沉睡”老客户

有很多店的老客户购买过一两次以后，由于各种原因逐渐“沉睡”，不再进店购物。如何激活这类老客户是很多卖家都在思考的问题。

首先要分析客户为什么要“沉睡”，其原因不外乎以下几点。

- 产品更新频率太低，无法满足买家的追求新鲜的心理特征。
- 店面始终没有变化，线上店铺因为店铺装修更新太慢，无法提高用户体验，吸引买家眼光。
- 卖家与客户的交互太少，产品更新信息传达不到位。

解决方法：产品端更新需迎合终端买家的需求，加快更新频率，并及时通知买家。店面不定期进行装修，如情人节、国庆节等均可提前一周改变店铺界面，配合营销给予买家新鲜感。此外，还应通过电话、短信、微信等工具对老客户进行回访调查或提示新品优惠等，或者进行生日问候，这样就能有效地“唤醒”一部分老客户，让他们重新到店购物。

技能6 对客户进行分级回访

回访是很常见的客服工作，可以有效提高买家积极性，增加店铺销量。不过，客服资源是有限的，如何让客服的回访工作更有效率呢？分级回访是一个不错的解决方法。所谓分级回访，也就是对重点客户重点关照，一般客户一般关照，具体做法如下。

从后台已卖出宝贝内导出订单数据，每月建立客服档案，专人跟进，可以按照7天、15天、1个月、3个月、6个月、3年等时间段进行区分，顾客下单后即对其分类。对于高金额高复购的客户，要将赠品、收货地址、签收方式、旺旺号、电话、生日等信息记录清楚，并给予重点关怀。对于重点客户，可以将其拉进微信群或QQ群，策划大家一起团购或旅游。

技能7 客服需要掌握哪些相关知识

一个好的客服必然非常了解本店的产品，不仅如此，还应该了解网购各方面的知识，这样才能解答好顾客的疑问。

1. 商品专业知识

商品专业知识是一个客服应该具备的最基本的知识。如果连卖的商品有什么特点都不清楚，买家的疑问得不到解答，他/她是不会下单进行购买的。

客服需要了解的商品专业知识不仅包括商品本身，还应该包括商品周边的一些知识。

- **商品知识：**客服应当对商品的种类、材质、尺寸、用途、注意事项等都有所了解，最好还应当了解行业的有关知识、商品的使用方法、修理方法等。
- **商品周边知识：**商品可能会适合部分人群，但不一定适合所有的人。例如，衣服，不同的年龄生活习惯以及不同的需要适合于不同的衣服款式，有些玩具不适合太小的婴儿。这些情况都需要客服人员有基本的了解。

2. 网站交易规则

网站的交易规则也是客服需要重点掌握的技能，不然既无法自行操作交易，也无法指导淘宝新买家。

- **淘宝交易规则：**客服应该把自己放在一个买家的角度来了解交易规则，以便更好地把握自己的交易尺度。有的买家可能第一次在淘宝交易，不知道该如何操作，这时客服除了要指点买家去查看淘宝的交易规则，有些细节上还需要指导买家如何操作。此外，客服人员还要学会查看交易详情，了解如何付款、修改价格、关闭交易、申请退款等。
- **支付宝的流程和规则：**了解支付宝交易的原则和时间规则，可以指导顾客通过支付宝完成交易、查看支付宝交易的状况、更改现在的交易状况等。

3. 付款知识

现在网上交易一般通过支付宝和银行付款方式交易。银行付款一般建议同银行转账，可以网上银行付款、柜台汇款，同城可以通过ATM机完成汇款。

客服应该建议顾客尽量采用支付宝方式完成交易。如果顾客因为各种原因拒绝使用支付宝交易，需要判断顾客确实是不方便，还是有其他的考虑。如果顾客有其他的考虑，应该尽可能打消顾客的顾虑，促成支付宝交易。

4. 物流知识

一个好的客服应该对商品的物流状况了如指掌，才能够回答买家关于运费、速度等的问题，并且还能自行处理如查询、索赔等状况，这就需要掌握以下一些物流知识。

- 了解不同物流方式的价格：如何计价、价格的还价余地等。
- 了解不同物流方式的速度。
- 了解不同物流方式的联系方式，在手边准备一份各个物流公司的电话，同时了解如何查询各个物流方式的网点情况。
- 了解不同物流方式应如何办理查询。
- 了解不同物流方式的包裹撤回、地址更改、状态查询、保价、问题件退回、代收货款、索赔的处理等。

5. 电脑网络知识

客服还需要一定的电脑知识与网络知识。一个仅仅只会用电脑的客服，还说不上完全称职，这是因为很多买家不仅对网购不熟悉，对电脑与网络也不熟（也包括对网购熟悉，但不熟悉电脑网络的买家），他们在购买、付款时如果遇到了电脑与网络的问题，还需要客服远程指导他们进行解决。

客服并不需要很高深的电脑与网络知识，但对于常见的浏览器、插件、阿里旺旺、支付宝等相关的问题要熟悉，除此之外，还要熟练掌握一种输入法，会使用Word和Excel软件，会收发电子邮件，会使用搜索引擎以及熟悉Windows操作系统，如果商品中包含大量英文单词（如海外代购的商品），还要求客服有一定的英语基础。

技能8 客服与买家沟通需要注意些什么

沟通与交流是一种社会行为，是每时每刻发生在人们生活和工作中的事情。客户服务是一种技巧性较强的工作，作为网店的客服人员，更是需要掌握并不断完善与客户沟通的技巧。

1. 使用礼貌有活力的沟通语言

态度是个非常有力的武器，当客服人员真诚地把买家的最佳利益放在心上时，买家自然会以积极的购买决定来回应。而良好的沟通能力是非常重要的，沟通过程中客服人员怎样回答是很关键的。

看看下面的例子，来感受一下不同说法的效果。

“您”和“MM您”比较，前者正规客气，后者比较亲切。

“不行”和“真的不好意思哦”，“嗯”和“好的没问题”，都是前者生硬，后者比较有人情味。

“不接受见面交易”和“不好意思我平时很忙，可能没有时间和你见面交易，请你理解”相比，相信大家都会以为后一种语气更能让人接受。

达人点睛

在淘宝上，很多卖家都称呼买家为“亲”，这已经形成一种风潮了。称呼买家“亲”，可以迅速拉近双方的心理距离，营造更温馨和谐的谈话气氛。需要注意的是年纪大的买家可能对“亲”不太适应，如果已经确认对方是中老年人，应谨慎使用这个称呼。

2. 遇到问题多检讨自己，少责怪对方

作为客服，应具有服务意识，在遇到问题时，先检讨自己是否存在问题。部分客服在遇到问题时，上来就指责买家，不仅不能解决买家的问题，还有可能引来投诉、差评等结果。例如，有些内容在详情页里详细标注了，买家没有看到，这时不要光指责买家不好好看商品说明，而是应该先思考解决的方法和反思这类问题如何能更好地避免。如若在这种情境下，盲目地与买家争输赢，反而不利于安抚买家的心情。

3. 表达不同意见时尊重对方的立场

作为客服，一定要尊重买家。当遇到不理解的问题时，要耐心的询问、倾听详情，不要直接予以否定，如“您说得很有道理，不过有时候还会有这样的情况出现……”，或者“确实有您说的那样的情况，只是非常罕见，一般来说……”这样的表达，来进行委婉的否定，才不会让买家产生反感。

4. 认真倾听，再做判断和推荐

有时买家常常会用一个没头没尾的问题来开头，如“我送朋友送哪个好”，或者“这个好不好”，不要着急去回复问题，而是先问问买家是什么情况，需要什么样的东西。

这样的顾客一般已经在网店里研究了半天，进入了某种状态之后，才会以这样的问题来开头，客服可以耐心请他/她说出原委，再帮忙进行参考。

5. 经常对买家表示感谢

当买家及时地完成付款，或者很痛快地达成交易，客服人员应该衷心对买家表示感谢，感谢他/她为自己节约了时间，感谢他/她给自己一个愉快的交易过程。

感谢不要太少，但也不要太滥，太滥容易让人觉得这样的感谢流于形式。感谢时最好说明感谢的原因，这样的效果比单纯地说“谢谢”要好得多，因为这样可以让买家明白卖家究竟在感谢他/她的什么行为，比如“谢谢您，这么爽快就付款了！”或者“多谢，您真是通情达理！”

达人点睛

感谢买家的具体行为，可以强化买家使用这种行为的习惯，让买家下次保持同样的行为。例如，这次因为爽快付款而被感谢的买家，下次就很可能又会表现出爽快付款的行为，这样其实是有利于卖家的。

6. 坚持自己的原则

在销售过程中，经常会遇到讨价还价的买家，这时应当坚持自己的原则。如果作为商家在定制价格的时候已经决定不再议价，那么就应该向要求议价的买家明确表示这个原则。随便妥协，不仅有损盈利，还会给买家留下“下次还可以讲价”的印象，以后就麻烦了。

技能9 正确应对顾客讲价

部分网上商城不允许修改价格，自然也就不存在讲价，但是如淘宝C店这样的店铺，还是存在讲价的问题。面对顾客讲价，卖家一定要摆正一个观念：不要把索要优惠的顾客都看成不好的顾客。有时间和精力与卖家讨价还价，说明这个顾客是想买你的商品的。

作为客服，应该具备一定的讲价技巧，如表18-1所示。

表18-1

技巧名称	具体内容
宁送不减	如果店铺有规定不讲价，如何表露出不卑不亢的态度，又让顾客高高兴兴地成交呢？这是需要客服不断历练才能形成的一种能力。如果店铺规划了赠品，可以用赠送赠品的方式来代替减价。例如，顾客要求减10元钱，客服可以说“我的权限只能赠送您一个价值10元或15元的赠品”。这样既能保住顾客的面子，也能减少成交的成本，这就是所谓的“宁送不减”
比较法	对比的作用在于用某些劣势去反衬优势，客服要学会用对比来说服顾客自己的定价是合理的。顾客常以“某某地方的商品比你家便宜”为由讲价，客服也可以顺势用比较的方法拒绝讲价，具体做法如下： （1）相比低等产品。先赞美顾客眼光好，挑选了好质量的产品，再推荐价格略低的相似产品给顾客。通过对比，让顾客看到不同档次产品的质量差距、价格差距或使用功能差距，使之接受产品价格 （2）相比产品正品与否。当顾客想以低价购买高品质产品时，客服可以用提醒的方法拒绝讲价。具体方法可以“网络产品质量参差不齐，在比价格的同时要注意假货，一分钱一分货，我们的产品保证是正品，正品的价格不可能这么低” （3）相比同类高价产品。特别是一些零售大品牌产品的卖家，由于很多产品的价格在实体店、网店或其他渠道都有售卖。客服可以将自己的定价与最高报价相比，表明自己已经是正品，且价格是打了折扣的
平均法	平均法是指将产品的价格分摊到每月、每周、每天，尤其对耐用产品、高档产品销售最有效。特别是高档品牌化妆品、保健品、护肤品等产品非常适用平均法。例如，某品牌大衣的售价为1500多元，客服在应对顾客讲价时可以这样说：通常，名牌大衣在质量、舒适度方面都远胜于一般商品。您设想一下，假如这件大衣您能穿2年，也就是24个月730天，平均下来1天才2块多钱，是很划算的。用平均法这种化整为零的方法来使价格不显得过于昂贵，能让顾客更容易接受。尤其对耐用消费品更需要使用这种平均法报价
得失法	提醒顾客不应单纯以价格来做购买决策。除了价格外，商品的品质、相关服务和其附加值等也是买家需要考虑的要点。作为卖家，得失法的实质是告诉顾客产品的价格虽高，但综合各方面考虑是很值得购买的。要提醒的是，面对顾客讲价，千万不可随便降价，这样会让顾客以为产品的成本低、质量不佳等。所以，客服在应对讲价时，最好是通过产品的各方面优点和价值来委婉拒绝讲价
亮底价	亮底价是最直接的拒绝顾客讲价的技巧，表明现有价格已是最低价，再降价就会亏损。客服在表明最低价格后，应再强调产品功能所带来的价值，打动意向顾客。这样，一方面给了顾客台阶下，另一方面也证明了产品的价值。如果顾客依旧没有做出购买决定，客服还可以将产品的独特性表达出来，让顾客购买产品

技能10 正确处理退款

每个购物平台都有自己的退款处理细则，这里以淘宝为例，共有三种类型，即退货退款、部分退款、退款。

- **退货退款：**指在卖家签收顾客退货后，将交易款项退还给顾客。
- **部分退款：**指交易款项部分支付给顾客，余款打款给卖家。
- **退款：**又称“仅退款”，指交易款项支付给顾客，商品由卖家自行和顾客协商处理。

使用哪种退款方式，要根据具体的情况而定。比如商品部分功能失效，与顾客协商后，顾客表示可以接受，但要求补偿，此时可使用“部分退款”，退回部分钱款给顾客；如商品本身价值很小，小于或等于退货邮费时，可以考虑“仅退款”，而不要求顾客将商品退回。

常见的退货原因大致分为以下几种，其处理方法如表18-2所示。

表18-2

退货原因	处理方法
商品质量问题	联系顾客，提供实物图片或视频，确认问题是否属实。能确认，则可以和顾客商量退货退款，部分退款，换货补差价等处理方法
商品与描述不符合	检查商品与宝贝描述是否有歧义或让人误解的地方，检查是否发错商品，如果属实，可与顾客商量退货退款，部分退款，换货补差价等处理方法
商品破损或少件	联系顾客，提供实物图片或视频，并自检是否发错货。如非发错，应向快递公司确认签收人，根据签收人是否为顾客本人而作对应的处理，或者拒绝退款，或者由快递公司承担责任，但可以先退款给顾客
收到假货	联系顾客，提供实物图片或视频，并自检是否发错货。如非发错，应核实供应商供应的商品是否为真货，并联系顾客进行退货退款，减小影响。尽量不要使用部分退款或仅退款，将商品留在顾客手里，以免以后成为店铺的污点
发票无效	联系顾客，提供发票图片，确认是否发错，或发票是否有问题。如确认，则应该和卖家协商解决，如补发发票，退货退款等

技能11 正确处理中差评

评论中的中差评会降低店铺的整体评分，并对其他消费者起着消极影响。所以客服要掌握处理中差评的方法，从主动联系买家了解中差评产生的原因开始，找到原因再从根本入手，应用技巧解决中差评。在处理中差评时，卖家应该具有良好的心态，一个商品有中差评很正常。卖家处理中差评的方式得当，还可以和买家建立更多的信任。并且，中差评中反映的问题也可能反映出商品或服务存在的问题，便于卖家及时改正和优化。

因此，在发现中差评后，客服应该收起中差评带来的负面情绪（如被否定、责骂、冤枉、拒绝引起的负面情绪），主动通过旺旺、短信或电话与买家联系，了解中差评产生的原因，并及时解决问题所在，取得买家的认可。一般，商品得到中差评的原因如下：

● **商品质量太差：**消费者对网购不满意，多数是因为商品的质量问题。当客服发现新的中差评时，应立即查看与该顾客的旺旺交谈记录，或者售后记录，此时会发现顾客已经跟客服沟通过了，但没有解决问题，这种情况下打的中差评，一般比较难以修改。但是，也并不是完全没有办法。最常用的一招就是“换人说服，适当让步”。还有一种情况是顾客觉得商品质量差，但还没有与客服沟通就直接打了中差评。在这种情况下，客服要主动询问顾客直接打了中差评的原因，弄清楚原因以后，再针对性地加以解释，劝说顾客修改中差评，并给予售后处理。

● **客服态度不好：**无论是线上商城还是线下商城，服务态度决定着消费者的购物体验。所以，在线上商城中，因为客服态度问题，被打差评的案例有很多。做服务人员，应有基本的服务意识。如果买家在评论中提到了客服态度的问题，在处理时，可以“换人处理，赔礼道歉”。

● **商品使用不便：**对于部分需要顾客自己安装的商品，很大一部分差评都来源于安装或使用方面的问题。有时商品本身并没有问题，消费者也打了中差评，往往是因为他没有掌握好商品的使用方法，或者是商品的安装方法过于复杂。遇到这种情况，客服要做的工作就是主动与买家沟通，向其详细解释商品的使用方法，以耐心的态度和细致的工作方法来打动他，转变其对商品的看法，从而修改中差评。

● **商品是假货：**由于是网购，顾客在购买商品之前，并不能看到商品的实物，因此给了很多不法商店以假乱真，非法牟利的机会。不过这里讨论的不是这样的情况，而是网店出售的是正品，被顾客误认为是假货，而给出中差评的情况。客服在遇到这样的情况时，要主动联系顾客，告知对方本店的产品都是正品，并拿出各种证据来证明。在沟通的过程中，客服的态度要不卑不亢。如果沟通后对方仍然执意不修改中差评，那么可以向淘宝平台申诉，平台一定会给店铺一个公正的说法。

● **不愿承担退货运费：**店铺加入了七天无理由退换货的服务，在买家要求退货时，可根据“谁过错，谁承担”的原则来处理运费问题。如果商品本身没有问题，单纯因为买家不想要商品而要求退货时，就应该由买家承担来回运费。但若顾客不愿意承担，与客服商量未果后，就给交易打上中差评，客服在处理这种情况时，应遵循“尽力说服，步步后退”的原则。如果劝说后，买家仍然不同意，而店铺对这个差评又很在意的话，那么可以再退一步，由店铺承担退货运费，让顾客删除差评。

技能12 打造客服绩效考核标准

客服管理的内容较广，这里主要以定义客服绩效为主。作为客服本身而言，他是知道工作好坏标准的，但不用心做，打动不了顾客。所以，对于这类客服而言，即使进行多种培训，也都是无用功。对于卖家而言，完全可以成立一套专属自己的绩效考核。

建立绩效考核有什么好处呢?

● 其一是清晰可达成的目标。例如，现在某店铺的咨询转化率是50%，那要求客服咨询转化率提高到60%，是合理的；一下让客服全部提高80%，就是难以达到的目标。

● 其二是可量化执行的，杜绝模棱两可规则。例如，态度好，如何评判态度的好坏呢？没有一定的规则和数据，不具说服力。

● 其三是要和利益挂钩，虽然设置规则不是为了扣钱，但是要让客服感觉到有奖有罚，才有动力。设置绩效，让大家感到有动力，自觉地努力，起到激励作用。

● 其四是还可以及时发现问题，调整状态，帮助客服成长。一旦让客服养成坏习惯，再要求改正就很难。但是通过绩效，主管能从数据中及时发现问题，从根源上处理问题。

当然，客服考核都没有绝对的标准，只是相对的考核。通常卖家可在淘宝服务市场中购买“赤兔名品客服绩效管理”，实现客服绩效管理，全面掌握客服销售额、转化率、客单价、响应速度、工作量和接待压力等。在考核绩效时，有几个数据必不可少：咨询转化率、响应时长、连单率、旺旺回复率、质检、售后综合指标、DSR、组长考核。其中最核心的3个目标是转化率、连单率、回头率。

通过数据分析和考核，发现客服导致订单流失，应该究其原因：态度是否端正、能力情况及流程熟悉情况。其中，能力和流程问题都可经过培训解决。作为卖家或主管应具备判断能力，如果发现态度问题，就应该考虑该客服是否适合这个岗位。

客服本不是打字接待咨询的半个机器人。客服是店铺的核心角色，是中心环节，转化率高，自然搜索权重会更高。卖家可从这一点出发，对客服进行一定的培训，增加客服的责任感。再者，卖家可以从客服自身规划发展出发，带动客服主动学习新东西，不断充实自己。

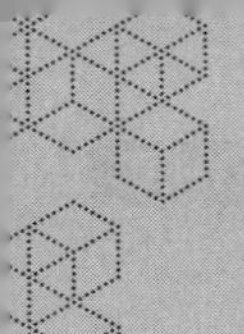

第19章 网店财务管理

本章导读

网店涉及资金的方面较多，如进货、出货、快递、人工、工具、推广等。如何快速计算出网店的盈亏状况呢？卖家最好掌握一定的技巧，在日常运作中熟悉近期的库存情况和盈亏状况。本章主要讲解网店库房盘点、库存、出货、进账以及计算网店成本等内容，从根本上帮助卖家快速掌握店铺财务状况。

技能1 网店库房管理

库房是存放商品的地方，除了按照商品存放要求进行定期检查外，还要注意防火防盗防鼠防虫，人员进出库、物品进出库都要有专门的制度进行管理，一般来说包括入库制度、出库制度和库存管理制度3个方面，具体内容如表19-1所示。

表19-1

制度名称	具体内容
入库制度	（1）严格遵循先申请、后采购、再入库原则 （2）“先检后入”拒绝不合格或手续不齐全的物品入库 （3）不见物资不登账，严禁单据空搁
出库制度	（1）坚持“先进先出”“先零后整”“按计划出库”“超定额补单”“退库必检”的原则 （2）严禁手续不全办理出库或外借，依据审批齐全的单据出库 （3）定时出库，专人领用，库房重地，闲人免进
库存管理制度	（1）定期对库存物资盘点，做到张、表、卡物、单相符 （2）对存在质量或长期滞库不动的物资定期汇总上报，减少物资闲置率，提高库房空间利用率 （3）库房卫生常抓不懈，做到定点定位

技能2 网店库房盘库

小型网店货物进出量不是很大，一般不盘库也不会有太大的问题。但中大型网店货物有专门的仓库，进出量较大，容易产生丢失、破损、报废等损耗，因此必须要定期盘库，才能减少损失，改善管理。

盘点方式多种多样，卖家可根据店铺实情选择，如定期盘点（年终盘点、年中盘点、季度盘点、月度盘点），不定期盘点（对特定商品进行临时盘点），动态盘点（盘点过程中同时发生商品的出入库行为），静态盘点（全面盘点、抽样盘点）等。

这里着重介绍一种盘点方式——循环盘点，也就是按循环盘点计划对某些物料进行周期性、不间断的盘点。循环盘点特别适用于爆款商品的盘点。卖家也可以将定期盘点和不定期盘点结合起来，起到较好的盘点作用。

在盘点前，最好先做准备工作，如制定盘点方案，确定盘点范围、盘点方式、盘点日期表等。盘点过程中，尽量做到一人盘点，一人核点，将详情记录在“盘点统计表”中。为保证盘点的准确性，在盘点后，两人应互相对数据，如果数据没有差异，两人在该表上签字确认。如果数据有差异，必须重新盘点。

为更好地呈现盘点的效果，在盘点后应将统计结果做成电子表格，对账存数与实存数的数据一目了然，并生成盘点盈亏报表，上报给管理层。如果管理层发现盘点差额、错误、呆滞、盈亏、损耗等情况，应及时处理。

技能3 处理商品出入库单据

当网店经营达到一定规模后，每天的商品管理、财务状态统计等工作就逐渐多起来。如果手工进行数据查找、登记、计算、汇总工作，将非常麻烦。而利用Excel创建一份网店进销存管理表，则可以十分方便且轻松地完成这个事情。它可以在我们输入进货业务或销售业务数据时，自动计算出每一种商品的当前总进货量、当前总销售量和当前库存量。

1. 创建需要的表格数据

“进货”工作表、“销售”工作表和“进销存自动统计”工作表均创建在一个工作簿内，并根据当前的销售状态输入相应的表格数据，再以“进销存自动统计系统”文件名称将此工作簿保存起来。相关操作步骤如下。

Step 1 新建一张空工作簿，双击修改3张工作表的名称，如图19-1所示。

Step 2 ❶单击“文件”选项卡，❷单击“保存”命令，如图19-2所示。

图19-1

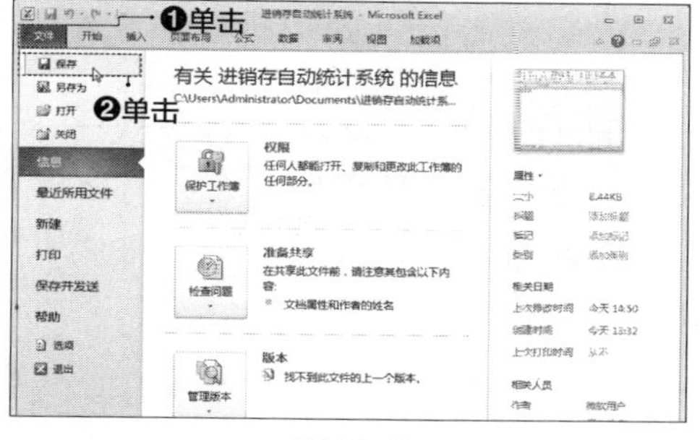

图19-2

Step 3 ❶选择存储路径，❷输入保存名称，❸单击“保存”按钮，如图19-3所示。

Step 4 ❶单击选择“进货”工作表，❷输入表格数据，如图19-4所示。

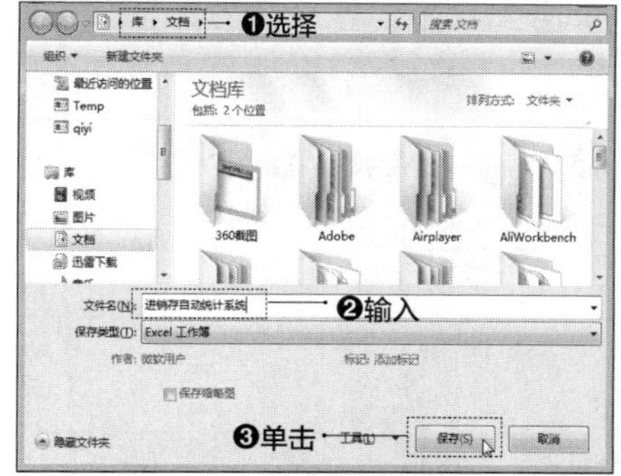

图19-3

图19-4

Step 5 ❶单击选择“销售”工作表，❷输入表格数据，如图19-5所示。

Step 6 ❶单击选择“进货存自动统计”工作表，❷输入要统计的表头（数据标题），如图19-6所示。

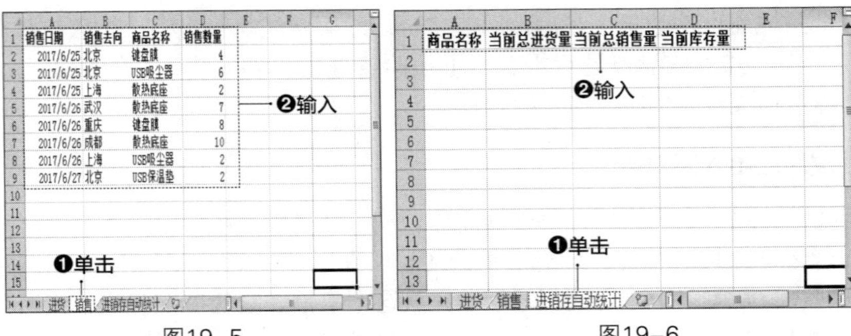

图19-5　　图19-6

2. 定义统计公式

有了表格的原始数据后，接下来的工作就是在自动统计工作表中定义出统计公式，让各个表格的数据变化能够联动起来，实现自动统计功能。相关操作步骤如下。

Step 1 ❶单击选择B2单元格，❷输入如图19-7所示公式，按Enter键。注意输入时要切换到英文输入法，除中文外，其余字符全部使用纯英文字符，下同。

Step 2 向下拖曳B2单元格右下方的黑点至B6单元格，复制公式，如图19-8所示。

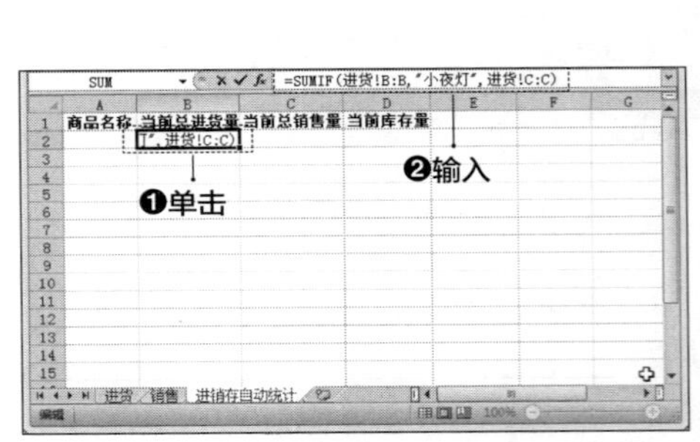

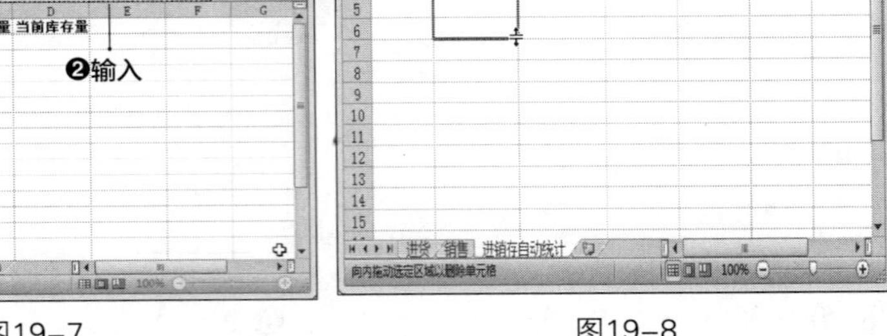

图19-7　　图19-8

Step 3 ❶单击选择B3单元格，❷修改“小夜灯”为“USB保温垫”，如图19-9所示。

Step 4 同样方法修改B4至B6单元格，修改依据为“进货”工作表商品名称，如图19-10所示。

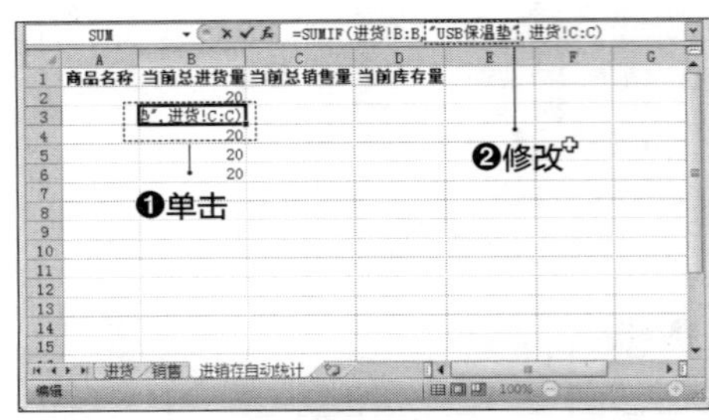

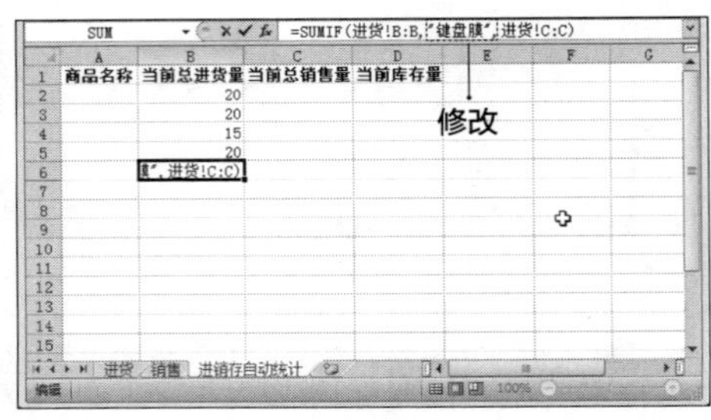

图19-9　　图19-10

Step 5 ❶选中B2~B6单元格，❷向右拖曳B6单元格右下方的黑点至C列，如图19-11所示。

Step 6 ❶单击选择C2单元格，❷将公式中的两处“进货”均修改为“销售”，如图19-12所示。

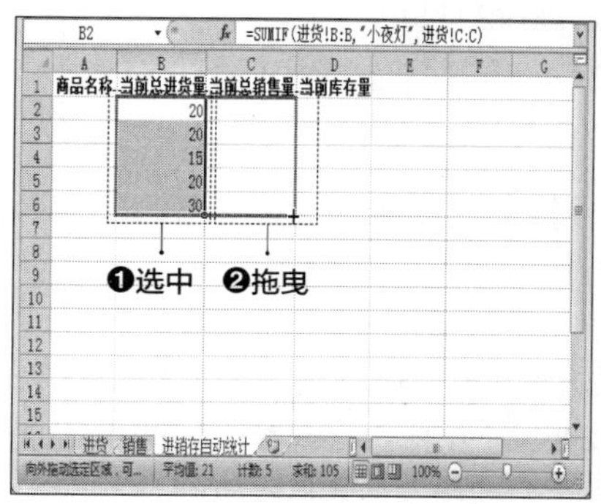

图19-11

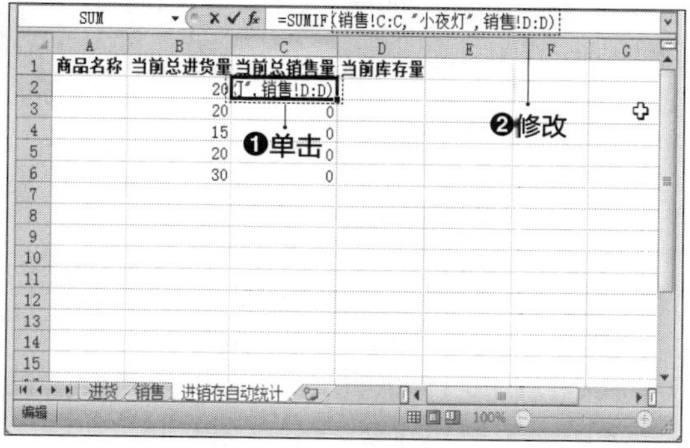

图19-12

Step 7 同样方法依次修改C3~C6单元格公式中的相应数据，如图19-13所示。

Step 8 ❶单击选择D2单元格，❷输入公式“=B2-C2”，按Enter键，如图19-14所示。

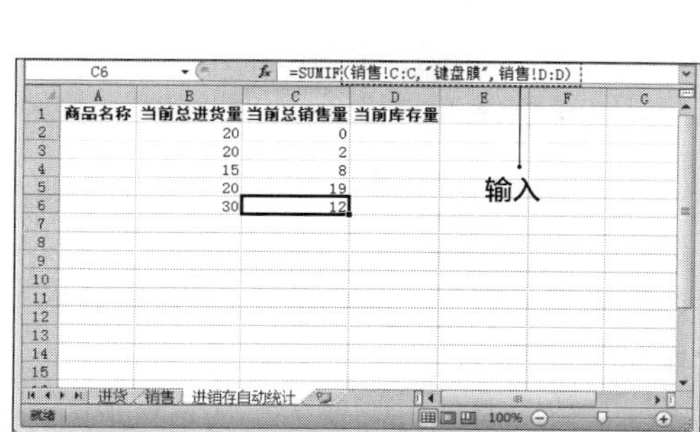

图19-13

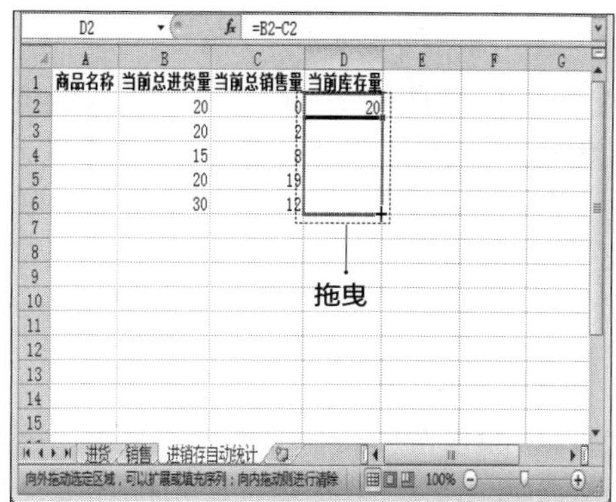

图19-14

Step 9 向下拖曳D2单元格右下方的黑点至D6单元格，复制公式，如图19-15所示。

Step 10 根据进货工作表完善自动统计表的商品名称项，如图19-16所示。

图19-15

图19-16

技能4 网店的经营成本核算分析

网店之所以受到欢迎，特点之一就是其成本较低。但成本低并不是无成本，特别是对于大中型网店而言，网费、物流、仓储、人工等费用都是免不了的，如果不将这些成本计算好，势必会影响商品选择、定价、快递等方面，造成经营问题。下面就一起来了解网店经营成本包括哪些内容。

1. 产品购入成本

产品本身的成本是网店最大的成本费用，也是最基本的费用，且其费用的多少，一般取决于网店所卖的东西。例如，袜子、面膜等这样的小件商品，成本价格就比较便宜，比如在阿里巴巴网上进货，一双鞋垫1.5元，进货量为500双的话，其产品本身的购入成本只有750元。但是，如果想要进1500元一台的跑步机的话，成本就较高，如果店主打算进购10台，其成本就需要15000元，比起500双鞋垫的成本价高了很多。这对于一些小店主来说就是相当大的一笔费用了（还不考虑仓储费用）。所以，在进货时要核算好成本费用，以免发生资金周转不灵的现象。

2. 进货运费

店主在进货时，除了自己上门取货外，必然会产生相应的运费，可能是快递运费，也可能是物流运费，价格各有不同。虽然有些时候，有些产品的订单金额在达到一定量时，批发商可能会免去快递运费，但大多数产品批发进货时，运费都是由店主自己承担的。

在网上进货时，要注意有的店有满包邮，可以考虑是否购买到包邮的数量；有的商品邮费比进价还贵，一定要看清楚再下单。

3. 仓储费用

一般情况下，才开的网店存货不多，或者可能产品属于化妆品等小物件，占地面积不会很大，店主家里就可以堆放，因此基本没有仓储费用。但如果经营的是大型商品，如有机粮食、运动器械之类的，占地就较大，或者经营热门商品，如鞋子、儿童玩具等，存货量比较大的话，就需要不少空间存放货物，必须租房进行仓储，这就会产生仓储成本。如果存储的商品需要特殊的温度或湿度，还需要为之安装温度、湿度控制器，这也是仓储成本。

4. 网费、电费

有店主曾计算过自己网店所用的网费和电费。一个月的网费为80元（宽带与手机流量费），一年就要960元。电脑一天差不多消耗6度电，一天电费约3.2元，一个月96元，一年就要1152元。所以，开店的网费、电费一个月就需要差不多180元，一年就要2000元左右。对于开网店的中小店主而言，这也是一笔不小的负担，因此电费和网费就必须核算进成本费用中。

5. 硬件成本

为了给货物拍照，大部分店主都购买了相机，一般来说得花1000多元。另外，不少店主还购买了摄影棚和反光伞等，价格一般在200~500元。除此之外，还可能需要一些拍摄时所用的三脚架、背景、插线板等，这些又要花上几百元左右。这些是摄影所需的硬件费用。

除此之外，有的店主新购买了手机、电脑、打印机、三轮车等，又要花上数千元。假如总共花费了6000元，按6年折旧计算，也就是说每年在硬件成本上就要花1000元。所以，硬件成本费用也必须核算进网店的成本费中。

6. 店铺管理费用

开网店虽然说是免费的，但还需要对店铺进行装修，很多装修模板并不是免费的，而是按月收费，另外网店平台提供的一些服务也要收费，如数据统计服务等，这些收费虽然不多，但也应该计入成本。此外，商品折旧费也应计算在内。

7. 快递费

店主把商品邮递到买家手中，必然要产生快递费。现在不少网店都采用了包邮的方式，那么邮费就要计入成本。不包邮的商品，其邮费由买家支付，可以不计入成本。

8. 包装费

有的商品自带包装，店主发送时，在快递公司找个纸箱或快递塑料袋包装一下即可。但是有的商品，如精致礼品，就需要店主进行包装了，礼盒、内衬、缎带等都会产生费用，店主要计算好商品价格，将包装费用包括进商品的售价里。

虽然包装要花费一定的金钱，但是，精美的包装会提升网店的格调，能给予买家愉悦的购买体验，能够大大增加买家的回头率，所以总的来说，在允许的情况下，尽量包装好一些，对生意有很多好处。

9. 员工工资

只有店主一人经营的小网店是没有员工工资这一块费用的，但是经营规模大，或生意特别好的网店，肯定会雇佣专门的客服、后勤等人员，这样就产生了员工工资的开销，数量根据员工多少而定，每月从数千元到数万元不等。

有员工的网店必须将员工工资计入成本费用中。但是由于工作职责、时间段不同，员工工资也会有所不同。所以，店主必须根据自己网店的实际情况，核算员工的工资费用。

10. 营销推广费用

营销推广的费用是指网店店主做活动、打广告、请人炒作宣传等花费的费用。这笔费用并不是每个网店都会有，但如果产生了，则应计入成本。

在控制网店经营成本时，需要从这10个方面进行逐项核算，将其中不合理的损耗找出来并加以控制，才能将整个网店的经营成本降下来。

技能5 网店成本控制技巧

了解了网店成本的构成后，就比较容易有针对性地进行控制了。其中，进货成本相对于其他成本是最主要的控制成本，此外，快递费和包装费也是能够有效控制的成本费用，而网费电费、仓储费用等硬性费用则较难缩减。

1. 控制进货成本

控制进货成本主要靠以下3个方面。

（1）直接从批发市场或厂家进货

一般来说，要想获取低价的货源，最好从批发市场或者厂家进货，因为如果从网上进货或者从代理商处进货，拿到的货物成本会较高。从批发市场进货还有以下几个优点。

- 商品数量都比较充足，有很大的挑选余地，可以货比三家。
- 批发市场很适合兼职的或者小店主，因为进货时间和进货量都比较自由。
- 批发市场的价格相对较低，这是最大的优点。

（2）一次进大量货

一般来说，批发时，进货量越大，商品的单价就会越低。例如，在阿里巴巴上进某款商品时，如果进货量在50~499个，单个的价格为1.30元；如果进货量在500~4999个，每个的价格为1.00元；如果进货量大于4999个，其单价为0.80元。所以，进货量越大，其单价就会越低。

但同一件商品的进货量也并非是越多越好，应根据具体的销售情况来定，比如滞销产品就不要进多了。另外，如果在同一家批发商处拿货，即使每种商品的进货量不多，但是如果拿的品种多的话，也是可以按照量大的价格来批发的。

（3）把握住厂家清仓处理或者是促销活动的机会

有时候，一些厂家会因为各种原因清仓，如换季、限时活动、库存处理等，如果这个时候店主刚巧赶上了，就可以趁此机会多进一些好销售的货物，但这种机会是可遇而不可求的，只有平时多留心了。

2. 控制进货运费

在网上进货时，必然会发生交通运输费或者是快递费，而且这个费用还不低。商品大批量运送时，采用公路物流、铁路托运的运费是远低于快递和邮政的。所以，想要省钱的店主就一定会选择公路物流、铁路托运。但是这两种方式的速度是比较慢的，如果店主的商品快要售完，甚至已经售罄，再使用这两种方式就不合理了。所以，店主就要时常注意库存量，对每种货物的销售速度要有记录，打好提前量，算好时间进货，那样就可以采用便宜的运输方式，节约很大一笔运费。

对于在本地批发市场进货的店主来说，如果路途不远，可以考虑购买电瓶车、三轮车等工具自行运输，省去每次雇佣小货车的费用。

3. 控制快递费

包邮的商品，快递费是店主支付的，这一块费用也要进行有效的控制，其根本就是要选择好快递公司。

店主要先清楚了解网上的快递有哪些，参考一些资料，了解各快递公司的优缺点。店主不能只找一家快递公司，因为不仅仅只是快递公司不同，服务和速度不同，同一家公司的不同地点也会有不同的服务品质和速度。最后，选定好快递公司后，最好长期合作，签下合同，并和快递收货员搞好关系，这样可以享受一些特殊待遇。

最后，店主就要根据自己的地点和产品类型，看哪家快递公司最合适了。因为没有最好的快递公司，只有最适合的快递公司。最好是能够长期合作，以便能够讲价，降低物流费用，从而控制网店的成本费用。

控制快递费用的方法在第12章中已经讲解得比较清楚了，这里就不再展开讲解了。

4. 控制包装费

某店主曾粗略估算了一下包装费所需的费用：商品的包装包括胶布、包装盒、填充物、剪刀、笔、气泡袋、色带（打印快递单用）等，所需的包装费大概要1元钱。假设该店主网店产品的销售量一个月大概500件，那所需的包装费就要500元。所以，如果能够在此费用上控制的话，也将节约很大一笔成本费。

控制包装费用一般从包装盒与填充物两方面进行。

- **控制外包装盒费用**。一般来说，不推荐大家使用邮政专用的包装盒。因为这种包装盒一般比较长，相对来说也比较重，而且价格也不菲。店主可以自己收集包装盒，现在的纸箱到处都是，如电脑城、大超市、批发市场等，这里面废旧包装盒的价格肯定比买新的要便宜。当然买的时候不要拿到脏的、破的包装盒。
- **控制填充物的购买费用**。填充物的作用是为了防止产品被挤压，对产品进行保护。填充物一般有泡沫块、海绵、泡泡袋、牛皮纸、旧报纸或者书籍等。对于价格低廉的商品，可以使用废报纸等材料做填充物，但如果是电子产品、首饰、化妆品、零食等比较贵重、易碎的商品，就必须花钱买一些好的填充物来填充。

总的来说，店主应该根据自己所卖的产品来选择合适的内外包装和填充物，即可减少包装费用，降低这方面的成本。

技能6 小型店铺必备3个账本

小型店铺的财务重点集中在收支上面，如每月能源费用、房租、网费等需要逐月记账，去进货时，不仅要记录商品进货费用，还要记录车费、住宿费、餐费等各类开销，当然每月的销售收入、退货支出等也都是要详细记录在案的。

对于小店来说，最好弄3个账本，即现金日记账、银行日记账、存货账。现金日记账和银行日记账按照流水账记载，存货账可以按照货品种类、出入库时间与数量等几项来记载，只要能反映出大概情况就可以了。

- 每卖出一件商品，现金日记账中要有相应的收入，存货账中对应的商品数量要减一。
- 当将销售收入从支付宝转移到银行卡中时，在现金日记账中体现为支出，银行日记账中体现为收入。
- 当从银行提款用于进货时，在银行日记账中体现为支出，存货账中要加入进货商品的数量。

3个账本的账目要能够互相对应，如果出现差错要检查问题之所在。

技能7 巧用工具记账

记账最方便的工具就是Excel，下面就以店铺开支账为例进行讲解。

Step 1 打开Excel，单击第一个单元格，并输入“月份”，如图19-17所示。

Step 2 依次输入“能源费”“网费”“工资”“房租”“杂项”“合计”（此处开支项目为示例，具体有哪些开支项目要根据实际情况调整），如图19-18所示。

图19-17

图19-18

Step 3 ❶在“月份”下方的单元格A2中输入“1月”，❷单击“1月”所在的单元格的右下角并按住鼠标左键不放，如图19-19所示。

Step 4 向下拖动鼠标指针，直到显示出“12月”字样再释放鼠标左键，如图19-20所示。

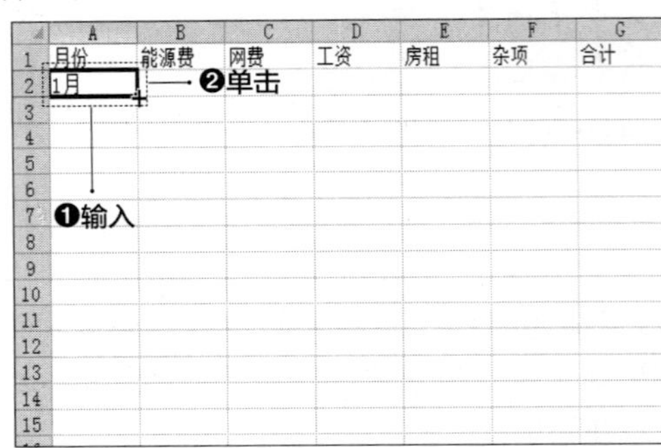

图19-19

图19-20

Step 5 ❶单击“合计”下方的单元格G2，输入“=sum（”，❷单击“能源费”下方的单元格B2并按住鼠标左键不放，如图19-21所示。注意：输入时要切换到英文输入法，输入英文字符。

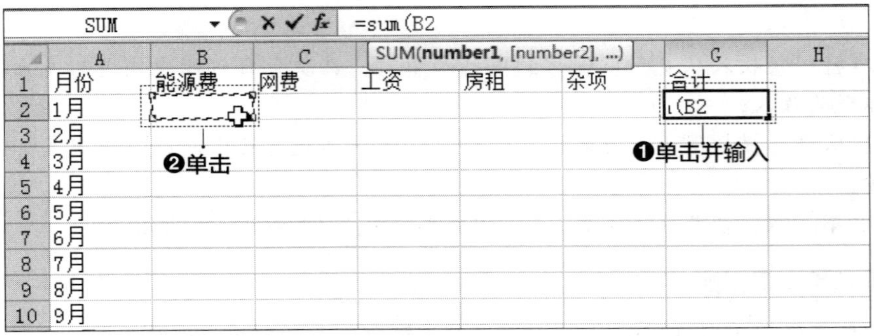

图19-21

Step 6 拖动鼠标指针到“杂项”下方的单元格F2处，再释放鼠标左键，如图19-22所示。

图19-22

Step 7 继续输入“）”符号，如图19-23所示。这两步操作是为了统计1月总支出。

图19-23

Step 8 可看到“合计”下方的单元格G2中出现了“0”，这是因为还没有输入1月的支出数据，因此合计为0。接下来要建立2月到12月的支出统计，单击1月“合计”单元格的右下角，并按住鼠标左键不放，如图19-24所示。

图19-24

Step 9 拖动鼠标指针到与12月齐平的单元格G13，然后释放鼠标左键，如图19-25所示。

	A	B	C	D	E	F	G	H
1	月份	能源费	网费	工资	房租	杂项	合计	
2	1月						0	
3	2月							
4	3月							
5	4月							
6	5月							
7	6月							
8	7月							
9	8月							
10	9月							
11	10月							
12	11月							
13	12月							

拖动

图19-25

Step 10 输入1月的各项支出，可以看到“合计”下自动将1月总支出计算出来了，如图19-26所示。

	A	B	C	D	E	F	G	H	I
1	月份	能源费	网费	工资	房租	杂项	合计		
2	1月	258	100	3000	1000	355	4713		
3	2月						0		
4	3月						0		
5	4月						0		
6	5月						0		
7	6月						0		
8	7月						0		
9	8月						0		
10	9月						0		
11	10月						0		
12	11月						0		
13	12月						0		

合计结果

图19-26

Step 11 输入其余各月的各项支出，可以看到“合计”下自动将各月总支出计算出来，如图19-27所示。

	A	B	C	D	E	F	G	H	I
1	月份	能源费	网费	工资	房租	杂项	合计		
2	1月	258	100	3000	1000	355	4713		
3	2月	266	100	3000	1000	260	4626		
4	3月	270	100	3000	1000	128	4498		
5	4月	260	100	3000	1000	405	4765		
6	5月	251	100	3000	1000	660	5011		
7	6月	243	100	3000	1000	254	4597		
8	7月	254	100	3000	1000	281	4635		
9	8月	298	100	3000	1000	387	4785		
10	9月	323	100	3000	1100	152	4675		
11	10月	316	100	3000	1100	198	4714		
12	11月	286	100	3000	1100	230	4716		
13	12月	255	100	3000	1100	221	4676		
14									
15									
16									
17									
18									
19									

Sheet1 Sheet2 Sheet3

就绪 100%

合计结果

图19-27

> **达人点睛**
>
> 要计算全年总支出，可以按照前面讲解的方法，在G14单元格中输入“=sum（G2:G13）”，然后按Enter键，即可看到全年总支出。这个公式的含义是对G1~G13单元格中的数字求和。

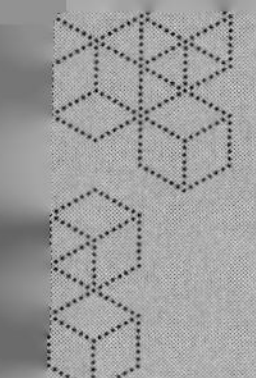

第20章　注意网络安全

本章导读

随着网络的发展，网络安全问题也浮出水面，一批网络骗子横行于互联网，对网络交易安全性构成了很大威胁。对开网店的店主来说，不仅要保护好软件的安全运行，还要防止骗术的侵害。本章主要讲解网店财产安全方面的内容，助力卖家在开好网店的同时，也学会保护自己的账号与资金的安全。

技能1　为电脑安装杀毒软件并查杀病毒

杀毒软件是电脑必不可少的一道“长城”，它可以挡住绝大部分病毒、木马的攻击，保证电脑信息安全，对网店卖家来说，是必须要安装的软件。

“金山毒霸11”是金山公司推出的一款免费的云安全杀毒软件。它具有查杀率高、资源占用少、升级迅速等特点。下面来介绍它的使用方法。

Step 1 打开毒霸，指向“闪电查杀”的右下方的三角形图标，在弹出的选项框中单击“全盘查杀”选项，如图20-1所示。

图20-1

Step 2 等待金山毒霸扫描系统，发现风险，如图20-2所示。

图20-2

Step 3 扫描完毕后，单击“一键修复”按钮，如图20-3所示。

图20-3

用户也可以“全盘查杀”来对整个硬盘进行扫描和杀毒，不过花费的时间可能会比较久，也可以使用“自定义查杀”功能来对指定的文件夹或文件进行扫描或查杀，这种方法多用于检查从网络上下载的文件或文件夹是否带毒。

技能2 为电脑设置用户登录密码

为了防止别有居心的人趁自己不在电脑旁时，偷偷使用自己的电脑，在电脑中安装什么木马程序，以盗取自己的各种账号，有必要对电脑设置开机密码，可以保证电脑在关机状态下，没有密码无法开机，还可以保证电脑在开机并锁屏的状态下，没有密码无法进入桌面，这样就杜绝了电脑被盗用的可能。

Step 1 ❶单击“开始”按钮，❷单击“控制面板”选项，如图20-4所示。

图20-4

Step 2 打开控制面板后，单击“用户账户和家庭安全”文字链接，如图20-5所示。

图20-5

Step 3 单击“更改Windows密码”文字链接，如图20-6所示。

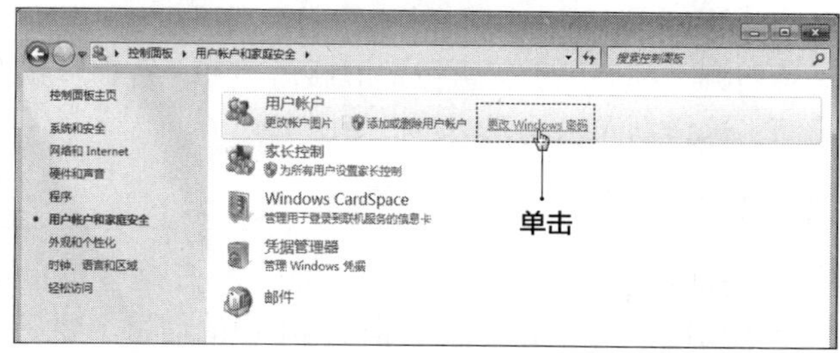

图20-6

Step 4 单击“为您的账户创建密码”文字链接，如图20-7所示。

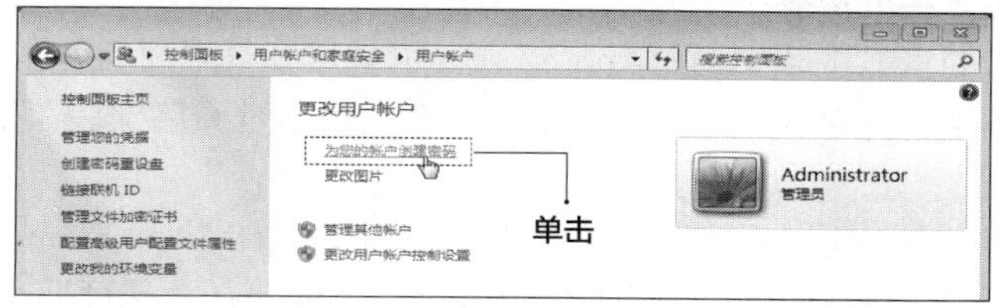

图20-7

Step 5 ❶输入密码（两次输入必须一样），❷单击“创建密码”按钮，如图20-8所示。

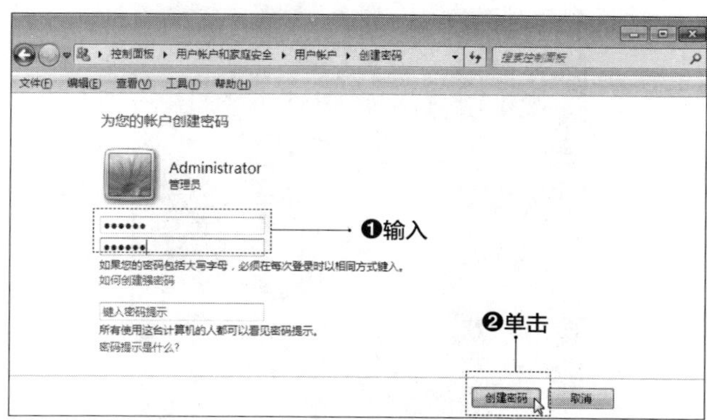

图20-8

账户密码创建成功后，每当开机时就会出现图20-9所示的界面，要求输入密码才能进入操作系统的桌面。

图20-9

当用户开着电脑，但又要暂时离开时，可以按Win+L组合键（Win键就是键盘最底层那一行印着小窗口的两个按键，一般情况下其位置是在Ctrl键和Alt键的中间，两个Win键的作用是一样的，无论用哪个都可以），进行锁屏后再离开。在锁屏状态下，也必须输入密码才能进入系统桌面，这样别人也就无法趁机使用电脑了。

技能3 从安全渠道下载手机App

不少手机的信息泄露都是因为下载并运行了不良App。这些不良App带有各种“后门”，在不让用户知情的情况下向网上的服务器传输用户的信息。要避免下载到这种不良App，就要尽量从正规渠道下载App。

1. 苹果手机的安全下载渠道

目前苹果手机的官方下载渠道是App Store，也就是“苹果商店”。在第2章中曾经讲解过在苹果商店下载并安装App的操作，相信读者已经通过商店安装了微店的App，对此印象会比较深刻。

在苹果手机的桌面上可以看到图标，下面说明文字为“App Store”，即为苹果商店的入口。点按即可进入苹果商店，如图20-10所示。App要在苹果商店上架，审核是非常严格的，要向苹果官方提供源代码，审核通过以后才能上架，这就保证了苹果商店的App基本上没有木马（目前仅出现过一次）。

图20-10

有的苹果手机用户喜欢越狱，因为越狱之后可以免费使用一些原本要收费的App。越狱后下载App不是从苹果商店下载的，而是从一些网上的“数据源”（可以理解成非官方的苹果商店）进行下载的，上面的App基本上无人审核，很多不良App趁机就在这种地方进行散布。因此，不要在苹果商店以外的任何途径去下载安装App，基本上就可以保证不会被不良App所困扰。

2. 安卓手机的安全下载渠道

安卓手机的官方下载渠道本来应该是谷歌商店，但目前无法正常访问。国内较大的下载平台有豌豆荚、应用汇、安卓市场、安智市场、机锋市场等，另外一些网站也提供安卓

App下载，如太平洋、ZOL的手机软件下载板块等，这些平台里的App相对要规范一些，但也只是相对而言，比苹果商店还是相差甚远。一些常用下载平台有豌豆荚、应用汇、安卓市场、安智市场、机锋市场、太平洋安卓板块、ZOL安卓板块。

技能4 安装手机杀毒软件

苹果手机因为其商店对App的审核较严格，所以目前基本上没有发现病毒，对于苹果手机用户来说，无需安装杀毒软件。这也是苹果手机较贵的原因：这些审核耗费了苹果公司浩大的人力资源，让用户获得了较好的使用体验，但用户也要为此付出高昂的购机款。

安卓手机开放性较高，用户可以随意安装App，因此病毒、木马也是相对比较泛滥。在这样的环境下，安卓版手机杀毒软件也纷纷面世，用户的选择比较多，如360手机卫士、腾讯手机管家、百度手机卫士、猎豹安全大师、LBE 、瑞星手机安全助手等。

前面已经讲解过下载并安装微店App的方法，以上安全App的下载安装方法也与之类似。首先访问安全App的主页，如图20-11所示，点按“立即下载”将安装文件下载到手机，安装完成后运行App，手机即处于被保护状态中。用户也可以点按菜单，来运行一些功能，如扫描SD卡等，对手机进行查毒，如图20-12所示。

图20-11

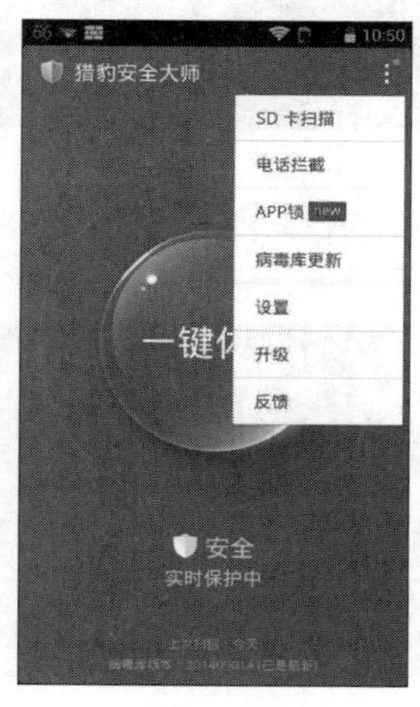

图20-12

技能5 为手机App设置权限

手机App要实现一个功能，需要有相应的权限。例如，地图App需要得知手机所处地理位置，就要有“获得手机GPS信息”的权限，自拍App则需要有开启摄像头的权限，通讯录管理App需要有读写通讯录的权限……

用户在安装一个App时，就能看到它需要用到的权限。有些权限对某个App来说是不必要的，例如，一个看小说的App，竟然要求获得GPS信息，以及要求读写手机通讯录的权限，完全不符合常理。出现这种情况，通常是因为这个App需要收集用户的信息，上传回服务器。至于该App为何要收集这些信息，以及拿这些信息来做什么，用户则无法知道。用户唯一可做的就是，尽量不要让App获得不必要的权限，阻止信息泄露。

很多安卓手机出厂时都装有安全管理功能，可以对权限进行管理，比如酷派手机出厂时就带有“酷管家”。下面就以在酷管家中关闭某App的“发送彩信”权限为例进行讲解。

Step 1 在手机桌面点按“酷管家”图标，如图20-13所示。

Step 2 点按“隐私安全”按钮，如图20-14所示。

图20-13

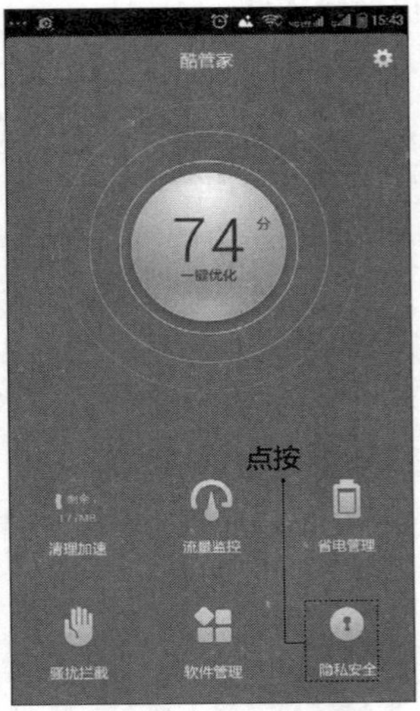

图20-14

Step 3 点按“权限控制”按钮，如图20-15所示。

Step 4 进入权限列表，点按“发送彩信”权限，如图20-16所示。

图20-15

图20-16

Step 5 点按要修改权限的App的名字，展开其权限菜单，如图20-17所示。

Step 6 点按“禁止”权限，可看到其权限描述变为红色的“已禁止”，如图20-18所示。

图20-17

图20-18

之后直接按手机的返回键，退出酷管家即可生效。其他品牌的安卓手机，改变权限的操作也与之类似，这里就不一一说明了。

技能6 为手机设置锁屏密码

手机虽说是个随身携带的工具，但有时候难免会被别人接触到。为防止信息泄露，可为手机设置锁屏密码。不知道锁屏密码的人无法进入手机桌面。这在一定程度上保护了手机的信息安全。例如，工作时临时离开办公室，忘记携带手机，因为锁屏密码的保护，同事即使拿到手机也无法查看里面的内容。

1. 安卓手机设置锁屏密码

安卓手机（以酷派手机为例）设置锁屏密码的方法如下。

Step 1 用手指在手机桌面上方往下拉，出现设置页面，点按右上角的“设置”图标，如图20-19所示。

Step 2 点按“屏幕安全保护”按钮，如图20-20所示。

图20-19

图20-20

Step 3 点按“屏幕锁定”按钮，如图20-21所示。

Step 4 点按“图案”按钮，如图20-22所示。

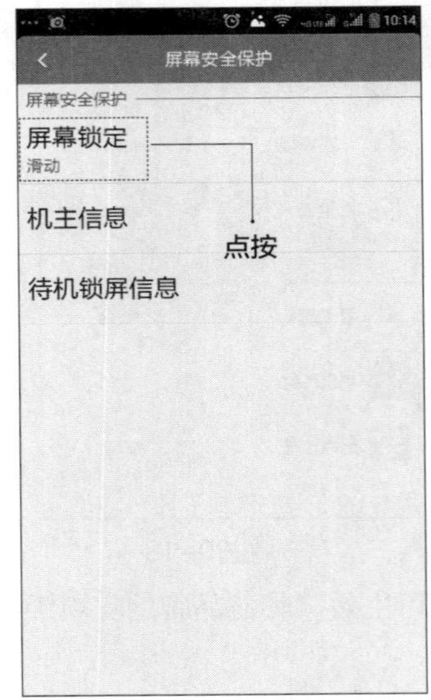

图20-21

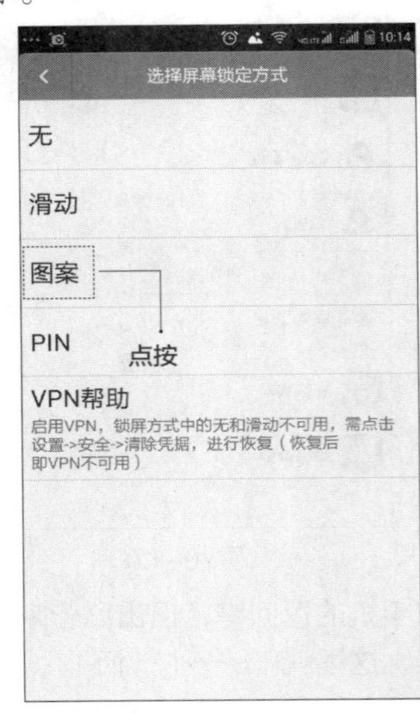

图20-22

Step 5 ❶画出屏保图案，❷点按“继续”按钮，如图20-23所示。

Step 6 ❶再次画出相同的屏保图案，❷点按“确认”按钮，如图20-24所示。

设置完毕后，按返回键退出即可。当手机从休眠状态返回桌面时，会出现输入密码的界面，在此输入相同的图案即可解锁，如图20-25所示。

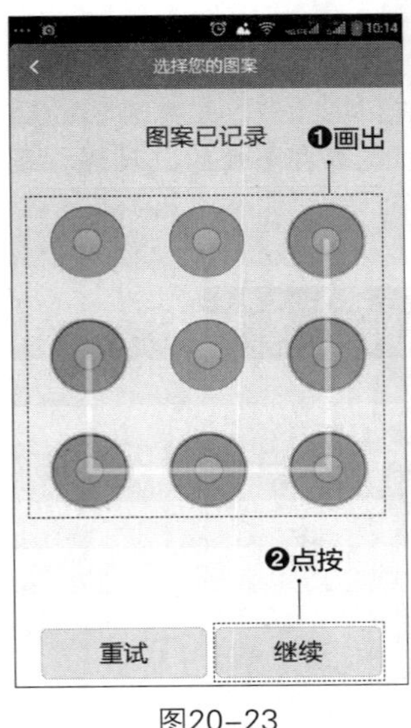

图20-23

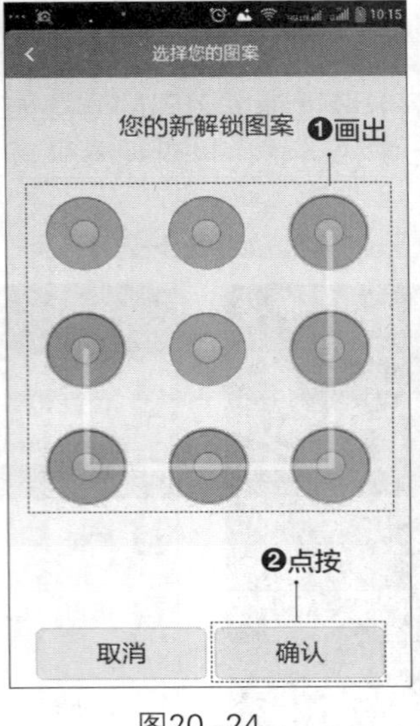

图20-24

图20-25

2. 苹果手机设置锁屏密码

苹果手机设置锁屏密码的方法如下。

Step 1 点按手机桌面的“设置”图标，如图20-26所示。

Step 2 点按“通用”按钮，如图20-27所示。

图20-26

图20-27

Step 3 点按“密码锁定”按钮，如图20-28所示。

Step 4 点按“打开密码”按钮，如图20-29所示。

图20-28

图20-29

Step 5 输入密码，如图20-30所示。

Step 6 再次输入同一密码，如图20-31所示。

输入完毕后锁屏密码就设置成功了。当手机从休眠状态返回桌面时，会出现输入密码的界面，在此输入锁屏密码即可解锁，如图20-32所示。

图20–30　　图20–31　　图20–32

技能7 不要轻易点按短信内的超级链接

不法分子常常利用伪基站向手机用户发送诈骗信息，诱骗用户点按短信中的超级链接，然后以仿冒的官方网站骗取用户信息，最后利用这些信息偷盗用户资金，或者诈骗用户的亲朋好友。

如图20–33所示的短信，就是伪基站发送的，如果用户点按其中的网址，后果就难以预料了。

图20–33

更具有迷惑性的是骗子们冒充移动、联通、电信以及各大银行服务号发来的短信，很多用户习惯性地以为服务号就是官方发来的，其实未必，因为现在骗子们具有伪装任意号码发送短信的技术。对于任何短信中的网址，最好的办法就是：不贪便宜，不加理会。如果觉得确实像是官方发来的短信，可以直接拨打官方服务号进行查询，移动服务号为10086，联通服务号为10010，招商银行信用卡服务号为4008195555等，均可从网上查到。

技能8 手机丢失后的正确做法

手机如今已经成了大家存储重要信息的设备。手机上除了有通讯录以外，还有淘宝、支付宝、网银等涉及资金的App，因此丢失之后要及时处理。在确认手机找不回来之后，要马上采取以下措施。

- 打电话给家人、好友和同事，告诉对方自己手机丢失，从现在开始提高警惕，严防骗子，尤其是对QQ、微信等手机通信App上发来的信息要警惕。
- 带上身份证去最近的营业厅补办手机卡，这样原来的手机卡就作废了，不能再打电话与收发短信，危险性进一步降低。
- 借信得过的人的手机登录QQ与微信以及其他通信App，把丢失的手机上的QQ与微信“顶”下线，之后立即修改密码。
- 修改淘宝、京东、折800等购物网站的密码，以及支付宝、网银App的登录密码，这样丢失手机上的相应App会自动注销登录。

以上几个操作不分先后，可以同时进行。

如果丢失的是苹果手机，可以通过苹果iCloud的官网将手机信息抹掉，并留下电话号码，让对方与自己联系。其操作方法很简单，即用自己的苹果商店账号登录苹果iCloud官网，单击“查找我的iPhone”按钮，选择自己丢失的手机账号，然后单击“抹掉”按钮，如图20-34所示。

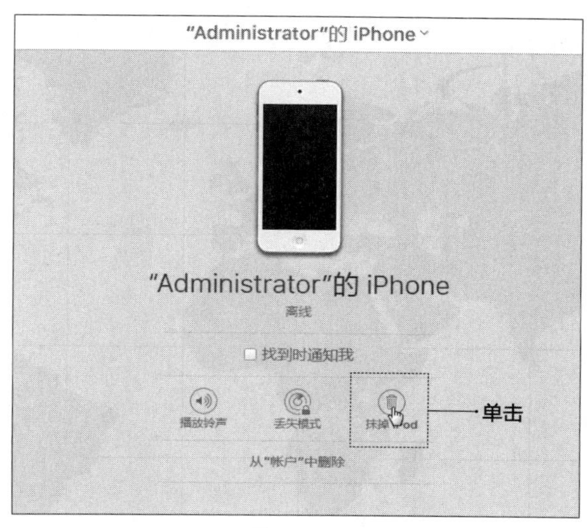

图20-34

之后根据提示进行操作即可。该苹果设备抹掉后，上面的所有信息都会被清除，而且设备会被锁定，无法使用，并且在屏幕上显示出机主的手机号码，供捡到的人联系。

技能9 如何设置安全的密码

很多用户抱着“越简单的密码越让人意想不到，就越安全”的想法，给自己邮箱、QQ等设置了一个诸如“11111111”或“12345678”的密码，以为黑客想不到自己会使用如此简单的密码。其实，黑客在破解密码时，首先就会用这类简单密码来进行试探，成功率还颇高，因此，“越复杂的密码越安全”才是真理。

当然，作为普通人用的密码，也不必过于追求复杂，不然根本记不住，每次输入密码都会很麻烦。正常情况下，在复杂和便于记忆之间取得一个平衡点即可。

什么样的密码才足够安全呢？它至少应具备以下几点。

- 长度至少在8位以上，建议设置为12位或更多。
- 至少包括字母和数字，如想更安全，还可分别包括大小写字母以及各种符号，比如句号、分号和感叹号等。
- 不可与自己以及亲属、宠物的信息相同，例如，自己和亲属的生日、结婚纪念日、宠物名字、手机号、汽车车牌以及当地邮政编码等均不宜作为密码。
- 不可将简单的密码稍作变化来作为自己的密码，“11111112”并不比“11111111”安全多少。
- 不可使用通用密码。有的用户喜欢把微信、QQ、邮箱和论坛等账号的密码都设置为同一个，这样很危险，一旦被人知道就容易“全军覆没”。

第21章 常见骗局的预防与事后处理

本章导读

随着电子商业的兴起，网上也出现了很多骗子，他们针对网店店主设计了很多骗局，一度让不少新手卖家损失惨重。其实，要避免被骗很简单，首先应杜绝占小便宜的心理，不去相信天上掉馅饼的好事；然后，再灵活掌握一些技巧，加上谨慎，相信已经没有什么骗局能骗到各位卖家了。

技能1 王子被骗记

王子是一个刚入门的淘宝卖家，满怀热血，一门心思想把淘宝店经营好，向着金冠冲刺。可是一次被骗经历，让王子十分懊恼。某买家通过指引，让王子进入邮箱，单击钓鱼网站链接，对方制造假的阿里旺旺消息提示、支付宝提示、链接，骗取王子的支付宝账户和密码，盗用支付宝余额2000元，用于开心网充值。

具体情况是这样的：这天，王子像往常一样很热情地接待每一位顾客。有位顾客在旺旺上联系王子说没办法付款，然后发了一张无法付款的截图。新手王子没遇到过类似情况，只想着是自己账号异常，找办法为客户解决付款问题。

但是王子仔细查看自己的支付宝账户，并未发现任何异常。这时，客户再次通过旺旺联系王子说等着付款，也提醒他查看支付宝和邮箱。好不容易有了单子，却付不了款，再加上客户的催促，王子心急如焚，按照客户的提示再次查看了支付宝，也看了看邮箱。

果然，邮箱里有封新邮件，在好奇心的驱使下王子点开了邮件。正文里写着淘宝提示：您将进入不安全的网站，我们不建议您点击进入，下面有两个入口，一个是点击进入，一个是不建议进入。王子心想，既然邮件告诉自己支付宝有问题，必须解决，这个阻拦信息肯定是浏览器的问题，于是点进去了，立刻显示出跟淘宝登录非常相似的一个页面，王子又输入了淘宝账号和密码，登录进去还是没发现什么异常。

就在王子回头想告诉客户试试付款时，发现对方已离线。这时，王子才觉得奇怪，一直在催促付款的人，怎么就不在了。左思右想，王子打开自己的支付宝，发现自己有笔2000元的支出，用于充值开心币了。

事后，王子仔细查看客户发的截图和邮件，发现了端倪。后来，王子也知道了如果支付宝真地存在异常，自己会得到支付宝的消息提示，而不是由阿里旺旺提示。

王子以自身经历告诉各位卖家：如果有人要求你到淘宝以外的地方查看东西时（包括非淘宝内部链接）一定要注意了，这就是所谓的钓鱼网站。这些网站的目的就是让卖家通过其他链接，中病毒，套取信息。由此，卖家的财产安全、信息安全都将受到严重威胁。

骗子的手段高明，在行骗时，会故意给卖家很多迷惑性的提示，抓住卖家急于卖货的心理，让其容易上当受骗。除了钓鱼网站外，卖家还有可能遇到很多骗局，如三方诈骗、双号诈骗等。因此，卖家应了解一些常见的骗局，并学习经验，防止被骗。

技能2 预防被骗的三大重点

骗局总是千变万化、层出不穷的，没有人能够知道所有的骗局，但只要做到以下3点，就算再新鲜、再巧妙的骗局，自己也不会上当。

- **明理**。明理不仅是指明白事理，还要明白世情，知道哪些东西是可能的，哪些东西是不太可能，甚至不可能的，哪些东西是可能却不符合社会道理的。对于不合情理的“好事”，坚决拒绝，不给骗子任何机会，就能抵挡绝大多数的骗局。
- **随时保持警惕之心**。很多被骗的人都说自己当时“脑子一热”就掏钱了，或者“当时也没想那么多”就打款了，其实这就是丧失了警惕之心。不管是作为一个网店店主，还是没有开店的普通人，在涉及往外掏钱的事情上，都 应马上提起警觉，反复验证，反复思考，就可以避免上当。
- **开阔眼界**。见多识广的人难骗，为什么？因为见得多了，自然能识破骗局。学历高低与眼界开阔并没有什么必然联系，高学历的人被骗的也不在少数。因此切不可以学历自傲，而要随时关注社会，对于各种新型骗局，尤其是金融骗局、网店骗局和电信诈骗，要了如指掌，这样自然不会上当。

技能3 慎重打开网页链接

骗子留言给卖家，说要买某件宝贝，但自己没有支付宝，希望卖家把银行汇款账号连同宝贝的链接发到他的邮箱里。如果卖家发送了邮件，一天或者两天后，卖家邮箱里便多了这样一封信，标题是：有一笔跨行支付等待您收款。信件里会有一个链接，表示是某银行的网站。

如果单击链接过去，看到的也许就是跟各大银行网银几乎一模一样的页面。陷阱在哪里呢？就在要激活所谓银联功能的地方，包括开卡地选择，以及卡号、密码、用户名、身份证号码输入，一旦输入了这些信息，不用说账户里的资金肯定会被席卷一空。

识破骗局关键点如下。

- 第一：发来这封邮件的地址一般是个普通注册邮箱，也许是163的，也许是126的，而真正的银行邮件是不会采用这些公众邮箱的，一般都是独有的邮件地址。
- 第二：假冒网站里若干安全链接是无效的。因为假冒的网站是不能使用该行的https的。卖家遇上这样的情况要多观察，才能识破骗局。

技能4 刷信誉不可取，急功近利掉陷阱

新卖家最发愁的就是店铺没有什么信誉，没信誉买家不容易下单，单子少信誉积累得很慢，导致很长时间都生意清淡。于是骗子们针对卖家急于提高信誉的心理，设计了“刷信誉”的骗局，骗取卖家的金钱。

骗子通常通过淘宝旺旺联系卖家，说可以帮助店主快速提高信誉，如果此时新手卖家一不留神，求生意心切，就容易陷入骗子的陷阱了。一般骗子都会说让卖家通过QQ和他进行联系（因为在旺旺上交谈会留下诈骗证据，而在QQ上的谈话记录是不被淘宝官方认

可为证据的），之后是热情的服务，说会请会员充当您的买家帮您做真实的交易，和淘宝购物一模一样的购物流程来帮您提升信誉，100%实物交易记录，而且每条评语都不一样！卖家一般都以为还有支付宝这道屏障，不会出问题的。

卖家按照骗子的要求，预先给骗子的支付宝支付了200元，骗子如约拍下了卖家店里一件200元的商品。很快，骗子确认收货，等于又将支付宝中的金额还给了卖家，还给出了好评，一笔虚拟交易就这样完成了。

看到店铺的信誉度就这样得到了提高，卖家会觉得这种方式挺不错的。没想到，第二天，卖家就接到淘宝网客服的电话，才知道骗子投诉了自己，说没有发货。由于手中没有发货单，无法提供发货单号，卖家无法为自己辩解，而且由于心虚，不敢跟客服说实情，只能推说正在准备发货，最后损失了200元的货物才了结此事。

还有所谓的“互刷信誉”平台，也就是让卖家们在平台里存上一定的钱，然后互相发布刷信誉的任务。最开始卖家小心翼翼地存上一点点钱到平台里，然后发布一两个小额任务来试试，这个时候一切正常，过了一段时间，卖家就放开了胆子，存入更多的钱，希望尽快把信誉刷上去。

如果卖家因为什么原因需要把平台里的资金提取出来，这个时候平台就以“恶意提款”的借口直接把卖家的账号给封了，卖家联系客服吧，客服也不理，这笔不大不小的钱就石沉大海了，即使报警也没有用，因为老手骗子一般不会骗取超过2000元人民币的钱款，而少于2000元又无法立案侦查。话说回来，即使立案侦查了，也很少有能破案的，所以最好的方法就是不上当。

达人点睛

刷信誉本质上是一种作弊行为，淘宝严厉禁止刷信誉，一旦被发现，会给予相应的惩罚，并且因为刷信誉被骗，淘宝也不会进行调查，一切苦果只能由卖家来品尝。

技能5 防三方诈骗

自动发货的商品的确方便了买卖双方，但俗话说凡事有利必有弊，自动发货的买家自助操作和买卖双方无沟通的特点给了第三方骗子的可趁之机。

很多人（包括很多已经被第三方诈骗的买家）就想不通了，支付宝交易关第三方什么事呢？我们先来看一下第三方诈骗的步骤，如表21-1所示。

表21-1

诈骗步骤	具体内容
第1步：引诱买家	骗子可以通过多种渠道（比如在游戏里发布公告、在QQ群里发消息、旺旺群发，甚至直接在淘宝上开一个超低价商品等）发布超低价信息，说有便宜点卡或有活动送点数等（比如移动话费充90元送50元等），总之是相当诱人的优惠，有时还会加上一些时间限制，如今天是最后一天等，必然会吸引到一些想得到优惠的买家
第2步：瞒天过海	当骗子吸引到买家后，会千方百计引诱买家去拍某一件自动发货商品（该商品和店铺与骗子完全无关），并说明要按他说的方法操作，而不是正常地按商品描述里的使用方法操作，其理由也是层出不穷的。例如，买家买QQ点，如果按照骗子的要求输入了骗子的QQ号，而不是按照页面上的说明输入自己的QQ号，那就等于是把QQ点冲给骗子了。也有的骗子明明在广告里卖游戏点卡，却给买家一个话费充值商品的链接，并以各种理由欺骗买家拍下

续表

诈骗步骤	具体内容
第3步：偷梁换柱	买家买下商品后，骗子会给出与商品描述中不符的使用方法，例如，买游戏卡却指引对方到移动的网页上去充值，当然是不成的，于是骗子就有借口要去买家的卡号和密码，说是帮忙核实，而一旦拿到卡号、密码，骗子就得逞了。也有的骗子告诉买家，必须到某网站去充值才能获得优惠，其实该网站是个钓鱼网站，目的就是为了获得买家的卡号、密码

接下来不用说，得到卡密的骗子马上就人间蒸发了，买家再也找不到他们。于是愤怒的买家就向卖家申请退款，莫名其妙的卖家当然不肯退款，于是买家们就向淘宝告状说卖家和骗子是一伙的，要求淘宝惩处卖家。其实整个过程里卖家是最不知情的一个，他的虚拟宝贝被骗子利用了，而他从头到尾一点都不清楚。

面对气势汹汹的买家，卖家几乎是有口难辩，说不清楚自己是不是骗子的同伙。虽然最后淘宝肯定会判定卖家是无辜的，但毕竟这样的事情会占用卖家大量的精力，甚至会招来不明真相的买家的恶意攻击（如买宝贝给差评）。

这样的第三方诈骗，卖家只能反复在宝贝页面以大红字体进行提醒，告知买家正确的使用方法以及常见的第三方诈骗术，如果这样买家还要上当，那就不是卖家的责任了。

技能6 警惕双号诈骗

骗子利用两个相似的账号进行行骗，例如，用账号lucky108拍下商品并用支付宝付款，然后用另一个叫lucky1o8（注意中间那个是字母o，不是数字0）的买家会用旺旺给卖家留言："已经付款，请把货发到某地址处。"卖家一看的确已经付款，就按照旺旺留言的地址发货。几天以后原买家lucky108告诉卖家说还没有收到货，卖家仔细检查并查询邮局才发现，lucky108和lucky1o8的地址并不一样，是两个完全不同的账号，尽管账号名称很像。按照淘宝规定，卖家只得再次发货，或者给骗子退款。

这个骗局的另外一种方式是：一个骗子在店铺里放了一件和某卖家店铺里一样的商品，有人找骗子买东西，骗子就发卖家的链接叫买家拍，结果买家也不知道这件商品是另外一个店铺的，直接就拍下付款，这个时候骗子马上注册一个与该买家名字很接近的账号找上卖家，叫卖家把商品发到骗子自己的地址，如果卖家没发觉账号的差异，按照骗子的提示发了货，就被骗了。

应对这类骗术的方法是卖家发货之前一定要核对付款人在淘宝里的地址，发现不符要及时联系买家，而且不能直接在旺旺里联系，要从交易单上单击买家的账号，打开旺旺窗口进行联系的，这样才能保证是在和真正的买家交流。

技能7 防范丢货少货骗局

丢货少货是一个很常见的诈骗方法，也很容易得手。骗子通常是在卖家店里买上几样不同的东西（这样如果打差评的话就是几个差评，对卖家威胁很大），收到货物之后，告诉买家少发了一件衣服之类的，要求卖家重发或退钱。

很多卖家因为每天要发很多货，难以记住特定的包裹情况，拿不准是不是真的少发了货物，又担心买家给几个差评，再加上损失也就几十元，于是只好自认倒霉，补发商品或者给卖家退款。如此一来，骗子就得逞了。

其实，只要平时做好记录工作，这样的诈骗就可以防范。所谓的记录工作，也就是每件商品的重量、包装盒的重量、整个包裹的重量、快递公司的称重记录等。如果买家说少发了货，那么可以把几件货物的重量以及包装的重量相加，并与快递公司的称重记录相比较，如果相差很小（如几克、十几克），则可认为自己并没有少发货，可以把这些证据发给买家看，如果对方还是坚持说少发了货，那么就让他给差评，卖家去向淘宝官方申诉，只要证据充足，一般来说还是能够取消差评的。

技能8 不要沾染传销式分销

传销的危害说了这么多年了，相信只要稍微关心社会的人都清楚。那么究竟什么是传销呢？传销是这么定义的。

传销是指组织者或者经营者发展人员，通过对被发展人员以其直接或者间接发展的人员数量或者销售业绩为依据计算和给付报酬，或者要求被发展人员以交纳一定费用为条件取得加入资格等方式。

这段话读起来有点拗口，说简单点就是靠发展下线来赚钱，或者缴费才能取得发展下线的资格。不管怎么说，着眼点都在“下线”上。在网上，也出现了一批专门鼓吹发展下线赚大钱的人，美其名曰“分销”，宣传语中常见“三级分销模式”“引爆社交关系链”“市场倍增”“快速裂变发展”等诱人的概念和字眼，但这些东西分析到底不过也就是“发展下线”4个字而已。

事实证明，能在传销中赚钱的只有金字塔顶的极少数几个人，处于下面的塔身塔基的人群都是被欺骗的对象，他们不仅损失钱财，还在发展下线的过程中透支了自己的信用，亲朋好友都不会再信任他们，最后下场往往很凄惨。因此，不论卖家有多么着急发财，都不要加入传销的队伍，擦亮眼睛，看见“发展下线”的幌子，就一定要绕着走。

技能9 淘宝、QQ、微信等平台账号被盗后如何处理

淘宝、QQ、微信等平台是用于通信、社交的，虽然账号被盗也不会直接损失钱财，但盗号者拿到账号后，一定会向所有好友发消息，冒充本人来骗钱，或者根据被盗账号的密码，去试试相应的支付宝、邮箱等账号的密码，万一相同，就能有更多的机会窃取失主的钱财。

- 一旦发现淘宝、QQ、微信等平台账号被盗后，应立即根据官方公布的申诉流程进行申诉，争取第一时间找回密码。
- 同时要以其他方式通知亲朋好友，告知他们自己的账号被盗，如出现任何涉及钱的信息都不能相信。
- 在找回账号后，要马上在签名档中写上诸如“账号被盗，刚找回”之类的提示语，不然万一有人被骗了钱财，还要算在自己头上。

技能10 支付宝账号被盗后如何处理

支付宝账号被盗有两种情况，一种是登录密码被盗，但支付密码还安全，另一种是登录密码与支付密码都被盗了。针对这两种情况，可做以下紧急处理。

- 仅登录密码被盗时，不会有实际损失，但应立即申诉找回并修改支付宝登录密

码，并更改绑定邮箱，且暂时将所有的银行卡解绑，将支付宝冷却一段时间再使用。

● 登录密码与支付密码都被盗时，此时多半会有经济损失了，通过申诉找回登录密码，并重设支付密码后，将支付宝被盗后的购买、转款等活动记录下来作为证据，向公安机关报案。当然也要暂时将银行卡解绑，并去柜台修改网银密码。

除此之外，还要立即停止使用现有的手机和电脑，仔细追查密码泄露的原因。如果无法查出，则应重置手机，电脑全盘杀毒，彻底消灭隐患。

达人点睛

重置手机的操作会导致手机上的数据全部被抹去，因此操作之前要备份好数据。如果自己不会，可以请他人帮忙重置。

技能11 网银账号被盗后如何处理

网银与支付宝不同，网银直接关联着用户的储蓄卡、信用卡。通常在受害者发现网银被盗时，账户里的钱已经被席卷一空了。不要着急、抱怨、后悔，要做好下面几件事。

● **报警**。不管数额多少，先去报警。虽然不一定能立案，更不一定能追回损失，但如果人人被盗后都报警，相信坏人的犯罪成本就会高很多，以后犯罪率也会有所降低。假如都抱着“报警也没有用”或“报警太麻烦”的想法而不去报警的话，只会让坏人越来越猖狂，网店的大环境只会越来越坏。况且万一破了案，能追回来一部分钱财也不无小补。

● **去柜台修改网银密码**。一定要及时去银行柜台修改网银密码，因为自己的电脑已经中了木马病毒，在上面修改密码是没有任何作用的，对方立刻就能知道新的密码。

● **为电脑彻底杀毒**。用最新病毒库的杀毒软件将电脑彻底杀毒，根据具体情况的不同，耗时可能有所区别，有的甚至可能要花十几小时来杀毒。不要因为不耐烦就终止杀毒，否则下次受损的还是自己的钱包。最好的方法是彻底格式化系统分区，重装操作系统和杀毒软件，然后再全盘杀毒。注意在重装系统和杀毒软件之前，一定不要打开其他分区进行浏览，因为很多病毒只要打开感染分区就会自动执行，而此时没有安装杀毒软件，系统又会再次感染上病毒。